이 텍스트에 어드레스가 있는가?

최승락 지음

기독교문서선교회

기독교문서선교회(Christian Literature Crusade: 약칭 **CLC**)는
1941년 영국 콜체스터에서 켄 아담스에 의해 시작되었으며
국제 본부는 영국의 쉐필드에 있습니다.

국제 CLC는 59개 나라에서 180개의 본부를 두고, 약 650여 명의
선교사들이 이동도서차량 40대를 이용하여 문서 보급에 힘쓰고 있으며
이메일 주문을 통해 130여 국으로 책을 공급하고 있습니다.

한국 CLC는 청교도적 복음주의 신학과 신앙서적을 출판하는
문서선교기관으로서, 한 영혼이라도 구원되길 소망하면서
주님이 오시는 그날까지 최선을 다할 것입니다.

Is There an Address in This Text?

by

Seungnack Choi

Korean Edition
Copyright © 2012 by Christian Literature Crusade
Seoul, Korea

서문

"이 텍스트에 어드레스가 있는가?" 이 제목은 매우 의도적이다. 급진적 독자반응 비평으로 유명한 스탠리 피쉬(Stanley Fish)는 『이 수업에 텍스트가 있는가?』라는 제목의 책을 출판한 적이 있다.[1] 이 책에서 피쉬는 텍스트나 텍스트 의미에 대한 기존의 인식을 바꾸어야 한다고 제안한다. 텍스트는 더 이상 독자의 발견을 기다리는 순결한 처녀와 같은 존재가 아니다. 오히려 독자는 텍스트의 생산에 참여한다. 피쉬의 표현대로 하자면 "이제 독자에게는 의미 생산의 공동 책임이 주어졌으며, 그 의미라는 것도 단지 하나의 사물이 아니라 사건으로 재정의 되었다."[2] 피쉬에게 있어서 독자의 역할은 텍스트의 의미에 대한(*to* the meaning) 반응이 아니라 그 반응 자체가 의미이다(it *is* the meaning).

피쉬의 제안에 대한 중요한 해석학적 반응이 케빈 밴후저(Kevin Vanhoozer)로부터 나왔다. 밴후저는 피쉬의 제목을 변용하여 『이 텍스트에 의미가 있는가?』라는 제목의 책을 출판하였다.[3] 밴후저는

---

[1] Stanley Fish, *Is There a Text in This Class?: The Authority of Interpretive Communities* (Cambridge: Harvard University Press, 1980).

[2] Fish, *Is There a Text in This Class?*, 3.

[3] Kevin J. Vanhoozer, *Is There a Meaning in This Text?* (Leicester: Apollos, 1998), 『이 텍스트에

우리가 피쉬의 주장을 따를 때 '저자' 및 텍스트의 지위는 현저하게 손상될 수밖에 없다는 사실을 잘 지적하면서 대안으로 '해석의 윤리학'을 강조한다. 그 핵심은 텍스트를 타자로 존중하는 것이다. 밴후저는 이렇게 묻는다. "우리가 텍스트가 말하는 것이 아닌 다른 의미로 텍스트를 해석하더라도, 텍스트를 타자로 존중할 수 있는 것일까?"[4] 여기에 따라오는 또 다른 질문이 던져진다. "타자가 우리에게 말하는 것에 귀기울이지 않는다면, 우리가 어떻게 우리 자신을 넘어설 수 있겠는가?"[5]

"이 수업에 텍스트가 있는가?" 피쉬의 부정을 유발하는 질문에 밴후저는 "물론 이 수업에는 텍스트가 있다"는 대답으로 성경 학도들의 입장을 대변해주고 있다.[6] 그리고 그 성경은 텍스트에 대한 인지적 이해를 넘어 삶의 구현을 요구한다는 점에서 "텍스트에 대한 해석자의 반응은 단순히 읽기의 문제가 아니라 존재의 문제"라고 잘 지적한다.[7]

우리는 밴후저의 작업을 높이 치하하면서 동시에 그가 던졌던 질문 "이 텍스트에 의미가 있는가?"에서 한 걸음 더 나아가는 질문을 던지기를 원한다. "이 텍스트에 어드레스가 있는가?" 우리는 밴후저에 전적으로 동의하여 성경 텍스트의 저자 의미를 존중하고 수호하는 입장에 서야 하겠지만, 단지 여기에서 그칠 것이 아니라 성경 텍스트의 말 걸음(어드레스) 앞에 서서 그 말 걸음의 상대로 초청 받은 자아의 반응과 응답을 드러내어야 한다. 이것은 진정한 의

의미가 있는가?』 김재영 역 (서울: IVP, 2003).
[4] Vanhoozer, 『이 텍스트에 의미가 있는가?』, 669.
[5] Vanhoozer, 『이 텍스트에 의미가 있는가?』, 695.
[6] Vanhoozer, 『이 텍스트에 의미가 있는가?』, 695.
[7] Vanhoozer, 『이 텍스트에 의미가 있는가?』, 710.

미의 독자반응이다. 독자반응은 텍스트 및 그 텍스트를 통해 어드레스하는 저자에 의해 전제된다. 독자는 텍스트와 그 저자를 존중해야 하겠지만, 동시에 텍스트와 그 저자에 의해 존중받는다. 독자는 텍스트의 생산자가 아니다. 그렇다고 단지 무반응적 사물과 같은 대상으로 머무는 것도 아니다. 독자는 저자의 대화자이며 말 걸음 상대자이다.

성경은 오늘 우리에게 말을 건다. 아니, 성경을 통하여 하나님은 우리에게 말을 거신다. 그리고 우리가 그 앞에서 진실하고 책임 있는 응답을 하기를 기다리신다. 하나님의 어드레스 통로로서의 성경은 우리가 하나님의 상대자가 된 존귀로운 지위를 우리에게 은혜 안에서 부여한다. 틸리케(Helmut Thielicke)가 잘 표현하는 것처럼, 성경이 하나님의 말씀이라는 사실 자체가 그 말씀이 어드레스 된 대상자(the person addressed)를 전제로 하고 있다.[8] 융엘(Eberhard Jüngel) 역시 유사한 관점에서 어드레스(Anrede)가 언어의 일차적 기능이라고 말하며, 예수 그리스도 안에서 하나님이 우리를 대하여 말씀하심이 우리가 그를 향하여 '교응하여 말하고'(speak correspondingly) '따라 사유'(think after: 데카르트의 'cogito' 개념과 반대로)할 수 있는 근거가 된다고 말한다.[9] 우리는 하나님의 어드레스에 의해 능하게 된 책임 있는 독자가 되어 이 세상 가운데서 하나님의 뜻을 구현하며 세상을 새롭게 하는 삶을 살도록 부름 받고 있다.

여기에 수록된 글은 각기 다른 맥락 속에서 작성되고 발표된 글이지만, 전체적으로는 이와 같은 목적의식 아래에서 작성된 글이

---

[8] Helmut Thielicke, *The Evangelical Faith*, vol I (Grand Rapids: Eerdmans, 1974), 168.

[9] Eberhard Jüngel, *God as the Mystery of the World: On the Foundation of the Theology of the Crucified One in the Dispute between Theism and Atheism* (Edinburgh: T&T Clark, 1983), 11, 203.

다. 단편적으로 흩어져 있을 때보다 함께 모아 놓고 보면 짧지 않은 시간 동안 필자의 생각을 주도했던 주요한 관심들이 무엇이었는지 좀 더 잘 드러낼 수 있을 것으로 보아 이와 같은 새로운 맥락을 조성해보았다. 그러고 보면 거의 모든 글 속에 반복적으로 나타나는 강조점이 성경에 근거한 바른 고백·선포와 그 고백·선포에 일치되는 삶의 관계에 대한 화행론 차원의 접근인 것을 본다. 지난 10여년 동안 필자는 이 일이 중요하다는 것을 믿고 가르치고 외쳐 온 셈이다. 앞으로도 그것은 변함이 없을 것이다.

처음 발표하였던 글을 필요에 따라 몇몇 부분 고치기는 하였지만, 내용상 크게 변화를 준 곳은 없다. 그동안 논문을 쓰고 발표할 동기와 계기를 만들어 주었던 한국복음주의신학회, 한국복음주의신약학회, 한국복음주의조직신학회, 한국성경신학회, 한국장로교신학회, 국제신학 대학원, 고려신학대학원의 각 기관들에 감사를 드린다. 여기에 일일이 이름을 언급하기에는 너무 많은 고마운 분들의 지도와 격려에 감사를 표하며, 이런 잘 팔리지도 않을 책을 기꺼이 출판해주심으로 앞으로의 작업을 계속 이어갈 수 있도록 응원해주신 CLC의 결정에도 감사를 표한다. 마지막으로 각 논문들의 각주자료를 취합하여 통합적인 참고문헌 목록을 작성해준 조교 신치헌 군의 수고에 감사를 표한다.

이 책을 통하여 성경의 어드레스 앞에 진실하고 책임 있는 독자로 스스로를 세울 뿐만 아니라, 나아가서 그런 성도들로 한국 교회를 보다 견고히 세우고자 하는 말씀사역에의 열망이 독자 제현 속에 더욱 증진되기를 간절히 소망한다.

2012년 5월 첫날
천안 연구실에서
최승락

목차

▶ 서문   5

▶ 제1부_ 해석학 이론들에게 말 걸기

    1장_ 미셸 푸코와 성경해석   13

    2장_ 하버마스의 의사소통행위 이론과 바울의 복음의 효과 이해   37

    3장_ 들뢰즈와 가타리의 자아 및 언어 이해에 대한 성경적 비판   73

    4장_ 바울의 덕 사상과 덕 철학의 접점 찾기   103

    5장_ '가치중립적' 성경주해 시도에 대한 신학해석학적 비판   137

    6장_ 구약 인용의 수사학: C. 스탠리와 칼빈의 비교   177

    7장_ 고백언어의 특성과 웨스트민스터 신앙고백서   207

▶ 제2부_ 성경을 통한 하나님의 말 걸기

    8장_ 목회서신의 어드레스 용례와 그 해석학적 의의   227

    9장_ 에베소서에 나타난 능력 관련 단어들과
           포스트모더니즘 능력 개념의 비교 이해   257

    10장_ 십자가와 설교 그리고 설교자의 에토스:
           고린도전서를 중심으로   279

    11장_ 베드로서신에 나타난 세상 속 그리스도인의 신행일체   295

    12장_ 칼빈의 요한일서 주석에 나타난 삶의 모드의 강조   333

▶ 참고 문헌   360

제1부_
해석학 이론들에게 말 걸기

Σὺ δέ,
ὦ ἄνθρωπε θεοῦ

"그러나 너,
오, 하나님의 사람아!"

Is There an Address in This Text?

1장
미셸 푸코와 성경해석

1. 들어가는 말

 이 글에서 우리가 중점적으로 다루고자 하는 미셸 푸코(Michel Foucault)는 1926년에 태어나 프랑스 최고의 엘리트 양성기관인 파리고등사범학교에서 공부하고, 파리의 한 정신병원에서 일한 경력을 비롯, 유럽과 북아프리카 등 많은 곳에서 가르치다가 1970년에 꼴레쥬 드 프랑스의 사상사 교수로 취임하며, 1984년 58세의 나이에 에이즈로 죽음을 맞았다. 그는 사르트르 이후 프랑스의 대표적 철학자로 알려져 있고, 데리다(Jacques Derrida), 롤랑 바르트(Roland Barthes), 이리가라이(Luce Irigaray), 라캉(Jacques Lacan) 등과 함께 포스트모더니즘의 주창자로 꼽힌다. 그는 서구 사상과 관련한 매우 방대한 영역을 자신의 학문적 주제로 다루고 있고 주된 작업 영역이 철학, 역사, 사회학, 정치학, 문학, 문화비평 등을 포함한다. 뿐만 아니라 앙가쥬망 운동가로도 널리 활동하였는데, 60년대의 학생운동과 70년대 감옥시위에 동조하고, 폴란드의 솔리데리티 운동에도 동조하는 등 다방면에서 활동하는 지성인으로서의 면모를 과시하였다. 나아가서 규범화하고 통제하려는 사회의 속성에 맞서서 '벽부수기'에도 앞장서는데 그 중 하나가 동성애자로서의 자신의 아이덴티티를 주장하고 또 이 운동을 지지한 일이 대표적이다.

푸코의 사상을 체계적으로 살피는 일은 쉽지 않은 일일 것이다. 이를 위해서는 다각도의 작업들이 이미 이루어지고 있다.[1] 이 글에서 우리가 가지는 주된 관심은 그의 사상을 전반적으로나 또는 독립적으로 다루고자 하는 것이 아니고, 어떻게 그것이 신약 해석과 신학적 논의에 반영되고 있는지를 중점적으로 살펴보고자 하는 것이다. 이런 제한된 범위 안에서 우리는 먼저 푸코 사상의 핵심적인 면들을 살펴보고, 나아가서 이를 성경해석과 신학적 논의에 적용하고 있는 몇몇 학자들의 접근을 살펴보게 될 것이다. 마지막으로 우리는 이런 접근이 가지고 있는 문제점들을 비판적으로 검토하고 이를 뛰어넘을 수 있는 하나의 대안을 제시해보고자 한다.

2. 푸코의 사상

1) 푸코의 철학적 방법

철학자로서 푸코는 기존의 철학 방법과는 매우 다른 방법으로

---

[1] 푸코에 대한 전기적 소개서로는 참고, Didier Eribon, *Michel Foucault* (Cambridge: Harvard University Press, 1991). 푸코 사상의 전반적 이해를 위해서는 참고, Gary Gutting (ed.), *The Cambridge Companion to Foucault* (Cambridge: Cambridge University Press, 1994). 해석학의 맥락 속에서 푸코의 사상을 검토하고 있는 보다 전문적인 책으로는 참고, Hans Herbert Kögler, *The Power of Dialogue: Critical Hermeneutics after Gadamer and Foucault* (Cambridge: The MIT Press, 1996). 국내에서의 푸코에 대한 소개나 연구를 위해서는 참고, 윤평중,『푸코와 하버마스를 넘어서』(서울: 교보문고, 1990, 2판 2000), 특히 258-259.

철학적 작업을 시도하고 있다. 드레퓌스와 라비노우(H.L. Dreyfus and Paul Rabinow)는 푸코의 방법을 '해석적 분석학'(interpretive analytics)이라는 이름으로 칭하고 있다.² 이는 구조주의에 바탕을 둔 '고고학적 분석'과 해석학과 연관된 '해석적 국면'을 결합시키고자 하는 시도를 일컫는 이름이다. 그러나 이 이름 자체도 그렇게 만족스러운 것은 되지 못한다. 푸코의 초기의 저작들과 보다 후기의 저작들이 가지고 있는 연관성뿐만 아니라 차이점까지도 좀 더 폭넓게 고려할 필요가 있다.³

푸코의 초기 저작들에 있어서는 소위 '역사-철학자'(historico-philosopher)로서의 그의 고고학적(archaeological) 분석 작업이 주를 이루고 있다. 기존의 역사기술과는 전혀 다른 방법으로 역사기술을 시도하고 있는 푸코의 접근은 니체의 '영향사'(effective history) 개념으로부터 영향을 받고 있다. 이 개념과 관련하여 푸코는 역사가 '영향'을 가진다는 것은 "그것이 우리의 존재에 불연속을 도입하는 한에서 그러하다"고 해석한다.⁴ 역사에 있어서 그 어떤 형태든지 형이상학적, 목적론적 총체성을 허용하지 않으려 하는 푸코는 니체를 따라 "인류의 발전은 일련의 해석들"일 뿐이라고 주장한다.⁵ 따라서 역사적 담론에 있어서는 그 어떤 형태의 초월적 주체도 논급될 필요가 없다. 거대담론으로서의 역사 대신 사소한 것들(minutia)의 이야기를 취하고 있다.⁶ 더 나아가서 푸코는 우리가 "고정적 주

---

2 Hubert L. Dreyfus and Paul Rabinow, *Michel Foucault: Beyond Structuralism and Hermeneutics* (New York and London: Harvester Wheatsheaf, 1982), viii.
3 참고, Kögler, *Power of Dialogue*, 231.
4 M. Foucault, 'Nietzche, Genealogy, History,' in *Language, Counter-Memory, Practice: Selected Essays and Interviews* (Ithaca, NY: Cornell University Press, 1977), 154.
5 Foucault, 'Nietzche, Genealogy, History,' 151.
6 참고, C.G. Prado, *Starting with Foucault: An Introduction to Genealogy* (Boulder and Oxford:

체(constituent subject) 없이도 사는 법을 배워야 하며, 주체 그 자체를 제거해야 한다"고 요구하는데, 이는 그가 얻고자 하는 것이 "역사적 틀 속에 구조화되어 있는 주체(constitution of the subject within a historical framework)를 설명해줄 수 있는 분석"이기 때문이다.[7] 이런 방식으로 푸코는 역사적 접근과 철학적 접근을 결합시키려 하고 있다.

드레퓨스와 라비노우는 푸코의 이런 접근을 가리켜 '실용적 성향의 역사적 해석'이라 부른다.[8] 이런 관점 속에서 역사를 볼 때 거기에는 과거와 현재가 있을 뿐, 미래는 항상 논외의 자리에 머물러 있다. 역사의 의미나 전체성이라는 개념을 푸코는 완강하게 거부하는 것이다. 이런 면에서 푸코의 접근은 역사적 사건들의 의미가 미래의 (재)해석에 항상 열려 있는 것으로 이해하는 하버마스(Jürgen Habermas)의 견해와 두드러진 대조를 이룬다.[9] 이는 단순히 역사 이해에 있어서 뿐만 아니라, 지식과 과학 전반에 있어서 '하나의 단일한 이론 체계'를 거부하고 '국지적, 비연속적, 비공인적, 서자적 지식들'[10]을 추구하는 푸코의 접근 방법의 특색이기도 하다.

Westview Press, 1995), 40-41.

[7] Foucault, *Power/Knowledge: Selected Interviews and Other Writings 1972-1977*, ed. by Colin Gordon et al. (Brighton: Harvester, 1980), 117.

[8] Dreyfus and Rabinow, *Michel Foucault*, 120.

[9] 참고, J. Habermas, *The Philosophical Discourse of Modernity* (London: Polity Press, 1987), 276. 하버마스의 관점에서 볼 때 푸코의 접근은 '현재주의', '상대주의', '게릴라식 비판'을 넘어가지 못한다. 푸코의 '현재의 역사'(history of the present)에 대한 논의는 참고, Mark Cousins and Athar Hussain, *Michel Foucault* (Basingstoke: Macmillan, 1934), 105.

[10] Foucault, *Power/Knowledge*, 83, 85. 푸코의 '국지적 산만담론'(local discursivities)은 흔히 들뢰즈(G. Deleuze)의 '소 지식들'(minor knowledges)과 비교되기도 한다.

2) 권력과 지식의 상관관계

푸코의 접근방법을 보여주는 후기의 대표적인 저작들로 *Discipline and Punish: The Birth of the Prison*(불어 1975, 영역 1977)과 『성의 역사』(*The History of Sexuality*) 첫째 권(불어 1976, 영역 1978)을 들 수 있다. 이 책들 속에서 푸코는 권력장치(*dispositif*)의 분석에 그의 계보학적(genealogical) 관심을 집중시키고 있지만, 이를 통해 드러내고자 하는 하나의 중심적인 논제는 권력과 지식, 권력과 담론의 연계성 문제이다.

푸코는 권력을 소유적 차원(누가 권력을 가졌는가?)에서 보지 않고, 관계나 전략의 차원(어떻게 권력이 행사되는가?)에서 보고 있다. "실재적 의미에서의 권력 '*le' pouvoir*는 존재하지 않는다"[11]는 것이 푸코의 기본적 입장이다. 권력은 하나의 소유할 수 있는 실재물로 존재하는 것이 아니라 복잡한 관계들의 그물망 속에서 "끊임없는 투쟁"이나 긴장을 야기시키는 "배열들, 책동들, 전략들, 기교들, 기능들"의 모습으로 나타난다.[12] 따라서 특정 사람들만 권력구조에 관여된 것이 아니고, 모든 사람은 타인과의 관계 속에서 권력행사의 구조 속에 놓이지 않을 수 없게 된다.

특히 푸코는 18세기와 19세기의 서구 사회 속에서 '제왕적'(monarchical) 권력 양태나 '법제적'(juridical) 권력 양태 대신 '규율적'(disciplinary) 권력 양태가 등장하고 있는 것을 주목한다. '규율적' 양태의 권력은 "사회적 몸 위에서가 아니라 그 안에서" 시행된다는 특성을 가진다.[13] 권력의 구조가 이와 같이 내면화될 때 외적, 물리

---

[11] Foucault, *Power/Knowledge*, 198.
[12] Foucault, *Discipline and Punish: The Birth of the Prison* (London: Penguin Books, 1977), 26.
[13] Foucault, *Power/Knowledge*, 39.

적 권력은 더 이상 필요치 않게 된다고 푸코는 보고 있다. 이를 그는 상징적인 언어로 "왕의 머리 자르기"라 표현한다.[14]

푸코는 이와 같이 사회적 몸 속에 내면화된 권력의 구조가 어떻게 '모세혈관적'(capillary) 성격을 띠면서 사회 구성원 개개인의 몸에 영향을 미치며, 그 행위와 태도, 담론, 학습 과정, 일상생활 전반에 그 힘을 행사하게 되는지를 분석하고 있다. '감옥의 탄생'을 다루는 책『감시와 처벌』(Surveiller et punir: naissance de la prison) 속에서 푸코가 보여주고자 하는 것이 이런 과정이다. 이 계보학적 연구 속에서 그는 왜 감옥이 특정한 시기, 즉 18세기를 전후해서 생겨났는가 하는 문제를 다루고 있다. 프랑스의 역모죄인 다미엥의 공개 처형 모습을 통해 예시하듯이 종전의 '참상식의 형벌'(punishment-as-spectacle) 방식이 갑작스럽게 수감(imprisonment) 형태로 바뀌게 된 데에는 새로운 권력 양태에 대한 인식이 작용하고 있다고 보는 것이다. 수감이라는 체제는 수감자들에 대한 지속적인 '감시'와 '객관화'와 '자료화'를 가능하게 하고, 이와 같이 축적된 지식에 근거해서 그들에 대한 권력의 행사를 가능케 한다. 따라서 내면화된 권력의 행사를 가능케 하는 감옥은 지식을 그 동반자로 요구하며, 이런 면에서 감옥은 하나의 '지식 장치'(an apparatus of knowledge)로 이해되고 있다.[15]

이와 같이 몸을 "복속되고, 활용되며, 변조되고, 개선될 수 있는" 권력 시행의 대상물로 보게 된 것이 이성의 시기에 나타난 중요한 인식의 전환이라고 푸코는 보고 있다.[16] 이를 위해서는 지속적인 감시(surveillance)가 필요하게 되고, 따라서 제레미 벤담(Jeremy

---

14 Foucault, *Power/Knowledge*, 121.
15 Foucault, *Discipline and Punish*, 126.
16 Foucault, *Discipline and Punish*, 136.

Bentham)의 panopticon(원형 교도소) 개념을 반영한 감옥의 건축구조가 도입되었다는 것이다. 이는 모든 수감자들을 "하나의 중심화된 관찰의 체제 아래에" 가두는 방식이다.[17] 푸코는 이것이 감옥을 벗어나 통제와 조작이 필요한 병동, 학교, 병영, 작업장, 수도원 등에 폭넓게 적용이 되고 있다고 지적한다. 이런 방식으로 "규율은 복속되고 연습된 몸들, 곧 '길들여진' 몸들(docile bodies)을 만들어낸다"[18]고 푸코는 주장한다.

처음에는 감옥이나 병동, 병영과 같은 제한된 사회 속에서 이루어지고 있던 이런 규율적, 모세혈관적 권력행사가 점차 일반 사회 속으로 확대되어감으로써 사회 조직 자체가 하나의 '유폐적 그물망'(carceralization) 되는 과정을 푸코는 관찰하고 있다. 이는 사람들을 효율적 관리의 대상으로 보는 행정적, 관료적 인식에 의해 더욱 촉진된다. 규율적 권력이 사회 전반에 '침투하는'(infiltrating) 과정에 대한 푸코의 설명은 많은 부분에 있어서 경제적, 행정적 하부조직(subsystems)에 의해 '삶의 세계'(life-worlds)가 식민화(colonization)되는 과정을 그리고 있는 하버마스의 견해[19]와 유사성을 가진다. '유폐적 그물망' 사회에 대한 푸코의 비판은 그 속에서 권력이 규범화하고 벌주는 방식으로 행사되는 것을 '자연스럽고 당연한' 것으로 받아들이게 하는 것에 대한 비판으로 이어진다. 푸코는 이를 다소 복잡한 표현으로 '유폐적 그물망' 사회는 "규율하는 기술적 권력을 '합법화' 함으로써, 벌주는 법적 권력을 '자연스러운 것'으로 만든

---

17 Foucault, *Power/Knowledge*, 146.
18 Foucault, *Discipline and Punish*, 138.
19 Habermas, *The Theory of Communicative Action*, 2 vols (London: Polity Press, 1984-1987), II, 333.

다"[20]고 정리한다. 다시 말해서 규율적 권력이 차츰 법적 구속력을 가지는 방식으로 시행되는 관료적 사회가 됨과 더불어서, 사회적 규범을 어기는 것에 대해 벌을 주는 것도 마치 당연한 것인 양 자연스럽게 받아들여지게 되었다는 것이다.

푸코는 이런 현상과 관련하여 '중심화'하려는 권력의 시행과 '탈중심화'하려는 저항의 자유 사이의 그치지 않는 투쟁을 언급하고 있다. 굴복되지 않으려는 것을 굴복시키기 위해 권력을 강화하는 것은 그에 따른 저항으로 말미암아 오히려 권력의 약화를 가져올 따름이다.[21] 이런 상황 가운데서 권력과 저항의 자유 사이에는 그치지 않는 투쟁이 빚어진다. 니체가 보는 것처럼, 만인의 만인에 대한 투쟁과 전략적 접근이 이루어진다. 푸코가 이 과정 속에서 합리적 판단의 가능성을 구분해내지 않는 것이 하버마스와의 큰 차이이다.[22] 하버마스는 전략적 조작 행위와 해방적 의사소통 행위를 구분함으로써 투쟁들 가운데서도 사회적 합의의 가능성을 배제하지 않고 있다. 그러나 푸코에게 있어서는 '중심화'하려는 권력과 '탈중심화'하려는 저항 사이의 "으르렁거리는 먼 싸움의 소리"[23]만 들려올 뿐이다.

우리는 이 부분에서 권력과 지식의 연계성에 대한 푸코의 생각을 살펴보았다. 권력이 내재화된 사회 구조 안에서는 권력행사

---

[20] Foucault, *Discipline and Punish*, 303.

[21] Foucault, 'The Subject and Power,' in Hubert L. Dreyfus and Paul Rabinow, *Michel Foucault: Beyond Structuralism and Hermeneutics* (New York and London: Harvester Wheatsheaf, 1982), 208-26 (225).

[22] 이에 대해서는 참고, Axel Honneth, 'The Other of Justice: Habermas and the Ethical Challenge of Postmodernism,' in *The Cambridge Companion to Habermas*, ed. by Stephen K. White (Cambridge: Cambridge University Press, 1995), 289-323.

[23] Foucault, *Discipline and Punish*, 308.

가 지식을 떠나서 이루어질 수 없고, 또 권력을 지향하지 않는 '가치중립적' 지식이란 있을 수 없다는 것이 푸코의 핵심적인 주장이다.[24] 이런 면은 권력과 담론 또는 말과의 관계에도 적용된다. 이 영역이 지식과 별개의 영역인 것은 아니겠지만, 뒤의 논의를 위해 우리는 이점을 좀 더 자세히 살펴보고자 한다.

3) 권력과 담론의 상관관계

푸코에게 있어서 권력은 지식을 통해 시행되며 또한 권력은 담론을 형성한다. 권력과 담론 형성의 관계에 대해서 푸코는 『성의 역사』 첫째 권에서 이를 자세히 다루고 있다. 계보학적 접근을 통해 푸코는 서구 사회 속에서 성 자체가 어떻게 성에 대한 담론으로 전환되어 갔는지를 밝힌다.[25] 성을 관리와 통제의 대상으로 인식하는 과정 속에서 성이 권력 장치와 연결되는 방식은 억제의 방식으로가 아니라 오히려 성에 대한 담론의 확산을 통해서 이루어지게 되었다는 것이 푸코의 관찰이다. 교육과 의료를 통한 성의 통제 과정 속에서 성 도덕의 규범화가 이루어지게 되었다고 보고 있다.

푸코는 이런 과정 배후에서 작용하고 있는 권력의 한 양태로 '목회적 권력'(pastoral power)을 언급한다. 이런 양태의 권력은 제왕적 권력처럼 타인의 희생을 요구하기만 하는 권력이 아니라 오히려 타인의 유익을 위하여 스스로를 희생하는 방식으로 시행되는 권력이다. 이것이 제대로 시행되기 위해서는 "사람들의 마음 내면을 알

---

[24] "It is not possible for power to be exercised without knowledge, it is impossible for knowledge not to engender power." Foucault, *Power/Knowledge*, 52.
[25] Foucault, *The History of Sexuality: An Introduction* (Harmondsworth: Penguin Books, 1978), 11.

지 못하면 안 되고, 그 영혼을 살피지 않으면 안 되며, 그들로 하여금 자기들의 가장 깊은 비밀들까지도 밝히게 하지 않으면 안 된다."[26] 따라서 '목회적 권력'의 행사를 위해서는 '고백'이 가장 필수적인 요소가 되고 있다.

푸코는 이와 같은 '목회적 권력'의 작용이 한 면에서는 성의 규범을 제공하고, 또 다른 한 면에서는 '고백'의 방식을 통해 성에 대한 지속적 감시를 가능하게 한다고 보고 있다. 이런 양태의 권력은 서구 사회 속에서 1215년의 4차 라테란 공회 이후 하나의 성사 형태로 제도화된 것으로 보고 있다. 푸코에 따르면 성에 대한 담론은 "쾌락을 아는데서 오는 쾌락"의 방식으로 "지식에의 의지"(will to knowledge)에 동기를 부여하며, 이는 다시 권력의 행사로 이어진다.[27] 따라서 권력과 지식의 연계성뿐만 아니라 권력-지식-쾌락(power-knowledge-pleasure)의 연계성이 형성되며, 이 가운데서 담론은 생략될 수 없는 중요한 역할을 부여받고 있다. 결국 푸코는 서구 사회에 있어서 고백이 진리 산출을 위한 중요한 통로가 되고 있는 점을 지적한다. 서구 사회는 사람들로 하여금 어디를 가든지 자신에 대해 고백하지 않을 수 없도록 만들어 놓았다는 것이다. 사법기관이나 병원, 학교, 가족 관계 등의 모든 일상적인 영역에서나 가장 장엄한 의식의 순간에도 사람들은 고백을 한다. 사람들은 사적이든 공적이든 거의 모든 일들에 대하여 "그 부모에게나, 선생에게나, 의사에게나, 연인에게나" 고백을 하고 있다는 것이다. 이와 같이 '목회적 권력'의 행사가 고백적 형태의 담론과 연계됨을 보임으로써, 푸코는 권력행사가 담론 형성과 직접적인 연관을 가지고 있

---

[26] Foucault, 'The Subject and Power,' 214.
[27] Foucault, *History of Sexuality*, 77.

음을 보여주고자 하는 것이다.

그렇다면 지식이 권력 동기를 떠나 '가치중립적' 지위를 가질 수 없는 것과 마찬가지로, 사람의 말 또한 권력 동기와 무관할 수 없다는 것이 푸코의 결론이다. 이상과 같은 권력과 지식, 권력과 담론의 연계성에 대한 푸코의 이해가 성경해석에는 어떤 방식으로 적용되고 있는가? 우리는 몇 사람의 신약학자들의 예를 통해서 이 점을 보다 구체적으로 살펴보고자 한다.

3. 푸코의 시각으로 신약 읽기

1) 스티븐 무어의 바울과 요한 해석

바울의 십자가 이해를 푸코의 수감 제도의 측면에서 해석하는 사람으로 스티븐 무어(Stephen D. Moore)가 있다. 그의 책 *Poststructuralism and the New Testament*에서 무어는 푸코의 표현을 빌려서 십자가 형벌의 끔찍한 '참상'(spectacle)이 바울에게 와서는 '내면화된 자기통제'(internalized self-policing)의 장치가 되었다고 말한다.[28] 푸코가 보여주고 있는 18세기의 수형제도의 개혁은 1세기의 맥락에서 볼 때 바울이 십자가의 체형을 내면화된 속죄이론으로 바꾸고 있는 것과 비교될 수 있다고 보는 것이다. 조셉 루즈(Joseph Rouse)가 지적하는 감옥 개혁의 '아이러니적 측면'[29]이 바울에게서도

---

[28] Stephen D. Moore, *Poststructuralism and the New Testament: Derrida and Foucault at the Foot of the Cross* (Minneapolis: Fortress, 1994), 99.

[29] J. Rouse, 'Power/Knowledge,' in *The Cambridge Companion to Foucault*, 98-99.

나타나고 있다고 무어는 지적한다. 다시 말해서 감옥 개혁이나 성의 해방이 규율적 사회의 '전제주의적 철권'을 '인권주의의 벨벳 장갑' 뒤에 감추어주는 결과를 낳고 있다는 것이다.[30]

바울이 십자가의 '참상'을 내면화된 통제 수단으로 바꾸어 놓은 획기적인 인식변환의 결과로 믿는 자들은 '하나님의 아들'(God's son) 안에서 '하나님의 감옥'(God's prison) 안으로 옮겨지게 되었다고 보는 것이다. 무어는 이것을 God's (pri)son이라는 방식으로 표현한다.[31] 감옥 안에서 수감자들에게 부단한 감시와 통제가 이루어지듯이 '그리스도 안'에서 '하나님의 감옥'에 수감된 그리스도인들 위에도 유사한 내면화된 '규율'이 가하여짐으로 말미암아 푸코가 말하는 '길들여진 몸'(docile body), 바울의 표현으로는 '쳐서 복종케 하는 몸'(고전 9:27)을 이루게 된다고 말한다. 감옥 안에서 '규율적 권력'이 수감자들에 대하여 '모세혈관적' 구체성을 가지며 행사되는 것과 같이, 바울에게 있어서도 내면화된 규율은 그리스도인의 몸에 대하여 매우 구체적 통제력을 행사한다.

뿐만 아니라 권력의 행사가 고백과 서류화 혹은 축적된 지식의 바탕 위에서 행사되는 것과 같이, 바울의 후예들은 고백을 하나의 성사로 제도화함으로써 '목회적 권력'이 지속적으로 작용하는 길을 열어놓고 있다고 보고 있다.[32] 무어는 이와 같이 십자가를 내면화된 권력 장치에 연계시킴으로써 하나의 푸코식 바울 해석을 시도하고 있다.

무어의 푸코식 성경읽기는 요한에 대해서도 적용된다. 그의 또

---

[30] Moore, *Poststructuralism and the New Testament*, 98.
[31] Moore, 'God's Own (Pri)son: The Disciplinary Technology of the Cross,' in *The Open Text: New Directions for Biblical Studies?*, ed. by Francis Watson (London: SCM, 1993), 121-139.
[32] Moore, *Poststructuralism and the New Testament*, 110.

다른 책 *God's Gym*에서 무어는 푸코의 관찰을 빌려서 유럽에서 18, 9세기에 인체에 대한 병리학적 해부가 대대적으로 시행된 것과 성경 비평이 본격적으로 시작된 것은 그 동기와 궤적을 같이한다고 보고 있다.[33] 다시 말해서 인간의 시신을 해부함으로써 산 사람에 대한 지식을 얻고자 하였던 것처럼, 죽은 책(시신)이 된 성경을 해부함으로써 산 종교에 대한 지식을 얻고자 시도하였다는 것이다. 그런데 이와 같은 지식의 축적이 권력의 행사와 연계되는 것처럼, 성경의 비평이 기구적 교회나 세속 기관들의 통제와 권력행사의 동기와 맞물려 있다고 보는 것이다. 이런 면에서 무어는 자신의 학자적 딜레마를 토로한다. 세속 대학의 교수로서 비평의 메스를 들지 않을 수 없는 위치에 있지만, 그러나 그 자신은 이런 기구적 권력 행사의 동기에 가담하고 싶어 하지는 않는다.

이런 맥락 속에서 무어가 주목하는 것은 "내 살을 먹으라"(요 6:53 등)는 요한복음의 권고이다. 다시 말해 먹기 위해 자르는 것이지 시신을 해체하여 지식을 획득하고 나아가 주어진 사람들(학생이든 교인이든) 위에 권력을 행사하기 위한 목적에서 자르지는 않는다는 것이다. 이와 같이 성경을 해부하지 말고 통째로 먹을 때 여기에 '정신을 바꾸는 효과들'(mind-altering effects)[34]이 나타날 수 있을 것이라고 암시한다.

한 면에서 우리는 무어의 시도가 기존의 비평적, 분석적 성경해석에 대한 일침을 가하고,[35] 성경을 '통째로 먹는' 일, 곧 그 자체의 일체성을 가진 텍스트로 받아들이는 일의 중요성을 부각시키

---

33 Moore, *God's Gym: Divine Male Bodies of the Bible* (London and New York: Routledge, 1996).
34 Moore, *God's Gym*, 71.
35 그는 이것을 일종의 '폭력의 행사'로 보고 있다, Moore, *God's Gym*, 139.

고 있는 점에서는 그의 제안이 바람직하다고 본다. 그러나 또 다른 한 면에서는 그가 기대하고 있는 진정한 변화의 효과가 '예수'의 실재와 관련된 거부감 주는 요소를 아울러서 통째로 삼켜버리는 방식으로 이루어질 수 있을 것인지에 대해서는 의문을 표하지 않을 수 없다. 요한복음은 예수의 십자가에서의 죽음이라는 참상을 결코 피해가려 하지 않는다. 죽은 예수의 시신으로부터 물과 피가 분리되어 흘러나오는 끔찍한 장면은 우리의 믿음을 위하여 불가피한 요소가 되고 있다. 요한은 목격자의 생생한 증언을 빌어 "그 증거가 참이라"(요 19:35)고 강조하며, 또한 이 참된 증거가 있어야만 이를 통해 "너희로 믿게 하려 함이니라"고 말한 것처럼 우리에게 믿음의 결과가 생겨난다.

피 흘리는 예수의 몸이 거부감을 준다고 해서 그의 고난의 사건을 '내면화'시킬 수는 없다. 포스트모던 시대의 사람들이 추구하는 구원적 효과는 예수의 어떠함에 따라오는 것이지 그것을 앞서 결정하는 요소가 되어서는 안 된다.[36] 이런 점이 우리가 무어의 푸코식 바울과 요한 해석을 따라갈 수 없는 이유이다.

2) 카스텔리와 와이어의 '차이'를 위한 목소리

푸코의 사상에 근거한 바울 해석의 또 다른 한 예로 엘리자벳 카스텔리(Elizabeth A. Castelli)를 들 수 있다. 그녀의 책 *Imitating Paul: A Discourse of Power*에서 카스텔리는 바울이 '나를 본받으라'고 말하는

---

[36] 참고, George R. Beasley-Murray, *John* (WBC 36, Waco, Texas: Word Books, 1987), xiii. Vernon H. Neufeld 역시 그리스도가 우리에게 주는 구원적 효과는 그가 그리스도일 뿐만 아니라 '예수'라는 사실에 근거함을 강조한다. 보라, Vernon H. Neufeld, *The Earliest Christian Confessions* (Grand Rapids: Eerdmans, 1963), 94, 106.

본문들(명시적으로 살전 1:6, 2:14; 빌 3:17; 고전 4:16, 11:1 그리고 암시적으로 갈 4:12) 배후에 숨어 있는 바울의 권력 동기를 밝히려 하고 있다. 이런 작업을 함에 있어서 카스텔리는 푸코가 말하는 권력과 담론의 연계성에 전적으로 의존하고 있다.

카스텔리는 바울이 자신의 공동체들 가운데서 이미 확보하고 있는 지위를 강화하고 확대하기 위한 목적에서 '차이'를 소멸하는 '동질의 경제성'(economy of sameness)을 그의 담론을 통해 추구하고 있다고 보는 것이다.[37] 푸코의 '통제의 경제성'이 하는 것과 같은 차원에서 이 '동질의 경제성'은 바울의 공동체들 가운데 하나의 '규범'(norm)의 기능을 수행함으로써 이를 따르는 자들과 이탈자들을 분리해 놓게 된다는 것이다. 규율적 권력이 자연스러운 것으로 받아들여지는 푸코의 '유폐적 그물망' 사회와 마찬가지로, 바울의 공동체들 속에서도 "본받음의 이데올로기가 너무나 자연스러운 것이 되고, 권력 관계가 당연시됨으로 말미암아, 권력과 정체성에 대한 의문이 거의 제기되지 않았다"[38]고 카스텔리는 분석한다. 따라서 다르게 보고 다르게 말할 수 있는 '차이'의 시각이 점차 퇴색되어 갔다는 것이다. 바울의 본받음 언어에 대한 카스텔리의 비평의 목적은 이 받아들여진 규범성이 본래적인 것이 아니라 우발적(contingent) 성격을 가진다는 것을 드러냄으로써 '동질의 경제성'을 넘어 '차이'의 가치를 회복하고자 하는 것이다.

카스텔리는 푸코가 지식에 대해 말하는 것과 동일한 논조에서 바울의 담론이 사람들이 흔히 인식하듯이 그렇게 '순수'하지 않고

---

[37] Elizabeth A. Castelli, *Imitating Paul: A Discourse of Power* (Louisville: Westminster/John Knox, 1991), 17, 57, 103.
[38] Castelli, *Imitating Paul*, 22.

오히려 권력행사를 위한 수사적 전략의 성격을 가진다고 지적한다. 따라서 이 담론들 배후에 자리 잡고 있는 숨은 권력 동기를 밝혀내는 것이 오늘의 독자들에게도 '해방적' 효과를 가진다고 주장한다. 이는 푸코의 계보학적 접근(genealogy)이 역사를 단순히 과거적 관심에서 보지 않고 현재적 비판을 위한 통로로 사용하는 것과 같다. 바울의 은밀한 자기추구를 폭로함으로써 동질화의 추구를 자연시 할 것이 아니라 오히려 차별성의 극대화를 도모함으로써 오늘날의 주변화 된 사람들이 자기 목소리를 찾게 하고자 하는 것이 카스텔리의 목표인 것이다.

그러나 이런 '해방적' 효과가 어떻게 이루어질 수 있을 것인가 하는 문제를 진지하게 생각하고자 한다면, 우리는 먼저 바울이 추구하고 있는 것이 카스텔리가 매도하듯 일방적 '자기추구'인가 하는 점을 묻지 않을 수 없다.[39] 바울의 서신들은 오히려 복음을 위한 바울의 자기희생과 십자가적 삶의 모습을 더 강하게 보여주고 있다. 바울이 제시하는 복음은 타인의 통제를 위한 자의적 도구가 되고 있지 않고, 오히려 자기를 포함하여 모든 사람들이 하나님의 판정 앞에 서게 하는 자기비판을 가능하게 하고, 나아가 하나님의 궁극적 권리와 주권적 승리의 선언이 되고 있다.

카스텔리와 마찬가지로 와이어(Antoinette C. Wire) 역시 유사한 관점에서 바울에게 접근하고 있다. 와이어는 그녀의 책 *The Corinthian Women Prophets*에서 고린도 교회의 갈등의 문제를 남성과 여성의 지도력 문제로 풀이하고 있다. 새 창조의 질서 속에 남녀의 동등

---

[39] 이와 관련한 보다 자세한 논의를 위해서는 데살로니가전후서를 화행론(speech-act theory)의 관점에서 해석하고 있는 필자의 졸저『말씀사역의 본질과 능력』(서울: 좋은 씨앗, 2002) 참고.

됨을 포함시키는 갈라디아서 3:28과 달리 고린도전서 12:12-31에서 바울이 이 부분을 삭제하고 있는 것은 남성 특권을 강화하기 위한 그의 숨은 동기의 반영으로 보고 있다.[40] 바울의 가부장적 '통제'의 관심은 그가 의도적으로 사용하는 '아비'에 관한 언어(고전 4:15)에서도 드러나고 있다고 비판한다.[41] 이것이 결국 고린도 교회 여성 선지자들의 반발을 불러오게 되고, 그들은 수건쓰기를 거부하는 행동으로 그 반감을 표출하였다고 보는 것이다.

카스텔리와 와이어 이외에도 루신다 브라운(Lucinda A. Brown)은 이런 '통제'의 관심이 목회서신들 가운데 제시되는 덕과 악의 목록들 속에서 뚜렷이 드러난다고 주장한다.[42] 금욕적 삶의 스타일을 높이 치는 것은 결국 공동체 내의 권력 싸움의 맥락에서 볼 때는 교인들을 '체크'하고 통제하고자 하는 목적과 결부된다는 것이다. 이는 푸코의 '규율적 권력'이 권력 자체로 독립되어 있는 것이 아니라 삶의 모든 부분들 속에 '모세혈관적' 통제를 행사한다는 관점을 도입한 분석이다.

권력의 문제는 최근의 사회-수사학적(socio-rhetoric) 비평의 활기와 더불어 매우 빈번하게 논의되는 주제들 가운데 하나가 되고 있다. 그러나 우리가 살펴본 비평가들이 제시하는 권력과 통제의 관심이 신약의 기자들이 제시하는 복음을 정당하게 평가하는 것인가 하는 점을 우리는 지속적으로 묻지 않을 수 없다. 권력추구의 동기가 사회와 문화 각 분야뿐만 아니라 교회 내에서도 두드러지게 드

---

[40] Antoinette C. Wire, *The Corinthian Women Prophets: A Reconstruction through Paul's Rhetoric* (Minneapolis: Fortress, 1990), 126, 185-86.

[41] Wire, *Corinthian Women Prophets*, 47.

[42] Lucinda A. Brown, 'Asceticism and Ideology: The Language of Power in the Pastoral Epistles,' *Semeia* 57 (1991), 77-94.

러나고 있는 점을 볼 때 이런 비판의 목소리가 한층 더 증폭될 수밖에 없다는 것을 인정하지 않을 수 없지만, 그러나 이것은 단순한 현상의 비판에 그칠 뿐 대안 제시에는 빈약성을 보이고 있음을 지적하지 않을 수 없다. 바울이나 요한이 증거하는 복음의 능력은 세상을 향하여 사랑 가운데 움직여 오신 하나님의 결정적 행위라는 그 내용 자체에서 그 힘을 얻고 있다. 이를 증거하기 위해 부름 받은 사역자의 조건은 사역자 자신의 '자기추구'가 아니라 끊임없는 '자기부인' 가운데 세상을 향한 하나님 자신의 행위에 그 자신을 복속, 일치시키고, 그럼으로써 복음 자체의 능력과 매력이 있는 그대로 드러나게 하는 일임을 재삼 강조하지 않을 수 없다.

4. 평가

이제 우리는 위와 같은 접근들이 가지는 문제점들이 무엇인지를 몇 가지로 정리해보고자 한다. 우선 조셉 루즈가 잘 지적하는 것처럼, 푸코는 역사 속에 끊임없는 '투쟁성과 싸움'을 위치시키고 있다.[43] 왜냐하면 푸코의 관점에서 역사를 볼 때 거기에 나타나는 것은 의미와 진리 같은 것이 아니라 갈등과 전략들과 권력 투쟁 같은 것들일 뿐이기 때문이다. 푸코 자신이 말하는 것처럼, "우리를 묶고 우리를 결정하는 역사는 언어의 모습을 띠기보다 전쟁의 모습을 띠며, 의미의 관계가 아니라 권력의 관계를 띠고 있다."[44] 이런 면에서 푸코에게는 말의 상실, 말을 통한 관계 맺음의 상실이 예고

---

[43] Rouse, 'Power/Knowledge,' 113.
[44] Foucault, *Power/Knowledge*, 114.

되고 있다. 우리는 인격 상호 간의 약속을 더 이상 약속으로 받을 수 없는 상황에 이를 것이고, 하나님의 약속 또한 의미 없는 것이 되고 말 것이다. 이것이 우리에게 요구하는 대가는 너무 큰 것이 아닌가?

두 번째로 푸코에게는 진리의 기준이 상실되고 있다. 그에게 문제가 되는 것은 "그 자체로서는 참도 거짓도 아닌 담론들 가운데서 어떻게 진리의 '효과들'이 산출되는가"[45] 하는 점일 뿐이다. 그러나 모든 것을 권력 관계의 측면에서 이해한다고 할 때, 이런 효과들 역시 쉽게 조작의 대상이 될 수 있다. 또는 하버마스가 묻고 있는 것처럼 권력의 행사를 위해 사용하는 전략이 성공적이냐 아니냐를 판가름 하는 합리적 판단 기준을 어디에 둘 것이냐 하는 질문에 대하여서도 푸코는 대답을 하기 어려울 것이다. 그에게는 '범상황적'(transcontextual), '상호주체적'(inter-subjective) 합리성의 여지가 남겨져 있지 않다.[46] 특히 십자가의 언어와 관련하여 그것의 '효과들'만을 이야기하는 것은 바울 자신이 심각하게 의문을 던지고 있는 부분이기도 하다. 고린도 교회의 소위 힘 있는 지도자들은 '말의 지혜'(sophia logou, 고전 1:17) 속에 복음을 용해시킴으로써, '십자가의 말'(logos tou staurou, 고전 1:18)이 가지는 전 삶의 변화, 곧 약한 자들의 약함을 나누는 삶의 실천 속에서 십자가적 삶을 구현하는 일에 실패하였는데, 그 결과는 결국 십자가 언어 자체의 왜곡이다.[47] 바울의

---

[45] Foucault, *Power/Knowledge*, 118.
[46] Habermas, *Philosophical Discourse of Modernity*, 292.
[47] 십자가의 말과 십자가적 실천을 연계시킴으로써 성경 텍스트의 진리 주장을 전략적, 조작적 코드 이상의 차원에서 이해하고자 하는 학자들의 접근으로는 참고, Dale B. Martin, *Slavery as Salvation: The Metaphor of Slavery in Pauline Christianity* (New Haven and London: Yale University Press, 1990), Raymond Pickett, *The Cross in Corinth: The Social Significance of the Death of Jesus* (JSNTSup 143, Sheffield: Sheffield Academic Press, 1997).

언어가 그 언어에 합당한 삶의 스타일 속에서 분명한 판별력을 가지는 것에 비해 푸코는 이런 판별의 기준 자체를 잃어버리고 있는 것이다.

세 번째로 쾨글러와 밀뱅크(John Milbank)가 잘 지적하고 있는 것처럼, 푸코는 '대화'와 '상호성'의 관점을 잃어버리고 있다.[48] 특히 서구 사회에 있어서 기독교가 '목회적 권력'의 뿌리가 되고 있다는 푸코의 주장에 대해 밀뱅크는 성경적 기독교는 오히려 남성이나 여성의 일방적 통제 대신 결혼의 경우에 있어서도 그 상호성을 강조하고 있다는 점을 지적한다.[49] 푸코의 한계는 데카르트 이후의 합리주의에 대해서는 급진적인 비판을 가하고 있지만, 결국 그것이 가지고 있는 개인주의 자체는 극복하지 못하고 있다는 점이다.

네 번째로 푸코는 진리와 비진리의 대립 구조를 인정하려 하지 않기 때문에 이데올로기 비판 자체는 반대하고 있지만,[50] 텍스트 해석의 차원에 있어서는 텍스트의 형성이나 해석의 과정에 관련자들의 이해가 개입한다는 점을 부각시키는 면에 있어서 양자가 서로 유사성을 가지며, 오히려 푸코는 이데올로기 비판보다 한층 급진적인 상대주의의 입장을 취하고 있다. 이데올로기적 이해관계는 텍스트 형성 과정에 영향을 주기도 하며(이데올로기 비판의 영역) 그 해석 과정에 작용하기도 하고(사회비평적 해석학의 영역), 또는 물질적 생산의 차원에서 파악되기도 하고(맑스주의자), 권력과 지식의 역학 관계 속에서 파악되기도 한다(푸코). 이런 다양한 측면들은 해석의 과정에 있어서 우리로 하여금 텍스트의 상황적 요소나 독서의 목

---

[48] Kögler, *Power of Dialogue*, 7, John Milbank, *Theology and Social Theory: Beyond Secular Reason* (Oxford: Blackwell, 1990), 293.

[49] Milbank, *Theology and Social Theory*, 293.

[50] Foucault, *Power/Knowledge*, 118.

적이나 동기 등을 보다 세밀히 검토하도록 만든다. 그러나 이런 측면들에 대한 고려는 해석자나 해석적 행위, 해석의 대상 등을 사회적 구성체(social constitution) 속에 환원시켜 버리는 것과는 구별되어야 한다. 예를 들어, 성경이 하나님에 대해 말하는 것은 그것을 말하는 자들이나 읽는 자들의 사회적 상황이나 위치에 대하여 말하는 것으로 다 말해진 것인가? 하나님의 언어 외적 실재(extra-linguistic reality)에 대해서 우리는 침묵해야 하는가? 이런 면에서 푸코와 그의 추종자들은 한 부분을 말하면서 그것을 전체화시키는 실수를 범하고 있다.

다섯 번째로 이런 접근들이 그 내용과 성격에 있어서 보다 급진적인 주제, 곧 신적 개입과 인정, 신적 심판의 급진성 등과 같은 신학적 주제들을 어떻게 담아낼 수 있느냐 하는 것이다. 예를 들어, 나인함(Dennis Nineham)이 제시하듯이 이스라엘의 바벨론 포로사건을 하나님의 심판으로 보는 성경저자의 관점을 무시하고 단순히 정치적, 경제적 요인으로 인한 사건으로 보는 것으로 우리는 쉽게 만족할 수 있을 것인가?[51] 보다 큰 문제는 다원주의적 입장에 서서 성경의 증언의 세계를 궁극적으로는 인간의 경험적 영역이나 사회적 구성의 범주 속에 환원시켜 버리게 될 때, 성경 속에 증언되고 있는 하나님의 개입, 하나님의 행위에 대한 신학적 주제들은 도외시될 수밖에 없다는 사실이다. 이런 관점을 채용하는 사람들은 그들의 작업이 역사적, 문학적 차원에서 나름대로 성경해석에 기여한다고 주장하겠지만 그러나 이론을 떠나 실제적인 면에 들어오게 되면 이런 입장들이 반(反)신학적 접근의 교두보 역할을 하게 됨을

---

[51] Nineham, *The Use and Abuse of the Bible* (London: SCM, 1976), 108-109.

또한 잘 간과해야 할 것이다. 이런 제한된 범주 안에서 성경읽기를 통하여 '해방적 효과'를 말하는 것은 항상 또 다른 투쟁과 해방의 논리를 불러오지 않을 수 없을 것이다.[52] 예를 들어, 남성과 여성의 대립 관계를 전제하고 출발하는 해방의 논리가 그러하다. 우리는 보다 근원적으로 여성과 남성 모두를 포함한 인간성 전체가 어떻게 하나님이 허락하시는 자유와 동등성과 상호성을 얻고 또 누릴 수 있을 것인지를 물어야 할 것이다.

한 걸음 더 나아가서 우리는 텍스트나 담론 가운데서 저자나 화자의 존재를 거부하기만 해야 할 것인지 묻지 않을 수 없다. 텍스트나 담론 속에 반영되고 있는 저자나 화자의 의도가 항상 부정적이며 또한 배제되어야만 할 성질의 것인가? '의도의 오류'(fallacy of intention)를 두려워한 나머지 이런 문제 자체를 논하지 않는 것이 오늘날의 비평학계의 습관이 되고 있다. 물론 우리가 피해야 할 것은 저자가 어떤 멘탈리티 속에서 텍스트를 생산했는가 하는 다분히 심리학적 측면에서의 추측이겠지만,[53] 그렇다고 하여 텍스트가 일정한 의도성을 가지며 독자를 저자와의 교제 속으로 초청하는 측면을 가진다는 것을 통째로 부정해서는 안 될 것이다. 특히 성경의 해석에 있어서 우리는 인간적 저자만 아니라 신적 저자도 고려해야만 하는 특수성을 가지고 있다.

이런 면을 고려할 때, 오늘날 '독서의 윤리성' 문제를 제기하는

---

[52] 이런 측면과 관련해서는 참고, Anthony C. Thiselton, *Interpreting God and the Postmodern Self: On Meaning, Manipulation and Promise* (Edinburgh: T&T Clark, 1995), 162.

[53] '저자의 의도'(authoral intention) 자체와 텍스트 해석은 구분할 필요가 있겠지만, 텍스트가 가지는 보다 공공적 측면인 '의도적 행위'(intentional action)는 분명 구명되고 해석되어야 할 요소이다. 이 점과 관련하여 참고, N. Wolterstorff, *Divine Discourse: Philosophical Reflections on the Claim that God Speaks* (Cambridge: Cambridge University Press, 1995), 93, 149.

것이나,[54] 독서행위 가운데서 이루어지는 대화와 만남에 대한 강조, 화행 이론(speech-act theory)과 같은 하나의 대안적 관점의 제시 등은 과격한 독자반응 이론이나 해체주의적 대안 없는 '뒤흔들기' (solicitation)[55]가 만들어 놓은 소용돌이를 헤쳐갈 수 있는 설득력 있는 대안들이 될 수 있을 것이다.

5. 나가는 말

이상에서 우리는 권력과 지식, 권력과 담론의 연계성을 주장하는 푸코의 사상과 이것이 신약의 해석에 적용되고 있는 구체적인 예들을 살펴보았다. 이런 접근들이 목표로 삼는 것은 순진해 보이는 지식이나 말의 배후에 숨겨져 있는 권력 동기를 밝혀내고, 이를 통해 텍스트가 가지는 '해방적 효과들'을 현재적 시점 속에서 실현해보고자 하는 것이다. 그러나 우리는 진정한 해방적 효과들이 어디로부터 오는 것인지를 묻지 않을 수 없다. 그것이 현재주의 속에 빠져 미래의 가능성을 닫아버린 가운데서 추구되고 있지 않은가? 그것이 사회적 구성 속에 모든 관계를 설정하려 함으로 인해 각 인격 주체들의 자유로운 결단과 책임과 헌신과 공동체적 관계를 봉쇄해버리는 가운데서 추구되고 있지 않은가? 그것이 철저한 비실재주의의 늪에 빠져 있음으로 인해 참과 거짓의 분별력을 잃어버린 채 추구되고 있지 않은가?

오늘날 '많은' 사람들이 종교를 그 권력 행사의 도구로 사용하는

---

[54] 참고, Kevin J. Vanhoozer, *Is There a Meaning in This Text?* (Leicester: Apollos, 1998), 376.
[55] 보라, Jacques Derrida, *Writing and Difference* (London: Routledge, 1978), 6.

예들이 있다. '많은' 경우에 우리는 사람들의 진리 주장을 상대화해서 보아야 하는 예들이 있다. 그러나 그런 이유 때문에 우리가 '모든' 것들을 다 권력 관계 속에서 보아야 하는 것은 아니다. 우리는 오히려 어떤 것이 진정한 해방의 길이며, 어떤 것이 진정한 복음의 길인지를 더 깨어 있는 관심을 가지고 찾지 않을 수 없다. 대안은 사람 자신에게서 찾아지는 것이 아니고 하나님의 결정적 구원의 행위와 그 말씀 가운데 있기 때문이다. 하나님은 우리 안에 선한 뜻을 일으키신다. 그것은 권력에의 의지가 아니라 사랑에의 의지이다.

2장
하버마스의 의사소통행위 이론과 바울의 복음의 효과 이해

1. 들어가는 말

우리가 사도행전을 통해 확인할 수 있는 바울의 복음 선포와 논증의 파레시아(parrēsia)는 놀라운 모습을 가졌던 것으로 보인다. 예를 들어 에베소 회당에서 바울은 "석 달 동안을 담대히 하나님 나라에 대하여 강론하며 권면하였다"고 증거한다(행 19:8). 분사형태로 된 강론함(dialegomenos)과 권면함(peithōn)은 바울이 사용한 스피치의 형식들을 나타낸다. 바울은 이런 스피치 형식들을 사용하여 에베소의 청중들 앞에서 자유롭고 담대한 능변을 구사하였다(eparrēsiazeto). 로마에서도 바울은 "아침부터 저녁까지 강론하여(exetitheto) 하나님 나라를 증거하고(diamartyromenos) 모세의 율법과 선지자의 말을 가지고 예수의 일로 권하였다(peithōn)"고 말한다(행 28:23).

우리는 여기에서 바울의 복음사역과 관련한 스피치의 형태가 다양하게 나타나고 있는 것을 본다. 때로는 논증적 방식으로, 때로는 설득적 방식으로, 또 때로는 증언적 방식으로 다양한 청중들에게 접근하였지만, 이 모든 것을 수행할 때 그에게는 파레시아가 있었다는 것을 보여준다. 사도행전 28:24이 보여주는 것처럼 어떤 사람들은 설득되었고 또 어떤 사람들은 설득되지 않기도 하였지만, 누가가 요약적으로 언급하는 것처럼 바울의 증거는 '모든 파레시아를 가지고(meta pasēs parrēsias) 막힘없이' 수행되었다(행 28:31).

우리는 사도행전의 증거를 넘어서 실제로 그의 서신들 속에 반영되고 있는 그의 복음적 선포와 논증의 효과가 어떠하였는지의 문제에 우리의 관심을 모아보고자 한다. 물론 이것을 판가름하는 일은 대단히 어려운 작업이다. 사도행전에서처럼 그의 스피치의 정황이나 또는 그 효과에 대한 진술이 어느 정도 명시적으로 나타나 있다면 좀 더 분석이 수월하겠지만, 그의 서신들 속에서는 그런 언급들이 거의 나타나 있지를 않다. 다만 우리는 텍스트 속에 기록된 그의 담론들만을 가지고 있을 뿐이다. 뒤에 해당되는 자리에서 이 문제를 상세히 다루겠지만, 기본적으로 우리는 여기에서 이상적 의사소통 상황을 전제로 한다. 다시 말해서 바울의 담론은 그 제반 효과 기제의 바탕 위에서 그 정상적인 발화수반력(illocutionary force, 이후 화수력으로 표기)의 결과들을 가져왔다고 상정한다.

우리는 바울의 복음적 담론 효과가 어떤 성질의 것인지를 판단해보기 위해 현대 사상가 중에서 특별히 화행(speech-act) 또는 담론(discourse)의 효과 기제와 관련하여 심도 있는 이론적 접근을 하고 있는 하버마스(Jürgen Habermas)의 의사소통행위 이론을 살펴볼 것이다. 이 이론이 우리의 논제와 관련하여 도움을 줄 수 있는 부분이 무엇이며 또 그 한계가 무엇인지를 생각해 볼 것이다. 이런 고찰들을 통해 오늘 우리 시대 속에서의 복음의 선포와 논증이 그 진정한 파레시아를 발휘하기 위해 갖추어야 할 조건들이 무엇이며 또 극복해야 할 요소들이 무엇인지를 정리하면서 이 글을 마감하게 될 것이다.

2. 화행 또는 담론의 효과와 관련한 하버마스의 이론

1) 개괄적 이해

이 글에서 사용하게 될 핵심적인 개념들을 대략적으로 소개하기 위해서라도 하버마스의 이론부터 먼저 다루어보는 것이 좋겠다. 아도르노와 호르크하이머 등으로 대표되는 프랑크푸르트학파의 비판이론에 가담하고 있던 하버마스의 소위 '언어적 전회'(linguistic turn)는 1970년대 초반부터 뚜렷이 나타나기 시작한다.[1] 여기에는 철학적 해석학의 작업 속에 언어적 행위의 관심을 접맥시킨 그의 선배 철학자들인 가다머(Hans-Georg Gadamer)와 아펠(Karl-Otto Apel) 등의 영향이 컸다.[2]

하버마스의 주저인 *The Theory of Communicative Action*은 그 부제

---

[1] 참고, Sang-Jin Han, "Habermas' Critical Theory and Discursive Social Science," in *Habermas and the Korean Debate*, ed. Sang-Jin Han (Seoul: Seoul National University Press, 1998), 221. 독일 사상에 있어서 Hamann-Herder-Humboldt의 전통에 기인하여 하이데거와 가다머에 이어 하버마스와 아펠 등으로 이어지는 '언어적 전회'의 과정에 대한 보다 상세한 연구를 위해서는 참고, Cristina Lafont, *The Linguistic Turn in Hermeneutic Philosophy* (Cambridge: The MIT Press, 1999).

[2] 가다머와 하버마스의 비교를 위해서는 참고, Paul Ricoeur, *From Text to Action: Essays in Hermeneutics* (London: Athlone Press, 1991), 285-86. 하버마스와 아펠과의 관계를 위해서는 참고, 하버마스, 『의사소통의 철학: 현대 독일 철학의 정신 8인과의 대화』, 홍윤기 역(서울: 민음사, 2004), 111-28.

(Reason and the Rationalization of Society)가 잘 보여주는 것처럼 이성과 합리성의 측면에서 사회와 사회적 행위를 비판하고 또 바르게 정립하고자 하는 시도인데, 막상 이 책이 사용하고 있는 중요한 개념적 틀은 옥스퍼드의 철학자인 존 오스틴(John Austin)의 책 *How to Do Things with Words*에서 빌려오고 있다. 일상언어의 분석을 통해 화행론(speech-act theory)을 정립한 오스틴은 진술어(constative)와 병행하여 수행어(performative)의 특성을 연구하려 하던 초기의 관심을 넘어 인간의 모든 언어적 행위가 결국은 수행어의 특성을 가진다고 봄으로써,[3] 언어의 연구를 언어 자체에 국한시키지 않고 더 넓은 사회적 행위와 연결시켜야 할 필요성의 문을 활짝 열어 놓았다. 그를 이어 미국의 철학자인 존 설(John Searle)은 화행이 이루어지는 배경으로서의 사회관습적 규칙이나 기구적(institutional) 측면을 다양한 각도에서 연구 분석하는 일을 시도하였다.[4]

오스틴과 설의 개념 틀을 따라 하버마스 또한 발화행위(locution), 발화수반행위(illocution, 이후 화수행위로 표기) 그리고 발화효과행위(perlocution, 이후 화효행위로 표기)의 구분을 화행(speech-act)이해의 기본 출발점으로 가진다.[5] 그러나 하버마스는 이것을 보다 큰 틀인 '의사소통행위'의 범주 속에 위치시킨다. 하버마스는 '의사소통행위'를 "관련된 행위 주체자들이 자기중심적인 성공의 계산에 따라 조율되는 것이 아니라 상호이해에 이름으로써 서로 조율되는 모

---

[3] John L. Austin, *How to Do Things with Words* (Oxford: Oxford University Press, 1962), 6-7.
[4] John R. Searle, *Speech Acts* (Cambridge: Cambridge University Press, 1969), idem, *Expression and Meaning: Studies in the Theory of Speech Acts* (Cambridge: Cambridge University Press, 1979).
[5] 오스틴의 정의에 따르면 발화(發話)행위란 어떤 말을 발하는 행위 자체를 말한다. 화수(發話隨伴을 줄여서)행위란 무언가를 말하는 그 가운데서(in) 일어나는 행위를 말한다. 화효(發話效果를 줄여서)행위란 무언가를 말함으로써(by) 어떤 행위를 유도해내는 행위를 말한다. Austin, *How to Do Things with Words*, 12, 94, 121.

든 경우를 지칭하는 것"⁶이라고 정의한다. 그는 이를 성공지향적이며 효과지향적인 '도구적 행위' 및 '전략적 행위'와 구분한다. 하버마스가 궁극적으로 추구하고 있는 것은 비권위적이고 강제되지 않은 의사소통을 통해 이루어지는 '해방적 의사소통'(emancipatory communication)의 공동체이다.

하버마스는 전통적인 '삶의 세계'(Lebenswelt)의 본질이 이와 같은 언어적 의사소통행위를 통해 사회적 합의가 이루어지는 상태라고 보고 있다. 그러나 현대 사회의 특성은 이런 '삶의 세계'가 해체됨과 더불어 사람들 사이의 사회적 소통이 점차 '탈언어화'(delinguistified) 되고,⁷ 대신 돈이나 권력과 같은 일반적 가치들의 수단에 의해 조종되는(media-steered) 목적지향적 합리성이 주도적인 사회가 된다는 것이다.⁸ 이처럼 돈과 권력의 가치들에 의해 조종되는 합리성은 그 자체의 '하부조직'(subsystem)을 형성하고, 또 이런 하부조직들은 기존의 의사소통행위의 터전이 되던 '삶의 세계'와 분리되어 그 자체의 독립영역을 구축할 뿐만 아니라 '삶의 세계' 자체를 침식하게 된다. 이런 방식으로 효율성의 극대화를 위해 사회의 모든 부분들을 규격화, 획일화하는 기술관료사회가 득세하게 되는데, 하버마스는 이를 비판적으로 보면서 의사소통적 합리성이 주도적이 되는 사회의 회복을 꿈꾸고 있다.

하버마스에게 있어서 사회적 행위와 언어적 행위는 밀접한 상관관계를 이룬다. 그는 이해지향적 '의사소통행위'를 '화수행위'와, 도구적, 전략적, 목적지향적 행위를 '화효행위'와 결부시켜서 이와

---

6 Habermas, *The Theory of Communicative Action*, 2 vols (London: Polity Press, 1984-1987), I:285-86.

7 Habermas, *The Theory of Communicative Action*, II:184.

8 Habermas, *The Theory of Communicative Action*, I:342.

같이 말한다.

> 따라서 나는 모든 대화 참여자가 의사소통이라는 중재적 행위 가운데서 화수적 목표들(illocutionary aims), 그것도 오직 화수적 목표들만을 추구할 때 이와 같은 형식으로 언어를 통해 매개되는 상호행위들을 의사소통적 행위로 간주한다. 반면에 대화 참여자 가운데 적어도 한 편이 그 말의 행위를 통해 그 상대방에게 화효적 효과들(perlocutionary effects)을 산출하고자 원할 때 나는 이를 언어적으로 매개된 전략적 행위로 간주한다.[9]

하버마스의 이런 구분은 사회과학에 있어서 기존의 이상주의나 행동주의적 접근 방법들을 넘어서 '사회비판'과 '해석학적 이해' 양자의 조화를 이루는 '비판적 해석학'의 정립을 위한 시도의 일환이다. 사회적 관계의 본질이 언어를 통해 매개되는 상호주관적 의사소통이라는 것을 간파한 것은 물론 하버마스만의 독창적 통찰은 아니라 하더라도 이를 체계적으로 정리해 낸 면에 있어서는 그의 기여가 지대하다고 볼 수 있다.

2) 화수효과와 화효효과의 구분

위의 인용문에서 잘 나타나는 것처럼 하버마스는 '화수적 목표들'과 '화효적 효과들'을 조심스럽게 구분하고 있다. 그런데 그가 '화효적 효과'를 이야기할 때 '효과'가 오직 화효적 화행에서만 일어난다는 것을 말하는가? 화수적 화행 역시 소기의 효과를 바라고 행하는 의사소통적 행위인 것은 마찬가지 아닌가? 그렇다면 화수

---

[9] Habermas, *The Theory of Communicative Action*, I:295.

적 효과(illocutionary effect)와 화효적 효과(perlocutionary effect)는 어떻게 구분되는가?

사실 이 부분은 화행론의 가장 어려운 난제 중의 하나이다. 기본적으로 오스틴은 전치사 'in'과 'by'를 통해 이를 구분한다. "In doing x I was doing y"의 경우는 화수행위에 해당하고, "By doing x I was doing y"의 경우는 화효행위에 해당된다는 것이다.[10] 두 경우가 모두 상대에 대하여 발화행위를 하는 것은 마찬가지다. 그러나 화수행위의 경우 상대방의 반응의 효과는 가령 나의 '약속'의 말을 상대가 '약속으로 받음' 또는 '여김'을 전제로 한다. 여기에서 두 사람 사이에는 상호적 '간주발생'[11]의 효과가 생기는 것이다.

그러나 화효행위의 경우에는 상대의 행위가 발화자에게 귀속된다. 상대가 어떤 동일한 행동을 하였더라도 그것이 '나는 그에게 명령했고 그는 복종했다'(I ordered him and he obeyed)의 경우인지, 아니면 '나는 그를 복종시켰다'(I got him to obey)의 경우인지를 구별하는 것이 필요하다.[12] 전자는 명하는 자와 따르는 자의 쌍방적 관계에 근거한다. 따르는 자는 명하는 자의 지위를 인정할 때 그의 말을 '명령'으로 간주함으로써 이에 부응하는 순종의 행동을 하는 것이다. 그러나 후자의 경우는 상대의 복종을 일방적으로, 또는 원인-결과적으로 유발시켜 내었을 뿐이며, 그 효과는 화효적이다.

---

10 Austin, *How to Do Things with Words*, 121-22.
11 '간주발생'(count-generation)이란 용어자체는 오스틴이나 하버마스의 것이 아니다. 오스틴은 다소 애매한 'uptake'라는 말을 사용한다. Austin, *How to Do Things with Words*, 117. '간주발생'이라는 용어는 '인과발생'(causal-generation)과 대비되는 개념으로, 화행론을 성경해석 및 신학적 논의와 관련하여 심도 있게 다룬 바 있는 월터스토프가 사용하는 개념이다. 보라. N. Wolterstorff, *Works and Worlds of Art* (Oxford: Clarendon Press, 1980), 220, idem, *Divine Discourse: Philosophical Reflections on the Claim that God Speaks* (Cambridge: Cambridge University Press, 1995), 33.
12 Austin, *How to Do Things with Words*, 117-18.

화수적 효과는 이처럼 발화 배후에서 작용하는 사회적 관습이나 기구적 지위, 당사자 상호간의 '여김'의 절차 등에 따라 그 효과가 발화행위에 자연스럽게 따라오지만, 화효적 효과는 이런 절차 없이 그 효과가 강제되거나 조작되든지, 아니면 화수효과에 기생적으로 의존한다.

하버마스는 화수행위와 화효행위의 구분을 위해 '이해'와 '성공'을 두 기준 축으로 삼는다. 화수행위는 상호이해를 목적으로 하는 의사소통적 행위에 속하지만, 화효행위는 계산된 의도의 성공을 목적으로 하는 전략적 행위에 속한다. 하버마스에게 있어서 '이해'는 단지 발화된 말의 센스 차원의 이해를 말하는 것은 아니다. "이해(*Verständigung*)에 이른다는 것은 말하고 행위하는 주체들 사이에서 합의(*Einigung*)에 이르는 과정"[13]을 가리키는 것으로 그는 정의하고 있다. 그런 만큼 강압이나 조작을 통해 발생된 효과는 진정한 것이 되지 못한다.

이런 점은 하버마스의 이데올로기 비판과 궤적을 같이 한다. 어린 시절 멋모르고 나치 유소년대에 참여했던 경험과 나치의 선전선동정치가 가져온 만행의 결과를 체험했던 사상가로서 하버마스는 "언어가 **동시에** 지배와 사회적 권력의 도구가 된다"[14]는 것을 잘 간파하고 있다. 이 때문에 그는 더욱 '체계적으로 왜곡된 의사소통'(systematically distorted communication)이나 의식적 기만행위인 '조작'(manipulation)의 위험을 넘어 비권위적이고 강제되지 않은 해방적 의사소통의 이상을 추구하고 있는 것이다.

---

13 Habermas, *The Theory of Communicative Action*, I:286-87.
14 Habermas, *On the Logic of the Social Sciences* (London: Polity Press, 1988), 172.

하버마스는 다음과 같은 도식을 통해 사회적 행위들을 구분한다.[15]

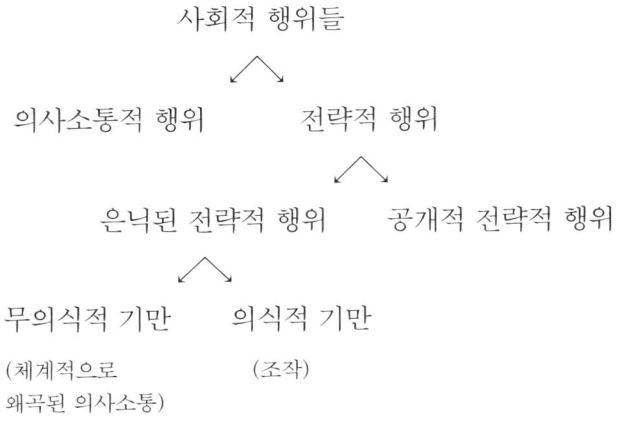

하버마스의 구분에 따르면, 의사소통적 행위로서 화수행위가 가지고 오는 화수적 효과는 "의사소통에 참여하고 있는 자들이 상호 간에 세상 속의 어떤 것에 대하여 이해에 이르게 하는 상호인격적 관계의(interpersonal relations) 차원에서" 이루어진다. 따라서 이것은 제공된 원인에 의해 도출된 결과의 방식으로 기술될 수 없다. 그러나 화효적 효과는 "한 행위자가 화수적 성공들의 수단을 통하여 청자 속에 일정한 형태의 영향을 행사하고자 하는 의도를 가지고 취하는 목적론적 행위의 결과"이다.[16] 따라서 이것은 원인과 결과의 도출 관계로 기술될 수 있다.

일부 화행에 있어서 그 화효적 효과가 이루어지는 것은 "화수적 성공들의 수단을 통하여" 일어난다고 위에서 하버마스가 말하고

---

[15] Habermas, *The Theory of Communicative Action*, I:333.

[16] Habermas, *The Theory of Communicative Action*, I:292-93.

있는 점을 주목할 필요가 있다. 특별히 이것은 '은닉된 전략적 행위'와 관련된 발화행위에 있어서 그러하다. 왜냐하면 발화자는 자신의 전략적 의도가 드러나지 않기를 원할 것이므로 겉으로는 이해를 추구하는 의사소통 행위를 가장하기 때문이다. 그래서 이런 종류의 화효행위는 화수행위에 의존적일 수밖에 없다. 그러나 협박이나 폭력 등의 수단에 의존하는 '공개적 전략적 행위'는 화효적 효과 자체가 목적이며 따라서 화수행위에 의존하지 않는다고 하버마스는 보고 있다.

화수행위에는 발화된 말의 내용적 요소(propositional content)와 더불어서 화수력(illocutionary force)이 포함된다. 화수력에 대해 하버마스는 이렇게 설명한다. "화자는 발화의 화수력을 통해 청자로 하여금 자신의 화행에 포함된 제의를 수용하도록 동기화할 수 있으며, 또한 이를 통해 합리적으로 동기화된 묶는/결속하는(Bindung) 힘에 응하도록 할 수 있다."[17] 화자의 화행에 포함된 제의를 알 수 있기 위해 청자는 그 말의 내용적 요소를 이해하는 것이 필요하다. 그리고 대화의 상대로서 그 말에 응하게 되는 것은 하버마스가 말하는 "합리적으로 동기화된 묶는/결속하는 힘"(a rationally motivated binding/bonding force) 곧 화수력의 작용에 의한 것이다.

발화를 통하여 이루어지는 상호관계의 형성에는 여러 가지 종류들이 있다. 명령이나 요청, 약속이나 고백, 자기가 믿는 바의 주장이나 느낌의 표현 등이다. 이런 것들이 가지는 화수력은 각각 다르게 작용한다. 화행론의 선구자인 오스틴은 화수력의 범주를 크게 다섯 가지로 분류한다. 발화를 통해 판정을 내리는 행위와 관

---

[17] Habermas, *The Theory of Communicative Action*, I:278.

련된 verdictive, 인정된 권한이나 영향력을 행사하는 행위와 관련된 exercitive 그리고 소정의 의무를 떠맡거나 어떤 의도를 밝히는 행위와 관련된 commissive, 어떤 태도를 취하는 행위와 관련된 behabitive, 마지막으로 이유나 입장 또는 의사를 밝히는 행위와 관련된 expositive가 그것이다.[18]

설은 이 다섯 가지 범주를 그대로 유지하지만, 그러나 그 분류의 기준을 좀 더 정교하게 다듬는 작업을 하면서 오스틴의 명칭을 다소 바꾸어서 사용하고 있다.[19] 그러나 하버마스는 이들과는 상당히 다른 분류의 기준을 적용하고 있다. 하버마스의 분류를 오스틴이나 설과 정확하게 일치시키는 것은 어려움이 있지만 그러나 그 대략적인 틀은 다음과 같다.

	화수력 범주				
Austin	verdictive	exercitive	commissive	behabitive	expositive
Searle	declarative	directive	commissive	expressive	assertive
Habermas	regulative			expressive	constative
장석진[20]	판정행위	행사행위	언약행위	행태행위	평서행위

하버마스가 그의 분류를 위하여 기준으로 삼는 것은 진리의 타당성 주장('truth/Wahrheit' 요소), 규범적 정당성('rightness/Richtigkeit' 요소), 그리고 진실성('truthfulness/Wahrhaftigkeit' 요소)의 세 요소들이다.[21] 물론

---

18 Austin, *How to Do Things with Words*, 151-52.
19 Searle, *Expression and Meaning*, 12-20.
20 장석진, 『오스틴』 (서울: 서울대학교출판부, 1987), 138. 장석진의 번역어들은 오스틴의 명칭을 따른 것이기 때문에 보다 포괄적인 논의를 위해서는 좀 더 적절한 이름을 찾아보는 것이 필요하다.
21 Habermas, *The Theory of Communicative Action*, I:325-26.

이 모든 것은 발화된 말의 내용적 이해('comprehensibility', 요소)를 바탕으로 한다.

어떤 사태의 정황을 진술하는 것을 목적으로 하는 constative의 경우, 그 화수력의 효과를 위해서는 진술된 명제의 참임이 중요하다.[22] 따라서 청자가 이것을 반대하고자 할 때는 화자의 타당성 주장을 논박한다. '상호인격적 관계의 수립'을 목적으로 매우 넓은 범주를 포괄하는 regulative의 경우에는 그 화수력이 규범적 옳음에 의존되며, 청자가 이를 부정할 때는 화자에 의해 주장된 규범적 적법성을 논박하는 것이 된다. 그리고 expressive는 화자의 주관적 경험을 공적으로 표현하는 것으로서 그 화수력은 진실성에 의존한다.[23] 청자는 화자의 주장의 성실성을 의심하는 방식으로 그 반대를 표할 수 있다.

하버마스는 화수력 범주로 분류하는 regulative와 화효행위에 포함시키는 imperative를 구분하기 위하여 무척 애를 쓰고 있다. 후자의 경우는 상대에게 영향력을 행사하고자 하는 숨겨진 전략적 목적 하에서 수행되는 '화수행위에 의존된' 화효행위의 경우로 보고 있다. 따라서 그 화효효과를 위해서는 진리주장이 아니라 권력주장이 요구되며, 그 성공의 보장을 위해 불이익의 제제(sanction) 수단들이 사용된다. 하버마스는 이런 imperative를 청자가 화자의

---

[22] 이런 조건은 오스틴의 expositive에 있어서도 동일하게 강조되고 있다. 그는 "어떤 수행어들의 경우 그 발화가 행복하기 위해서는 그 진술이 참이어야 한다"고 말한다. Austin, *How to Do Things with Words*, 45.

[23] 이런 조건은 오스틴이 infelicity 또는 insincerity라고 부르는 것과 관계가 있다. 이를테면 그렇게 할 의사도 없으면서 '내가 ...하겠다'하고 약속의 화행을 하는 경우 또는 그렇게 믿지도 않으면서 '나는 ...을 믿는다'라고 주장의 화행을 하는 경우 등이다. Austin, *How to Do Things with Words*, 50, 136-137. 그러나 하버마스는 오스틴보다 좁은 의미에서 insincerity의 조건을 expressive에만 국한시키는 것이 큰 차이이다.

사회적 지위를 인정함으로써 그 타당성 주장(권력주장이 아니라)의 바탕 위에서 명령에 순종하는 regulative의 경우와 구분하고 있다.

이 밖에도 하버마스는 regulative의 하부범주로 생각하는 Communicative를 언급하고 있는데, 여기에는 질의와 대답, 찬성과 반대 등의 행위들이 포함된다. 그리고 문법이나 수학공식 등과 같은 발생적 규칙들의 적용에 따라 유추, 계산, 분류, 계산, 예측하는 행위들을 포함하는 operative를 언급하고 있다. 하버마스는 이런 operative의 경우는 수행어적 특성은 가지지만 진정한 의사소통적 효과는 가지지 못한다고 보고 있다.[24]

화수행위가 그 내용적 요소의 이해와 동시에 "합리적으로 동기화된 묶는/결속하는 힘"인 화수력을 통하여 대화 당사자들 간에 하나의 상호인격적 합의와 조정의 효과를 이루는 전체과정을 우리는 워드나우(Robert Wuthnow)가 제시하는 다음과 같은 도표를 통해 정리해 볼 수 있을 것이다.[25]

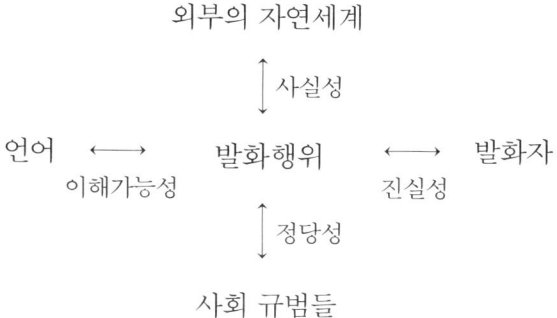

---

24 Habermas, *The Theory of Communicative Action*, I:326.
25 Robert Wuthnow, '위르겐 하버마스의 비판이론,' 『문화분석: 피터 버거, 메리 더글라스, 미셸 푸코, 위르겐 하버마스의 연구』, 최샛별 역(서울: 한울 아카데미, 2003), 218.

3) 아펠의 문제 제기

위에서 살펴본 하버마스의 논의는 상당히 복잡하고 치밀한 것이기는 하지만, 문제가 없는 것은 아니다. 어쩌면 그를 가장 잘 이해하고 있는 사상가 가운데 한 사람인 아펠이 제기하는 문제는 우리의 논의와 관련해서도 꼭 짚어볼 필요가 있다.

아펠은 하버마스의 전략적 화행의 분류 가운데 하나인 '공개적 전략적 언어사용'을 문제 삼고 있다.[26] '은닉된 전략적 언어사용'의 경우는 그 화효적 효과의 성공적 달성을 위해 화수행위에 의존할 수밖에 없다는 하버마스의 견해를 아펠은 그대로 받아들이고 있다. 그러나 공개적 전략적 화행의 경우는 어떤가? 이것 역시 화수행위에 '기생적'(parasitic) 의존을 하는가? 예를 들어 은행 강도가 총을 겨누면서 "손들어! 돈 내놔"하고 말하는 경우 여기에는 이해의 요소는 전혀 없고 오직 목적 달성을 위한 협박만이 있는가? 문제는 '이해'를 어떻게 이해하느냐에 따라 달라질 것이다. 바로 이것이 하버마스에 대하여 아펠이 제기하고 있는 문제이다. 아펠은 하버마스의 '이해'(*Verständigung*) 개념이 과도하게 '합의' 개념과 결부됨으로 인해 일반적으로 문법적 뜻의 이해를 말할 때 가지는 보다 중립적 의미보다는 너무 가치부과적 개념이 되어 있다고 지적한다.[27] 따라서 상호이해를 지향하는 화수행위에 목적추구적 화효행위보다 '우선권'이 주어지고 있다는 것이며, 아펠은 이것의 부당성을 지적하고 있다.

---

[26] Apel, "Openly Strategic Uses of Language: A Transcendental-Pragmatic Perspective (A Second Attempt to Think with Habermas against Habermas)," in *Habermas: A Critical Reader*, ed. Peter Dews (Oxford: Blackwell, 1999), 272-90.

[27] Apel, "Openly Strategic Uses of Language," 276.

이와 연결된 또 하나의 지적은 하버마스가 '공개적 전략적 언어사용'의 예로 드는 것들이 너무 극단적인 예들(이를테면 은행 강도의 "손들어!"처럼)이라는 것이다. 아펠은 오히려 보다 일상적으로 이루어지고 있는 협상이나 흥정과정 속에서의 담론들이 이런 범주에 포함되어야 한다고 주장한다. 그리고 이런 담론들 속에는 청자의 이익이나 불이익에 관해 화자가 제시하는 내용에 대한 보다 가치중립적 측면에서의 '이해'가 뒷받침되고 있다고 지적한다. 화자의 발화 속에 포함된 '협조의 제의'(이익 요소)나 '제재의 위협'(불이익 요소)에 대한 청자의 '수용'여부에 따라 이 발화는 '화효적 지위'(perlocutionary status)를 가진다는 것이다. 따라서 이런 부류의 화행에 있어서 의사소통적 요소와 전략적 요소가 꼭 배타적인 것만은 아니고 오히려 상호보완성(complementarity)을 가진다는 것이다.[28]

그렇다면 왜 굳이 화수행위에만 우선권을 주어야 하는가? 화효행위가 부차적이라는 것을 하버마스가 취하고 있는 경험적 '형식화용론'(formal pragmatics)의 근거만 가지고 입증할 수 있을까? 아펠은 오히려 이 문제를 논증의 최종근거정립(*Letztebegründung*)과 책임윤리 문제를 다루는 자신의 '선험 화용론'(transcendental pragmatics)의 범주 속으로 가져가고 있다.[29]

우리는 하버마스가 합의적 의미의 '이해'에 선결성 요청(*petitio principii*)을 두고 있다는 아펠의 지적에 공감한다. 하버마스가 사회학적 차원의 의사소통적 행위와 전략적 행위의 구분을 너무 단순하게 언어학적 차원의 화수행위와 화효행위의 구분과 일치시키고 있

---

28 Apel, "Openly Strategic Uses of Language", 283.
29 아펠의 선험화용론을 통한 철학적 변혁의 프로그램에 대해서는 참고, 박해용, 『아펠-철학의 변형』(울산: 울산대학교출판부, 2001).

다는 문제점을 지적하지 않을 수 없다. 화효적 효과 속에 이해(좁은 의미의)의 요소가 포함되지 않는 것도 아니며, 화수적 효과가 항상 전략적 목적과 동떨어진 채 일어나는 것도 아니기 때문이다.[30] 그러나 우리가 이런 점을 인정하더라도 아펠처럼 화수행위와 화효행위의 정당한 구분을 너무 흐리게 만드는 방향으로 나갈 필요도 없다고 본다.

3. 바울의 복음적 논증의 파레시아

1) 바울의 수사학적 논증의 자리 매김

이제 우리가 이상의 논의를 바탕으로 바울의 수사적 세계에 눈을 돌려보고자 할 때, 한 면에서는 수사학이 설득을 목적으로 하는 화행 또는 담론의 영역이라는 점 때문에 이를 전적으로 화효행위의 범주로 취급하는 것도 적절하지 않으며, 또 다른 한편 화수적 효과와 화효적 효과에 대한 정당한 구분 없이 모든 발화들을 화효적 효과의 측면에서만 보려고 하는 시각도 적절하지 않다는 것을 기본적 출발점으로 삼고 논의를 시작하고자 한다.

바울은 일견 수사학 자체를 거부하는 듯한 입장을 보인다(고전 2:1-5). 그러나 동시에 바울 자신이 수사학적 표현들을 매우 효과적으로 사용하고 있는 것을 본다.[31] 이 양면적인 모습을 잘 고려한다

---

30 이런 지적은 잉그램도 동일하게 하고 있다. 보라, D. Ingram, *Habermas and the Dialectic of Reason* (New Haven and London: Yale University Press, 1987), 40.

31 예를 들어, 고린도전후서 전체에 대한 벤 위더링턴3세의 사회-수사학적 주석 *Conflict & Community in Corinth: A Socio-rhetorical Commentary on 1 and 2 Corinthians* (Grand Rapids:

면 우리는 수사학적 접근을 취할 것이냐 아니면 거부할 것이냐의 단순 선택을 취할 필요는 없다고 본다. 문제는 좀 더 심도 깊게 다른 각도에서 제기되어야 할 것이다. 곧, 수사학적 효과가 어떤 기제 위에서 이루어지는가? 어떤 효과를 수용할 것이며 또 어떤 효과에 대해 주의를 기울일 것인가? 또 그것의 기준은 무엇인가? 등의 측면에서 문제에 접근할 필요가 있다.

이를 위해서 우리는 바울이 사용하고 있는 수사학적 용례의 두 얼굴에 집중해보고자 한다. 한 면에서는 고도의 수사학적 논증 방법을 취하지만 그러나 그 효과가 전략적 조작의 화효적 효과로 변질되지 않는 경우이고, 또 다른 한 면에서는 매우 단순한 수사학적 표현을 두고서도 고도의 전략적 수사학적 구도를 읽어내고자 하는 해석적 시도이다.

2) 바울의 수사학적 논증이 가지는 화수력

먼저 근원적인 질문부터 시작해보자. 우리가 바울의 서신들 속에 나타난 선포 및 논증의 효과를 어떻게 측정할 수 있는가? 실제적으로 담론이 전달되는 현장이나 보다 구체적인 역사적 정황을 가지고 있지 못하면서, 단지 주어진 텍스트만을 가지고 그것이 도출해낸 어떤 실질적인 효과를 측정한다는 것은 매우 어려운 일이 아닐 수 없다.

그런 한계가 있음에도 불구하고 왓슨(Duane Watson)은 텍스트에 나타난 수사학적 표현들의 분석을 통하여 수사학적 정황, 더 나아가서는 역사적 정황을 추적해 볼 수 있는 몇 가지 유익한 길잡이

Eerdmans, 1995) 참고.

지도를 그려주고 있다.³² 레토릭 자체가 그 대상들에게 영향을 주고자 하는 목적에서 수행되는 말의 행위인 만큼, 특정 본문 속에서 어떤 레토릭 특징들이 사용되고 있는지를 볼 때 그 의도된 효과와 화자 및 청중의 상황을 추정할 수 있다고 보는 것이다.³³ 이는 기본적으로 화자와 청자의 상호작용 또는 '공유된 세계'의 관점에서 텍스트를 해석하는 것을 바탕으로 삼고 있다.

화자가 어떤 레토릭 유형을 선택하느냐 하는 것부터가 레토릭 정황이 무엇이냐를 보여주는 역할을 한다. 가령 예시적 수사(epideictic rhetoric)를 선택한다면 이는 칭찬이나 비난을 통해 청중들이 이미 가지고 있는 관점이나 가치들을 증진 또는 제지하고자 하는 효과를 염두에 두고 있는 것이다. 그렇다면 이를 통해 화자와 청자 또는 청자들 상호간에 공유된 사회적 인식과 가치, 집단적 염원과 금기, 영예와 수치의 개념, 사회적 결속도 등이 무엇인지를 추적해볼 수 있다.

왓슨이 특별히 무게를 두고 있는 부분은 수사학적 논증의 부분이다. 여기에는 비인위적 논증과 인위적 논증이 있는데, 비인위적 논증을 위해 사용할 수 있는 것들은 이를테면 증언이나 계약서, 법률이나 판례 등과 같이 화자 자신이 고안하지 않은 항목들이다. 반면 화자 자신의 고안에 의해 사용되는 인위적 논증의 자료들은 주

---

32 Watson, "The Contributions and Limitations of Greco-Roman Rhetorical Theory for Constructing the Rhetorical and Historical Situations of a Pauline Epistle," in *The Rhetorical Interpretation of Scripture*, ed. Stanley E. Porter and Dennis L. Stamps (Sheffield: Sheffield Academic Press, 1999), 125-51.

33 물론 수사학적 연구가 역사적 상황의 재구성 자체를 목적으로 하지는 않는다. 그러나 많은 부분에서 양자는 서로 불가분적 관계를 가지는 것은 사실이다. 왓슨이 "situations are rhetorical"("Greco-Roman Rhetorical Theory," 128)이라고 말하는 것도 특정한 역사적 상황이 화자의 레토릭에 특정한 색채를 주기 때문이라는 점을 고려하면 충분히 받아들일 수 있는 명제이다.

어진 정황의 사실 관계나 주장의 내용들로부터 도출된 것들이며, 여기에는 에토스(ethos)와 파토스(pathos), 로고스(logos)의 요소들이 포함된다.[34]

이것을 바울에게 적용해본다면, 바울 자신의 에토스가 강조되고 있는 정도에 따라 그의 청중 속에서의 그의 지위가 어느 정도의 인정을 받고 있는지를 판가름해 볼 수 있다. 파토스와 로고스의 요소는 서로 긴밀하게 연관되어 있다. 왜냐하면 청중 속에서 어떤 파토스의 효과를 기대한다면 이를 위해 화자는 그들의 기대와 가치와 생각과 판단이 무엇인지를 잘 알지 않으면 안 될 것이기 때문이다. 이런 상호작용의 바탕 위에서 바울의 로고스적 논증이 청중들 가운데서 그 효과를 불러일으키게 되는 것이다. 특히 바울은 엔티메메(enthymeme) 논증을 빈번히 사용하는데, 이런 논증방법 속에는 명시되었거나 또는 명시되지 않은 명제들이 많이 사용되고 있다. 왓슨은 이런 명제들의 분석을 통해 "그의 청중들의 문화적, 종교적 가치들과 규범들"이 무엇인지를 알 수 있게 된다고 제시한다.[35]

우리는 이런 제시가 매우 큰 유용성을 가진다고 본다. 실제로 이것이 우리의 논제와 관련하여 어떤 유익을 줄 수 있는지를 보기 위해 바울의 엔티메메 논증의 예들을 몇 가지 살펴보고자 한다. 우리의 목적은 단지 그런 예들을 밝히는 데 있는 것이 아니고, 이런 특수한 논증이 가져오는 효과가 무엇이며, 또 이런 효과가 어떤 전제들 위에서 작용되고 있는지를 판단해보고자 하는 것이다.

기본적으로 엔티메메의 구성은 삼단논법(syllogism)의 구조를 따른다. 아리스토텔레스는 변증법(Dialectic)과 수사법(Rhetoric)의 구분

---

[34] Watson, "Greco-Roman Rhetorical Theory," 135.
[35] Watson, "Greco-Roman Rhetorical Theory," 138.

을 전제로 하면서 전자의 삼단논법에 해당하는 것이 후자의 엔티메메라고 규정하고 있다.[36] 삼단논법은 때로 길게 확대되기도 하지만, 설득을 목적으로 하는 엔티메메는 짧고 간단한 것일수록 더 좋다.[37] 여기에서 빈번히 사용되는 것은 일반적 명제(maxim)이며, 그것도 물리적 성격의 명제들보다 인간의 행동에 영향을 미치는 명제들이다.[38] 아리스토텔레스 자신이 사용하고 있는 예를 들어보자.

사람들 중에 자유로운 자는 아무도 없다.〔명제〕
왜냐하면 각 사람은 돈이나 우연의 노예이기 때문이다.〔이유〕[39]

결론은 생략되어 있다. 이 경우 '따라서 당신도 자유롭지 않다'는 것이 결론이 될 것이다. 이처럼 그 이유나 결론, 심지어 법칙이 자명한 경우 생략은 빈번하게 일어난다. 그런 점에서 엔티메메는 듣는 사람들이 이미 잘 받아들이고 있는 내용을 고려하여, 또 오직 그런 조건 아래서만 화자가 소기의 설득효과를 추구하는 논증방법이다. 따라서 이 경우 화자와 청자의 협력관계는 엔티메메의 효과를 위하여 필수적 요소가 된다.

바울의 엔티메메 사용의 용례는 단순한 것에서부터 복잡한 것에 이르기까지 다양한 경우들이 나타난다. 에릭슨(Anders Eriksson)의 분석을 따라 고린도전서 1:4-5에 나오는 매우 간단한 예를 하나 들어보자.[40]

---

36 Lane Cooper, *The Rhetoric of Aristotle* (New Jersey: Prentice-Hall, 1960), 10.
37 Cooper, *The Rhetoric of Aristotle*, 155.
38 Cooper, *The Rhetoric of Aristotle*, 150.
39 Cooper, *The Rhetoric of Aristotle*, 150.
40 Anders Eriksson, "Enthymeme in Pauline Argumentation," in *Rhetorical Argumentation in*

1:4a 내가 너희를 위하여 항상 하나님께 감사한다(결론)
1:4b 그리스도 예수 안에서 너희에게 주신 하나님의 은혜를 인하여(이유=경우)
1:5 이는 너희가… 모든 일 곧 모든 구변과 모든 지식에 풍족하기에(보완)

이 경우 순서가 바뀌어 있고 또한 법칙 부분은 생략되어 있다. 그 법칙은 '감사는 은사들을 주신 당사자에게 돌려야 한다'는 것이 될 것이다.

동일한 방식으로 우리는 데살로니가전서 1:2을 분석할 수 있을 것이다. 이 두 경우에 모두 바울은 하나님께 대한 표현(expressive)의 화수행위를 하고 있다. 생략되어 있지만 그 법칙이 자명하다는 점을 고려할 때, 우리는 오래 전에 칼빈이 잘 지적하고 있는 것처럼,[41] 바울이 하는 행위가 사람에 대한 '칭찬'(congratulate)이 아니라 하나님께 대한 '감사'(thank)의 화행(speech-act)임을 분명히 할 필요가 있다.[42]

좀 더 복잡한 경우는 고전적 엔티메메의 변형된 형태를 바울이 반영하고 있는 경우이다. 크라우스(Manfred Kraus)의 관찰에 따르면 주전 1세기 후반에 와서는 로마식, 특히 키케로식 변형이 수사학 교과서에 실리고 있었다고 한다.[43] 또한 주후 1세기 중반에 와서는 대전제 같은 중심 요소가 생략된 '약식'(elliptic) 엔티메메가 폭넓게

Biblical Texts, ed. Eriksson et al. (Harrisburg: Trinity Press International, 2002), 249.

[41] Calvin, *The Epistles of Paul the Apostle to the Romans and to the Thessalonians*, tr. Ross Mackenzie (Grand Rapids: Eerdmans, 1960), 333.

[42] 워너메이커의 데살로니가전후서에 대한 수사학적 방법의 주석은 이런 요소를 너무 쉽게 간과하고 있다. 참고, 졸저, 『말씀사역의 본질과 능력』(서울: 좋은씨앗, 2002).

[43] Kraus, "Theories and Practice of the Enthymeme in the First Centuries B.C.E. and C.E.," in *Rhetorical Argumentation in Biblical Texts*, ed. Eriksson et al. (Harrisburg: Trinity Press International: 2002), 104.

통용되고 있었다고 한다.⁴⁴ 전형적인 로마식 질문 형태의 엔티메메의 한 예를 들어보자. "우리가 저들을 언덕에서부터 몰아내었다면 평지에서 저들을 맞서 싸우는 것을 누가 두려워하겠는가?"⁴⁵ 우리는 이것을 이렇게 분석해볼 수 있을 것이다.

언덕으로부터 적을 몰아내는 것은 가장 힘든 일이다(법칙=생략)
우리는 그들을 언덕으로부터 몰아내었다(경우)
따라서 우리는 저들을 평지에서 맞서 싸우기를 두려워할 필요가 없다(결론)

바울은 로마서 8장에서 이런 형태의 질문식 엔티메메를 자유자재로 구사하고 있다. 예를 들어 로마서 8:31-32을 보자.⁴⁶ 우리는 이것을 이렇게 분석해볼 수 있을 것이다.

아무도 하나님을(또는 하나님이 위하시는 자를) 대적하지 못한다(법칙=생략)
하나님이 우리를 위하신다(경우)
따라서 우리를 대적할 자가 아무도 없다(결론)

---

44 Kraus, "Theories and Practice of the Enthymeme," 109.
45 Kraus, "Theories and Practice of the Enthymeme," 98.
46 이 부분에 대한 보다 상세한 논의는 로마서 1-8장에 나타난 바울의 엔티메메 논증을 기호학적 관점에서 매우 심도 있게 분석한 무어스의 연구를 참고. Moores, *Wrestling with Rationality in Paul: Romans 1-8 in a New Perspective* (Cambridge: Cambridge University Press, 1995), 특히 118-29. 8:31의 시작 질문 ti oun eroumen pros tauta는 로마서 속에서 이런 형태의 질문들이 주로 작은 담론 단위들 사이의 고리잇기(chaining) 역할이나 반대추론에 대한 논박의 지시어로 많이 작용하지만, 8:31의 경우에는 8장 앞부분에서 언급한 내용의 총체적 논증이 가지고 오는 결과가 무엇인지를 추론하기 위한 실질적 내용연결 질문의 역할을 하고 있다. 참고, Moores, *Wrestling with Rationality in Paul*, 118; Michael W. Palmer, "Ti oun; The Inferential Question in Paul's Letter to the Romans with a Proposed Reading of Romans 4.1," in *Discourse Analysis and Other Topics in Biblical Greek*, ed. S.E. Porter and D. A. Carson (Sheffield: Sheffield Academic Press, 1995), 200-18.

자기 아들을 주는 것은 가장 큰 사랑의 행위이다(법칙=생략)
하나님은 자기의 아들을 주셨다(경우)
따라서 우리는 그가 다른 모든 것을 우리에게 주실 것을 확신할 수 있다(결론)

이와 같은 바울의 엔티메메의 수사학적 효과는 바울과 그의 서신의 수신자가 공통으로 가지는 하나님에 대한 신학적 인식 위에서 이루어지고 있다.[47] 하나님의 위대한 구원의 행위에 대한 이해가 그것을 받아들인 사람들에게 주는 놀라운 확신을 바울은 청자/독자들과 함께 누리고 있는 것이다. 이 효과는 전적으로 하나님의 의로 여기심(logizomai 롬 4:3)을 받은 사람들의 고백적 commissive 화행(homologeō, 롬 10:10)과 그 맥락을 같이 한다. 단지 바울의 수사학적 설득행위 자체만이 이런 복음적 향유를 만들어내는 것이 아니라, 이미 복음의 세계 안에 들어와 있는 사람들이 함께 향유할 복음적 확신이 무엇인지를 독특한 로고스적 논증을 통하여 강한 파토스 효과를 불러일으키는 방식으로 표현해내고 있는 것이다. 무어스(John D. Moores)의 표현을 빌리자면, 논리적 논증을 무시하고서가 아니라 오히려 항상 그것의 작용을 통하여 "모든 것이 더 넓은 지평의 평원 속으로, 더 높은 사상과 더 큰 감정의 밀도의 평원 속으로 고양되고 있다."[48] 결과적으로 청자/독자 속에 일어난 파토스 효과는 일방적 설득인 화효행위의 결과가 아니라 공유된 세계의

---

[47] 크라우스가 잘 정리하고 있는 것처럼, 안티메메의 효과는 기본적으로 세 가지 조건들 위에서 이루어진다. 첫째는 논리적 요소이다. 둘째는 심리적, 청자지향적 요소이다. 화자와 청자 사이에 서로 공유된 기존의 사상이나 의견의 바탕 위에서 이것이 실행된다는 점이다. 셋째는 스타일적 요소이다. 곧 짧은 표현 속에 매우 강력한 논증의 힘을 담아낸다는 것이다. Kraus, "Theories and Practice of the Enthymeme," 99-100.

[48] Moores, *Wrestling with Rationality in Paul*, 129.

신학적 인식의 바탕 위에서 수행되는 쌍방적, 의사소통적 화수행위의 결과로 이루어지게 된 것이다.

3) 과도한 효과 지향적 해석

바울이 사용하는 동일한 수사적 표현을 두고도 그 수사적 강도나 목적을 다르게 해석하는 경우들이 많이 일어난다.[49] 우리가 위에서 바울이 고도의 수사학적 논증을 하면서도 그의 중심이 복음의 선포에 굳건히 서 있음으로 인해 효과 중심의 화효행위에 경도되지 않고 있는 예를 보았지만, 어떤 경우에는 매우 단순한 수사적 표현을 두고도 효과 자체를 목적으로 삼는 과도한 수사학적 해석을 시도하는 경우도 있다.

핀란드의 신약학자 투렌(Lauri Thurén)의 경우 갈라디아서 1:6에서 바울이 사용하는 타우마조(thaumazō, 내가 놀란다) 표현을 파토스(pathos) 호소를 극대화하기 위한 전형적인 수사학적 용어로 보는 출발점을 가진다. 따라서 이것이 바울의 '실제적' 감정과는 무관하고, 다만 "듣는 자들 속에서의 최대치 효과를 목표로"[50] 하는 바울의 극화된 표현의 일환이라고 보는 것이다. 듣는 자들이 자신과 같은 방식으로 생각하도록 하기 위해 "바울은 그의 모든 수사학적 기술들을 총동원하여 상황을 양극화하고 극화해야만 했다"고 투렌

---

49 예를 들어 고린도전서 1:10의 파라칼로(parakalō)를 두고 이를 수사적 용법으로 볼 것인지 아니면 비수사적 표현으로 볼 것인지 미첼과 비어클룬트(Bjerkelund) 사이의 견해의 차이를 생각해볼 수 있다. 참고, Mitchell, *Paul and the Rhetoric of Reconciliation* (Louisville: Westminster/John Knox Press, 1991).

50 Lauri Thurén, "Was Paul Angry? Derhetorizing Galatians," in *The Rhetorical Interpretation of Scripture*, ed. Stanley E. Porter and Dennis L. Stamps (Sheffield: Sheffield Academic Press, 1999), 310.

은 주장한다.⁵¹ 이런 기술들 중의 하나가 별로 나쁘지도 않은 대적자들에게 나쁜 이름 붙이기(labeling)나 저주(anathema)의 사용, 과장법(hyperbole)의 사용, 신학적 침소봉대 등의 방법들이다.

투렌은 이와 같이 듣는 자들이 보이는 것보다 더 크게 문제를 봄으로써 바울 자신이 제시하는 신학적 대안을 선택할 수 있도록 유도하는 바울의 수사학적 목적 속에서 그의 신학을 말할 수 있어야만 한다고 제안한다. 이런 점에서 바울의 신학은 그의 "이데올로기적 종교 체계"이며, 우리는 이를 "듣는 자들에게 계획된 방향으로 효과를 미치기 위해" 바울이 사용하는 레토릭의 기교들 곧 "전략적 목적들과 전술적 이동들"의 시각에서만 바르게 파악할 수 있다고 보는 것이다.⁵²

투렌의 접근은 수사학에 있어서 효과가 너무 강조될 때 바울의 신학이 자칫 그의 이데올로기적, 권력적 담론과 동의어로 파악될 수도 있음을 보여준다. 이렇게 될 때에는 수사학적 접근이 푸코식의 권력담론 비판의 축으로 한 발짝 다가서게 된다. 푸코의 관점을 따라 자기중심적 획일성의 추구를 위해 다른 목소리를 통제하고 자신의 담론을 권력의 통로로 이용하는 것으로 바울을 해석하는 카스텔리(E. Castelli)의 관점이나,⁵³ 심지어 '은혜'를 말하면서도 그 배후에 권력동기가 작용하고 있다고 진단하는 폴라스키(Sandra H. Polaski)의 관점⁵⁴과 그렇게 멀지 않은 것이다.

우리는 투렌처럼 바울의 타우마조 표현을 설득적 효과의 극대화

---

51 Thurén, "Was Paul Angry?," 317.
52 Thurén, "Was Paul Angry?," 303.
53 이를 위해서는 졸고, "미셸 푸코와 성경해석,"『성경과 신학』 33 (2003, 4), 339-60 참고.
54 이를 위해서는 졸고, "에베소서에 나타난 능력 관련 단어들과 포스트모더니즘 능력 개념의 비교 이해,"『교회와 문화』 16 (2006, 2), 59-78 참고.

를 목표로 하는 하나의 화효행위(perlocution)로 볼 필요는 없다.[55] 바울은 단지 수사를 통해 신학을 하는 한 신학자로 그치는 것이 아니라, 하나님께서 그리스도 안에서 우리를 위해 행하신 구원의 일을 선포하고 해명하는 사도이다. 그의 타우마조 표현 역시 그 속에 '실제적' 화수력을 담지하는 하나의 표현으로 볼 수 있다. 따라서 이 말은 사도로서의 그의 지위를 인정하고 함께 하나님의 관점에서 사태를 바라보는 사람들 속에서 '실제적' 화수효과를 불러일으킨다. 이는 단지 바울의 수사적, 이데올로기적 목적에 따라 계측된 반응을 하는 것에 그치는 것이 아니라, 하나님이 행하신 일의 차원 속에서 자신의 현재 형편을 살핌으로써 더 큰 자발적 반응을 하는 것으로 나타난다. 바울의 일인칭적 타우마조 표현은 듣는 이들 속에서 이런 화수적 효과를 일으키는 매개체의 역할을 하는 것이다.

4. 종합적 평가

1) 하버마스가 도움이 되는 부분들

(1) 화수효과와 화효효과의 세밀한 구분

우리가 위에서 본 것처럼 화효효과라도 화수효과에 의존하여 일어나는 경우들이 많이 있기 때문에 이 양자 사이의 정확한 구분선을 긋는 것이 아직도 여전히 어려운 과제로 남아 있다. 그러나 하

---

[55] 설득행위 자체가 지나치게 부각될 때, 바울의 대적자들은 그의 전략적 목적을 위한 희생자들로 전락될 수 있다. 투렌이 보는 것처럼 그들은 그렇게 나쁘지 않은데 바울에 의해 나쁘게 라벨링된 것인가? 그렇다면 우리는 바울에 대하여 담론윤리(discourse ethics) 문제를 제기하지 않을 수 없을 것이다.

버마스가 나름대로의 잣대를 가지고 이 둘 사이를 구분해 놓고 있는 것은 우리가 어떤 판단의 기준을 가지고 말과 그 효과의 문제에 접근할 것인가 하는 점을 밝히는 데 있어서 매우 중요한 역할을 하는 것은 분명하다.

우리가 위에서 살펴본 것처럼 복음의 선포와 논증이 하나님이 그리스도 안에서 행하신 구원의 큰 일에 대한 위임적 선포의 메시지와 화수력 위에서 이루어지는 것이 아니라면, 이것은 쉽게 하나님의 목적 외의 개인이나 집단의 다른 목적의 달성을 위한 하나의 화효적 설득행위로 변질될 수 있는 위험을 가진다.

바울은 예루살렘 교회를 위한 헌금을 독려하는 자리에서도(고후 8:1-15, 9:5-11) 그 자신의 권위나 고린도 교인들의 파토스 효과 자체에만 의거해서가 아니라, 하나님이 우리를 위하여 행하신 은혜의 행위가 무엇인지를 밝힘으로써 이것이 우리의 삶 속에 어떤 반응적 행위를 불러일으키는지를 보여주는 방식으로 하나님과 화자-청자 상호간의 관계에 의거한 화수적 효과가 일어나도록 하고 있다.

(2) 대화적 의사소통 이상의 견지

특히 오늘날은 이데올로기적, 상업적 조작이 난무하는 시대 속에 살고 있기 때문에 하버마스가 보여주는 것처럼 대화적 언어를 통해 매개되는 상호주관성의 관계 속에 묶는/결속하는 과정을 잘 이해하고 견지하는 것은 많은 면에서 도움을 준다. 심지어 설교조차도 조작적 담론으로 쉽게 변질될 수 있는 상황 속에서 설교의 화수력을 어디에 두고 그 진정성을 견지할 것인지를 깊이 생각해보게 만든다.

또 다른 한 면에서는 조지 마이어슨(George Myerson)이 잘 지적하고 있는 것처럼 이동전화의 시대 속으로 급속하게 이전하고 있는 이 시대의 상황을 고려하지 않을 수 없다.[56] 그 자체가 하나의 '체계'(system)를 형성하는 정보의 세계 속에 자신의 필요를 등록시키기만 하면 얼굴을 맞댈 필요 없이 빠른 반응이 일어나는 'm-의사소통'의 시대 속에서 하버마스식의 '느린' 의사소통의 과정이 과연 견지될 수 있을 것인가?

그러나 이것 역시 대화적 의사소통의 필요성을 대체하는 것이 되지는 못한다. 신속하게 자신의 필요의 공급을 받을 수 있을지는 모르지만 그만큼 더 그 자체의 '체계'를 형성하는 통신망 속에 부속화되고 원자화되어 가는 외톨이 인간의 모습은 결국 다시 '느린' 대화를 찾지 않을 수 없게 될 것이기 때문이다. 이런 상황은 오늘의 설교자들에게 큰 도전이 되는 것만은 사실이다. 'm-의사소통'에 익숙해 있는 사람들의 의식 속에 설교가 차지하는 위치는 무엇이 되고 있는가?

2) 하버마스의 한계

(1) 파토스 요소에 대한 고려의 부족

하버마스는 화수적 효과의 수행 및 검증 요인을 지나치게 논증의 합리성 또는 진리성에 국한시키는 경향을 가진다. 왓슨도 잘 지적하고 있는 것처럼 논증의 로고스(logos) 요소는 그 파토스(pathos) 요소와 뗄 수 없는 상관성을 가진다.[57] 키케로(Cicero)가 자신의 수

---

[56] George Myerson, 『하이데거, 하버마스, 그리고 이동전화』, 김경미 역(서울: 이제이북스, 2003).

[57] Watson, "Greco-Roman Rhetorical Theory," 136.

사학적 논증에 대해 말하는 것 속에서도 이런 점이 잘 드러난다. "나는 법정에 있는 사람들의 감정을 일깨우기 위해 전심을 다하여 그들의 생각, 판단, 기대, 소망 그리고 그들이 어떻게 하면 가장 잘 웅변에 의해 움직여질 수 있는지의 방향을 탐색하는 데 모든 신경을 기울인다."[58] 그렇게 함으로써 청중들의 판단이나 기대에 부합하는 것에 호소할 수 있게 되고 결국 그들 속에 적합한 파토스 효과가 일어나게 할 수 있는 것이다.

이렇게 본다면 수사학에 있어서 파토스는 단지 감정의 요소로만 머물지 않는다. 올바른 판단에 부합하는 파토스가 수반될 때 말의 효력은 더욱 증진된다. 이것은 역으로도 옳은 진술이 될 것이다. 파토스의 효과의 결과를 고려할 때 로고스의 빛은 더 한층 빛나게 될 것이다. 로마서 8:31-32의 엔티메메의 예에서도 보는 것처럼, 하나님이 우리를 위하신다는 것 그리고 그가 자기 아들을 아끼지 않고 내어주셨다는 복음적 진술이 그것을 듣는 사람들 속에 강력한 파토스를 불러일으키고, 나아가서 그들 속에 기쁨이나 감사 또는 신뢰의 자세를 만들어낸다. 이런 효과가 바울이 선포하는 복음의 내용을 더 한층 빛나게 만들어 준다. 감정이 그 자체만을 위하여 조작되거나 획책될 때는 많은 위험이 따르겠지만, 그것이 복음의 내용에 수반될 때는 듣는 사람들 속에서 전인적 변화의 큰 효과를 낳는다.

이런 점을 볼 때 화행 또는 담론의 효과를 살피는 작업을 위해서는 단지 로고스적 합리성의 요소만이 아니라 파토스적 감정의 요소 또한 대단히 중요한 위치를 가진다는 것을 볼 수 있다. 그러나

---

[58] Cicero, De Or. 2.44.186. Watson, "Greco-Roman Rhetorical Theory," 136에서 재인용.

하버마스에게 있어서는 이런 면에 대한 고려가 매우 약하다. 때로는 젖먹이 아기와 엄마의 경우처럼 논리적 표현 자체가 제약을 받는 상황 속에서도 무의식 차원 속에서의 강한 유대가 만들어지기도 한다.[59] 뿐만 아니라 언어적 표현 외에 상징적 표현들이 형성하는 깊은 친밀감 등에 대해서도 하버마스는 약점을 드러낸다. 종교적 측면에서는 언어로 표현되기 이전의 하나님과의 깊은 영성적 차원의 교제나 신뢰, 합일 등의 경험을 나타내는 데에도 한계를 보이고 있다.

(2) 복음의 복음성에 대한 이해의 부족

하버마스가 시도하고 있는 것은 의사소통행위에 대한 경험적 분석과 기술이다. 그러므로 우리가 그에게서 종교적 담론에 대해 많은 것을 기대하기는 어렵다. 그러나 간간히 그는 종교적 담론에 대한 자신의 견해를 밝히기도 한다. 한 예를 들면, 그는 독일의 가톨릭 신학자인 요한 밥티스트 메츠(Johann Baptist Metz)의 퇴임 심포지움에서 발제한 "이스라엘인가 아테네인가—상기하는 이성은 누구의 것인가"라는 글에서 "기독교 교회는 그가 처한 문화적 다원성 안에서 어떻게 자신의 정체성을 주장할 것이며, 기독교의 교설은 경쟁하는 다른 세계상들과 논변적으로 대결할 때 어떻게 자신의 진리 추구의 진정성을 주장할 것인가?"[60]라는 논제에 답하려 하고 있다. 하버마스는 메츠의 "다른 인간을 그 다름 안에서 인정하는 문화"의 개념을 빌려서 교회가 자신을 '좋은 것'을 추구하는 모든 상대들과 더불어 협동적 참여자가 되는 '다중심적 세계교회'로

---

[59] 이런 비판을 위해서는 참고, Wuthnow, "위르겐 하버마스의 비판이론," 242-43.
[60] Habermas, 『의사소통의 철학』, 142-43.

자리매김을 해야 한다고 제안하고 있다.[61]

사실 하버마스가 제기하는 문제는 이 시대에 우리가 답해야 할 중요한 문제 중의 하나이다. 진리 주장이 서로 다른 그리고 때로는 서로 대립되는 다원주의 사회 속에서 복음적 진리가 가지는 위치가 무엇인가? 이 글의 범위 속에서 우리는 이런 문제를 충분히 다룰 수는 없다. 다만 하버마스가 이해하는 '좋은 것'에 대한 공통적 추구가 기독교 복음과 동일한 개념인가 하는 문제만을 짚고 넘어가고자 한다. 물론 우리는 하버마스가 지적하는 것처럼 종교적 담론이 그 자체만의 주관적 영역 속에 머물러서 공론적 영역에서의 비판과 판단을 거부하는 닫힌 체계가 되어서는 안 된다는 것을 인정한다. 그러나 기독교 복음이 추구하는 '좋은 것'은 이상적 존재로서의 인간의 자기이해나 반성에서 비롯되는 것이 아니라 우리 바깥으로부터의 구원을 가지고 오시는 하나님의 다가오심 속에서 비로소 이야기될 수 있다. 인간은 근본적으로 그 죄성으로부터 구원 받아야 할 죄인이다(롬 3:23).

예수 그리스도 안에서의 하나님의 구원적 개입을 통해서만 우리가 참된 해방, 참된 변혁적 효과를 경험할 수 있고, 따라서 진정으로 '좋은 것', 곧 '복된 소식'을 이야기할 수 있다고 보는 점에서 우리는 하버마스와의 근본적 차이를 말하지 않을 수 없다. 나아가서 하나님에 관한 성경의 가르침에 있어서는 인간의 상호주관적 합의의 요소 이상의 진리 요소가 있음을 지적하지 않을 수 없다.

---

[61] Habermas, 『의사소통의 철학』, 146-47.

3) 현대 사회 속에서의 복음적 파레시아

(1) 극복해야 할 요소들

언어가 지배나 조작, 권력행사의 통로가 될 수 있다는 하버마스의 지적은 결코 새로운 발견은 아니다. 그레코로만 세계의 말의 이해 속에서도 이미 플라톤이나 이소크라테스(Isocrates) 등에게서 보듯이 파레시아는 정치적 또는 일상 대화적 맥락 할 것 없이 부정적 의미로 받아들여지기도 하였다.[62] 술취한 애인의 정도 이상의 칭찬이나 참을 수 없는 비방, 정치적 술수군의 간언 등이 이런 부정적 용례에 속한다.

바울 역시 "하나님의 말씀을 혼잡하게 하는" 사람들에 대해 지적하고 있다. 고린도후서 2:17에서는 카펠류오(kapēleuō)라는 동사를 써서 복음을 자기 이익의 수단으로 삼는 사람들이 있음을 지적하고 있다. 그리고 고린도후서 4:2에서는 돌로오(doloō)라는 동사를 써서 사람들을 미혹의 길로 이끄는 사람들이 있음을 지적한다. 이런 사람들에게 있어서 언어는 자신의 이익이나 영향력 행사를 위한 하나의 수단에 지나지 않는다. 그렇게 행사되는 화효적 효과는 때로는 화수적 효과를 가장한다는 점에서 더욱 경계가 필요하다.

바울은 데살로니가전서 2:3에서 자신의 복음적 권면(paraklēsis)을 기만에서(ek planēs)나 부정에서(ex akatharsias)나 전략적 수단에서(en dolō) 나오는 왜곡된 형태의 언어행위들과 구분하고 있다. 오늘날의 설교가 '하나님의 복음'의 선포라는 그 본질을 벗어나서 무분별하게 기만적, 조작적, 전략적 담론의 형태로 변질되어 가고 있지

---

[62] Ineke Sluiter and Ralph M. Rosen (ed.), *Free Speech in Classical Antiquity* (Leiden and Boston: Brill, 2004), 5-6.

않은지 우리는 바울의 지적을 따라 잘 살필 필요가 있다.

(2) 회복해야 할 요소들

반면에 복음의 선포가 하버마스가 이야기하는 인간 언어의 진리성과 정당성과 진실성을 넘어 하나님 자신의 말씀으로서의 신적 진리성과 신적 정당성과 신적 진실성에 철저히 의존하는 것이라면, 여기에는 바울이 누렸던 파레시아가 동반되지 않을 수 없다. 왜냐하면 그 파레시아는 웅변가 자신의 에토스나 로고스에 의존된 파토스 형성을 목적으로 하는 것이 아니라, 비록 설교자 자신은 바울과 같이 약함과 두려움과 떨림 안에 있을지라도 성령과 능력의 증시(apodeixis)를 경험할 수 있을 것이기 때문이다(고전 2:3).

따라서 이 시대 속에서도 사람들 속에 단지 설득적 파토스가 아니라 성령 역사의 결과인 믿음(he pistis, 고전 2:5)을 그 결과로 낳는 복음의 증거는 하나님 말씀의 신적 진리성과 신적 정당성과 신적 진실성에 의거하여 복음 증거의 신적 주체가 되신 성령의 자기증시를 전적으로 의존하는 인간 설교자 안에서 그 파레시아를 빚어내는 것이다.

비록 갈수록 하버마스가 설파하는 대화적 의사소통 능력조차 메말라 가는 시대이며, 더 깊은 차원에서는 하나님에 대한 대화의 공유점조차 찾기가 쉽지 않은 시대이지만, 우리는 그만큼 더 절박한 심정으로 성령에 붙들린 복음의 나팔수로서의 파레시아를 회복하기 위해 힘쓰지 않을 수 없다.

5. 나가는 말

우리는 말의 효과와 관련하여 고대와 현대의 멀리 떨어진 두 지평을 맞이어 보는 작업을 시도해 보았다. 한 면에서는 이것이 잘 맞지 않는 시도일 수도 있겠지만, 그러나 막상 이어 놓고 보면 두 지평들 속에서 융합이 이루어지는 부분이 많다는 것을 보게 된다. 우리에게 전하여진 복음이 비록 과거 세계의 말의 양식이라는 옷을 입었지만, 그럼에도 불구하고 복음은 놀랍도록 시대를 초월하는 것이며, 마찬가지로 이 복음은 오늘날 좀 더 정교하고 잘 다듬어진 현대적 양식의 옷을 입고 이 시대 속에 전파되기를 기다리고 있다. 이것은 이 시대의 신학자들과 설교자들이 감당해야 할 책무이다.

그러나 어느 시대에나 복음에는 복음에 맞는 가장 본질적인 옷이 있다. 사도 바울에게 있어서 그것은 '십자가의 도'(ho logos ho tou staurou, 고전 1:18)라는 옷이었다. 이 문구가 압축적으로 보여주는 것처럼, 모든 복음 증거의 효과는 신적 차원의 사실, 곧 하나님이 그리스도 안에서 행하신 그 일 자체로부터 비롯된다. 우리의 복음 증거가 이것을 진실하게 담아낼 때 그 증거의 말은 그 듣는 사람들 속에 자신의 삶을 말씀에 묶고 결속시키며 따라서 변화의 효과를 일으키는 결과를 가져오게 된다.

우리에게는 무엇이 진정한 복음 증거의 효력인지를 가리는 작업이 필요하다. 우리는 위에서 부족하나마 이런 작업을 시도해 보았다. 그 목적은 소극적으로는 우리의 복음적 증거 속에 일어날 수 있는 변질의 위험을 경계하고 방지하고자 함이다. 그러나 보다 적극적으로는 우리가 하나님의 복음의 본질에 합당한 말하기의 양식을 잘 개발하고 훈련함으로써 이 시대 속에서도 복음증거의 강력한 파레시아를 회복하기 위함이다.

Σὺ δέ,
ὦ ἄνθρωπε θεοῦ

"그러나 너,
오 하나님의 사람아!"

Is There an Address in This Text?

3장
들뢰즈와 가타리의 자아 및 언어 이해에 대한 성경적 비판

1. 들어가는 말

들뢰즈(Gilles Deleuze)와 가타리(Félix Guattari)는 서로의 전문 영역이 다른 사상가들이다. 그러나 그들의 공동 작업은 1972년의 『앙띠 오이디푸스』(*Anti-Oedipe*)에서부터 시작하여 1975년의 『카프카』(*Kafka*), 1980년에 출판된 『천의 고원』 그리고 1991년의 *Qu'est-ce que la philosophie?* 등으로 이어진다. 두 사람이 다 자기 영역의 주류적 흐름과 대립되는 길을 걷고 있다는 점에서 서로 공통점을 가진다. 그들 각각의 사상을 독립적으로나 또는 연계시켜서 살피는 작업은 쉽지 않은 일이며 이 글의 범위를 벗어난다. 이 글에서 우리는 그들의 대표적 공동저작인 『천의 고원』[1]을 중심으로 그 속에 나타나고 있는 그들의 자아관과 언어 이해를 중점적으로 다루어 보고자

---

1 이 글에서는 영역본 *A Thousand Plateaus: Capitalism and Schizophrenia* (Minneapolis: University of Minnesota Press, 1987)을 사용한다(이하 약칭 *TP*). 이 책에 대한 해설서로는 이진경, 『노마디즘 I, II』(서울: 휴머니스트, 2002) 참고.

한다. 우리의 관심은 가타리의 전문 영역인 정신분석학 쪽보다는 들뢰즈의 철학적 논의에 보다 많이 쏠리게 될 것이다.[2]

『천의 고원』을 주 텍스트로 택한 이유는 이 책이 그들의 사상적 완숙기에 내놓은 책으로서, 『앙띠 오이디푸스』 같은 책에서 도발적인 방식으로 제시한 주제들을 보다 체계적으로 발전시키고 있기 때문이다. 우리의 주제와 관련해서도 그들의 핵심적인 논지들이 이 책 속에 가장 잘 나타나고 있다. 우리가 중점적으로 살펴보고자 하는 자아 이해와 언어 이해는 양자가 긴밀한 연관성을 가진다. 어떤 면에서 양자를 함께 보는 것이 각각을 따로 보는 것보다 더 잘 서로의 특성을 이해하는 데 도움이 될 것이다. 물론 들뢰즈와 가타리가 자아나 자아정체성 같은 말들을 공격하고 의도적으로 회피하고 있는 것은 사실이다. 차차 보게 되겠지만, 그들은 인격적 주체인 '나'(I)보다는 비인격성의 '그것'(it)을 선호하며, '정체성'(또는 '동일성', identity)보다는 '차이'와 '특정성'을 선호한다. 그러나 그들이 어떤 말을 사용하든 자아와 관련된 논의 자체를 피해가는 것은 아니므로 이 글에서는 하나의 전반적 범주어로 '자아'를 사용하기로 한다.[3]

우리는 이 글에서 먼저 자아와 언어 이해에 대한 들뢰즈와 가타

---

[2] 들뢰즈와 가타리는 그들의 글을 '저자 없이' 글쓰는 일의 한 일환으로 생각하고 있기 때문에, 『천의 고원』의 경우도 어느 부분이 누구에게 속하는지를 가리는 일은 쉽지 않은 일일 뿐더러 그다지 의미 있는 일도 아니다. 두 사람의 성향에 대한 우리의 구분은 잠정적인 것일 뿐이다.

[3] 오늘날의 상황 속에서 '자아' 개념을 하나의 통일성을 가진 용어로 사용하는 것이 어려운 일임을 인정하지 않을 수 없다. 그러나 그 자체를 다루는 것이 우리의 목적은 아니므로 여기서는 일반적 통념의 바탕 위에서 이 말을 사용하기로 한다. 이 말이 현대사상 속에서 사용되는 다양한 용례에 대해서는 참고, 강영안, 『주체는 죽었는가』(서울: 문예출판사, 1996), 74. 자아에 대한 보다 심도 있는 철학적 논의를 위해서는 참고, Paul Ricoeur, *Oneself as Another* (Chicago and London: University of Chicago Press, 1992). 기독교적 시각에서의 논의를 위해서는 참고, Anthony C. Thiselton, *Interpreting God and the Postmodern Self* (Edinburgh: T&T Clark, 1995).

리의 견해를 살펴보고, 이를 바울서신(특히 에베소서와 빌레몬서)이 가르치는 내용의 바탕 위에서 비판적으로 검토해보고자 한다. 양자를 접맥시키는 것은 여러 가지 면에서 어려움이 따르는 일임은 분명하다. 먼저는 들뢰즈와 가타리가 바울을 해석하고자 하는 구체적인 시도를 한 적이 없고,[4] 또한 두 영역이 놓여 있는 역사적, 문화적 상황이 현격하게 차이가 나기 때문이다. 그러나 현실적인 측면에서 들뢰즈와 가타리의 견해가 이 시대의 성경해석에 보이지 않는 영향력을 행사하고 있는 것은 사실이므로,[5] 이들의 관점을 성경적 시각에서 비판하는 작업은 꼭 필요한 일이라고 본다.

2. 들뢰즈와 가타리의 자아관

1) 들뢰즈와 가타리의 철학적 방법

들뢰즈와 가타리의 철학적 방법은 그들이 사용하는 '노마드론'(nomadology)이라는 용어가 잘 말해준다. 이는 칭기스칸의 군대조직처럼 정착성보다는 이동성을 특징으로 하는 유목민의 생활양식을 학문과 사유의 양식으로 차용한 개념이다. 들뢰즈와 가타리는 하나의 통일된 중심에 의해 지배되는 거대 학문(왕립 혹은 국가 학문)에 대립되는 개념으로 자신들의 학문적 접근을 '소수 학문'(노마드 혹은 '전쟁기계' 학문)으로 규정하고 있다.[6] 이런 접근이 가지는 특

---

[4] 예수 그리스도와 관련해서는 『천의 고원』 가운데 작은 한 '고원'이 할당되고 있다.
[5] 참고, Moore, *Poststructuralism and the New Testament: Derrida and Foucault at the Foot of the Cross* (Minneapolis: Fortress, 1994), 124.
[6] *TP*, 361, 364. 들뢰즈와 가타리의 '소수 학문'(minor science)은 푸코의 사소한 것들

징은 소위 '국가 학문'이 주도해왔던 서구사회의 통일적 '근본'(root-foundation)[7]에 대한 관심 대신 흐름과 변신, 다양성과 생성 또한 끊임없는 탈중심과 도발적 문제제기 등이다.

들뢰즈와 가타리는 데리다나 푸코 등과 마찬가지로 리오타르(J.-F. Lyotard)가 '전체성에 대한 전쟁'(war on totality)이라 부르는 것에 참여하고 있다.[8] 어쩌면 다른 사람들보다 더 철저하게 그들은 사유의 파편화를 부르짖고 있다. 이를 나타내는 그들의 대표적인 개념이 '기계' 개념이다. 기계는 유기체적 통일체의 확장을 꾀하는 '기구' 개념과는 달리 '절단'한다. "기계는 '절단들의 체계'로 정의된다."[9] 마치 칼이 햄을 자르듯이 기계는 전체를 나누어 부분으로 만든다. 이는 종합을 위한 분석의 과정과는 다르다. 종합과 통일성, 유기체성 자체를 거부하는 부분이요 파편일 뿐이다.

그리고 그 분절된 것들은 이탈하기 위한 '벽돌들'로 존재하며, 그 가운데서도 다른 전체 속에 포속되지 않고 늘 '잔여체'로 남는다. 들뢰즈와 가타리의 '절단하는 기계'에 의해 절단되는 대상은 다양하다. 형이상학적 사상 체계나 정치경제적 제국주의나 자본주의뿐만 아니라, 통일체를 지향하는 문학이나 예술, 통일된 의미를 전제로 하는 언어이론 등도 다 이 절단의 대상에 포함된다. 『앙띠 오이디푸스』에서는 이런 절단기계로서의 그들의 책('책기계')의 기능

(minutia)의 이야기로서의 '국지적 산만담론'(local discursivities)에 비견될 수 있다. 참고, Foucault, *Power/Knowledge: Selected Interviews and Other Writings 1972-1977*, ed. by Colin Gordon et al. (Brighton: Harvester, 1980), 83-85. 들뢰즈와 푸코의 우호적 관계는 들뢰즈가 쓴 『들뢰즈의 푸코』(서울: 새길, 1995)와 푸코가 『앙띠 오이디푸스』의 영역판에 붙인 서문을 통해 잘 볼 수 있다.

[7] *TP*, 18.
[8] Lyotard, *The Postmodern Explained to Children: Correspondence 1982-1985* (London: Turnaround, 1992), 24.
[9] Deleuze and Guattari, 『앙띠 오이디푸스』, 최명관 역 (서울: 민음사, 1997), 61.

이 강조되고 있다.[10] 특히 그들이 공격하고 있는 것은 오이디푸스로 상징되는 가족주의의 틀 속에서 작용하는 '오이디푸스화' 현상이다. 오이디푸스화한 문학은 새로운 배치와 흐름을 가로막고 기존 질서에 순응하게 하는 기계로서, 들뢰즈와 가타리의 표현에 따르면 "돼지 똥"이다.[11]

『천의 고원』에서는 '기계' 개념의 바탕 위에서 '배치'(agencement) 개념이 더 강하게 부각되고 있다. 배치는 흐름을 생산하는 '기계'와 끊임없이 흐르고자 하는 '욕망'을 통합한다. 부분으로 분절된 것들이 그 자체로 머물지 않고 새로운 접속 속에서 새로운 기능을 가지도록 그 생동하는 욕망을 배분하는 것이 배치인 것이다. 들뢰즈와 가타리가 이런 과정을 나타내기 위해 사용하는 용어들은 다양하면서도 생소하다. 대표적으로 그들은 수목형의 계통도와 대비되는 개념으로 '리좀'(rhizome)이라는 용어를 사용한다.[12] 수목형 계통도는 뿌리들이 결국에는 하나의 근원으로 소급되는 형식을 취하는 데 비해 리좀은 계통화 되지 않은 단발적인 뿌리들로 존재한다. 수목형 모델이 일자(the One)에 소급되는 중심화 된 체계라고 한다면, 리좀형 모델은 전체(n)에서 일자만이 제외된 'n-1'의 탈중심의 체계라 할 수 있다. 수목형 모델이 일자에 의해 닫힌 체계로 이해되는 데 비해, 리좀형 모델은 땅 짐승들의 굴이 여러 개의 출입구를 가지듯이 항상 열려진 생성의 원리로 이해되고 있다. 리좀은 그런 점에서 '변용, 확장, 정복, 포획, 방출' 등의 방식으로 작동하며, 이미

---

[10] 그들이 즐겨 쓰는 또 다른 표현으로 '전쟁기계'(war machine)라는 말이 있다. 책이나 예술품, 새로운 사유나 활동 등이 기존의 통합화하고 일원화하는 틀을 벗어나 차이를 드러내고 자유의 공간을 만드는 역할을 할 때 이것들은 모두 '전쟁기계'로 기능한다.

[11] Deleuze and Guattari, 『앙띠 오이디푸스』, 207.

[12] "The rhizome is an anti-genealogy." TP, 11.

고착된 그림이나 사진과 달리 항상 새롭게 그려질 수 있는 지도처럼 '뗄 수도, 붙일 수도, 되돌릴 수도, 변경할 수도' 있는 것이어야 한다.[13]

들뢰즈와 가타리는 이와 같은 리좀식 생성의 예들을 다양하게 제시한다. 난초의 일종인 오키드가 말벌 암컷의 형태를 취함으로 '말벌 되기'를 통해 말벌을 유인하고, 말벌은 그 과정에서 오키드의 꽃가루를 옮김으로 말벌의 '오키드 되기'가 이루어지는 것으로 설명하는 것은 대표적인 예이다. 물론 들뢰즈와 가타리는 이런 예들을 산발적으로 제시하는 일 자체에 만족하지는 않는다. 그들의 관심은 이를 하나의 사유의 체계로('과학'의 이름은 사양하고 있지만) 정립해보고자 하는 것이다. 그래서 그들은 자신들의 접근을 '리좀학'(rhizomatics)이라고 명명하며, 이는 유사한 접근을 시도하는 다양한 이름으로 등치되기도 한다.[14]

들뢰즈와 가타리는 이런 리좀식 생성의 원리들을 다음과 같이 정리하고 있는데, 이 원리들은 그들의 철학이 확립하고자 하는 중심적인 주제들이기도 하다.[15]

① 접속(connection)의 원리: 하나의 동일자로부터 파생되거나 한 중심을 향해 계보적 연결이 이루어지는 것이 아니라 수평적 연결(and…and…and…)을 형성함을 말한다.

② 이질성(heterogeneity)의 원리: 서로 접속을 이루는 것들이 동질

---

[13] *TP*, 21. 그들은 자신들의 책도 이런 리좀의 하나로 보고 있다. 하나의 최종목적지를 향하여 나아가는 장(chapter)으로 이루어진 책이 아니라, 시작도 끝도 없는 그래서 모든 것이 중간지대(milieu)로서의 '고원들'로 이루어진 하나의 리좀으로 이해하고 있는 것이다. *TP*, 21-22.
[14] 예컨대 이들은 이와 같은 이름들을 열거한다. "RHIZOMATICS=SCHIZOANALYSIS=STRATOANALYSIS=PRAGMATICS=MICROPOLITICS." *TP*, 22.
[15] *TP*, 7-13.

성을 가지기 때문이 아니라 이질적임에도 접속을 이룰 수 있고 또 이루어야 함을 말한다.

③ **복합성**(multiplicity)**의 원리**: 일체성을 전제로 하는 의미에서의 차이가 아니라, 차이 자체로서의 차이를 전제하는 복합성을 말한다. 따라서 개체들의 접속이 증가함에 따라서 전체의 총수가 증가하게 된다. "접속되는 항들이 증가함에 따라 그 성질이 변하는 방식으로 그 복합성의 차원수가 증가하는 것"[16] 을 말한다(프렉탈 기하학).

④ **비의미적 단절**(asignifying rupture)**의 원리**: 의미화가 일어나는 규칙화된 흐름을 끊고 전혀 새로운 방향으로의 의미의 돌출적 흐름을 형성하는 것을 말한다.

⑤ **지도그리기**(cartography)**의 원리**: 한번 그려지면 고칠 수 없는 고정된 그림이나 사진의 모델이 아니라, 언제나 상황에 맞게 고치고 지우고 새로 그려 넣을 수 있는 지도그리기의 모델을 취하고 있다.

위와 같은 항목들은 들뢰즈와 가타리가 추구하는 '차이의 철학'[17]을 원리적인 면에서 잘 정리해주고 있다. 이 철학은 '그리고의 논리'(a logic of AND)를 그 무기로 하며 근본이나 시원(始原), 목적 등에 관심을 가지는 존재론이나 형이상학을 그 적으로 취한다.[18] 그들이 추구하는 목표는 사유의 독재자('장군') 역할을 하는 하나의 구심점

---

[16] TP, 8.
[17] '차이의 철학'을 위한 들뢰즈와 가타리의 정신적 모체는 니체와 스피노자이다. 이들의 사상적 영향에 대해서는 참고, 서동욱, 『차이와 타자』(서울: 문학과 지성사, 2000), 그리고 그의 논문 "들뢰즈 존재론과 앙띠 오이디푸스 그리고 니체", 김상환 편 『니체가 뒤흔든 철학 100년』(서울: 민음사, 2000), 273-316.
[18] TP, 25.

(a pivot-unity) 없이 이질적이요 개별적인 것들의 수평적 차원의 접속과 배치를 통해 가시화되는 생성의 새 체계를 확립하는 것이다. 그들은 이와 같이 부르짖는다. "나무〔수목형 체계〕는 동사 '이다/있다'(to be)를 강요한다. 그러나 리좀 구조는 '그리고 … 그리고 … 그리고 …'의 연접(conjunction)으로 이루어진다. 이 연접은 동사 '이다/있다'를 뒤흔들고 뽑아버릴 충분한 힘을 지니고 있다."[19]

2) 배치, 생성, 기관 없는 신체

들뢰즈와 가타리가 사용하는 '배치'(agencement) 개념은 그들의 사상을 나타내는 데 매우 유용하게 사용된다.[20] 배치에 따라 칼은 무기가 되기도 하며 학용품이 되기도 하고 음식 먹는 도구가 되기도 한다. 그러므로 들뢰즈와 가타리가 관심 가지는 것은 칼이 '무엇이냐'라는 존재(being)의 문제가 아니라, 칼이 그 달라지는 배치에 따라 '무엇이 되느냐'의 생성(becoming)의 문제이며, 또 '어떻게' 그것이 되느냐 하는 과정의 문제이다.

이것이 사람에게 적용된다면, 어떤 한 사람이 '누구이냐' 하는 질문은 그 사람이 '누가 되느냐' 하는 질문으로 바뀌어져야 할 것이다. 배치에 따라 갑(甲)은 을(乙)이 되기도 하며 병(丙)이 되기도 한다. 그렇다면 존재론적 의미에서의 갑의 자아정체성을 말한다는 것은 적절한 일이 되지 못한다. 어떤 배치 속에 놓이느냐, 무엇과 접속을 이루느냐에 따라 갑은 수없이 많은 다른 모습과 다른 기능

---

[19] TP, 25.
[20] 들뢰즈와 가타리는 '배치' 개념 속에 포함될 수 있는 또 다른 용어들로 '탈주' 또는 '탈주선'(line of flight), '탈/재영토화'(de-/re-territorialization), 또는 '탈/재지층화'(de-/re-stratification) 등의 표현들을 다양하게 사용하고 있다.

을 가지게 될 것이기 때문이다. 따라서 들뢰즈와 가타리는 자기충족적인 주체를 부인한다. "주체는 없다"(there is no subject)는 것이 그들의 표어 중의 하나이다.[21] 나아가서 그들은 이런 주체를 중심축으로 삼으려 하는 모든 형태의 주체화(subjectification)를 맹렬히 반대한다.

그들의 주장에 따르면 갑이 을이 되는 것은 사람과 사람의 경우에만 국한되는 것은 아니다. 사람이 개가 되기도 하며, 사람이 음악이 되기도 한다. 남자가 여자가 되기도 하며, 식물이 동물이 되기도 한다. 이런 과정을 설명하기 위해 들뢰즈와 가타리가 시도하는 것은 기존의 사물과 표상 관계에 기초한 미메시스적 방식이나 유비적 설명의 방식이 아니다. 예를 들어, 사람이 개가 되는 것은 사람이 생물학적으로 개로 바뀌는 것이나, 아니면 단순히 개를 모방하거나 흉내 내는 것을 말하지 않는다. 오히려 개와 관련된 어떤 코드를 포획(capture of code)하며 그 코드의 잉여 가치를 사용한다.[22] 다시 말해서 개를 정의할 때 포함되는 어떤 요소를 공유하는 것을 말한다.

음악의 맥락에서 보면, 전래적으로 남자가 여자 되는 일이 일어나고 있었는데, 이는 카운터 테너나 카스트라토 가수의 경우에서 나타난다. 이 경우 남자 가수가 신체적으로 여자가 되는 것은 아니다. 다만 그 음악적 기능이 여성화되는 것을 말하며 또한 남자의 상대 항을 이루는 여자의 경우에 있어서도 이 접속의 상황 속에서 통상의 성적 의미에서의 여성이 아니라 음향적 측면에서의 '여성음'으로 재정의가 이루어지는 것을 말한다. 이런 방식으로 접속을

---

[21] *TP*, 130.
[22] *TP*, 10, 279.

이루는 양 항 사이에서 각각이 자기 아닌 다른 것으로 '되는' 이중적 '탈영토화'가 이루어짐으로써 남자가 여자 되는 일이 일어나는 것으로 설명하고 있다.[23]

들뢰즈와 가타리는 이와 같은 '되기'의 능력을 철저히 내재적인 것으로 이해한다. 이를 이루어내는 두 요소는 되고자 하는 '욕망'과 또 그것을 이룰 수 있는 '힘'이다. 그리고 그것은 인간이 소유하고 있는 '잠재력'의 발현이다. 이 '잠재력'은 단순한 미래적 가능성으로 머무는 것이 아니라, 현실 속에 항상 현실의 일부로 구비되어져 있다. 이런 '잠재력'으로서의 인간의 존재양태를 나타내기 위해 이들은 '기관 없는 신체'(body without organs)라는 매우 어렵고 애매한 표현을 사용한다. 이는 이미 고정된 모습으로 존재하는 '유기체'나 그 '기관'에 대립되는 개념으로, 가시적으로 보이지 않지만 새로운 '배치'와 '접속' 속에서 그 모습을 다양하게 변형시켜 드러낼 수 있는 잠재적 현실성, 또는 '가능성의 리좀적 영역'(a rhizomatic realm of possibility)의 개방상태를 나타내는 말이다.[24]

자아는 이와 같이 그 타고난 잠재력에 따라 끊임없이 자신을 변형하여 다른 무엇이 되고자 하는 욕망을 가진다. 이미 고정된 어떤 아이덴티티가 주어지는 것을 지속적으로 거부한다. 인간은 스스로의 창조자인 셈이다. 따라서 외부적 창조자인 하나님을 거부할 수밖에 없다. 그들이 볼 때 하나님은 하나의 고정된 '유기체' 속에 인간을 묶으려 한다. 하나님은 그 정하여준 자리에서 인간이 떠나서는 안 된다는 명령과 심판을 발하는 무서운 얼굴을 하고 있

---

23 *TP*, 303-304.
24 *TP*, 190.

다.²⁵ 이것을 벗어나 항상 '새로운 나'를 창조하는 것, '기관 없는 신체'의 욕망을 유지하는 것, 이것이 자유인의 조건이다. 따라서 "접속하고, 통접하고, 지속하라"는 것이 들뢰즈와 가탈리가 가르치는 자유인의 표어이다.²⁶ 새롭게 이루어지는 배치 속에서 항상 자신을 새롭게 변형시켜 가는 카멜레온적 존재가 들뢰즈와 가타리가 그리고 있는 이상적인 자아상의 모습이다.

3) 비인격적, 익명의 주체

위에서 보는 것처럼, 들뢰즈와 가타리가 이해하는 자아는 '기관 없는 신체' 또는 다만 희미한 금만 그어져 있는 알의 모습처럼 비인격성과 익명성으로 특징된다. 그것은 언제나 어떤 형태로나 바뀔 수 있는 존재이다. 그것에 고정된 격(格)이나 이름을 붙이는 것은 달가운 일이 아니다. 익명적으로 존재하는 것 그 자체가 그것의 스타일이다.

따라서 그것이 표현하는 모든 것 역시 그러하다. 그 표현된 것이 어떤 실상을 표상한다고 보는 것은 들뢰즈와 가타리에게 있어서 철저히 부정되고 있다. 더 이상 저자를 찾을 필요도 없으며, 저자를 주체화하는 것도 요구되지 않는다. 들뢰즈와 가타리는 '책'이 가지는 기존의 삼각구도까지도 폐기하려 하고 있다. 실재의 영역(세계), 표상의 영역(책) 그리고 주체성의 영역(저자)으로의 구분을 버리고 형상도 의미화도 주체성도 없는 '배치들'의 개념 속에서 생성

---

25 *TP*, 158-59.
26 *TP*, 161.

의 과정들을 설명하려 하고 있다.[27] "우리가 아는 모든 것은 배치들 뿐이다."[28] 따라서 들뢰즈와 가타리는 주체 없이 글쓰기와 주체 없이 말하기를 주장하고 있다.

특히 들뢰즈와 가타리에게 있어서 '주체'를 말하는 것은 하나의 통일된 시작점과 목적점, 또는 '일자'를 전제로 한다. 그들은 하나의 거대한 통일체를 지향하는 변증법적 구도 속에 놓인 헤겔식의 부정의 부정 속에서의 차이가 아니라, 니체식의 긍정의 긍정 속에서의 차이를 추구하려 하고 있다.[29] 그러나 이렇게 근대적 주체를 버리는 가운데서 그들은 너무 많은 것을 버리고 있지 않은가?[30] 유기체로서의 주체 개념이 해체되는 과정 속에서 반드시 남아 있어야 할 자아의 개념마저 버려지고 있지 않은가? 우리의 말과 행위의 근간이 되는 책임성과 지속성, 인격성 등은 아무런 실체도 없는 허상 위에 세워지고 있는가?

보다 근원적인 측면에서 들뢰즈와 가타리는 너무 쉽게 모든 책임을 하나님께 떠넘기고 있지 않은가? 그들에게 있어서 한 개체에게 고정된 주체성과 인격성을 부여하는 것은 '일자'로서의 하나님의 기능에 속한다. 하나님은 그 자신이 근원자가 되기 위해 기관들을 만드는 것으로 인식되고 있다. 하나님이 참아낼 수 없는 것이 '기관 없는 신체'이다.[31] '은밀히 보시는 하나님'(*videre in abscondito*),[32] 그

---

[27] *TP*, 23.
[28] *TP*, 22.
[29] 참고, 서동욱, "들뢰즈의 존재론과 앙띠 오이디푸스 그리고 니체", 278.
[30] 참고, 강영안, 『주체는 죽었는가』, 75, 102. '어떤 주체가 죽었는가?'의 질문은 정당한 것이다.
[31] *TP*, 158-59.
[32] 이 표현이 들뢰즈와 데리다 등에게서 가지는 의미에 대해서는 참고, 서동욱, 『차이와 타자』, 246. 푸코에게 있어서 감시의 시선이 특히 고백의 담론과 어떻게 연관되는지에 대해

하나님의 얼굴의 해체와 시선의 제거는 들뢰즈와 가타리에게 있어서 가장 중요한 과제의 하나이다. "얼굴의 해체(dismantling the face)는 기표의 벽을 돌파하고 주체성의 블랙홀을 벗어나는 것과 같다."[33] 그 가운데서도 하나님의 얼굴과 시선은 가장 우선적으로 해체되어야 할 대상이다. 이제 우리는 들뢰즈와 가타리가 그리고 있는 뭉그러진 얼굴의 '기관 없는 신체'로부터 어떤 말을 들을 것을 기대할 수 있을까?

3. 들뢰즈와 가타리의 언어 이해

1) 자아관과 언어 이해의 관계

들뢰즈와 가타리의 언어 이해는 그들의 자아 이해와 긴밀히 연결된다. 그들의 자아 이해가 소기의 기능을 제대로 수행하고 있는가 하는 점을 점검해 볼 수 있는 하나의 테스트 케이스가 그들의 언어 이해라고 볼 수 있을 것이다.

언어 이해에 있어서 들뢰즈와 가타리의 기본 출발점 역시 반표상적, 반주체적 입장이다.[34] 그들은 이렇게 말한다. "주체는 언어를 가능하게 하는 조건도 아니며, 진술의 원인자도 아니다. 주체는 없다. 다만 언표의 집합적 배치가 있을 뿐이다. 주체화는 그 배치의

서는 필자의 졸고, "미셸 푸코와 성경해석", 『성경과 신학』 33권 (2003년 4월), 339-360 참고.

[33] TP, 188.
[34] 그들의 언어 이해가 가지는 반표상적 입장을 충분히 다루어야 하나 지면 관계상 다 다룰 수가 없고, 여기에서는 반주체적 입장을 중점적으로 살핀다.

한 부분에 지나지 않으며, 표현의 공식화 내지는 기호들의 한 체제일 뿐, 언어의 가능성을 위한 내적 조건인 것은 아니다."[35] 그들이 추구하고 있는 것은 말하는 주체 없이 말하기요, 얼굴 없이 말하기, 또한 인격의 상호성을 전제하지 않는 말하기이다.

   그들이 어떻게 자신들의 논지를 세워가고 있는지 자세히 살펴보기 전에 먼저 하나의 문제제기부터 하는 것이 도움이 될 것이다. 말하는 자의 자아는 자신의 말에 어떤 방식으로든 관여하지 않는가? 다만 '언표의 집합적 배치'에 온전히 자신을 귀속시켜야 하는가? 우리는 리쾨르가 지적하는 말하는 자의 자아가 가지는 자기 지속성(self-constancy)을 말하는 자에게 기대할 수도 돌릴 수도 없는가?[36] 아마도 우리는 월터스토프(N. Wolterstorff)가 데리다의 '공연식 해석'(performance interpretation)에 대해 지적하는 것을 들뢰즈와 가타리에 대해 동일하게 물을 수 있을 것이다.[37] 다시 말해서 이런 공연식 해석을 소설 등에 대해서는 쉽사리 적용하겠지만, 계약서라든지 증언, 약속 등에 대해서는 그렇게 잘 하지 않는 이유가 무엇인가? 그것은 그 배후에 선 사람의 주체적, 인격적 역할을 중요시하기 때문이 아닌가? 우리는 이런 질문을 가지고 들뢰즈와 가타리가 언어, 특히 수행어(performative)에 대해 말하는 것을 살펴보고자 한다.

---

35 *TP*, 130. 이런 출발점을 가지기 때문에 들뢰즈와 가타리는 언어학자 벵베니스트(Emile Benveniste)의 접근을 '언어학적 인격론'(a linguistic personology)이라 칭하며 이를 강하게 비판한다.

36 보라, Ricoeur, *Oneself as Another*, 123.

37 Nicholas Wolterstorff, *Divine Discourse: Philosophical Reflections on the Claim that God Speaks* (Cambridge: Cambridge University Press, 1995), 181-82.

2) 명령어로의 환원

들뢰즈와 가타리의 배치에 대한 관심은 언어적 영역에 있어서는 '화용론'(pragmatics)과 가장 가까운 일치를 이룬다. 언어는 단순히 그 구성 요소의 분석과 이해를 통해서만 그 의미를 다 알 수 있는 것이 아니라, 그것이 특정 상황 속에서 사용될 때에 가지는 의미 형성의 과정을 잘 고찰할 필요가 있다. 그 배치에 따라 말은 다양한 기능을 수행한다. 예를 들어, "지금이 10시다"라는 말을 할 때 그 말은 배치에 따라 사실의 주장이 될 수도 있고 강의 들어갈 시간이 되었음을 환기시키는 행위가 될 수도 있고, 단순히 소리로 누군가를 놀라게 만드는 행위가 될 수도 있다.[38]

들뢰즈와 가타리는 오스틴(John L. Austin)이 제시한 '화행론'(speech act theory)에 대해 매우 긍정적인 평가를 내리고 있다. 무엇보다도 언어를 '진술어'(constative)의 관점에서 보는 것을 넘어서 그 '수행어'(performative)로서의 성격을 잘 부각시키고 있는 것이 가장 큰 기여이다. 이밖에도 들뢰즈와 가타리는 세 가지 측면에서 오스틴의 제시가 가지는 중요성을 다음과 같이 지적하고 있다.[39]

① 이 이론은 언어를 풀어야 할 하나의 코드로 보는 것이나 지식의 전달을 위한 것으로 보는 관점을 불가능하게 만든다.
② 이 이론은 기존의 언어학의 영역들(의미론, 구문론, 음운론)을 화용론과 무관하게 각각의 독립적인 차원에서 이해하는 것을 불가능하게 만든다.

---

[38] 참고, Ted Honderich (ed), *The Oxford Companion to Philosophy* (Oxford: Oxford University Press, 1995), 489.
[39] *TP*, 77-78.

③ 이 이론은 언어를 그 전제된 바탕인 화행(speech acts)의 차원에서 이해함으로써 언어와 말을 나누는 것을 불가능하게 만든다.

우리는 ②와 ③의 지적은 문제될 것이 없다고 보지만, ①에 대해서는 매우 왜곡된 판단이 개입될 여지가 있음을 지적하지 않을 수 없다. 들뢰즈와 가타리는 ①과 같은 이해 위에서 "언어는 정보적이지도 소통적이지도 않다"(Language is neither informational nor communicational.)고 단정적으로 말한다.[40] 이것은 그들의 언어 이해의 한 중요한 공리 역할을 하고 있다.

그러나 이것은 오스틴을 자기 방식대로 해석한 것에 지나지 않는다. 오스틴은 수행어가 가지는 '발화수반력'(illocutionary force)의 중요성뿐만 아니라 그것이 바르게 기능할 수 있게 하는 명제적 내용(propositional content)의 중요성도 간과하지 않는다. 어떤 종류의 수행어가 그 효과를 적절히 이루기 위해서는 그 내용의 진위가 가려지지 않으면 안 되는 경우가 있다. 이것을 오스틴은 이렇게 말한다. "어떤 수행어의 발화가 행복하기 위해서는 어떤 진술들이 참이어야만 한다."[41] 이를 볼 때, 언어의 수행어로서의 특성을 강조하는 것이 진술의 내용적 측면이나 그것이 바탕하고 있는 사실성을 무시하는 것이 아니며 또 그렇게 할 수도 없다는 것을 알 수 있다. 들뢰즈와 가타리는 자신들이 보고 싶어 하는 한 방향에서만 오스틴을 보고 있다.

들뢰즈와 가타리가 언어가 정보적이지 않다고 말하는 것은 그 내용의 사실성 차원의 측면만이 아니라 언어의 사회적 기능 전반

---

40 *TP*, 79.
41 "for a certain performative utterance to be happy, certain statements have to be true." J.L. Austin, *How To Do Things With Words*(Oxford: Oxford University Press, 1962), 45.

을 두고 하는 말이다. 예를 들어, 학교에서 문법 선생이 학생들에게 어떤 문법적 규칙(예컨대, "ㅈ이 ㅂ로 읽히는 것은 자음 ㅈ과 ㄷ 앞에 올 때이다")을 말할 때는 그것이 단순히 정보전달 차원의 일이 아니라는 것이다. 그것은 곧 그렇게 따라야만 한다는 명령이 되고 있다. 신문이 뉴스를 전하는 것 역시 단순한 정보전달이 아니라 "우리가 무엇을 생각해야'만' 하고, 지니고 있어야'만' 하고, 기대해야'만' 하는지" 등을 말해준다는 것이다.[42] 이렇게 말은 그 배후에 '사회적 의무'(social obligation)를 수반하며, 훈련(discipline 혹은 '문법화', grammaticality)의 결과로 그 통용성을 형성한다.[43] 이런 이유 때문에 들뢰즈와 가타리에게 있어서 모든 말은 명령어(order-word)가 되고 있다.

들뢰즈와 가타리의 명령어 환원은 명령의 기능을 수행하는 한 부류의 화행(speech acts, 이를테면 오스틴이 분류하는 exercitive)에 국한되지 않는다. 이는 언어 이전에 인간 조건의 어떠함과 연관된다. 인간이 언어의 전수와 습득과정을 떠나서 존재할 수 없는 이유 때문에 인간은 자연히 언어가 가지는 '문법' 또는 '권력 표시'(power marker)의 지배를 벗어나지 못한다. "언어는 인생이 아니다. 언어는 인생에게 명령들(orders 혹은 질서들)을 준다."[44] 이런 전제 때문에 들뢰즈와 가타리는 명령의 화수력을 가지는 화행들뿐만 아니라 질문, 약속, 심지어 사랑의 고백까지도 다 명령어의 범주 아래에 귀속시킨다.

들뢰즈와 가타리는 언어 자체가 가지는 '사회적 의무'라는 조건 때문에 개별자의 말을 인정하지 않는다. 말은 사회성을 가지며 또한 '문법'이라는 사회적 규칙 속에서 그 통용성을 가진다. 그들의

---

[42] TP, 79.
[43] TP, 79.
[44] TP, 76.

표현대로 '언표의 집단적 배치들'(collective assemblages of enunciation) 속에서 개별 화행은 그 발화수반력을 행사한다. 이런 이유 때문에 그들은 말하는 자의 인격성을 중시하는 벵베니스트(E. Benveniste)의 입장보다는, 사회적 규정성을 발화수반력의 근간으로 이해하는 뒤크로(Oswald Ducrot)의 입장을 더 선호한다. 이처럼 발화수반력의 근간이 이미 모든 말이 명령어로 규정되어 있는 사회적 조건 속에 놓여 있는 것으로 이해하기 때문에 자연히 개별 화행에 있어서 말하는 자의 주체는 배제되고 있다. 들뢰즈와 가타리의 언어 이해에 있어서도 그들의 자아 이해에 있어서와 같이 '주체화의 과정들'(subjectification proceedings)은 주된 공격의 대상이 되고 있다.

우리는 들뢰즈와 가타리의 비표상적 사유가 기초하고 있는 반주체적, 반인격적 접근이 특히 언어의 면에 있어서 그 취약성이 더 크게 부각되고 있음을 본다. 만일 우리가 사회적 문법과 규칙에 따라 말하는 자이고, 따라서 말하는 자로서의 인격성과 책임성, 일관성 등이 견지되는 것이 우리에게서 요구되지 않는다면 우리는 과연 약속의 말을 할 수 있을 것인가?[45] 또 약속을 하는 하나님은 무엇을 말하는가? 그 또한 모두가 명령어일 뿐인가? 모든 말이 사회적으로 규정되어 있다고 말하는 것과 그러하기 때문에 모든 말을 명령어로 환원해야 한다고 말하는 것은 전혀 다른 차원의 문제이다. 들뢰즈와 가타리는 이런 구분을 하는데 실패하고 있다. 우리는 이런 접근이 가지는 취약점을 뒤에 가서 성경의 언어 세계의 한 단

---

45 말에 있어서 말하는 자의 인격의 중요성에 대해서는 달라스 하이가 잘 강조하고 있다. 참고, Dallas M. High, *Language, Persons, and Belief* (Oxford: Oxford University Press, 1967), 22. 월터스토프 역시 우리가 말을 할 때는 우리 자신을 말에 개입시키지 않을 수 없고 또한 우리의 말 속에서 우리 자신이 받아들여지는 것이 전제된다는 것을 강조한다. 단지 사회적 관습이나 규칙만이 발화수반력의 근거가 되는 것은 아님을 잘 보여주고 있다. Wolterstorff, *Divine Discourse*, 94.

면을 살펴봄으로써 더 뚜렷이 부각시켜 볼 것이다.

4. 성경적 비판의 시도

1) 에베소서에 나타난 그리스도인 자아관과의 비교

들뢰즈와 가타리 같은 포스트모더니즘 사상가들과 바울을 비교하는 것은 매우 적절하지 못한 시도로 보일 수도 있겠지만, 반면에 양자의 비교 속에서 서로가 말하고자 하는 것이 보다 뚜렷이 드러나게 되는 장점을 기대할 수도 있다. 우리가 이들 사이에 하나의 접점을 찾자면 자아 이해와 관련된 '변화'와 '됨'의 측면일 것이다. 이들 모두는 인간의 자아상을 처음 그대로 영구히 지속되는 고정된 실체로 보지 않는다. 데이빗 포드(David F. Ford)가 사용하는 말처럼 '변화된 존재'(being transformed)[46]로서의 인간상은 우리의 자아 이해에 있어서 대단히 중요한 요소이다. 그러나 이를 파악하는 방식은 바울과 현대 사상가들 사이에 큰 차이가 있다.

(1) 에베소서 자아관의 기본 전제

에베소서가 우리에게 제시하고 있는 중요한 주제 가운데 하나는 앤드류 링컨(Andrew T. Lincoln)이 잘 지적하고 있는 것처럼 정체성의 문제이다.[47] 그리스도인의 자아는 어떤 자아인가? 에베소서는 여

---

[46] 포드는 이 문구를 포스트모더니즘 사상을 다루고 있는 그의 한 책의 부제로 사용하고 있다. David F. Ford, *Self and Salvation: Being Transformed*(Cambridge: Cambridge University Press, 1999).

[47] A.T. Lincoln and A.J.M. Wedderburn, *The Theology of the Later Pauline Letters* (Cambridge:

러 가지 모습들을 제시하고 있지만, 그 가운데서도 '새 사람'(kainos anthrōpos)⁴⁸이라는 표현이 가장 대표적이다. 그리스도인은 죽은 자요 정죄된 자였던 상태로부터 하나님이 새롭게 지으신 '새 창조의 자아'로 변화된 존재가 되었다. 그런데 이런 변화는 인간적 힘이나 노력으로 이루어진 일이 아니라, 전적으로 예수 그리스도와 함께 됨의 사건 속에서 이루어진 것으로 보고 있다. 그리스도인은 그와 '함께 살아났고' '함께 일어났고' 하늘에 '함께 앉힌'(엡 2:5-6) 변화된 존재가 되었다.

바울의 그리스도인의 자아 이해 속에서 우리는 들뢰즈와 가타리와 다른 가장 근본적인 전제 하나를 발견한다. 곧 인간은 그 스스로의 힘으로 극복하지 못하는 죄와 죽음의 문제를 직면하고 있다는 사실이다. 에베소서는 이 현실을 "허물과 죄로 죽었던" 너희(엡 2:1), "본질상 진노의 자녀였던" 너희(엡 2:3) 등의 표현을 통해 보여 준다. 그 속에 자신을 새롭게 바꿀 수 있는 능력이 조금도 들어 있지 않은 인간의 모습이다. 이런 존재가 '새 사람'이 되는 것은 오직 그리스도 안에서의 하나님의 '새 창조' 사역의 결과로만 이루어질 뿐이다. 나아가서 이 변화와 됨의 차원이 전적으로 다르다. 이는 단순한 개선의 차원이나 미학적 취향의 차원이 아니라, 죽음이 생명이 되며, 절대적 부정이 절대적 긍정이 되는 근본적 변화의 차원을 가진다. 바울이 제시하는 '새 사람' 됨은 믿음으로 예수 그리스도와 연합됨 속에서만 얻을 수 있는 자아상이다.

이런 '새 사람' 됨은 또한 바울의 독특한 종말론적 이해의 맥락

Cambridge University Press, 1993), 91. 참고, A.T. Lincoln, *Ephesians* (WBC 42, Dallas: Word Books, 1990), lxxxvi-lxxxvii.

48 바울은 에베소서 2:15의 인접문맥 속에서 '한(hena) 새 사람'을 이야기 하고 있지만, 우리는 좀 더 넓은 문맥 속에서 이 말을 다소 일반화시킨 의미로 사용한다.

위에 놓여진다. 현재적 변화는 그 자체가 완성은 아니다. 비록 에베소서의 종말론이 논란의 대상이긴 하지만, 성령에 대한 '첫 지불금'(arrabōn, 엡 1:14) 표현 등을 볼 때 에베소서의 종말론을 현재적, 실현된 종말론으로만 볼 수는 없다.[49] 미래는 현재의 변화된 자아에게 여전히 중요한 의미를 가진다. 이는 들뢰즈와 가타리에게서처럼 미래가 인간 이해에 있어서 아무런 본질적 기능을 가지지 못하는 현재주의적 관점과는 근본적으로 차이를 가진다.

(2) 그리스도인 자아상의 통일성과 다양성

바울이 제시하는 그리스도인의 자아상은 여러 가지 측면들을 포함하고 있다. 무엇보다도 그 출발점이 되는 것은 구원에 있어서 인간의 철저한 무능과 수동성 그리고 하나님의 절대적 주권이다. 하나님의 주권적 사역은 그것이 역사 속에 구현되기 훨씬 이전부터 이루어지고 있다(엡 1:4, 5, 11). 바울은 그리스도인의 새로운 '됨'을 이와 같이 철저히 하나님의 주권적, 창조적 사역의 기초 위에 위치시킨다. 뿐만 아니라 이 일은 '죽은' 인간 스스로가 넘을 수 없는 죄와 죽음의 벽을 예수 그리스도께서 스스로 취하여 파하심으로 우리 스스로의 될 수 없음의 한계를 넘어 우리의 새로운 짝 안에서 '새 사람' 됨이 가능하게 되는 방식을 통해 이루어지게 되었다. 우리는 이것을 **새 창조적 자아**라 부를 수 있을 것이다. 더 이상 우리는 옛 짝인 아담 안에서 우리에게 지워졌던 죄와 죽음의 한계 속에 머무를 필요가 없게 되었다. 이제 우리의 짝이 되신 분 안에서 새 차원의 공유와 결합이 가능하게 되었다. 하나님은 예수 그리스

---

[49] 참고, Lincoln, *Ephesians*, lxxxix-xc, 40-41; N.T. Wright, *The Resurrection of the Son of God* (Minneapolis: Fortress, 2003), 236.

도를 그 무한하신 창조적 능력 가운데서 "죽은 자들 가운데서 다시 살리시고(egeiras, 보다 정확히는 '일으키시고') 하늘에서 자기의 오른편에 앉히셨다"(kathisas, 엡 1:20). 이것은 단지 그리스도에게만 일어난 일이 아니라, 그리스도와 더불어 허물로 죽은 우리를 "함께 살리셨고(syn-ezōopoiēsen)…함께 일으키사(syn-ēgeiren)…함께 하늘에 앉히셨다(syn-ekathisen)"(엡 2:5-6). 이런 독특한 새 창조적 사건은 들뢰즈와 가타리가 주장하는 것처럼 우리 스스로의 '됨'을 우리 스스로가 창조함과 거리가 멀다. 우리의 새 창조는 철저히 우리의 능력 밖에서 이루어진 일이다.

이 새 창조의 자아는 또 다른 측면들과 연결된다. 그 하나는 하나님을 향하여는 주로 1장에서 강조하는 것처럼 **예배적 자아로**,[50] 하나님이 창조하신 세상과 만물을 향하여서는 **사명적 자아**로 나타나고 있다. 뿐만 아니라 예수 그리스도 안에서 새롭게 지어진 그리스도인은 또한 그리스도의 몸이라는 **공동체적 자아**로 존재한다. 예수 그리스도 안에서의 아들 됨과 후사 됨은 믿는 자 개개인에게 해당되는 일일뿐만 아니라 또한 함께 되는 일이기도 하다. 이를 나타내기 위해 바울은 "함께 후사(synklēronoma)가 되고 함께 지체(syssōma)가 되고 함께 약속에 참예하는 자(symmetocha)가 됨"(엡 3:6)을 말하고 있다. 그리스도와 더불어 이루어졌던 '함께 살리심' 등의 조어(造語) 형식이 그대로 이용되고 있다. 이 공동체적 자아의 유기성 속에는 수평적 결합이 있을 뿐만 아니라 수직적 차원에서 예수 그리스도의 중심점을 가지고 있다. 들뢰즈와 가타리의 자아관

---

[50] 이 면에 대한 강조는 참고, Ford, *Self and Salvation*, 97-104, 120-129. 포드는 원리적 차원에서의 '예배하는 자아'(a worshipping self)와 실제적 차원에서의 '노래하는 자아'(a singing self) 개념을 통해 바울서신의 핵심 축을 이해하려 하고 있다.

에 있어서는 탈중심적 결합이 강조된다. 모두를 하나로 결합시키는 '일자'(the One)에 대한 강한 거부감이 작용하고 있다. 그러나 그리스도 안에서의 새 창조적 자아는 그리스도를 중심으로 하는 유기적 결합체를 이룬다.

보다 실천적인 면에 있어서 새 사람으로서의 그리스도인들은 말이나 행위에 있어서 그 삶을 특징짓는 한 가지 공통적 요소를 가지는데, 그것은 감사이다(엡 5:4, 20). 이런 면에서 우리는 그리스도인의 **감사의 자아**를 말할 수 있다. 더러 '감사의 윤리'(eucharistic ethic)를 말하는 현대 사상가들이 있지만,[51] 들뢰즈와 가타리에게 있어서는 이런 요소가 전적으로 결여되고 있다. 또 하나 바울이 다양한 그리스도인의 자아상을 이야기하면서도 '접속'을 금하는 한 가지가 있다. 곧, 하나님의 아들 된 자들은 불순종의 아들들에 대해서는 "함께 참예하는 자"(symmetochoi, 엡 5:7)가 되어서는 안 된다는 것이다. 뿐만 아니라 새 사람 된 그리스도인들은 맞서 싸워야 할 대적을 가진다. 바울은 그리스도인을 레슬링 경기와 같이 적과 맞붙어 씨름하는 자로 나타낸다(엡 6:12). 그리스도인은 이런 점에서 **전투적 자아**를 가진다. 바울이 그리고 있는 이런 구별선은 세상의 모든 것들과 무제한의 결합과 경계 없이 열린 배치를 추구하는 들뢰즈와 가타리의 접근과 큰 차이를 가진다.

바울이 말하는 그리스도인의 다양한 자아상은 다양성과 조화, 창조적 결속과 절제를 동시에 가진다. 하나님과 인간, 인간과 인간, 인간과 자연 사이의 구심점이 되는 '충만'으로서의 그리스도 안에서 변화된 자아로서의 그리스도인이 가지는 역동성을 나타낸다.

---

51 여기에 대해서는 보라, Ford, *Self and Salvation*, 137-139.

하나님과 인간을 대립적 관계에 놓은 채 유비적 사유를 통째로 파기하고 있는 들뢰즈와 가타리는 이 유비관계를 새롭게 변화시켜 놓고 있는 예수 그리스도의 개입을 전혀 고려하지 않고 있다.[52] 그들의 주장처럼 '일자'의 제거 속에 인간의 자유가 있는 것이 아니라, 스스로 해결하지 못하는 인간의 가장 근원적 곤궁에 대해 하나님이 제시하신 새로운 결합의 길에 배치됨을 통해 인간은 자신과 세상을 새롭게 바라볼 수 있게 된다.

2) 빌레몬서의 언어적 측면과의 비교

(1) 명령어의 정당성

바울은 그리스도인 자아 이해뿐만 아니라 이 변화된 자아의 언어 사용의 이해에 있어서도 탁월한 면을 보여준다. 먼저 우리는 들뢰즈와 가타리의 언어 이해가 가지는 두 가지 큰 약점을 지적해보자. 하나는 언어의 비표상성의 강조 때문에 언어가 그 통용성을 획득하는 데 필요한 역사적 실재 또는 '배경'의 측면을 쉬 훼손하고 있다는 점이다. 두 사람이 언어가 "정보적이지도 소통적이지도 않다"(neither informational nor communicational)고 말하는 것은 바른 판단이 아니다. 수행어의 수행력은 그 명제적 내용이 언어외적 사태와의 검증할 수 있는 연관성을 가질 때 바르게 효력을 행사하는 경우가 많다. 예를 들어 "비가 온다"고 말할 때 그 말이 일차적으로 현재적 상황에 대한 진술이라면 그 말은 '사태의 정황'에 대해 정보를 전달한다. 다른 상황들 속에서 그 말은 또 다른 발화수반력(illocutionary force)을 가지겠지만(이를테면 우산을 챙겨가라는 권고 등), 적

---

[52] 참고, E. Jüngel, *God as the Mystery of the World* (Edinburgh: T&T Clark, 1983), 285.

어도 이 말이 '평서행위'(assertive)로서의 발화수반력을 가지려면 사태의 정황(state of affairs) 여하에 그 '맞춤의 방향'(direction of fit)이 모아지지 않을 수 없다.[53]

또 다른 약점은 언어의 인격적 행위성과 의사소통성의 무시이다. 언어는 단순히 비인격적인 '내뱉기'에 그치는 것이 아니다. 또는 단순히 '집단적 배치' 속에 무인격적으로 포섭되어 버리는 것도 아니다. 화행(speech acts)에는 의사소통 당사자 간의 주체적 행위성이 개입된다. 특히 '행사행위'(exercitive or directive)의 경우에 있어서는 상호인격적 측면뿐만 아니라 기구적(institutional) 측면도 대단히 중요한 요인으로 작용한다. 예를 들어, '이 배를 엘리사벳호로 명명한다'라든지 '이 사람을 장관으로 임명한다'라고 말하는 경우 이를 말하는 사람들이 적법한 자격을 가지는 것은 이 말의 정당한 효력이 시행되는 것과 관련하여 매우 중요한 조건이 된다.[54] 목회적 측면에서 '성부와 성자와 성령의 이름으로 세례를 주노라'라든지 '두 사람이 부부가 되었음을 공포하노라' 등의 선언을 할 때에도 그 해당 당사자들이 적합한 자격이나 조건을 갖추는 것이 중요하다.[55]

들뢰즈와 가타리의 맹점은 언어가 위치하는 사회적 구성의 측면은 지나칠 만큼 강조하고 있지만, 그것이 가지는 기구적(institutional) 측면은 도외시하고 있다는 점이다. 이 때문에 그들은 언어를 통해 일어날 수 있는 이데올로기적 억압과 감시, 통제 등을 배격하는 과

---

[53] 참고, John R. Searle, *Expression and Meaning: Studies in the Theory of Speech Acts* (Cambridge: Cambridge University Press, 1979), 3-4.
[54] Austin, *How To Do Things With Words*, 34-35.
[55] 목회적 차원에서 수행어의 중요성에 대해서는 참고, James W. Voelz, *What Does This Mean?: Principles of Biblical Interpretation in the Post-Modern World* (Saint Louis: Concordia Publishing House, 1995), 290.

정 속에서 권위가 그 정당성을 가지고 말을 통해 시행될 수 있는 적법성까지도 함께 부정하고 있다. 하버마스의 경우 정당한 '행사행위'(directive)가 가지는 적법한 자리를 협박이나 강압에 의한 발화효과행위(perlocutionary action)와 잘 구분하고 있다.[56] 명령의 화행은 타인의 자유를 억압하는 것으로 일방적으로 매도되어서는 안 된다. 강요와 강압에 의한 발화효과행위(perlocution)와 구분해서 발화수반행위(illocution)로서의 명령의 화행이 가지는 정당한 위치를 잘 이해하는 것이 필요하다. 이런 면은 들뢰즈와 가타리의 언어 이해에 있어서 무시되고 있는 요소인 화행들의 언어외적(extra-linguistic) 사태의 정황과 기구적 측면의 중요성을 정당하게 평가함으로써 극복될 수 있는 측면이다.

(2) 명령어 이상의 차원

명령은 정당하다. 그러나 우리가 빌레몬서에서 발견하는 것은 이런 논의를 한 차원 더 넘어선다. 바울은 도망한 노예인 오네시모의 일을 두고 빌레몬에게 '명령'의 말을 할 수 있는 정당한 권리를 가지고 있음을 밝힌다(몬 1:8). 제임스 던(J.D.G. Dunn)이 잘 지적하는 것처럼, 명령한다(epitassein)는 이 말은 매우 강한 의미를 가진다.[57] 상위자가 하위자 위에 말로써 그 권위를 나타내는 일을 가리킨다. 바울은 자신이 그렇게 할 수 있음에도 불구하고 '명령'의 말보다는 오히려 '권면'(parakalō)의 말을 택하고 있다. 양자의 경우에 바울이 빌레몬에게 말하고자 하는 내용적 요소(propositional content)는 동일

---

[56] 보라, Habermas, *The Theory of Communicative Action*, 2 vols (London: Polity Press, 1984-1987, 독일어원본 1981), I, 295.

[57] Dunn, *The Epistles to the Colossians and to Philemon*, NIGTC (Grand Rapids: Eerdmans, 1996), 325.

하다. 그러나 그것을 '명령'으로 말할 때와 '권면'으로 말할 때의 발화수반력(illocutionary force)은 차이를 가진다.

명령이 아무리 정당한 권리를 가지는 화행이라 할지라도, 바울이 빌레몬에게 요청하는 것은 바울 자신의 뜻을 따르는 것 그 자체는 아니다. 빌레몬이 어떻게 그 일을 자신의 책임과 자의 속에서 행할 것이냐 하는 것이 매우 중요하다. 던이 지적하고 있는 것처럼, 빌레몬과 같이 사회 지도층에 속하는 사람에게 있어서는 사회적 질서의 유지를 위하여 도망 노예를 벌하는 것이 그 사회의 요구에 부응하는 일일 것이다.[58] 그러나 그보다 더 중요한 것은 그리스도인으로서의 '변화된 자아'가 그 새 사람됨의 본을 어떻게 자발적으로, 자원함으로 나타내느냐 하는 것이다.

결국 바울이 명령의 말이 아닌 권면의 말을 택함으로 빌레몬의 행동에 있어서 기대되는 것도 '억지로'(kata anankēn)가 아닌 '자의로'(kata hekousion)가 가능하게 되는 것이다(몬 1:14). 빌레몬의 입장에서는 바울이 명령하니까 마지못해 행동하는 것이 아니라, 그 스스로가 그리스도 안에서 변화된 자아로서 하나님을 기쁘시게 하는 차원에서 행동하는 것, 이것이 세상과 자아를 넘어서는 길이다. 권면의 말은 이런 자발성을 증진시킨다.

이는 우리의 언어행위가 놓여야 할 새로운 차원을 우리 앞에 열어주고 있다. 일상영역 속에서 우리는 자기중심적이고 남을 통해 자신의 목적을 달성하려 하는 일방적 차원의 언어행위들(perlocutions)이 지배적임을 본다. 좀 더 나은 차원에서 마틴 부버가

---

[58] Dunn, *The Epistles to the Colossians and to Philemon*, 325. 빌레몬서의 사회적 정황에 대한 연구로는 참고, Norman R. Petersen, *Rediscovering Paul: Philemon and the Sociology of Paul's Narrative World* (Philadelphia: Fortress, 1985).

설파하는 것처럼 '나와 그것'의 관계를 넘어 '나와 당신'의 관계 속에서 보다 진정한 대화적 차원에서의 언어행위를 행하는 사람들도 있다. 그러나 성경은 그 내용상 이보다 더 깊은 차원의 언어행위를 보여준다. 단지 상대인간을 위하는 차원을 넘어 서로의 행위가 하나님 앞에서 가장 고차원의 자발성으로 행하여질 수 있게 하는 차원이다. 안타깝게도 들뢰즈와 가타리는 명령과 통제로만 이해하고 있는 '일자'를 버리는 가운데서 모든 언어를 명령어로 환원할 수밖에 없었고, 결국 언어의 이 가장 높은 차원의 추구를 처음부터 거부하고 봉쇄하고 있는 것이다. 하나님의 손실이 인간에게 가져오는 손실이 무엇인지를 진지하게 고려하지 않기 때문이다. 들뢰즈 자신은 하나님을 제외한 'n-1'의 열린 공간 속에서 무한대의 접속의 자유를 누리기를 원했겠지만, 결국 그 '-1'의 결정적 결핍 때문에 닫힌 한계 밖에는 보지 못하였고, 이것이 그를 자살로 몰아간 것은 아닐까?

5. 나가는 말

"우리는 부분적 대상들, 벽돌들 및 잔여물들의 시대에 살고 있다."[59] 들뢰즈와 가타리의 외침이다. 그것이 그들의 '차이의 철학'과 '비표상적 사유'를 통해 이루고자 했던 세상의 모습인지 모른다. 어쩌면 그것은 그들 스스로가 해체하여 놓은 세상의 모습인지 모른다. 그 가운데서 자아는 상실되고 오직 욕망하는 기계들의 배치

---

[59] Deleuze and Guattari, 『앙띠 오이디푸스』, 69.

들만이 놓여 있다. 그 배치들의 일부를 이루는 언어 또한 말하는 자의 자아를 필요로 하지도 않으며 자신에게나 그 누구에게도 귀속되지 않는다. 그러면서도 어떻게 사랑을 표현하며 살아갈 수 있을까? 어떻게 약속을 만들며 살아갈 수 있을까? 약속도 사랑도 미래도 없는 세상 속에 그저 미시정치적 관계를 이루며 살아가면 될까? 그것이 들뢰즈와 가타리가 그리고 있는 "부분적 대상들, 벽돌들 및 잔여물들의 시대"일까? 그것은 그들의 감옥일 뿐이다. 우리 앞에는 여전히 빛을 발하는 성경의 더 찬란하고 풍성한 세계가 펼쳐지고 있다. 그곳은 말씀들이 살아 있는 곳, 변화된 자아들의 자발적 사랑과 순종이 살아 있는 곳이다.

Σὺ δέ,
ὦ ἄνθρωπε θεοῦ

"그러나 너,
오 하나님의 사람아!"

Is There an Address in This Text?

4장
바울의 덕 사상과 덕 철학의 접점 찾기

1. 들어가는 말

 현재 한국 교회는 보다 넓은 공공 사회로부터 이탈되어 하나의 고립된 섬처럼 존재하는 형국이 되고 있다. 일반 사회의 정의의 기준에도 미치지 못하는 일들이 교회 안에서 아무 문제없이 통용되기도 한다. 아니면 교회에 해가 되지 않는 한 일반 사회의 형편에 대해서는 무관심하거나 더 나쁜 경우는 세상적 악에 편승해서 살아가려 한다. 이런 현상은 갈수록 두드러지고 있으며, 이제는 일반 사회의 많은 생각이 있는 사람들로부터 심각한 수준의 비판을 받고 있다. 이 글에서 우리는 이런 현상이 성경의(특히 바울의) 가르침과는 거리가 멀다는 것을 보이고자 한다. 이를 위해 우리는 '덕'이라는 주제에 초점을 맞추어서 빌립보서 4:8-9에 나타난 바울의 덕 사상을 추적해보고 이를 현대의 덕 철학 사조와 접맥시킬 수 있는 길을 모색해보고자 한다.

 고든 피(Gordon Fee)는 빌립보서 4:8을 두고 이는 복음주의 전통에 서 있는 많은 사람들을 위한 "한 모금의 신선한 공기"(a breath of fresh air)라고 말한다.[1] 복음주의 교회들이 지금까지 파편화된 은혜 사상에 집중하느라 덕에 대해서는 눈을 감고 있었다는 이야기다. 다르게 표현하자면 터툴리안의 예루살렘에 머물기를 좋아하는 사이 아테네에서의 생활의 지혜는 잊어버리고 있었다. 오랫동안 그것이 정상인 것처럼 생활하다 보니 이제는 아테네에서의 책임 있는 삶에 대한 관심이나 갈망조차 잃어버리게 되었다. 우리는 이것이 정상이 아님을 지금에 와서 새삼 절감하고 있다. 우리에게는 "신선한 공기"가 필요하다. 그리고 그것은 이미 오래 전부터 우리 속에 있어왔던 것이다. 이 글은 이를 들추어내어 오늘의 상황에 맞게 다시 누릴 수 있도록 작은 일조를 하고자 하는 마음에서 시도되었다. 이 글에서 우리는 먼저 바울의 덕 관련 본문에 대한 문법적, 역사적 연구를 시도하고, 이어서 그 해석학적 범주를 넓혀 현대 덕철학(특히 알라스데어 맥킨타이어)과의 대화를 개진한 후에 결론적으로 복음주의적 전통을 견지하면서도 공공적 덕의 증진에 기여해야 할 책임의 제고로 이 글을 맺고자 한다.

2. 바울의 덕 사상

1) 덕에 대한 바울의 직접적 언급: 빌립보서 4:8-9

바울은 덕(ἀρετή)이란 단어를 빌립보서 4:8에서 단 한 차례 명시적으로 사용하고 있다.[2] 이 한 번의 용례를 가지고 바울의 덕 사상

---

[1] Gordon D. Fee, *Philippians* (Downers Grove: IVP Academic, 1999), 178.
[2] 신약 전체 속에서 이 단어는 이곳 외에 베드로전서 2:9과 베드로후서 1:3, 5에만 나타난

을 이야기하는 데에는 어려움이 따른다. 일단은 이 단어 자체가 워낙 광범위한 의미 범주를 가지기 때문에 바울이 어떤 의미로 이 단어를 사용하고 있는지 결정해야 하는 문제도 있고, 더 나아가서는 바울이 어떤 의도로 이곳에서 덕에 대해 언급하고 있는지, 또는 그가 얼마나 적극적으로 그레코로만 세계의 덕 사상과 교류하고 있는지 결정하는 문제도 쉽지 않다. 그러나 적어도 바울이 이 용어를 의식적으로 사용하고 있는 것을 볼 때는 우리가 최대한 근접된 방향에서 그의 덕 이해의 저변을 고찰해볼 필요가 있음을 부인하지는 못한다.

먼저 빌립보서 4:8-9의 전체적 구조를 생각해보자. 바울은 "끝으로 형제들아"(Τὸ λοιπόν, ἀδελφοί)라는 말로 이 부분을 시작하고 있다. 이는 빌립보서 3:1(Τὸ λοιπόν, ἀδελφοί μου)에도 유사한 방식으로 나타나는 표현이다. 특히 3:1과 관련해서는 이를 별도 편지의 분기점으로 보는 학자들이 많다.[3] 그러나 토 로이폰(τὸ λοιπόν)을 리드(J.T. Reed)가 보는 것처럼 "부가적 언급의 표시자"로 본다면,[4] 4:8은 하나의 작은 단위의 별도 권면 주제로서 4:1에서 시작되었던 권면부와 연결되는 것으로 이해할 수 있다.

이어서 바울은 여섯 개의 형용사형 관계대명사 호사(ὅσα, 그 어떤 ~들)에 이끌리는 여섯 형용사들과 두 번의 에이 티스(εἴ τις, 그 어떤

다. 베드로서신 속에서의 이 주제의 중요성 역시 관심 있는 부분이지만, 지면의 제약 때문에 이곳에서 다루지는 못한다.

3 대표적으로 요아킴 그닐카는 1:1에서 3:1a까지(부분적으로 4:2-7, 10-23을 포함시켜)를 빌립보 A서로, 3:1b-4:1, 그리고 4:8-9까지를 빌립보 B서로 구분하고 있다. 참고, Joachim Gnilka, *Der Philipperbrief* (Freiburg, Basel, Wien: Herder, 1980). 그 밖에도 1914년의 사임즈 가설(Symes's hypothesis)을 다소 변형시킨 세 편지 이론에 대해서는 참고, B.D. Rahtjen, "The Three Letters of Paul to the Philippians", *NTS* 6 (1959-1960), 167-73.

4 참고, Reed, *A Discourse Analysis of Philippians: Method and Rhetoric in the Debate over Literary Integrity* (Sheffield: Sheffield Academic Press, 1997), 328.

~이든)에 이끌리는 두 명사들을 열거한 후에 "이것들을 생각하라" (ταῦτα λογίζεσθε)라는 주된 명령어를 문장의 끝 부분에 배치하고 있다. 이어서 9a절에서는 하나의 통괄적 관계대명사 하(ἅ, ~한 것들)에 이끌리는 네 개의 동사들을 나열한 후에 "이것들을 행하라"(ταῦτα πράσσετε)라는 주된 명령어를 같은 방식으로 문장 끝에 배치하고 있다. 그리고 9b절은 "평강의 하나님이 너희와 함께 계시리라"는 기원적 성격의 약속으로 종결된다.

바울은 "이것들을 생각하라"와 "이것들을 행하라"는 반복되면서도 종속되지 않는 두 현재시상의 명령어를 통해 빌립보 교인들이 지속적으로 그가 열거하는 것들에 마음을 두고 또한 그에게서 보고 배운 것들을 계속하여 실천에 옮기며 살기를 요청하고 있다. 그렇다면 먼저 바울이 "이것들을 생각하라"고 할 때 '이것들'(ταῦτα)이 받는 것은 무엇일까? 좁게 보면 바로 앞의 두 가지, 곧 '덕'과 '기림'을 가리킨다고 볼 수도 있지만, 더 좋은 것은 그 앞의 여섯 가지 항목과 '덕'과 '기림' 전체를 받는다고 보는 것이다. 그렇다면 바울은 왜 같은 방식으로 여덟 가지를 나열하지 않고 '호사' 부분과 '에이 티스' 부분을 구분하는 것일까? 이 두 부분의 관계는 어떻게 되는 것일까? 일단의 학자들은 이 구분에 큰 의미를 두지 않고 병렬적 방식으로 서로를 연결시킨다. 그러나 오브리엔(Peter O'Brien)을 포함하여 많은 주석가들은 뒤의 두 가지가 앞의 여섯 가지를 수렴하는 것으로 보고 있다.[5] 이런 견해가 보다 적절한 것으로 보이는데, 이는 '호사'와 '타우타'가 "생각하라"(λογίζεσθε)의 목적어로 직접적인 연결 관계를 이루는 반면, '에이 티스' 부분은 이 관계에서 다

---

5 Peter T. O'Brien, *The Epistle to the Philippians* (NIGTC. Grand Rapids: Eerdmans, 1991), 507.

소 이탈되어 앞의 것들을 취합하는 형식을 취할 뿐만 아니라, 앞의 단어들이 한 결 같이 중성 복수 형태를 취하는 반면 덕과 기림은 별도로 단수 형태를 취하고 있기 때문이다.

그렇다면 바울이 덕(ἀρετή)과 기림(ἔπαινος)의 구체적 예들로 제시하는 여섯 가지의 항목들은 어떤 성격을 가지는가? 우선 바울은 동일한 패턴의 나열식 방식으로 이 여섯 가지를 차례로 언급한다.[6] 생각이나 행위가 거짓되지 않은 무엇이나 참된 것들(ὅσα ἀληθῆ), 비루하거나 비난받을만한 것이 아닌 무엇이나 존경받을만한 것들(ὅσα σεμνά), 불의하거나 부당하지 않은 무엇이나 의로운 것들(ὅσα δίκαια), 도덕적으로나 종교적으로 더럽지 않은 무엇이나 정결한 것들(ὅσα ἁγνά), 혐오스럽거나 기피의 대상이 아닌 무엇이나 사랑스러운 것들(ὅσα προσφιλῆ) 그리고 화나 역감정을 불러일으키는 것이 아닌 무엇이든 칭찬의 말들(ὅσα εὔφημα)[7]이 그것이다. 이것들은 다 종교적 의미를 가지기도 하지만 거기에 국한되지 않고 보다 넓은 도덕적 의미로 통용되는 단어들이다. '존경받을만한'의 의미를 가진 셈노스(σεμνός)는 이곳 이외에는 목회서신 속에서 주로 교회 직분자들이나 교인들의 도덕적 자질과 관련하여 사용된다(딤전 3:8, 11; 딛 2:2. 명사 σεμνότης 형태로는 딤전 2:2, 3:4; 딛 2:7 등). 프로스필레(προσφιλῆ)나 유페마(εὔφημα)는 다른 곳에서 바울이 전혀 사용한 적이 없는 일반적 의미가 강한 단어들이다.

---

6 이 단어들의 그레코로만 배경에서의 용례들에 대한 상세한 설명을 위해서는 참고, John Reumann, *Philippians* (AYB. New Haven and London: Yale University Press, 2008), 616-19.

7 랄프 마틴은 유페마(εὔφημα)를 수동적 의미의 '칭찬들음'의 의미보다 능동적인 '칭찬함'의 의미로 이해하고 있다. 보라, Ralph P. Martin, *The Epistle of Paul to the Philippians* (TNTC. Leicester: Inter-Varsity Press, 1987), 174. 오브리엔도 이를 같은 방식으로 이해한다. 보라, O'Brien, *The Epistle to the Philippians*, 505.

바울은 이런 자질들을 덕과 기림이라는 단어로 취합하고 있다. 이 두 단어는 아리스토텔레스 등에게서 종종 짝을 이루어 나타나기도 한다.[8] 우리는 이어서 덕이라는 단어를 별도로 좀 더 상세히 살펴보겠지만, 바울이 이 부분 속에서 염두에 두고 있는 것을 정리해보자면, 은혜로 구원받은 그리스도인이라 할지라도 일반적 덕이 무관심이나 배제의 영역이 아니라 적극적인 관심과 추구의 영역임을 분명히 하고 있다는 점이다. 우리가 바울을 은혜의 관점에서 바라보는데 익숙해있다면 이는 분명 의외의 일이 아닐 수 없다. 비록 자주 언급되지는 않는다고 할지라도 우리는 바울의 이런 강조를 무시할 수 없고, 그의 덕 사상의 위치를 새롭게 조명함으로써 전체적 균형을 바로 잡는 일이 필요하다.

2) 바울은 어떤 의미로 덕을 말하는가?

덕이라고 번역된 아레테(ἀρετή)는 특히 스토아 철학자들이 즐겨 사용하던 단어이다. 바울이 이 단어를 자주 사용하지 않는 이유는 어쩌면 이것이 당대의 철학자들의 용어로 전유되고 있었기 때문인지도 모른다. 뿐만 아니라 이 단어가 가지는 일반화된 뉘앙스 때문에 바울이 이와 관련하여 나타내고자 하는 것들을 한 단어 속에 다 담는 것이 어려웠기 때문인지도 모른다. 그는 어떤 의미로 아레테를 말하고 있을까?

---

[8] Aristotle, *Nicomachean Ethics*, tr. Terence Irwin (Indianapolis: Hackett Publishing Company, 1985), 1.13/1103a4 ff; 그 밖에도 Cicero, *Tusculanae Disputationes*, V.23,67나 멜리토폴리스의 비문에 포함된 델피의 계명들, 마카비 4서 1:2 등에서의 이런 한 쌍으로 묶인 용례의 출현에 관해서는 참고, Otto Bauernfeind, "ἀρετή", *TDNT*, vol. I, 460.

우선 이 단어의 가장 기본적 의미는 탁월성(eminence)이다.[9] 어원상 아레테는 누군가의 인정을 획득한다는 의미의 아레스코(ἀρέσκω)와 그 뿌리를 같이 한다. 탁월성이라는 의미에서 아레테는 무기가 탁월하다거나 말들이 탁월하다는 등 사람이나 사물, 동물, 신들 등에 폭넓게 적용되는 단어이다.[10] 호머에게 있어서 아레테는 주로 전쟁에 있어서의 탁월성, 따라서 용감한 남성성 및 그 공적의 의미로 사용되었다. 이 단어가 현재 우리에게 익숙한 도덕적 덕의 의미로 정착된 데에는 소크라테스와 플라톤의 영향이 결정적이다. 플라톤은 지혜와 용기, 신중함과 정의를 네 가지 주 덕목으로 제시하였다. 종교적 의미에서 아레테는 신들의 능력과 거의 유사한 의미로 사용되었고, 70인경에서는 하박국 3:3 등의 하나님의 영광(הוֹדוֹ) 또는 이사야 42:8, 43:21 등의 '내 찬송'(תְּהִלָּתִי)을 번역할 때 아레테를 사용하고 있다. 바우언파인트가 밝히는 것처럼 70인경에서는 덕의 의미로 아레테를 사용하는 경우를 찾기가 어렵다.[11] 이는 바울의 아레테 용어 사용이 70인경에 근거하기보다는 당시의 통상적 용례에 근거한다는 것을 보여주는 한 증거가 될 수 있다.

아리스토텔레스는 아레테를 획득된 도덕적 탁월성의 관점에서 정의하고 있는데, 그에게 있어서 중요한 것은 아레테가 습관 혹은 성향(ἕξις)과 연관된다는 점이다. 아레테는 자연 상태 자체나 단발적 능력 또는 감정과는 구별된다. 물론 자연 상태에 없는 것을 습

---

9 이에 대한 자세한 설명을 위해서는 참고, Bauernfeind, "ἀρετή", 457-61; H.-G. Link and A. Ringwald, "ἀρετή", *NIDNTT*, vol. III, 925-28; J. Klein, "Tugend", *RGG 3*, vol. VI, 1079-85.

10 운동 경기에 있어서의 탁월성과 관련된 아레테 용어의 광범위한 용례에 대해서는 참고, Stephen G. Miller, *Arete: Greek Sports from Ancient Sources* (Berkeley: University of California Press, 1991).

11 Bauernfeind, "ἀρετή", 460.

관이 만들어 낼 수는 없겠지만, 자연적으로 어떤 것을 가지고 있다고 하더라도 그것이 습관을 통해 지속적 '상태'를 이루지 못할 때는 그것을 아레테라 하지 않는다. 아리스토텔레스는 이렇게 말한다. "덕들은 자연에 의해서도 또한 자연을 거슬러서도 일어나지 않는다. 오히려 우리는 자연에 의해 덕들을 얻을 능력을 가지고 있고, 또한 습관을 통해 온전한 완성에 도달한다."[12] 아리스토텔레스에게 있어서 아레테를 얻는 것은 어떤 기예를 얻는 것과 같다. 행위를 해봄으로써 그런 성격의 덕을 소유한 행위자가 되는 것이다. "우리는 건물들을 만들어봄으로써 건축가가 되는 것이며, 하프를 연주함으로써 하프 연주가가 되는 것이다. 마찬가지로 우리는 정의로운 행동들을 함으로써 정의롭게 되는 것이고, 중용의 행동을 함으로써 중용의 사람이 되며, 용감한 행동을 함으로써 용감하게 되는 것이다."[13]

스토아 철학자들에게 있어서 아레테는 국가나 신들 등 외부 요인을 섬기는데 그 목적이 있지 않고, 아레테 자체가 목적이 되고 있다. 그들에게는 자연(φύσις)에 따라 사는 것이 아레테를 따라 사는 것이다.[14] 그리고 아레테를 따라 사는 것이 행복을 가져온다. 아레테를 따라 사는 것은 또한 우주의 원리인 이성(λόγος)에 부합하여 사는 것을 의미하기도 한다. 스토아 철학자들의 대부격인 제노(Zeno)와 그의 제자 크리시푸스(Chrysippus)에게 있어서 덕스러운 행위의 진정한 목적은 이성과 자연을 따라 사는 것이었다.[15] 스토아

---

[12] Aristotle, *Nicomachean Ethics*, 2.1/1103a25 f.
[13] Aristotle, *Nicomachean Ethics*, 2.1/1103a33 ff.
[14] H.-G. Link and A. Ringwald, "ἀρετή", 926.
[15] 이에 대해서는 참고, J. Daryl Charles, *Virtue amidst Vice: The Catalog of Virtues in 2 Peter 1* (Sheffield: Sheffield Academic Press, 1997), 102. 스토아 철학의 발생과 발전에 대한 역사

철학자들은 출생시의 인간의 상태를 도덕적인 백지 상태로 이해하였다. 인간에게 이성의 능력이 생기는 것을 대략 14살 정도로 보았고, 이때가 되면 사람은 동기와 행위의 관계를 이해하고 사물의 본질을 분석, 비판할 수 있게 된다고 보았다.[16] 그들에게 있어서 아레테는 주어지는 것이기보다는 오이케이오시스(οἰκείωσις, '자신의 것으로 삼음'의 의미)를 통해 획득되는 것이었다.[17] 스토아 철학자들은 이런 계발되어야 할 덕목들을 권장하기 위해 플라톤의 4 주덕을 중심으로 아레테의 목록들을 작성하기도 하였다.[18]

라이트풋(J. B. Lightfoot)은 "바울과 세네카"라는 장문의 글에서 바울의 언어가 많은 면에서 당대의 대표적인 스토아 철학자 세네카의 언어와 유사성이 있음을 밝힌다.[19] 바울 자신이 스토아 철학자들의 글을 잘 알고 있었다는 증거는 그가 아레오바고 연설에서 인용하는 그의 동향 사람 아라투스(Aratus) 및 클레안테스(Cleanthes)의

적 개괄을 위해서는 참고, Marcia L. Colish, *The Stoic Tradition from Antiquity to the Early Middle Ages*, 2 vols. (Leiden: E.J. Brill, 1990).

[16] 스토아 단편 문헌집 *Stoicurum Veterum Fragmenta*에 의거하여 다릴 찰스가 정리하고 있는 것을 이용. 참고, Charles, *Virtue amidst Vice*, 101.

[17] Charles, *Virtue amidst Vice*, 102; 이에 대한 전문적인 연구서로는 참고, T. Engberg-Pedersen, *The Stoic Theory of Oikeiōsis: Moral Development and Social Interaction in Early Stoic Philosophy* (Aarhus: Aarhus University Press, 1990); 또한 그의 책, *Paul and the Stoics* (Edinburgh: T&T Clark, 2000), 53-64.

[18] 대표적으로 Epictetus, *Dissertationes*, 2.16.45, 3.2.3 등, 참고, H.-G. Link and A. Ringwald, "ἀρετή", 926. 디오 크리소스톰(Dio Chrysostom)은 덕의 목록을 통해 "영혼들을 악과 환상, 잘못된 욕망으로부터 덕을 사랑하고 보다 나은 삶을 사모하는 길로 이끌고자 한다"고 밝힌다. 참고, Abraham J. Malherbe, *Moral Exhortation, A Greco-Roman Sourcebook* (Philadelphia: Westminster Press, 1986), 140. 성경과 고전 문헌들 속에서의 윤리적 목록의 용례들에 대해서는 참고, David E. Aune, "Ethical Lists", *NIDB*, vol. III, 670-72; 바울의 덕의 목록에 관해서는 참고, Colin G. Kruse, "Virtues and Vices", *Dictionary of Paul and His Letters* (Downers Grove: InterVarsity Press, 1993), 962-63.

[19] J.B. Lightfoot, *St. Paul's Epistle to the Philippians* (Lynn: Hendrickson, 1981), 270-333, 특히 287-90.

글(행 17:28)에서도 잘 나타나며,[20] 무엇보다 스토아 철학자들이 이상형으로 그리는 현자 이미지의 사용 속에도 잘 나타난다.[21] 스토아 철학자들의 현자는 그 스스로의 자족(αὐτάρκεια)을 가지고, 아무것도 부족한 것이 없으며 스스로 모든 것을 소유한 사람이다. 이런 이미지는 변용된 의미로 고린도전서 4:8, 10; 고린도후서 9:8, 11; 빌립보서 4:11, 13, 18 등에 나타나고 있다.

이런 맥락 속에서 볼 때 우리는 바울의 아레테 용어의 사용도 당대의 철학자들이 사용하던 도덕적 탁월성의 의미 범주를 크게 벗어나지 않는다고 볼 수 있다. 다만 그들과 다른 것은 전체적 신학 및 세계관의 차이이다. 라이트풋도 잘 지적하는 것처럼 스토아 철학자들의 도덕적 이상은 엄격과 냉정 및 무동요이기 때문에 진정한 스토아인은 고립되고 이기적인 모습을 가진다.[22] 뿐만 아니라 아리스토텔레스나 스토아 철학자들에게 공통적으로 자연 상태의 인간에게는 결함이나 비계발의 상태는 있을지언정 죄나 타락은 없다. 따라서 외부적 구원을 필요로 하지 않으며 덕의 삶을 위하여 성령의 도움을 필요로 하지도 않는다. 무엇보다 바울의 신학적 구조의 특징을 형성하는 역사적, 종말론적 인식을 스토아 철학 속에서 찾아보기 어렵다. 이런 신학적 전제의 차이점들은 명백하지만, 적어도 아레테 용어의 의미에 있어서는 바울이 당대의 스토아 철학자들이나 기타 일반인들에게 통용되던 의미를 공유하고 있었다고 보는데 무리는 없을 것이다.

---

[20] 이에 대해서는 참고, C. K. Barrett, *Acts 15-28* (ICC. London: T&T Clark International, 1998), 848.
[21] 참고, Lightfoot, *St. Paul's Epistle to the Philippians*, 304.
[22] Lightfoot, *St. Paul's Epistle to the Philippians*, 322.

3) 왜 바울은 덕을 말하는가?

지금까지 학자들 사이에는 바울의 아레테 용어와 그 구체적 항목들의 배경을 유대적 맥락에 두고자 하는 시도와 스토아 철학자들을 중심으로 한 그레코로만 배경에 두려고 하는 시도들이 제시되어 왔다. 전자의 경우는 로마이어(E. Lohmeyer)와 미카엘리스(W. Michaelis)가 대변하는 입장이다.[23] 그들은 70인경을 근거로 바울이 언급하는 단어들이 다 거기에 등장한다는 것을 강조하며, 따라서 빌립보서 4:8의 항목들 전체를 종교적 의미로 읽으려 한다.

바우언파인트의 접근 방법도 넓게 보면 이와 연관시킬 수 있을 것이다. 그는 유대적 세계관과 헬라적 세계관의 지나친 대립 구도 속에서 헬라적 의미의 아레테 개념을 "너무나 인간중심적이고 이 세상지향적"인 것으로 규정한다.[24] 이 때문에 그는 바울의 아레테 용어의 의미를 70인경에 근거하는 것으로 보고 있다. 그러면서 그는 빌립보서 4:8이나 베드로후서 1:5의 아레테에 인간적 덕이나 세속적 의미 이상을 부여하려 하고 있다. 물론 아레테가 하나님과 직접 연관된 베드로전서 2:9의 경우에는 70인경의 용례를 살려서 읽는 것이 합당할 것이다. 그러나 그 밖의 경우들에 바우언파인트가 하는 것처럼 굳이 통상적 의미 이상의 종교적 의미를 부가할 필요는 없을 것이다. 그의 접근은 키텔 사전의 전반적 경향을 그대로 반영하는 것으로 보인다. 그런 점에서 그의 접근은 제임스 바(James Barr)가 파라뮈테오마이(παραμυθέομαι, 위로하다)를 해설하는 스텔린

---

[23] 참고, O'Brien, *The Epistle to the Philippians*, 502; Gnilka, *Der Philipperbrief*, 220. 랄프 마틴 역시 로마이어의 입장에 상당히 동조적이다. 참고, Martin, *Philippians*, 174.

[24] Bauernfeind, "ἀρετή", 460.

(Stählin)의 접근을 비판하는 동일한 비판에 직면하지 않을 수 없을 것이다.²⁵ 곧 발전된 신학적 의미를 사전적 의미 속에 그대로 접맥시키려 하는 경향이다. 바울의 아레테 용어의 사용과 관련해서도 바우언파인트처럼 여기에 섣부른 신학적 의미를 부여하려 하지 말고, 그 단어의 통상적 의미를 따라서 읽는다면 바울이나 베드로가 염두에 두고 있는 그리스도인의 삶의 더 넓은 범주인 세상 속에서의 삶과 관련된 비전이 더 잘 부각될 수 있을 것이다.

또 다른 접근 방법은 바울의 아레테 용어를 스토아 도덕철학의 배경에서 읽고자 하는 시도이다. 그닐카의 경우는 이 철학으로부터 바울의 아레테 목록이 나왔다고 보며, 심지어 이것이 스토아 철학 속에 기존하는 목록 형식으로(in der Form eines vorgegebenen Katalogs) 존재했으리라고 추측한다.²⁶ 그러나 이것은 확인하기 어려운 일이다. 일방적으로 70인경에서 그 원천을 찾으려는 것과 마찬가지로 일방적으로 스토아 철학자들에게서 원천을 찾으려는 것도 만족스럽지 못하다. 그러면서도 이를 단지 "특징적인 그리스도인 덕들"로만 국한시키는 실바(Moisés Silva)의 입장도 그다지 만족스럽지 못하다.²⁷ 우리는 여기에 하나의 겹치는 부분이 있다고 본다.²⁸ 바울

---

25 보라, James Barr, *The Semantics of Biblical Language* (Oxford: Oxford University Press, 1961), 231-33.

26 Gnilka, *Der Philipperbrief*, 221. 그닐카처럼 강하지는 않지만 호손이나 한센, 류만 역시 이런 입장에 동조한다. 보라, Gerald F. Hawthorne, *Philippians* (Waco: Word Books, 1983), 187; G. Walter Hansen, *The Letter to the Philippians* (Grand Rapids: Eerdmans / Nottingham: Apollos, 2009), 296; Reumann, *Philippians*, 638.

27 Moisés Silva, *Philippians* (BECNT. Grand Rapids: Baker, 1992), 229.

28 볼프강 슈라게는 이를 "개방된 수용"(open acceptance)과 "선택적 재정의"(selective qualification)의 관계라는 말로 표현하고 있다. 보라, Wolfgang Schrage, *The Ethics of the New Testament* (Philadelphia: Fortress Press, 1988), 200. 그 밖에도 참고, T. J. Deidun, *New Covenant Morality in Paul* (Rome: Editrice Pontificio Istituto Biblico, 2006), 169.

은 모든 선한 것의 원천이 되시는 하나님의 관점에서 교회의 안과 밖을 동시에 바라보고 있다.²⁹ 이것은 한 복음 선포의 양 측면을 구성하는 것이기도 하다.

바울은 왜 빌립보의 그리스도인들에게 아레테의 삶을 명하고 있는가? 바울은 교회의 삶과 철학의 이상을 적극적으로 결합시키기를 원했는가? 아니면 아레테의 고취를 통하여 주변 세계로부터의 핍박이나 조롱을 피하고자 하는 소극적 목적을 가졌는가? 이 양자 각각에 대하여 긍정적 대답을 하는 사람들이 있겠지만, 우리의 본문은 거기에 대한 충분한 근거를 제공해주지 않는다. 바울이 덕을 스토아 철학자들처럼 덕 자체의 목적을 위해 추구했다고 볼 수는 없다. 또는 그것을 그 자체로서 좋은 것이라고 바울이 인정했다고 주장하는 것도 침묵으로부터의 추론일 뿐이다. 바울의 출발점은 덕이나 자연 자체의 승인이 아니라 그리스도 안에 나타난 하나님의 구원과 성령으로 말미암은 새 사람, 새 창조이다. 그러므로 덕과 복음 사이에는 긴장의 상호관계가 자리 잡고 있다. 이것이 우리 본문 8절과 9절의 연결 속에 잘 나타난다.

구조적으로 볼 때 8절과 9절은 전체적으로 하나의 짝을 이루면서 그 내용에 있어서는 병렬적이다. 9절의 관계대명사 하(ἃ) 다음에 나오는 첫 번째 카이(καὶ)는 8절과 9절을 연결시키는 기능보다는 9절 자체에 나오는 4개의 동사 각각에 카이를 넣어 운율격조를 맞추는 용도로 사용되고 있다. 그러므로 9절에 더 무게 중심을 두고 8절을 9절에 종속시키려는 하우프트(Haupt)의 관점이나, 8절의 일반 덕에 대한 시정제 차원에서 9절의 복음적 기준을 제시한다고 보는

---

29 참고, Fee, *Philippians*, 181; Morna Hooker, "Philippians", *NIB*, vol. XI, 541.

세븐스터(Sevenster)의 주장은 그닐카나 오브리엔 등에 의해 잘 논박이 되고 있다.³⁰ 뿐만 아니라 8절의 "생각하라"(λογίζεσθε)는 동사를 비판 또는 판단의 의미로 읽어서 그 제시된 덕의 수용이나 거절이 개인의 판단에 의거하는 것으로 보는 페터슨(E. Peterson)의 견해 역시 그닐카에 의해 잘 논박이 되고 있다.³¹ 8절의 일반 덕은 선택적인 반면 9절의 사도적 교훈과 본은 필수적인 것으로 차등을 두는 것은 합당하지 않다. 그리스도인이 사도적 교훈과 본을 따라야 할 뿐만 아니라, 주변 세계 속에서 덕의 삶을 살아야 한다는 것은 바울의 분명한 뜻이다.

빌립보의 그리스도인들은 한 면에서는 그 통치권(또는 국가, πολίτευμα, 빌 3:20)을 하늘에 두고 있는 하늘 시민이다.³² 그러면서도 그들의 현재적 삶은 빌립보라는 로마의 콜로니아 속에서 이루어지는 "빌립보 사람들"(Φιλιππήσιοι, 빌 4:15)이다.³³ 바울은 이 양면적 삶의 환경을 어느 하나도 부인하기를 원치 않는다. 이런 환경 속에서 빌립보의 그리스도인들은 그들의 존재의 근원적 원천인 복음을 따라 살아야 한다. 그러나 그 삶은 또한 시민 노릇을 바르게 하는 것(πολιτεύεσθε, 빌 1:27)이라는 은유적 표현으로 제시되고 있다. 빌립보서의 바울의 언어는 풍부한 정치적 함의를 반영한다.³⁴ 바

---

30 Gnilka, *Der Philipperbrief*, 222; O'Brien, *The Epistle to the Philippians*, 502.
31 Gnilka, *Der Philipperbrief*, 222; 또한 Hooker, "Philippians", 541.
32 한국어 번역에 "시민권"으로 되어 있는 폴리튜마는 식민지 개념보다는 국가 개념으로 보는 것이 더 적합하다. 자세한 논의는 참고, O'Brien, *The Epistle to the Philippians*, 460.
33 랄프 마틴은 여기서 바울이 공식 로마 명칭(Philippenses)을 따라 그들을 부르고 있다고 잘 지적한다. Martin, *Philippians*, 175.
34 참고, Bruno Blumenfeld, *The Political Paul: Justice, Democracy and Kingship in a Hellenistic Framework* (Sheffield: Sheffield Academic Press, 2001). 블루멘펠드는 특별히 빌립보서에서 "바울이 정치적으로 생각하고 있다"고 강조한다(앞의 책, 301). 보크뮤엘 또한 바울이 빌립보에서 기독교 진리를 "공적 진리"(public truth) 차원에서 생각하고 있음을 강조한다. 보라,

울은 세상 속의 그리스도인들이 한 면에서는 구원의 공동체로, 또 한 면에서는 덕의 공동체로 살기를 원하고 있다. 이 양자는 서로 다른 존재 모드가 아니라 한 복음이 빚어내는 한 존재의 양 측면일 뿐이다.

특히 이 부분에 있어서 바울이 어떤 원리적 차원으로 접근하지 않음을 보는 것이 의미심장하다. 바울은 "내 안에서"(ἐν ἐμοί) "배우고 받고 듣고 본 바"를 지속적으로 행하라고 명한다.[35] 어떤 추상화된 개념이나 원리들을 적용하라고 명하는 것이 아니라 그 자신의 본을 제시하고 있다. 이는 바울이 3:17에서 말하였던 "함께 나를 본받는 자들"(συμμιμηταί μου)이라는 표현과도 직결된다. 바울의 미메테스(μιμητής) 개념은 오늘날 많은 오해의 대상이 되기도 한다.[36] 그러나 이것은 카스텔리(E. Castelli) 같은 사람들이 보는 것처럼 바울의 권력적 획일 공동체 조성의 목적을 위함이 아니라 복음 선포와 복음적 삶의 언약행위 화행(commissive speech-act) 차원의 일관성(constancy)을 보여주고자 하는 목적을 가진다. 바울의 교훈과 삶은 "표준성"(Kanonizität)[37]을 가질 뿐 아니라 하늘 시민으로서나 세상 시민으로서의 구체적 일관성을 가지기도 한다. 이 모든 것은 예수님 타입의 삶에서 그 출발점을 가진다.[38]

Markus Bockmuehl, *The Epistle to the Philippians* (BNTC. London: A & C Black, 1997), 250.

[35] "내 안에서"(ἐν ἐμοί)를 바로 앞에 나오는 에이데테(εἴδετε) 동사에만 연결시켜 "내 안에서 본 것들"로 읽을 수도 있지만, 그보다는 네 개의 동사 모두와 연결시키는 것이 더 적절해 보인다.

[36] 미셸 푸코(Michel Foucault)의 권력-지식 개념에 의거한 권력 담론 관점에서의 미메테스 개념 해석을 위해서는 필자의 졸고 "미셸 푸코와 성경해석", 『성경과 신학』 33 (2003, 4), 339-60 참고.

[37] Gnilka, *Der Philipperbrief*, 223.

[38] 참고, L. Gregory Bloomquist, *The Function of Suffering in Philippians* (Sheffield: JSOT Press, 1993), 138; Stephen E. Fowl, *The Story of Christ in the Ethics of Paul* (Sheffield: JSOT Press,

이와 관련하여 바울이 빌립보서 4:9b을 하나님의 함께 하심에 대한 기원적 약속으로 마무리 짓고 있는 것도 의미가 깊다. 앞서 빌립보서 4:7에서 바울은 "하나님의 평화"(ἡ εἰρήνη τοῦ θεοῦ)를 이야기했지만, 이곳에서는 "평화의 하나님"(ὁ θεὸς τῆς εἰρήνης)을 말하고 있다. 하나님이 주시는 축복의 한 부분이 아니라 하나님 자신이 함께 하시리라는 매개된 약속이다.[39] 이 약속 역시 하나님의 한결 같으심에 근거하지 않는다면 빈말에 불과할 것이다. 세상 속에서의 덕의 탁월성에 관심 가지며, 복음의 교훈을 실천적 삶으로 계속 살아내는 사람들에게 하나님은 언제나 한결같은 평화의 하나님으로 함께 하신다.

3. 현대 철학과 윤리 속에서의 덕

1) 현대에 이르기까지 덕의 행방

덕에 대한 논의는 오랫동안 잊어져왔던 영역 가운데 하나이다. 그러나 최근에 들어서 다시금 이 주제에 대한 논의가 활발해지고 있다. 이런 논의의 중심에는 알라스데어 맥킨타이어(Alasdair MacIntyre)가 자리 잡고 있다. 그의 사상을 구체적으로 살펴보기 전에 잠시 교회 역사 속에서 덕에 대한 논의가 어떻게 이어져왔는지 몇 사람의 예들만을 들어서 먼저 살펴보고자 한다.

흔히 터툴리안은 "예루살렘과 아테네"의 대립적 접근의 원조격

1990).
39 모나 후커가 이런 점을 잘 지적하고 있다. 보라, Hocker, "Philippians", 541.

으로 취급받고 있다. 그의 입장이 아테네를 적대시하고 있는 것은 분명하다. 그러나 우리가 그의 입장을 그가 섰던 상황 속에서 이해할 필요가 있다는 지적이 호소력을 얻고 있다. 돈 카슨(D. A. Carson)은 이와 관련하여 '만일' 터툴리안이 A.D. 325년의 로마나 아니면 2005년의 파리에 살았다면 어땠을까?라는 질문을 던지고 있다.[40] 그가 살았던 시대는 이방 문화가 지배적이었던 시대이다. 그러므로 그는 그리스도인들이 문학을 배우는 것은 허용했지만, 우상들에 대한 찬양으로 가득한 문학을 가르치는 것은 허용할 수 없었다. 터툴리안의 '변증'(Apology) 속에는 그리스도인들이 반문화적 입장을 가진 것이 아니라 모든 문화적 영역에 동일하게 참여하며 또한 공적 영역에서 비그리스도인들의 유익을 위하여 적극적으로 일한다는 그의 입장이 잘 드러나 있다.[41] 뿐만 아니라 말허비(Abraham Malherbe)가 밝히는 것처럼, 터툴리안은 세네카 같은 스토아 철학자를 가리켜서도 "종종 우리의 사람 세네카"(Seneca saepe noster)라 부르고 있다.[42] 그가 공공 차원의 덕에 대하여 항상 부정적이었던 것은 아니다.

덕에 대한 어거스틴의 견해와 관련하여 제임스 웻젤(James Wetzel)의 지적은 경청할만하다. 펠라기우스에 맞서서 하나님의 주권적 은혜를 위하여 싸운 어거스틴의 이미지 때문에 흔히 그가 덕이나 지복의 이상들에 적대적 입장을 가진다는 오해가 생겨난다. 웻젤

---

[40] Carson, *Christ and Culture Revisited* (Grand Rapids: Eerdmans, 2008), 60.
[41] 참고, Carson, *Christ and Culture Revisited*, 14.
[42] Abraham J. Malherbe, "Hellenistic Moralists and the New Testament", *ANRW*, II. 26.1, 269; 또한 그의 책, *Paul and the Popular Philosophers* (Minneapolis: Fortress Press, 1989), 67. 제롬(Jerome)에게 오면 세네카는 터툴리안의 '종종'이란 한정어가 떨어지고 아예 "우리 자신의 세네카"(noster Seneca)라고 불린다.

은 어거스틴이 이를 부정하는 것은 그 자체의 한계 때문이라고 지적한다. 어거스틴의 덕에 대한 초기의 철학적 관심과 은혜에 대한 후기의 신학적 관심 사이에 '연속성'이 있으며, 신학적 관심은 초기의 철학적 관심의 연장이지 반발이 아니라는 것이 웻젤의 핵심적 주장이다.[43] 바뀐 것은 그의 이상이 아니라 그것을 전유하는 방식이라는 것이다. 물론 우리는 불연속 없이 연속성만 있느냐는 측면에서 웻젤의 주장을 점검하지 않을 수 없을 것이다. 그러나 그의 연속성에 대한 주장은 호소력이 있다. 어거스틴은 스토아 철학자들의 덕의 추구가 근본적으로 인간 의지의 시간 제한성을 염두에 두지 않고 이성만으로 덕과 행복을 정의하려 하는 면에 있어서 혼동을 일으키고 있다고 지적한다. 덕 자체가 문제가 아니라 인간이 자신의 일관성을 유지해 갈 수 있는 힘을 자가발전적인 방식으로 얻을 수 있다고 보는 것이 잘못이라는 것이다.[44]

유사한 접근을 종교개혁 시대에 버미글리(Peter Martyr Vermigli)가 하고 있다. 그는 아리스토텔레스의 '니코마쿠스 윤리학'에 대한 주석을 쓸 만큼 아리스토텔레스에 대한 심오한 지식을 가지고 있었다. 조셉 맥클릴란드(Joseph C. McLelland)가 잘 지적하는 것처럼 그렇다고 하여 그의 사상을 "개혁주의 아리스토텔레스주의"나 "개혁주의 스콜라주의"라고 부를 수는 없다.[45] 그는 은혜가 자연을 파괴하기보다는 그것을 완성한다는 입장을 가진다. 아리스토텔레스와 관련하여 버미글리는 이렇게 밝힌다. "아리스토텔레스는 우리 본성

---

[43] James Wetzel, *Augustine and the Limits of Virtue* (Cambridge: Cambridge University Press, 1992), 16.

[44] Wetzel, *Augustine and the Limits of Virtue*, 124-25.

[45] Joseph C. McLelland, "Introduction" to Peter Martyr Vermigli, *Commentary on Aristotle's Nicomachean Ethics* (Kirksville: Truman State University Press, 2006), xxx.

의 타락을 볼 수 없었다…진정한 덕들, 곧 믿음, 소망, 사랑과 같은 것들에 있어서는 우리 본성으로 하여금 그 타락에도 불구하고 이와 같은 은사들로 장식되는 것을 금하는 것은 아무것도 없다…다만 인간 본성이 자기 스스로, 그리고 그 자체의 노력으로 이 덕들을 얻을 수 있는 것은 아니다."[46] 버미글리는 반복적 행위를 통하여 덕의 행위자가 된다는 아리스토텔레스의 원칙을 시민적 덕이나 내재적 덕의 경우에 부분적으로 인정한다.[47] 또한 교육도 덕 형성의 중요한 통로라는 것을 인정한다. 하지만 하나님의 칭의로 말미암아 의롭게 되는 것에 대해서는 아리스토텔레스가 아무것도 말하지 못한다는 것을 잘 지적하고 있다.

우리는 교회 역사 속에서 덕에 대한 관심이 전혀 실종되었던 것은 아님을 잘 볼 수 있다. 다만 그것이 더 강한 강조점에 눌려서 충분히 주목을 받지 못했던 뿐이다. 바울이 그러했던 것처럼 교회의 교사들도 덕을 그리스도인 삶의 여전히 중요한 한 측면으로 인식하고 있었다. 다만 우리가 찾아야 할 관심을 스스로 찾고자 적극적으로 노력하지 않고 있을 때 철학의 영역에서부터 다시금 덕에 대한 관심이 '부활'되고 있는 것을 본다.[48]

---

[46] Vermigli, *Commentary on Aristotle's Nicomachean Ethics*, 296-97.
[47] Vermigli, *Commentary on Aristotle's Nicomachean Ethics*, 297.
[48] '부활'이라는 용어는 마이클 슬롯(Michael Slote)의 책 *From Morality to Virtue*의 한국어 번역판(『덕의 부활』) 제목에 반영되어 있다. 원제를 그대로 옮긴 것은 아니지만, 그 뉘앙스는 충분히 살렸다고 본다. 토마스 아퀴나스의 덕 윤리를 다루는 장 포르테(Jean Porter)의 책 제목 *The Recovery of Virtue* (Louisville: Westminster /John Knox Press, 1990) 역시 시사하는 바가 크다.

2) 맥킨타이어와 덕 철학의 부활

철학과 윤리의 영역에 있어서도 덕은 칸트의 의무론에 밀려 오랫동안 빛을 보지 못하였다. 이를 다시 중심 논제로 이끌어내는데 있어서 알라스데어 맥킨타이어(Alasdair MacIntyre)의 노력이 큰 역할을 하였다. 맥킨타이어는 규칙이나 명제 중심적 출발점보다는 우리가 어떤 사람이 되어야 하는가의 성품 중심적, 목적 중심적 출발점을 취한다.[49]

맥킨타이어는 앞서 우리가 보았던 것처럼 덕(ἀρετή)이란 단어가 그것이 사용되던 역사적 맥락 속에서 매우 다양한 의미를 가질 뿐만 아니라, 어떤 것이 더 본질적인 덕으로 간주되느냐 하는 것도 상황에 따라 다르다는 것을 잘 지적한다.[50] 예를 들어, 호머에게 있어서 덕의 전형은 용감한 전사이다. 아리스토텔레스에게 있어서는 관대함(megalopsychia)이 중요한 덕인 반면, 신약에서는 아리스토텔레스의 관대함에 비추어 악덕으로 취급되는 겸손이 중요한 덕으로 간주되고 있다. 이런 차이에도 불구하고 덕을 하나의 개념으로 정의하는 것이 가능할까? 이런 난점을 감안하여 맥킨타이어는 덕을 덕 자체로만 정의하지 않고 그것이 이루고자 하는 목적과 연관시켜서 정의한다. 예를 들어, 아리스토텔레스에게 있어서 덕은 인간 행동이 이루고자 하는 목적(telos)인 인간을 위한 선한 삶에 부차적 자질이다.

맥킨타이어는 잠정적 방식으로 덕을 이와 같이 정의한다. "덕은

---

[49] 참고, Grenz, 『기독교 윤리학의 토대와 흐름』, 신원하 역 (서울: IVP, 2001), 229; Slote, 『덕의 부활』, 장동익 역 (서울: 철학과 현실사, 2002), 153.

[50] Alasdair MacIntyre, *After Virtue: A Study in Moral Theory* (London: Duckworth, 1985, 2nd edition), 182.

하나의 습득된 인간적 자질인데, 그것의 소유와 실행(exercise)은 우리로 하여금 실천들(practices)에 내재적인 그런 선들을 이룰 수 있도록 해주며, 또한 그것의 결여는 우리로 하여금 결과적으로 그러한 선들을 이루지 못하도록 만든다."[51] 이 정의 속에서 맥킨타이어는 일차적으로 실천과 실행을 구분한다. 실천은 그에게 있어서 보다 특수한 의미를 가지는데, 이는 "사회적으로 확립된 협력적 인간 행위의 복잡하고도 일관성을 가진 양식"을 가리킨다.[52] 이런 실천들 속에는 그 자체의 내재적 선들이 있다고 보는 것이다. 덕은 이런 선들을 이끌어내고 또 거기에 도달할 수 있게 하는 습득된 자질이다.

맥킨타이어는 위와 같은 덕의 정의에서 실천들에 내재된 선들과 상황적이고 외부적인 선들을 구분한다.[53] 체스 게임을 예로 들자면, 이 게임에 있어서 내재적 선은 체스 자체의 기술과 묘미이다. 그런데 아직 이를 맛본 적이 없는 손자에게 할아버지가 체스를 가르치기 위해 사탕을 상으로 제공한다면 이는 외부적 선에 해당한다. 외부적 선(사탕이나 다른 경우에는 재물, 지위, 특권 등)은 성취의 대가로 주어지기는 하나 그것을 얻을 수 있는 대안은 체스 게임이 아니라도 얼마든지 있다. 그러나 내면적 선은 어떤 실천 속에 깃들어 있는 탁월성 자체이며, 이것을 얻는 방법은 체스 게임 자체가 아니고서는 대안이 없다. 그리고 이것을 이루게 될 때 그 유익은 체스

---

51 MacIntyre, *After Virtue*, 191.

52 MacIntyre, *After Virtue*, 187. 실천에 대한 이와 같은 정의에 따르면 체스판의 말을 움직이는 것은 실천이 아니지만 체스 게임을 하는 것은 실천이다. 벽돌을 쌓는 것은 실천이 아니지만 건축은 실천이며, 무를 심는 것은 실천이 아니지만 농사는 실천이다. 실천의 범주에 속하는 것들은 광범위하다. 기예, 과학, 게임, 정치, 가정의 유지 등이 다 이에 포함된다.

53 MacIntyre, *After Virtue*, 188.

공동체 전체에 미치게 된다.

우리가 이런 정의에서 보는 것처럼 맥킨타이어의 덕의 개념은 아리스토텔레스와 같은 방식으로 목적론적이다. 탁월성을 요구하는 실천들의 가치는 그 잠재적 가능성 또는 목적이 온전히 실현되는 곳에서 드러나게 된다. 뿐만 아니라 "하나의 통일체로서의 전체 인간 삶의 목적(*telos*)에 대한 지배적 개념이 없이는 어떤 단편적 덕들에 대한 우리의 개념은 부분적이고 불완전한 것으로 머문다."[54] 여기에는 몇 가지 또 다른 중요한 요소들이 연관되어 있다. 그 중의 하나는 실천 참여자의 행위 맥락과 의도의 중요성이다. 어떤 사람에게 "그가 무엇을 하고 있습니까?" 물을 때 "하나의 문장을 쓰고 있습니다", "그의 책을 끝마치고 있습니다", "행위 이론의 논쟁에 기여를 하고 있습니다", "종신교수직을 얻으려 노력하고 있습니다" 등으로 이야기하는 것이 가능하다.[55] 이 모두는 같은 행위를 각각 다른 맥락에서 진술하고 있는 말들이다. 따라서 하나의 행위라도 복수적 의도들의 시각에서 이해하는 것이 가능할 뿐만 아니라, 발화의 의미를 바르게 해석하기 위해서는 그 맥락을 고려하는 것이 중요함을 보여준다.

특히 맥킨타이어는 하나의 발화 행위가 내러티브의 맥락 속에서 그 이해 가능성 및 이해 불가능성을 결정짓는다는 점을 강조하고 있다. 예를 들어, 버스를 기다리는 내 곁에 어떤 젊은 사람이 다가와서 "일반 야생 오리의 이름은 히스트리오니쿠스 히스트리오니쿠스 히스트리오니쿠스입니다"라고 말했다고 하자.[56] 이 사람의 발화

---

[54] MacIntyre, *After Virtue*, 202.
[55] MacIntyre, *After Virtue*, 207.
[56] 이 예와 따라오는 내러티브 상황의 제시들은 맥킨타이어가 사용하는 것을 그대로 번안해서 가져온 것이다. 보라, MacIntyre, *After Virtue*, 210.

의 이해가능성은 다음과 같은 내러티브 조건들 속에서 결정될 것이다. 그 전날 도서관에서 어떤 사람이 그에게 다가와서 "일반 야생 오리의 라틴식 이름을 알고 있습니까?"라고 물었는데, 이 청년이 나를 그 사람으로 착각한 경우, 또는 이 사람이 막 심리상담가를 만나고 나오는 길인데 자신의 내성적 성격을 고치기 위해 길 가는 아무 사람이나 붙잡고 아무 말이라도 하라고 조언을 받은 경우, 또는 그가 접선 장소에서 접선자를 기다리는 스파이인데 서로 약정한 말을 함으로써 자신을 밝히려고 하는 경우 등이다.

맥킨타이어는 화행들(speech-acts)이나 일반 행위의 의도 및 목적이 가장 친숙한 방식으로 그 이해의 지평을 넓힐 수 있는 이상적인 의사소통 콘텍스트를 대화로 보고 있다. 그리고 이런 대화 속에서의 화행들이나 일반 행위들을 그는 "실행된 내러티브들"(enacted narratives)로 이해한다.[57] 이런 점에서 그는 인간 행위에 대한 자신의 접근을 분석철학자들의 단편적 행위 이해와 구분하려 하고 있다. 그는 개별 행위들의 집합체로 인간 행위를 이해하려 하지 않고, 단기 의도들이 장기 의도들의 맥락 속에 놓여지는 "내러티브 역사"(narrative history)의 통일체의 관점 속에서 인간 행위를 이해하려 한다.[58] 더 나아가서 그는 인간을 근본적으로 "이야기를 하는 동물"(a story-telling animal)로 규정한다.[59]

한 개인의 단기 행위가 더 넓은 목적론적 내러티브 속에서 의미를 얻는 것과 더불어서, 맥킨타이어는 한 개인의 덕의 추구 또는 실행이 그 개인의 정체성을 도출하는 공동체의 역사, 곧 전통 속

---

[57] MacIntyre, *After Virtue*, 210-11.
[58] MacIntyre, *After Virtue*, 208.
[59] MacIntyre, *After Virtue*, 216.

에 자리잡고 있다는 것을 또한 강조한다. 맥킨타이어는 자신이 말하는 전통이 보수적 상고주의와 같은 것이 아니라, "과거가 현재를 위해 가용하게 만들어 놓은 미래 가능성들의 포착"을 가능하게 하는 요인이요, 그 자체가 "아직 완성되지 않은 진행중인 내러티브"라고 표현한다.[60] 그 속에서 한 개인은 도덕적 특정성의 제약을 받으며 또한 그것을 자신의 도덕적 행위의 출발점으로 삼는다.[61]

이상에서 간략하게 살펴본 맥킨타이어의 덕 철학 속에는 몇 가지 강조점들이 부각되는 것을 볼 수 있다. 그것은 덕 행위의 이해에 있어서 행위자의 전체적 목적과 행위의 맥락 및 의도가 중요하다는 것, 또 그 행위 맥락이 내러티브의 형태로 구성된다는 것, 또한 행위자의 전통의 특수성을 이해하는 것이 중요하다는 것 등이다. 이런 덕 철학의 강조점들이 어떻게 신학적으로 수용되고 있는지 살펴보기 전에, 먼저 맥킨타이어의 강조점들을 다른 철학자들의 관점에서 그 장단점을 잠시 평가해보기로 한다.

3) 덕 철학에 대한 철학적 비판

우선 맥킨타이어가 개별 화행들 및 일반 행위들의 의미 좌소를 '실행된 내러티브'의 맥락 속에 잡고 있는 것은 대단히 적절한 접근이다. 우리의 화행이나 행위들은 우리의 삶의 자리 속에서 그 진정성과 책임성 및 각종 효력을 가지게 된다. 특히 그가 대화의 상

---

60 MacIntyre, *After Virtue*, 223.
61 라이벌 전통들의 충돌 및 전통 이해에 있어서의 상대주의(relativist)와 관점주의(perspectivist)에 대한 맥킨타이어의 입장은 그의 또 다른 책 *Whose Justice? Which Rationality?* (London: Duckworth, 1988) 속에 잘 개진되고 있다. 그가 비록 상대주의나 관점주의의 방향으로 가지는 않는다 하더라도 이런 문제에 대한 그의 대답은 대단히 빈약한데, 이는 다름 아닌 각 전통 역사들의 "적실성 및 설명 능력"(p. 403)이다.

황을 의도와 목적이 밝혀지는 이상적 의사소통의 자리로 설정하고 있는 것은 하버마스의 의사소통행위이론과 많은 유사점을 가진다.[62] 하버마스 역시 진실된 의사소통을 통한 대화적, 해방적 공동체의 이상을 추구한다.

더 나아가서 덕의 추구에 있어서 맥킨타이어가 실천 내재적 선(탁월성 자체)과 상황적, 외면적 선(돈과 권력, 명예 등)을 구분하는 것은 하버마스의 의사소통적 행위와 도구적, 목적(성공)지향적 행위의 구분과도 잘 일치된다.

두 사람 사이에 이와 같은 중요한 일치점들이 있지만, 차이점 또한 무시할 수 없다. 우선 맥킨타이어의 중요한 관심은 의사소통이나 행위 의도 해석에 있어서의 이해 가능성 및 이해 불가능성의 차원에 놓여 있다. 하지만 이해가 된다고 하더라도 이해를 통한 왜곡의 가능성은 언제나 열려 있다. 하버마스는 이런 점을 예리하게 인식하고 있다.[63] 그의 표현대로 하자면 발화효과행위(perlocution)의 효과는 발화수반행위(illocution)의 "수단을 통하여" 기생적으로 달성된다.[64] 다시 말해서 발화수반행위를 가장해서 발화자가 자신의 일방적 목적을 달성하려 하는 것이 언제나 가능하다는 이야기다.

이는 우리에게 합리적 비평(메타 비평)의 필요성을 주지시킨다. 맥킨타이어의 말대로 합리성은 역사에 매여 있으며 폴리스(*polis*)를

---

62 보라, Habermas, *The Theory of Communicative Action*, 2 vols. (London: Polity Press, 1984-1987). 이에 대한 상세한 설명을 위해서는 필자의 졸고 "하버마스의 의사소통행위 이론과 바울의 복음의 효과 이해", 『성경과 신학』 42 (2007, 4) 126-63 참고.

63 가다머(H.-G. Gadamer)의 이상주의적 언어 이해에 관한 하버마스의 비판 및 언어가 지배와 권력의 도구가 될 수 있다는 지적에 대해서는 참고, Habermas, *On the Logic of the Social Sciences* (London: Polity Press, 1988), 172.

64 Habermas, *The Theory of Communicative Action*, vol. I, 292.

그 환경으로 가진다.⁶⁵ 그러나 동시에 합리성은 역사를 초월하기도 한다. 자신을 부정하고 자신을 비평할 수 있는 공동체가 아니면 그런 공동체는 자기를 섬김의 목적으로 삼는 대단히 위험한 공동체가 될 수 있다.

비록 맥킨타이어 자신이 그런 방향으로 가지는 않는다 할지라도, 덕과 전통의 뗄 수 없는 상관관계는 서로 다른 전통들이 강조하는 덕의 전형들을 증폭시키게 될 때 공동체 상대주의로 발전할 수 있는 위험성을 가진다. 우리는 리처드 로티(Richard Rorty) 같은 철학자에게서 그런 경향을 발견한다. 로티가 추구하는 이상적 세계는 "자유 유토피아"이다.⁶⁶ 이 이상적인 자유 국가의 시민의 자격은 "자신의 언어, 자신의 양심, 자신의 도덕성, 그리고 자신의 최고의 소망들을 모두 우연의 산물들로 보는 것"이다.⁶⁷ 그 안에서 영웅의 대접을 받는 사람은 하나님의 뜻이나 인간의 본질을 따라 사는 사람이 아니라 우연의 결과로 발생된 공동체성과 도덕성을 우연의 원리에 따라 살아내는 강한 시인이나 혁명가이다.

월터스토프(Nicholas Wolterstorff)가 잘 지적 및 반박하는 것처럼 로티는 인식론의 죽음을 선언하고 있다.⁶⁸ 이런 입장을 잘 드러내는 그의 또 다른 책 『철학과 자연의 거울』에서 그는 이렇게 밝힌다. "우리가 지식이란 것을 자연을 반영하고자 하는 시도보다는 하나의 대화요 사회적 실행의 문제로 본다면, 우리는 굳이 모든 가능한 형태의 사회적 실행들을 비판하기 위한 메타실행(metapractice) 같은

---

65 MacIntyre, *Whose Justice? Which Rationality?*, 349.
66 Rorty, *Contingency, Irony, and Solidarity* (Cambridge: Cambridge University Press, 1989), xv.
67 Rorty, *Contingency, Irony, and Solidarity*, 61.
68 Wolterstorff, *Divine Discourse: Philosophical Reflections on the Claim that God Speaks* (Cambridge: Cambridge University Press, 1995), 13.

것을 상정할 필요는 없다."⁶⁹ 그는 합리성의 보편적 기준을 포기하지 않으려 하는 하버마스를 자신의 "시화"(poeticized)된 자유 유토피아의 적으로 간주하면서,⁷⁰ 합리성이란 것은 "사회가 우리로 하여금 말하게 하는 것"일 뿐이라고 일축한다.⁷¹ 그는 자신을 자유주의자일 뿐만 아니라 아이러니스트(ironist)라 지칭하기를 좋아하는데, 이 용어는 자신의 가장 중심적 신념이나 욕망의 우연성을 정면으로 받아들이는 사람 또는 그 신념이나 열망이 시공간의 우연성 너머의 어떤 것과 맞닿아 있다는 생각을 철저히 버린 사람이라고 규정한다.⁷² 이런 아이러니스트의 입장에서 보면 덕의 추구에는 그 어떤 보편적 판단 기준도 적용되지 않는다. 로티는 자신의 책에서 "왜 잔인하지 말아야 하는가?" "왜 친절해야 하는가?"와 같은 질문을 던지고 있다.⁷³ 하지만 모든 사람이 자신의 상대적 행위 기준을 따라 행하는 것이 그의 자유 유토피아의 행위 원리라면 이 질문에 대해 그가 줄 수 있는 답은 없다.

서로 다른 폴리스를 덕의 실행이 이루어지는 현장으로 강조하는 맥킨타이어의 공동체성이나 전통의 강조가 로티와 같은 공동체 상대주의나 '자유 유토피아'로 흘러가지 않기 위해서는 보다 견고한 메타비평적, 메타내러티브적, 메타실행적 판단의 기준을 확보할 수 있어야만 할 것이다. 신학은 과연 이것을 줄 수 있을까?

---

69 Rorty, *Philosophy and the Mirror of Nature* (Princeton: Princeton University Press, 1980), 171.
70 Rorty, *Contingency, Irony, and Solidarity*, 65.
71 Rorty, *Philosophy and the Mirror of Nature*, 174.
72 Rorty, *Contingency, Irony, and Solidarity*, xv.
73 Rorty, *Contingency, Irony, and Solidarity*, 94.

4) 덕 철학의 신학적 수용 및 비판

신학 부분에서 맥킨타이어의 덕 철학에 대한 반응은 대단히 폭넓게 일어나고 있는 편이다. 가장 대표적으로 스탠리 하우어워스(Stanley Hauerwas)는 자신의 한 책의 집필 목표를 "그리스도인들이 자신들의 가장 중요한 사회적 책무란 성경에서 발견하는 하나님의 이야기에 충실한 공동체가 되는 것"이라 밝히고 있다.[74] 특히 교회를 공공 영역의 변혁 책무와 무관하게 이해하는 관행에 제동을 걸면서 "교회의 으뜸가는 사회적 책무는 이 세상에 하나님의 진리를 증언하는 덕스러운 사람을 육성하는 공동체가 되는 것"이라고 말한다.[75]

우리는 하우어워스 속에서 덕을 통한 사회적 책무의 수행이 교회의 핵심적 과업으로 인식되고 있는 것을 반기지 않을 수 없다. 왜냐하면 많은 경우에 이런 일은 교회의 핵심 과업이 아니라고 생각하는 경향이 오늘날의 교회(특히 복음주의 교회들)를 삼키고 있기 때문이다. 하우어워스는 맥킨타이어의 내러티브 맥락을 중요한 포인트로 취하고 있고, 그리스도인 행위의 출발점을 그리스도 이야기로 잡고 있다.[76] 그런 점에서 그는 단순한 그레코로만의 덕으로의 귀환이나 아리스토텔레스의 덕 목록에 없는 기독교적 덕을 보완하려는 접근에 반대하며, 덕을 먼저 옹호하고 이에 빗대어 기독교를

---

[74] Hauerwas, 『교회됨』(*Community of Character*), 문시영 역 (서울: 북코리아, 2010), 14.
[75] Hauerwas, 『교회됨』, 18.
[76] 초대 기독교 역사 속에서 도덕적 이야기의 핵심적 기능에 대한 서술을 위해서는 참고, Meeks, *The Origins of Christian Morality* (New Haven and London: Yale University Press, 1993), 특히 189-210; 보다 일반적 접근을 위해서는 참고, Colwell, *Living the Christian Story* (Edinburgh: T&T Clark, 2001).

언급하는 맥킨타이어의 전략적 접근도 비판한다.[77]

최근에 신약학자 가운데 톰 라이트(N. T. Wright)가 맥킨타이어에게 "지대하게 빚을 졌다"고 밝히면서 그의 기본적 사상과 교류하는 색채의 책을 낸 바 있다.[78] 라이트는 아리스토텔레스와 신약의 인물들이 추구했던 덕의 목표 사이의 공통점과 차이점을 세 가지로 정리하고 있는데, 그중 핵심적인 두 가지를 소개하면 이와 같다.[79] 아리스토텔레스는 진정한 인간 삶의 목적을 이루기 위해서는 도덕적 힘 곧 덕을 길러야 한다고 보았다. 이는 예수님이나 바울 등도 마찬가지였다. 다만 신약의 덕의 목록은 아리스토텔레스가 그다지 높이 평가하지 않는 것들(사랑, 용서, 친절 등)과 심지어 비하하는 것들(겸손)을 포함한다.[80] 또한 아리스토텔레스는 오랜 습관의 훈련을 통하여 자동적으로 바르게 행동할 수 있는 성품의 사람이 되는 것을 궁극적 목적으로 삼았다. 예수님과 바울도 마찬가지의 비전을 가졌다. 다만 그 습관을 익히는 방법이 매우 달랐다.

무엇보다 진정으로 인간이 된다는 것이 무엇인가의 목적(*telos*)과 관련하여 아리스토텔레스는 행복(*eudaimonia*)을 말했지만, 바울은 "하나님의 형상"을 말하고 있다.[81] 목적론적 덕 이해에 따르면 보다 온전한 최종 상태가 현재를 보다 온전히 이끌어갈 수 있는데, 이런 점에 있어서 양자 사이의 궁극적 차이를 부정하지 못한다. 바울이

---

[77] Hauerwas and Pinches, *Christians among the Virtues* (Notre Dame: University of Notre Dame Press, 1997), 68.
[78] Wright, *After You Believe: Why Christian Character Matters* (New York: Harper Collins, 2010), 287.
[79] Wright, *After You Believe*, 36.
[80] 참고, Matera, *New Testament Ethics: The Legacies of Jesus and Paul* (Louisville: Westminster John Knox Press, 1996), 179.
[81] Wright, *After You Believe*, 168.

아레테 용어를 단 한 번 밖에 사용하지 않은 이유도 라이트가 볼 때는 바울이 이 주제를 가볍게 여겨서가 아니라 궁극적 목적을 오도하지 않기를 바랐기 때문이라고 암시한다.

라이트가 이처럼 덕과 성품과 마음의 변화와 습관 그리고 이것이 공공 세계에 던지는 변혁적 빛에 대해 강조하는 것은 대단히 건설적이다. 다만 아쉬운 점은 그가 습관이나 마음 세우기, 성품 등을 강조하느라 규칙이나 원칙을 이와 대립적인 방식으로 몰아간다는 점이다.[82] 규칙을 반대하는 이유는 그것이 억제적(restrictive) 기능을 하기 때문이라고 말한다. 그러나 과연 성품이 규칙을 배제하는 개념일까? 성품의 공동체는 기준이나 원칙 없이 그런 것이 될 수 있을까?

우리는 좁게는 이런 문제와 넓게는 맥킨타이어의 덕 사상 전체에 걸쳐서 밀뱅크(John Milbank)가 제기하는 지적을 신중하게 받아들일 필요가 있을 것이다. 그는 메타담론(metadiscourse)으로서의 신학이 가지는 비판적 기능을 강조하고 있다.[83] 신학이 스스로 이 기능을 포기할 때 신학은 여타 이론들에 의해 그들이 원하는 대로 배치 또는 처분되고 말 것이라는 경고이다. 이를테면 하나의 심리적, 주관적 지식으로 간주되든지, 아니면 합리적 이해의 한 특정 영역으로 자리매김 된다는 것이다.

밀뱅크와 맥킨타이어의 공통점은 이성을 상대화, 역사화시키는 허무주의적 목소리에 맞서서 덕에 호소한다는 점이다. 그러나 두 사람의 핵심적인 차이는 맥킨타이어의 "철학적 현실주의"와 달리 밀뱅크는 "기독교적 덕"의 사회적 의미를 천착하고 있다는 점이

---

[82] Wright, *After You Believe*, 46-7, 172.
[83] Milbank, *Theology and Social Theory: Beyond Secular Reason* (Oxford: Blackwell, 1990), 1.

다.[84] 그는 덕의 개념이 그리스도인들에 의해 재생되기를 원한다면 그 내용뿐만 아니라 그 형식까지도 맥킨타이어가 생각하는 것보다 훨씬 더 철저한 재검토가 있어야 할 것이라고 지적하는데 이런 지적은 정당하다.[85]

4. 복음주의적 덕 담론의 비전

1) 유익보다 해악을 주는 기독교?

오늘의 현실은 기독교가 사회에 대하여 유익보다 해악을 주는 일이 비일비재하다. 우리가 살펴본 바대로 바울은 주님의 교회가 사회에 대하여 해악보다 유익을 주는 교회가 되기를 바라고 있다.[86] 그래서 바울은 그리스도인들이 이방 세계 속에서 덕을 깊이 생각하고 덕의 행위들을 하라고 가르친다. 이는 당대 도덕철학자들의 가르침을 따라가라는 것이 아니다. 오히려 그런 덕스러운 것들에 깊이 지속적으로 관심을 기울임으로써 세상의 공적 삶의 영역에 있어서도 탁월성을 드러내라는 것이다.

바울의 가르침을 따르면 단지 교회 안에서 만이 아니라 교회

---

[84] Milbank, *Theology and Social Theory*, 5.
[85] Milbank, *Theology and Social Theory*, 353. 밀뱅크는 그리스적 의미의 덕이 근본적으로 경쟁과 갈등을 유발하지 않을 수 없지만, 그리스도인 덕은 평화와 상호성(mutuality)을 증진시킨다고 보고 있다. 그의 "평화의 존재론"(ontology of peace)과 관련된 논의를 위해서는 참고, Jonathan R. Wilson, *Gospel Virtues* (Downers Grove: InterVarsity Press, 1998); Daniel J. Trier, *Virtue and the Voice of God: Toward Theology as Wisdom* (Grand Rapids: Eerdmans, 2006), 53-55.
[86] 참고, Bruce W. Winter, *Seek the Welfare of the City: Christians as Benefactors and Citizens* (Grand Rapids: Eerdmans, 1994).

밖, 공공의 영역까지도 그리스도인의 사역의 현장이 된다.[87] 마우(Richard J. Mouw)가 잘 지적하듯이 이 시대의 교회는 다시 한 번 칼빈주의 안의 재세례파격인 라바디스트(Labadist)의 세상으로부터의 분리 경향을 드러내고 있다.[88] 우리는 칼빈의 표현대로 "비록 온전함에서 떨어져 있지만 그럼에도 여전히 하나님의 탁월한 선물들로 옷 입고 장식되어 있는" 이 세상 속에서의 책무를 잘 감당해야 한다.[89] 마우는 공공 영역 속에서의 사역을 가리켜 "일반 은혜 사역들"이라 지칭한다. 특히 이를 위해서는 복음의 "두터운"(thick) 선포를 가지면서도 동시에 "얇은"(thin) 언어를 사용할 줄 아는 "분별력"이 필요하다고 제안한다.[90]

2) 오히려 복음주의의 기회

돈 카슨은 오늘날 복음주의가 사유화된 종교(privatized religion)로 축소되어가는 현상을 심각한 어조로 경계하고 있다.[91] 이렇게 될 때 마이클 호톤(Michael Horton)이 지적하는 것처럼 교회는 "세상 속에 있으나 세상에 속한 것이 아닌 존재 대신 세상에 속하나 세상 속에 있지는 않는 존재"가 되기 쉽다.[92] 이는 교회의 가장 큰 불행이다.

---

[87] 참고, E. Earle Ellis, *Pauline Theology: Ministry and Society* (Grand Rapids: Eerdmans, 1989), 155-59.
[88] Richard J. Mouw, *He Shines in All That's Fair: Culture and Common Grace* (Grand Rapids: Eerdmans, 2001), 22, 28.
[89] John Calvin, *Institutes of the Christian Religion*, ed. John T. McNeill, tr., 2 vols (Philadelphia: Westminster Press, 1960), II.2.15.
[90] Mouw, *He Shines in All That's Fair*, 87.
[91] Carson, *Christ and Culture Revisited*, 228.
[92] Michael Horton, "How the Kingdom Comes", *Christianity Today* 50/1, 46, Carson, *Christ and Culture Revisited*, 228에서 재인용.

우리가 공공 영역 속에서의 교회의 사명을 생각할 때 데이비드 웰스(David Wells)가 복음주의를 구분하는 기준을 잘 주목해 볼 필요가 있다.[93] 그는 교리적 내용보다는 세상 속에서 도덕적 무게가 차지하는 비중에 따라 그 도덕적 무게가 아무것도 없는 복음주의와 합당한 도덕적 무게를 가진 복음주의를 구분한다. 특히 오늘날과 같이 극단적 상대주의와 다원주의가 지배적인 사회 속에서 덕은 사유화된다. 예를 들어, 이 시대의 명예의 덕은 돈이 많은 사람이나 인기가 많은 사람에게 돌아간다. 가치 또한 개인적 기호의 다른 이름일 뿐이다. 이런 사회 속에서 그리스도인들이 어떻게 그 합당한 '도덕적 무게'를 다시 찾을 수 있을 것인가? 이것이 웰스의 주된 고민이며 도전이다. 이런 사회 속에서도 바울의 권고는 유효성을 가진다. 우리가 파편화된 은혜만 외칠 것이 아니라 잃어버린 덕의 변혁적 힘을 되찾는다면 오늘의 포스트모던 사회는 복음주의자들에게 오히려 하나의 좋은 기회가 된다.

5. 나가는 말

혹자는 신학자들이 철학자들의 글을 읽으나 철학자들이 신학자들의 글을 읽지는 않는다고 자평한다. 일면 맞는 말이다. 그러나 철학자들의 논리는 그것을 뒷받침하는 삶이 없으면 무의미하다. 그들이 신학자들의 글을 읽지는 않을지라도 최소한 교회의 삶은 읽고 있다. 그런 점에서 교회는 하나의 준거 공동체가 되어야

---

[93] David F. Wells, *Losing Our Virtue: Why the Church Must Recover Its Moral Vision* (Grand Rapids: Eerdmans, 1998), 15-19.

한다. 바울은 이런 비전을 가지고 빌립보 그리스도인들에게 공공 영역 속에서의 덕의 삶을 강조한 것이 아닐까? 비록 덕이 그 자체의 목적을 위해 추구되는 것은 아닐지라도 복음의 총체성은 그리스도인 덕의 탁월성을 분명히 요구한다. 비록 1세기의 빌립보와 21세기의 우리 사이에는 긴 역사적 거리가 놓여있지만, 두 상황 모두에 덕이라는 공통적 논제가 등장하는 것은 복음과 상황 사이의 교류 및 소통이 시대의 벽을 넘어 언제나 필요한 과제임을 잘 보여준다. 우리는 학문적 차원이나 교회 공동체의 삶의 차원을 불문하고 교회 안에서 뿐만 아니라 더 넓은 공공 영역 속에서 우리의 공동체적 삶의 탁월성을 높이고 그 유익을 세상과 공유하는 길을 계속적으로 모색해가야 한다.

5장
'가치중립적' 성경주해 시도에 대한 신학해석학적 비판

1. 들어가는 말

성경의 주해가 신학일반 및 목회적 현장과 단절되어 단편화되어 가는 현상에 대해 20세기 후반 이후 끊이지 않는 자성과 경고의 음성이 들려오고 있다. 케제만(Ernst Käsemann)은 이와 관련해서 주해가와 역사가들이 텍스트 배후 세계의 재구성을 위한 소소한 문제들에 빠져서 나무는 보지만 숲은 보지 못하고 있다고 지적한다.[1]

---

[1] 참고, E. Käsemann, 'The Problem of a New Testament Theology', NTS 19 (1972-73) 234-45. 이 글에서 케제만은 이렇게 말하고 있다. "We become bogged down in minutiae… Each of us is in danger of digging in and entrenching himself in his own private pit… History and exegesis become sterile if the wood can no longer be seen for the trees, the branches and the undergrowth… Something like an intelligible and organized whole must be mirrored enen by the part… [T]oday there is a pressing need for a connection between analytic and systematic thought (pp. 235-36)." 이와 유사한 지적을 우리는 George M. Landes에게서도 들을 수 있다. 그의 글 'Biblical Exegesis in Crisis: What Is the Exegetical Task in a Theological Context?', USQR 26 (1971) 273-98에서 그는 이렇게 말한다. "As the biblical exegete has become more and more preoccupied with philological, literary-critical, and historical 'nitty-gritty' in the hinterland beneath the text, the results… have seemed less and less relevant to the theologian's task (p. 281)."

이것이 결국은 신학과 또 삶과 분리된 성경의 연구를 낳고 있다는 지적이다. 이런 상황은 근자에 와서도 크게 달라지지 않고 있다. 오히려 더욱 심화되는 방향으로 나가고 있다는 것을 우리는 프란시스 왓슨(Francis Watson)의 매우 통찰력 있는 책[2]을 통해 확인할 수 있다. 왓슨은 주로 서구신학계의 맥락에서 볼 때, 성경학자들과 신학자들 사이에, 그리고 성경학자들 가운데서도 '유대교 성경'을 말하는 사람들과 '기독교 성경'을 말하는 사람들 사이에 '얼어붙은 단절들'이 있다고 지적한다. 그는 이런 간절의 현상이 단순한 작업의 분화의 실제적 필요에서 나온 것이 아니라, 그보다 더 깊은 하나의 이데올로기적 차원의 동기, 곧 신학적 주제의 개입을 근원적으로 차단하고자 하는 동기가 그 배후에 작용하고 있다고 진단한다.[3]

물론 이런 현상들에 대처하기 위한 여러 가지 시도들이 그 동안에 다각적인 측면에서 그리고 거의 범교회적 차원에서 이루어져 왔던 것을 우리는 주목해야 할 것이다.[4] 그럼에도 불구하고 우리는 근

---

[2] F. Watson, *Text and Truth: Redefining Biblical Theology* (Edinburgh: T&T Clark and Grand Rapids: Eerdmans, 1997).

[3] 왓슨은 이렇게 말한다. "The lines of demarcation between systematic theology and Old and New Testament scholarship represent more than a mere division of labour; they are *ideologically motivated*. They represent *a collective decision* of biblical scholarship… There can be no question of a crude, one-sided rejection of 'the historical-critical method'… Yet the limits imposed on the separated disciplines by the two lines of demarcation make it difficult for theological potential to be adequately exploited… [C]urrent interpretative paradigms *systematically distort* their object of investigation." (위의 책, p. 6, 첫째와 둘째 이탤릭체는 첨가, 셋째 것은 원문 그대로).

[4] 텍스트의 주해(exegesis)와 해석하는 공동체의 신학(theology) 간의 관계에 대한 문제는 기독교 안의 다양한 전통들뿐만 아니라 유대교와 이슬람교 안에서도 빈번하게 다루어지는 주제들 중의 하나이다. 이 글에서는 기독교 전통, 그 가운데서도 주로 개신교의 범위 안에 우리의 논의를 제한한다. 가톨릭 전통 안에서의 논의를 위해서는 다음의 자료들을 참고하라. Herbert Vorgrimler ed., *Dogmatics vs Biblical Theology* (London: Helicon Press, 1964, *Exegese und Dogmatik*의 영역); Roland Murphy ed., *Theology, Exegesis, and Proclamation*

자에 주해적 작업이 기독교신학의 전제들을 벗어나 순수 역사적, '가치중립적' 차원에서 수행되어야 한다는 강력한 제의가 헤이키 레이제넨(Heikki Räisänen)과 필립 데이비스(Philip R. Davies)와 같은 학자들에 의해 제기되면서 학계에 적지 않은 공감을 불러일으키고 있는 것을 본다. 이들의 논의 또한 전혀 새로운 것은 아니며 대표적으로 브레데(W. Wrede)로부터 스텐달(Krister Standahl)에 이르기까지의 논의의 전통에 그 뿌리를 두고 있다.[5] 다만 최근의 논의들은 포스트모더니즘의 영향권 속에서 상이한 주장들의 상대적 가치에 호소하는 '다원주의적 비전'[6]에 의해 이끌리고 있다는 점이 이전과 다소 다른 점이겠지만, 그러나 이런 접근들이 성경 텍스트의 주해에 있어서 반신학적(anti-theological) 태도의 교두보를 형성한다는 점에 있어서는 서로 공통점을 가진다. 우리는 먼저 이들의 주장의 핵심적 요소들을 짚어보고 이에 대한 비판적 논의들을 이어서 전개해 보고자 한다.

(Concilium 70, New York: Herder and Herder, 1971); J.A. Fitzmyer, *The Biblical Commission's Document "The Interpretation of the Bible in the Church": Text and Commentary* (Rome: Editrice Pontificio Istituto Biblico, 1995). 동방정교회 안에서의 논의를 위해서는 참고, Georges Florovsky, *Bible, Church, Tradition: An Eastern Orthodox View* (Belmont, MA: Nordland, 1972); Thomas Hopko, 'The Church, The Bible, and Dogmatic Theology', in *Reclaiming the Bible for the Church*, ed. by Carl E. Braaten and Robert W. Jenson (Edinburgh: T&T Clark, 1995), 107-18; T.G. Stylianopoulos, *The New Testament: An Orthodox Perspective*, vol I, *Scripture, Tradition, Hermeneutics* (Massachusetts: Holy Cross Orthodox Press, 1997). 메노파 배경의 학자들이 최근에 이 주제를 빈번히 다루고 있는 점도 주목할 필요가 있다. 이를 위해서는 참고, Ben C. Ollenburger ed., *So Wide a Sea: Essays on Biblical and Systematic Theology* (Elkhart, IN: Institute of Mennonite Studies, 1991).

5 레이제넨은 브레데가 'The Task and Methods of "New Testament Theology"', in *The Nature of New Testament Theology*, tr. and ed. by Robert Morgan (London: SCM, 1973), 68-116에서 제시하고 있는 '역사적 종합'의 비전을 재현하고자 하는 것을 자신의 사명으로 생각하고 있으며, 또한 스텐달이 'Biblical Theology, Contemporary' (*IDB*, I, 418-32)에서 제시하는 역사적, '객관적' 'what the scripture meant'와 신학적, 규범적 'what it means' 사이의 엄격한 구분의 제의를 따르고 있다.

6 Watson, 'Bible, Theology and the University: A Response to Philip Davies', *JSOT* 71 (1996), 3-16 (11-12).

2. '가치중립적' 성경주해의 시도들

1) 헤이키 레이제넨과 종교현상학적 기술

신약학 분야에 있어서 레이제넨의 위치는 그의 바울연구서인 *Paul and the Law*[7]를 통해 하나의 독특한 관점으로 자리를 확보해가고 있다. 최근에 캄펜의 판 브루헌(J. van Bruggen) 교수의 지도하에 박사학위논문을 쓴 판 스파녜(T. E. van Spanje)의 연구[8]가 전적으로 레이제넨을 다루고 있는 것을 통해서도 보듯이 그의 관점은 학계에 계속적인 도전을 던져주고 있다. 가블러(J.P. Gabler) 이후의 '신약신학'의 문제를 다루고 있는 레이제넨의 보다 종합적인 책 *Beyond New Testament Theology*[9]에서 그는 신약성경의 주해적 연구와 관련한 자신의 관점을 더욱 체계적으로 제시하고 있다.

그의 출발점은 신약의 연구가 적어도 대학의 학문적 연구의 맥락 속에서는 엄격하게 교회적-신학적 관심과 분리되어야 한다는 것이고, 그 수혜자를 기독교 공동체에 국한할 것이 아니라, '신앙과 세계관에 상관없이' 보다 넓게 '인류 전반'을 대상으로 삼아야 한다는 것이다.[10] 물론 그가 교회를 위한 '성경신학적'[11] 작업 자체

---

[7] WUNT 29, 2nd edn (Tübingen: J.C.B. Mohr, 1987, 1st edn, 1983).

[8] T.E. van Spanje, *Inconsistency in Paul?: A Critique of the Work of Heikki Räisänen*, WUNT 2. Reihe 110 (Tübingen: J.C.B. Mohr, 1999).

[9] Heikki Räisänen, *Beyond New Testament Theology* (London: SCM and Philadelphia: Trinity Press International, 1990).

[10] Räisänen, *Beyond New Testament Theology*, 96. 이후로 이 책의 페이지 표시는 본문 속에 표기한다.

[11] 레이제넨은 학과명인 'New Testament Theology'를 브레데가 그 앞에 '소위'(*sogenannte*)를 붙이는 것과 유사한 의미에서 인용부호 안에 집어넣고 있다. 그가 보다 선호하는 이름은 브레데의 제시를 따라 'a synthesis of the religious contents of the New Testament' (93)이다.

를 부인하려는 것은 아니지만, 그가 보기에 이런 작업은 일반 대학의 학문적 작업 속에는 끼일 자리가 없다는 것이며, 이 후자의 맥락 속에서 작업하는 주해자는 어떤 경우에 있어서도 "그 자신의 연구의 결과를 교회의 희망에 맞추어서 변화시킬 수 없다"(p. 95)는 것이 그의 원칙이다. 이렇게 교회적-신학적 관심과 단절된 상태에서 그 자신이 추구하는 순수한 역사적, 학문적 작업의 이름을 그는 "하나의 사회적, 지구적 정향의 주해"(a societally and globally oriented exegesis, p. 100)라 칭하고 있다.

이런 출발점 위에서 그가 기존의 '신약신학'적 작업들을 평가하고 또 그 자신의 프로그램의 초석으로 제시하고 있는 크게 8가지의 기준들이 있다.[12]

(1) 역사적 연구와 신학의 관계에 있어서 브레데와 종교사학파의 전통을 따라 가르침의 체계로서의 신학을 배제하고 초기 기독교적 종교에 대한 역사적 기술을 시도하고 있다. 이런 점에서 바르트와 불트만의 작업을 역사적 관심을 흐리게 만드는 '수사학적-신학적 호소'라고 매도하고 있다(p. xv).

(2) 신학적 다양성의 문제에 대해서 레이제넨은 짠(Th. Zahn), 스타우퍼(E. Stauffer), 쿨만(O. Cullmann) 등과 같이 구속사적 관점 아래 하나의 신학적 통일성을 찾으려는 것에 대해 반대하고 있다. 슐라터(A. Schlatter)의 신학적 통일성에 대한 강조는 거의 '몽상적'

---

[12] 이 기준들은 브레데가 제시하고 있는 것과 매우 유사하다. 레이제넨 자신이 이 브레데의 기준들을 요약하고 있는 것을 다음의 글에서 비교해 보라. 'The Law as a Theme of "New Testament Theology"', in *Jesus, Paul and Torah: Collected Essays* (JSNTSup 43, Sheffield: JSOT Press, 1992), 252-77.

(fanciful)이라고 말한다(p. 26).¹³ 이와 같은 통일성에의 관심이 정경을 받아들이는 데서부터 비롯되므로 역사적 관심 아래에서 정경의 테두리를 벗어버리는 것이 신학적 다양성을 드러낼 수 있는 지름길이라고 레이제넨은 주장하고 있다.

(3) 현대와 고대의 문화적 갭 인식의 문제에 있어서 레이제넨은 특히 바르트의 『로마서 주석』이 취하는 해석학적 관점을 반대하고 클라우스 버거(Klaus Berger)의 관점에 동조하면서 역사적 주해가 현대적 적용에 앞서서 과거의 낯선 세계를 보여주는 일을 그 일차적 과제로 삼아야 할 것을 강조하고 있다.

(4) 미래적 종말론의 문제에 대해서는 유대묵시문학적 문화적 배경 속에서 신약의 모태를 찾아야 한다고 강조한다.

(5) 종교적 배경뿐만 아니라 인간의 경험이 뿌리내리고 있는 더 넓은 사회-정치적 배경에 관심을 기울여야 한다는 것을 강조하고 있다.

(6) 인간의 경험과 사회적 배경의 상관관계에 대한 이해는 신약 공동체의 문화적 상대성을 더 드러내며, 그러므로 이에 대한 역사적 연구는 페츠케(Gerd Petzke)의 제의처럼 하나의 공적 '정보적 과학' (informative science)이 되어야 한다고 주장한다(p. 85).

(7) 나아가서 이런 태도는 전통의 복수성에 대한 허용으로 이어져야

---

13 학적인 글에서 이런 표현을 보는 것은 매우 드문 일이지만, 이는 어떤 면에서는 레이제넨의 잠복된 '가치판단'을 반영하고 있다. Reginald H. Fuller는 레이제넨이 여기서 일종의 감탄부(screamer)를 사용하고 있다고 비평한다. 그의 글 'Review of *Beyond New Testament Theology*', *CR* (1991), 220-22 (221) 참고.

하고, 그런 점에서 유대교 등의 경쟁적 상대에 대한 '악의적 왜곡'(vicious caricature, p. 38)의 태도를 불식해야 한다는 주장이다.

(8) 이런 인식은 현대 주해자에게 적용될 뿐만 아니라 텍스트 저자 자체에 나타나는 모순되는 주장과 불일치에 대해서도 그 이유와 동기가 분석되어야 한다고 레이제넨은 강조한다. 이 마지막 기준은 그의 바울연구에 집중적으로 적용되고 있다.

이와 같은 레이제넨의 제의들 가운데 나타나는 몇 가지 연결된 전제들이 있다. 첫째는 신약의 신학적 통일성을 부인하고 전통의 다양성을 인정하자면 정경에 이미 부과된 가치나 정경적 저자들의 규범성을 배제하고 정경외적 자료들을 정경적 자료들과 대등한 위치에서 또 그 자체의 의미대로 읽지 않으면 안 된다는 전제이다.

두 번째로 신약의 텍스트에 대한 주해적 연구의 결과를 그 자체로서 규범적인 것으로 받아들여서는 안 된다는 것이다. '이것이 텍스트의 의미이다'하고 말하는 것이 자동적으로 '이것이 우리에게 의미 있는 것이다'로 연결되지는 않는다는 말이다. 가령 바울이 매우 왜곡되고 유치한 사상가임을 드러내는 주해적 결과가 무엇을 의미할 수 있을 것인가? 그 의미는 사람에 따라 매우 다를 수 있다. 따라서 레이제넨이 보기에는 주해적 연구의 결과는 그 자체가 규범적일 수 없고 오히려 최대한 가치중립적일 때 그것의 다양한 현대적 수용자에게 보다 다양한 기여를 할 수 있을 것이라고 보고 있다. 그는 이렇게 주장한다. "〔역사적〕 종합이 더 중립적이면 중립적일수록 그것이 현상학, 종교철학, 교회사, 교리사, 조직신학, 또는 현대적 상황에 대한 평가를 역사적 지식을 통해 뒷받침하려는 모든 사람들에게 가져다주는 유익이 더 클 것이다(p. 108)." 때로 이 유익은 기존의 인식에 대한 뼈저린 '변화'의 아픔을 동반할 수 있다고 레이제넨은 말한다.[14]

세 번째로 위와 같이 일체의 규범성을 배제하고 가치중립적 접근을 해야 한다고 보는 근저에는 종교가 근본적으로는 인간 경험과 보존되어온 전통 및 이에 대한 재해석의 과정에 뿌리를 두고 있다는 전제가 자리 잡고 있다. 종교에 있어서의 새로운 경험과 주어진 전통 간의 상호작용에 대해서 레이제넨은 피터 버거(Peter Berger)와 토마스 루크만(Thomas Luckmann)의 사회학적 접근과 오토(R. Otto)와 엘리아데(M. Eliade)의 일반 종교학적 접근의 영향을 많이 받고 있다. 특히 경험과 전통의 해석에 대한 사회적 갈등이 첨예하게 대립되는 상황에 있어서는 '정당성'(legitimation)에 대한 싸움이 대두되게 마련이라는 점에 레이제넨은 착안하고 있고, 이런 착상은 *Paul and the Law*에서 바울이 율법과 유대인 문제에 대해서 왜곡되고 비일관된 태도를 가진 이유는 자신의 신학적 입장을 정당화하기 위한 하나의 '이차적 합리화'(socondary rationalization)의 과정에서 나온 결과라는 분석에 적용되고 있다.

우리는 주해와 역사적 작업의 가치에 대해서 레이제넨과 논쟁하고 싶은 마음은 없다. 우리는 이런 작업이 필요하며 또한 해석학적 '거리 둠'의 자세가 필요하다는 것을 인정한다. 이것이 없이는 주해(exegesis)가 주입(eisegesis)이 될 수 있는 위험이 항상 따름을 잘 알기 때문이다. 레이제넨이 잘 지적하는 것처럼 신앙이 주해를 위해 가지는 해석학적 기능을 고려해야 할 뿐만 아니라, 주해가 신앙을 위해 가지는 비판적 기능을 또한 잘 고려할 필요가 있으며(p. 112), 이

---

14 Räisänen, *Paul and the Law*, 269; *Beyond New Testament Theology*, 112.

런 원리는 전통적으로 루터가 말씀은 '우리의 적'(*adversarius noster*)이라고 지적한데서 잘 나타난다. 여기에 대해 에벨링(G. Ebeling)이 주석을 붙이고 있는 것처럼 하나님의 말씀이 우리의 적이 되는 오직 그때에만 우리는 말씀의 인도를 따라 하나님과의 진정한 평화에 이를 수 있는 것이다.[15] 우리의 문제는 여기에 있지 않다.

우리가 레이제넨의 프로그램에 대해 던지는 질문은 이렇게 정리될 수 있다. 그 하나는 레이제넨이 기대하고 있는 것과 같은 역동적 변화의('dynamic and changing', p. 112) 효과가 신학적 요인들의 작용을 애초부터 배제하고 오직 역사적, 서술적 주해의 역할만으로 이루어질 수 있을 것인가? 또는 이렇게 정의된 주해의 작업 자체가 텍스트에 대한 정당한 접근이라 할 수 있을 것인가? 또 다른 질문은, 주해에 있어서 우리의 선이해와 기존의 가치들을 최대한 통제하는 것이 필요하겠지만, 레이제넨의 경우 특정 신학적 가치들에 대한 가치중립적 자세를 요구하는 만큼 그 자신이 옹호하기를 원하는 또 다른 가치들에 대해 동일하게 그와 같은 자세를 실제로 요구하며 또한 그런 원칙을 적용하고 있는가?

조금 더 상세하게 이 후자의 질문부터 다루어보자. 레이제넨은 역사적 주해에 있어서 최대한 가치자유(value-free)의 입장을 견지하기를 원하지만, 엄밀히 말하면 진공상태와 같은 것을 요구하는 것은 아니며, 역사가가 가지게 되는 '색입히기'(colouring)를 인정한다. 이 색입히기는 역사가가 취하는 관점, 다루는 주제, 던지는 질문, 자료제시의 방법이나 순서 등의 과정에서 명시적으로 드러나지 않을 수 없다. 레이제넨은 이것을 인정하며, 그런 점에서 자신의 프로그램을 과거의 역사실증주의적 접근과 구분하기를 원한다. 특히

---

[15] G. Ebeling, *Introduction to a Theological Theory of Language* (London: Collins, 1973), 17.

레이제넨은 오늘날의 글로벌 맥락을 고려할 때 '관용'의 가치에 보다 적극적인 역할이 부여되어야 한다고 주장한다(p. 108). 그런데 여기에서 문제가 생긴다. 이런 선택된 가치가 주해적 과정에서 어떤 방식으로든 작용하는 것을 인정할 때, 그 결과를 얼마만큼 '가치중립적'이라 할 수 있을 것인가? 실제적인 예로 레이제넨이 자신의 *Paul and the Law*를 이런 의미에서 가치중립적이라 할 수 있다면, 왜 호피우스(Hofius)나 슈툴마허(Stuhlmacher)와 같이 텍스트에 나타나는 신학적 입장에 보다 주해적으로 공정하게 접근하고자 하는 시도를 '가치탑재적'이라 하여 배제해야 하는가? 그것은 자신이 선택한 가치에 적합하지 않기 때문인가? 아니면 텍스트의 주해로서 적합한 것이 되지 못하기 때문인가? 우리는 이런 점에서 레이제넨이 주해의 '가치중립성'을 주장하면서 실제로는 자신의 가치와 다른 가치에 대한 거세의 요구로 기울고 있는 것이 아닌지 의심하지 않을 수 없다.

그리고 이 문제는 첫 질문과도 연관되어 있다. 레이제넨이 정의하고 있는 주해의 의미가 하나의 보편적 기준을 충족시키기에는 어려움이 있다는 것이다. 실상 그가 '신앙과 세계관에 상관없이' 모든 사람에게 통용되는 하나의 보편성(universality)을 주장하고 있는 것이지만, 이 보편성 속에는 정작 우리에게 변혁적 결과를 가져오는데 있어서 실제적이고 주된 역할을 감당하는 언어외적(extra-linguistic), 초월적 실재가 배제된 상태에서의 보편성을 말하고 있는 것이다. 이런 문제점이 우리로 하여금 역사적 주해나 텍스트 해석학에 국한되지 않고 신학적 해석학을 포함하는 보다 넓은 범주 속에서 주해와 신학의 연관관계를 다루어야 할 필요성에로 인도하고 있다. 우리는 이런 주제를 계속해서 다루어 보겠지만, 그 이전에 구약학과 관련해서 생겨나는 유사한 문제점을 필립 데이비스를 통해 먼저 살펴보고자 한다.

2) 필립 데이비스의 '순수 역사적', '비고백적'(non-confessional) 주해[16]

레이제넨과 매우 유사한 방식으로 데이비스 또한 '성경신학'에 대해 매우 부정적인 견해를 표명하고 있다.[17] 그 역시 성경에 부여된 일체의 규범성이나 가치, 권위 등을 부인하며, 소위 '성경적' 저자, '성경적' 텍스트라고 말하는 것 자체부터가 어불성설이라고 한다. 왜냐하면 역사적 맥락에서 볼 때 그 어떤 저자도 '성경적'이 될 것을 염두에 두고 말을 하거나 글을 쓰지 않았기 때문이라는 것이다. 또한 구약성경을 신약과의 연관 속에서 '구약'이라 부르는 것을 반대하고, 그 연구도 '기독교' 신학과의 연관을 염두에 두고 이루어지는 '성경신학'적 접근을 반대하고 있다.

이렇게 데이비스가 '성경신학'을 반대하는 핵심적인 이유는 그것이 학문적이지 않다는 것 때문이 아니라 오히려 성경 전체에 대한 하나의 조직적 관점을 사용한다는 것 때문인데, 원래 산발적이던 것을 조직적으로 보려고 하면 거기에 하나의 가치판단이 들어가지 않을 수 없다는 것이다(pp. 76-80). 데이비스는 이와 같은 가치판단,

---

[16] 이 부분은 거의 유사한 형태로 2000. 2. 14에 있었던 제5차 한국성경신학회 논문발표회에서 발표된 적이 있다. 그때에는 데이비스의 입장을 차일즈의 견해와 대조하여 생각해 보았다. 참고, 최승락, '성경신학의 사명: 구약(신)학의 관점에서', 「교회와 문화」 5(2000), 39-52.

[17] 이에 대한 데이비스의 견해는 그의 책 *Whose Bible is it Anyway?* (JSOTSup 204, Sheffield: Sheffield Academic Press, 1995)에 잘 나타나고 있다. 이 책으로부터의 인용은 본문의 괄호 속에 표기될 것이다.

특히 '기독교' 교회와 신학의 가치판단을 반대하고, 최대한 가치중립적 접근을 하고자 노력한다. 보다 엄밀하게 말하면 그는 기독교 교회가 그 내적 필요에 따라 성경신학적으로 텍스트에 접근하는 것 자체를 반대하지는 않는다. 단지 그 같은 작업은 교회 안에만 국한되어야 한다는 것이며, 이런 접근이 공적 영역인 대학 안에 하나의 학문의 이름으로 들어와서는 안 된다는 것이다. 더군다나 영국과 같이 국민의 세금으로 운영되는 대학 안에서 특정 종교인 '기독교' 신학의 관점을 전제한 성경연구를 한다는 것은 형평성에도 어긋날 뿐만 아니라 국세의 유용이라는 윤리적 문제로까지 비화될 수 있다는 것이다.

물론 기독교 신학을 대학 안에 둘 것인가 아닌가 하는 문제, 또는 대학 안에서 그것의 위상은 어떤 것이 되어야 하는가 하는 문제는 특히 칸트 이후로 계속적인 논의의 대상이 되고 있는 문제이지만,[18] 우리는 여기서 그 문제를 다루려 하지는 않고, 다만 데이비스의 입장이 이런 논의의 한 스펙트럼 끝을 드러내고 있다는

---

[18] 이 문제에 대한 보다 폭넓은 논의를 위해서는 참고, G. Ebeling, *The Study of Theology* (London: Collins, 1979); W. Pannenberg, *Theology and the Philosophy of Science* (London: 1976). 대학 안에서의 신학 패컬티가 가지는 긴장의 상황에 대해서는 참고, E. Jüngel, 'Theologie in der Spannung zwischen Wissenschaft und Bekenntnis', in *Entsprechungen* (BEvT 88, Munich: Kaiser, 1980), 37-51. 하이델베르그 대학을 중심한 실험적 논의들이 *Theologie als Wissenschaft in der Gesellschaft: Ein Heidelberger Experiment*, ed. by Helge Siemers and Hans-Richard Reuter (Göttingen: Vandenhoeck & Ruprecht, 1970)에 수록되어 있으며, 그 기고자들로는 D. 루어만, A. 피터스, R. 렌드로프 등이 있다. 1900년 이후로의 독일에서의 논의에 대한 잘 분류된 목록을 위해서는 참고, Gerhard Sauter (ed.), *Theologie als Wissenschaft: Aufsätze und Thesen* (Tbü43, Munich: Kaiser, 1971), 325-39. 영국의 상황에 있어서의 논의로는 참고, Keith Ward, 'Theology in a University Context', *SJT* 24 (1971), 290-304; Alan Richardson, 'The Place of a Department of Theology in a University', in *Theology and the University*, ed. by John Coulson (Baltimore: Helicon and London: DLT, 1964), 162-73. 보다 최근의 미국과 유럽(특히 독일) 상황 속에서의 토의가 *A Passion for God's Reign: Theology, Christian Learning, and the Christian Self*, ed. by Miroslav Volf (Grand Rapids: Eerdmans, 1998)에 수록되어 있으며, 기고자들로는 J. 몰트만, N. 월터스토프, E.T. 체리 등을 포함한다.

것과, 또 그의 입장이 지나치게 이분법적 도식을 사용하고 있다는 것을 지적하고자 한다. 데이비스는 신앙을 전제로 한 고백적(confessional) 접근과 신앙이나 헌신 없이도 할 수 있는 비고백적(non-confessional) 접근을 엄격히 구분하고 있다. 적어도 대학의 맥락 속에서는 양자의 공존은 있을 수 없는 것으로 보고 있다. 데이비스는 이런 구분을 위해 인류학자 기어츠(Clifford Geertz)가 사용하고 있는 'emic'과 'etic'의 개념을 빌려 쓰고 있다.[19] 전자는 끼리끼리 통하는 어떤 집단 내부에서 통용되는 개념이나 언어, 진술 등을 지칭하고, 후자는 화자가 그 집단에 직접 개입되지 않은 처지에서 순수하게 밖으로부터의 관찰자적 관점을 견지하는 것을 지칭하는 말이다. 데이비스의 의견에는 소위 '성경신학'은 emic project에 속하고, 그런 점에서 교회 안에서만 그 용도가 국한되어야 한다는 것이며, 그 자신으로서는 비고백적인 순수한 etic description을 대학의 학문적 맥락 속에서 제시해 보고자 하는 것으로 자신의 과제를 삼고 있다.

이런 작업에 종사하는 사람이 견지해야 할 자세로 데이비스가 요구하는 것은 다음 세 가지 곧, "성경 자체의 레토릭이 가지는 유혹, 성경의 고백적 수용사 [또는 영향사]의 무게, 그리고 여러 갈래의 고백적 진술들"로부터 엄격한 독립을 유지하는 것이다(p. 55). 이를 위한 그의 해석학적 전제들을 정리해보면, 첫째로 성경기자들은 많은 경우 이데올로기적으로 편향되어 있다는 것, 따라서 비판 없이 성경 자체가 말하는 주제문제에 개입되는 것은 이런 편향성에 끌려가는 위험을 수반한다는 것을 암시하고 있다. 두 번째로 텍스트의 수용사(reception history)를 받아들이는 것은 텍스트 저자와

---

[19] 참고, Clifford Geertz, 'Thick Description: Toward an Interpretive Theory of Culture', in *The Interpretation of Cultures* (New York: Basic Books, 1973), 3-30 (특히 14).

현대독자가 '직접 맞닥뜨려지는' 사건(direct confrontation)을 방해하는 것이고 따라서 저자의 '권리'를 침해한다는 것이다(pp. 82-3). 세 번째로 레이제넨이 언급하고 있는 것처럼 신앙의 해석학적 기능뿐만 아니라 주해적 연구의 비판적 기능을 극대화하기 위해 해석학적 거리 둠이 불가피하다는 것이다. 어떤 면에서 보면 데이비스와 같은 '무신론적' 입장을 가진 학자들이 '객관적' 성경연구를 위한 보다 유리한 위치에 서는 반면, 기독교 신앙을 가진 학자들은 적어도 대학 사회 안에서 그 자리를 지켜나가려고 한다면 자신의 신앙적 입장을 철저히 통제해야 하는 불이익을 요구받는 것인지도 모른다.

데이비스의 주해적 관심이 잘 드러나는 이데올로기 비평(ideological criticism)의 한 예를 보자면, 그의 시편 22편에 대한 분석을 들 수 있을 것이다(pp. 114-26). 데이비스는 세속 사회에 있어서 부정의의 문제가 습관적으로 신에게 돌려진다는 하버마스(Jürgen Habermas)의 '성과 속' 이론을 이용해서, 고대 이스라엘 사회에 있어서 개인적 혹은 사회적 문제들이 하나님께로 향하게 되는 배후에는 이를 통해 이득을 보는 일부 계급의 이데올로기적 조작이 작용하고 있다고 해석하고 있다.[20] 다시 말해서 고대 사회에서 드물게 글을 쓰고 문서를 다룰 줄 알았던 서기관, 시편기자 등의 식자계층들은 당대의 종교적 엘리트들로서 정치경제적으로 억압을 받고 있던 사람들이 당하는 갖가지 부정의한 요소들에 대한 불평을 지배계급인 그들에게가 아니라 하나님에게로 향하게 하기 위해 그들의 입에 시편 22편과 같은 시를 지어주었다는 것이다. '개인 탄식시'의

---

[20] 물론 이런 관점은 히브리 정신의 가장 특징적인 요소를 모든 것을 신적 원인(divine causation)으로 돌리는 습관이라고 지적한 스피노자에게서 이미 나타나고 있다. 참고, Baruch Spinoza, *Tractatus Theologico-politicus* (Leiden: E.J. Brill, 1989), 60.

장르에 속하는 대부분의 시들이 이런 이데올로기적 함수관계를 반영하고 있다고 데이비스는 해석한다. 이를 통해 억압받는 자들이 사회변혁을 위해 자각되지 못하게 하고 대신 모든 문제를 하나님의 뜻으로 받아들이게 만드는 데 이런 시들이 일조를 하게 된다고 보는 것이다.

이런 이데올로기 비평적 접근은 노만 갓월드(Norman K. Gottwald)에 의해서 여호수아와 사사기를 중심한 역사적 혹은 설화적 텍스트와 관련해서 시도된 바가 있지만,[21] 데이비스는 이를 시적 텍스트에도 적용하고 있다. 물론 이것은 하나의 의심스러운 가설에 근거하고 있다. 다시 말해, 고대 이스라엘 사회에서 근대 산업사회에서 보는 것과 같은 계급의식 또는 계급분화가 충분히 발달해 있었겠느냐 하는 것이다. 시편기자가 데이비스의 주장처럼 다른 예배자들과 자신을 그처럼 분명하게 구분하고 있었다는 충분한 증거를 찾아보기는 어렵다. 그들이 선의든 악의든 꼭 남을 위해서만이 아니라 그들 스스로를 포함한 이스라엘의 예배자들을 위해 이런 시들을 썼을 수 있다는 관점을 배제할 수는 없을 것이다. 더군다나 시적 언어에 있어서는 다른 어떤 표현형태보다도 고백적 언어로서의 공동체적, 자아개입적(communal and self-involving) 요소가 강하게 드러나고 있다. 찬양, 인정, 감사, 탄원, 등의 화행(speech-acts)을 통해 예배자들과 하나님과의 사이의 또 동료 예배자들과의 사이의 관계가 새롭게 되고 강화되는 결과들이 나타나는 것이다.[22]

---

[21] 참고, N.K. Gottwald, *The Tribes of Yahweh: A Sociology of Religion of Liberated Israel, 1250-1050 B.C.E.* (Maryknoll, NY: Orbis, 1979).

[22] 데이비스가 간과하고 있는 시편의 신학적 의의에 대해서는 많은 학자들이 이를 균형있게 잘 다루고 있다. 예를 들어 하나님에 대한 '열린' 언어로서의 시들의 '탈상황화'(de-contextualization) 과정에 대해서는 참고, Patrick D. Miller, Jr, 'The Theological Significance

이점에서 우리는 종합적으로 데이비스의 접근방법의 문제점을 지적해 볼 수 있다. 그는 위와 같은 이데올로기 비평에 근거해서 오늘 현대 해석자들이 고대저자의 레토릭에 순진하게 끌려 들어갈 것이 아니라 그것을 비판적으로 볼 수 있어야 한다고 주장하고, 보다 기초적으로는 텍스트 배후에 깔려 있는 당대의 사회상을 최대한 사실적으로 재구성해내는 역사적 작업에 충실할 때, 그들의 레토릭의 허점을 더 정확하게 파악할 수 있을 것으로 보고 있다. 더 나아가서 이런 사실적 근거들을 충분히 확보할 때, 오늘 현대 해석자들이 각기 다른 고백적 편향에 따라 텍스트를 자의적으로 해석하고 그들 나름의 이데올로기적 레토릭을 구사하는 것에 대해 하나의 논리적 방파제를 구축할 수 있을 것이라고 보고 있다.

그런데 문제는 이런 '가치중립적' 혹은 '순수 역사적' 접근이 얼마만큼 가치중립적일 수 있는가? 다시 말해서 이 역시 텍스트에 대한 일종의 가치판단을 전제하고 있지 않는가? 하는 점이다. 믿음을 가지고 텍스트에 접근하는 것을 하나의 가치판단이라고 본다면, 처음부터 믿지 않기로 하고, 또는 텍스트에 의해 영향 받지 않기로 결정하고 텍스트에 접근하는 것 역시 하나의 가치판단이기는 마찬가지이다. 또한 텍스트가 받아들여져 온 역사를 무시하고 그것이 처음 만들어지던 원상황 속에 재위치시키는 방식으로 '저자의 권리'를 옹호하겠다는 것도, 만약 저자의 의도가 어디에 있는지를 충분히 고려하지 않는다면 오히려 저자의 권리에 대한 침해

---

of Biblical Poetry', in *Language, Theology, and the Bible*, FS for James Barr, ed. by S.E. Balentine and John Barton (Oxford: Clarendon, 1994), 213-30. 같은 책에 실린 James L. Mays의 글 'The Centre of the Psalms', 231-46에서는 '*YHWH malak*' 사상을 시편의 중심주제로 보면서 '찬양, 기도 그리고 교훈의 시적 기능들' 배후에는 하나님과 그 백성의 특별한 관계가 전제되어 있는 것이라고 잘 지적하고 있다.

가 될 수도 있다. 다시 말해서 저자가 하나님이 행하신 놀라운 일에 대해 증언하고, 또 이를 찬양하고, 이를 상기시키고, 나아가서 이것이 당대와 후대에 계속적으로 고백되고 재현되어지기를 원하는 것이 그 의도라면,[23] 이 의도 자체를 '객관성'의 이름으로 무시하는 것은 데이비스가 지키기를 원하는 저자의 권리에 분명 역행하는 것이 아니겠는가? 텍스트의 기능을 데이비스처럼 그 배후의 더 넓은 역사세계에 대한 하나의 창으로만 국한하고, 텍스트의 논리에 애써 개입되지 않으려고 하는 것은 텍스트의 매우 다양한 기능을 오직 한 가지에만 제한시키는 일이 될 것이다.

텍스트가 가지는 또 다른 중요한 기능은 변화의 가능성 속으로 우리를 초대하는 일이다. 텍스트가 증거하는 바에 따라 하나님과의 관계에서 변혁적(transformative) 결과가 해석자의 삶에 일어나도록 개방된 자세로 해석에 임하는 것을 비과학적 또는 비객관적 태

---

[23] 이런 관심에 근거한 성경신학적 작업의 한 예로 우리는 G. E. 라이트의 *God Who Acts: Biblical Theology as Recital* (London: SCM, 1952)을 들 수 있다. 라이트는 성경신학의 제시가 주제나 체계에 초점을 맞추기보다 성경 자체의 관심인 'recital', 곧 그 수행적 관심(performative interest)에 모아져야 할 것을 제시하고 있다. 폰 라드의 영향을 반영하고 있는 초기 차일즈의 작품, 예를 들어 *Memory and Tradition in Israel* (London: SCM, 1962)에서도 유사한 관심이 나타나고 있지만, 후기 차일즈에게서 보다 체계적으로 텍스트의 '해석학적 의도'(hermeneutical intentionality)가 텍스트 자체에 내재적인 것임을 강조하고 있다. 텍스트의 신학적, 해석학적 의도는 데이비스의 주장처럼 순수 학문적 작업을 위해 배제되어야 할 가치판단적 요소가 아니라, 오히려 그것을 바로 이해하는 것이 텍스트가 '그 스스로를 위해 말할 수 있도록' 텍스트 또는 저자 권리를 인정해주는 보다 적합한 자세가 되리라는 것이다. 이런 해석학적 의도의 요소는 차일즈에 의하면, 정경 형성의 초기 단계에서부터 이후의 모든 세대에 이르기까지 지속적으로 텍스트 속에 내재하고 있는 요소이다. 차일즈는 *Introduction to the Old Testament as Scripture* (London: SCM, 1979)에서 이렇게 말한다. "The one concern which is expressly mentioned is that a tradition from the past be transmitted in such a way that its authoritative claims be laid upon *all* successive generations of Israel.... A major *hermeneutical move* was effected in the process of forming an original law, prophetic oracles, or ancient narrative into a collection of scripture through which *every* subsequent generation was to be addressed." (p. 78).

도라고 매도해서는 안 될 것이다. 대상을 대상화하는 좁은 의미에서의 과학개념은 오늘날 대상이 그 자체와의 적절한 관계 속에서 발견되고 이해되도록 탐구자를 초청하는 형식으로서의 보다 포괄적이고 역동적인 과학개념에 의해 도전받고 대체되고 있는 현실을 충분히 고려해야 할 것이다.[24]

3. 새로운 틀짜기의 시도

1) '새 창조'(New Creation)의 신학해석학적 의의

우리는 위에서 레이제넨과 데이비스가 기존의 주관, 객관의 양단적 사고의 틀 속에서 역사적 주해의 '객관성'을 확보하기 위해 텍스트가 증언하는 신학적 주제들을 논외시하거나 또는 경험적 설명

---

[24] 이런 면에 대해서는 특히 Thomas F. Torrance, *Theological Science* (London: Oxford University Press, 1969); idem, *Reality and Scientific Theology* (Edinburgh: Scottish Academic Press, 1985); Helmut Thielicke, *The Evangelical Faith, vol I* (Grand Rapids: Eerdmans, 1974)를 참고하라. 특히 틸리케는 데카르트적 유형의 'Theology A'와 비데카르트적 유형의 'Theology B'를 구분하고 있다. 전자의 특성에 대해 그는 이렇게 말한다. "Theology A is marked by a dominant interest in the addressee of the message.... When interest in the *receiving I* is primary we shall call this the Cartesian approach. Its primary concern is *the process of appropriation*, or more radically, the possibility of this process." (p. 38, 이탤릭체 첨가). 이와 같은 신학적 구도 하에서는 모든 것의 설명이 'receiving I' 또는 'adult I'의 능력, 곧 "*its own divinatory faculty, its interpretative power, or its charisma of investing with meaning*"에 의존한다. (p. 157). 이에 반해 'Theology B'에 있어서는 하나님이 우리를 향하여 먼저 말씀하셨다는 사실이 우리가 하나님을 향하여 말할 수 있는 근거가 되고 있다. 때문에 틸리케는 "God's Word is not interpretative; it is creative"라고 단언하고 있다(p. 156). 우리가 하나님의 말씀을 나를 위한 약속(*Zuspruch*)과 주장(*Anspruch*)으로 받아들일 수 있는 것은 하나님이 우리를 향해 먼저 말씀하셨다(gesprochen)는 사실에 근거한다(p. 168). 하나님의 어드레스(address)가 우선되고 이에 따라 어드레스(address)의 존재가 규정된다는 착상은(틸리케의 표현대로 "The person addressed is thus presupposed in God's Word (p. 168)") 에버하르트 융엘에게서도 동일하게 강조되고 있음을 본다.

기제들을 통해 평면화 시켜버리는 것을 보았다. 이런 접근이 우리에게 불만족스런 해결임을 이미 개괄적으로 언급하였지만, 좀 더 자세하게 이것이 일으키고 있는 긴장과 갈등이 무엇인지, 왜 우리에게 다른 사고의 틀이 필요한지를 보기 위해 다시 한 번 레이제넨의 접근에 돌아가 보자. 바울신학에 대한 보다 구체적인 그의 해석의 예를 살펴보기로 하자.

레이제넨은 *Paul and the Law*에서 바울을 매우 일관성 없고 미숙한 사상가로 그리고 있다. 물론 이런 관점은 전혀 새로운 것은 아니지만,[25] 근래의 소위 '샌더스 효과'(Sanders impact), 또는 '샌더스 혁명'(Sanders revolution)[26]과 결부되어 더욱 그 세를 얻어가고 있다. 레이제넨은 샌더스와 더불어서 율법에 대한 바울의 부정적 시각이 율법 내적 문제 때문이 아니라 이미 다른 해결을 가지고 율법을 보려고

---

[25] 유대인과 율법에 대한 바울의 비일관된 태도를 집중적으로 문제삼기 시작한 사람은 특히 C. G. 몬테피오리이다. 디아스포라 유대교와 팔레스틴 유대교의 엄격한 구분에 근거해서 바울이 '보다 차갑고' '보다 열악하며 더 비판적인' 디아스포라 유대교의 경험 때문에 이후의 왜곡된 견해를 가지게 되었다고 보는 것이 몬테피오리의 논지이다. 참고, C.G. Montefiore, 'First Impressions of Paul', *JQR* 6 (1894), 428-74; idem, 'Rabbinic Judaism and the Epistles of Paul', *JQR* 13 (1900-01), 161-217; idem, *Judaism and St. Paul: Two Essays* (London: Max Goschen, 1914). 그의 논지는 George Foot Moore와 Hans Windisch 등에게 이어진다. 참고, G.F. Moore, *Judaism in the First Centuries of the Christian Era: The Age of Tannaim*, 3 vols (Cambridge, MA: Harvard University Press, 1927-30); H. Windisch, *Paulus und das Judentum* (Stuttgart: W. Kolhammer, 1935). William D. Davies가 *Paul and Rabbinic Judaism* (London: SPCK, 1st edn 1948, 2nd edn 1962)에서 몬테피오리의 형식적 구분을 비판하고 바울의 모순적 견해가 메시야 시대의 도래에 대한 랍비적 확신에 기인하는 것이라고 주장하고 있지만, 보다 근본적인 면에서 몬테피오리의 논지가 비판을 받은 것은 M. 헹엘의 중요한 연구 *Judaism and Hellenism: Studies in their Encounter in Palestine during the Early Hellenistic Period*, 2 vols (London: SCM, 1974)을 통해서이다. 몬테피오리의 논지 자체는 이제 더 이상 효력을 가지지 못하지만, 그러나 그가 드러낸 문제의식은 여전히 모습을 달리한 채 계속적으로 논의가 되고 있다.

[26] 이런 표현은 N. T. 라이트의 대중적인 책 *What St Paul Really Said* (Oxford: Lion, 1997)에서 찾아볼 수 있다. 보다 학적인 평가를 위해서는 그가 Stephen Neill의 저술에 확장해서 덧붙인 글 'History and Theology', in *The Interpretation of the New Testament 1861-1986*, 2nd edn (Oxford: Oxford University Press, 1988), 360-449를 참고하라.

하는 데서 생겨나는 문제라고 지적한다.[27] 그래서 바울은 입으로는 율법을 존중하는 것처럼 말하지만 실상은(*de facto*) 율법을 부인하고, 율법을 복음의 경쟁대상으로('rival principle of salvation') 정치시킴으로써 유대적 삶에 대한 반감을 부추기는 등 비일관되고 상충적인 논리를 전개하고 있다고 보는 것이다. 레이제넨은 이런 상충된 논리를 있는 그대로 인정해야 한다고 주장하는 한편, 이를 조화시켜보려고 하는 일체의 '신학적' 시도에 대해 강한 반대를 제기하고 있다.[28] 그리고 그 자신으로서는 이런 신학적 설명 대신에 하나의 '역사적, 심리학적' 설명을 제시하고자 노력하고 있다. 곧 율법에 대한 바울의 부정적이고 비일관된 사상은 바울이 새로이 경험하게 된 '황홀경적 자유'의 종교적 경험을 바탕으로 선교지 현장의 교회적 상황이 빚어내는 사회-집단적 갈등의 맥락 속에서 우발적으로

---

[27] Räisänen, *Paul and the Law*, 162. Cf. E.P. Sanders, *Paul and Palestinian Judaism: A Comparison of Patterns of Religion* (London: SCM, 1977), 442-47, 474f: idem, *Paul, the Law and the Jewish People* (London: SCM, 1985), 68, 150-51.

[28] 레이제넨이 반대하는 '신학적' 설명은 크게 두 부류로 나누면 칼빈-크랜필드(Calvin-Cranfield) 계열의 설명과 루터-불트만(Luther-Bultmann) 계열의 설명이 있다. 전자의 경우는 바울이 반대하는 것은 율법 그 자체가 아니라 '율법주의' 또는 율법의 잘못된 해석이라고 보는 견해이다. 참고, C.E.B. Cranfield, 'St. Paul and the Law', *SJT* 17 (1964), 43-68, 특히 55; idem, *A Critical and Exegetical Commentary on the Epistle to the Romans*, 2 vols (ICC. Edinburgh: T&T Clark, 1975-79), 853. 이에 대해 레이제넨은 바울의 기독론이나 구원론에 근거해 볼 때 율법 자체를 급진적으로 공격하고자 하는 것이 바울의 의도였다고 주장하며, 경우에 따라서는 바울이 율법의 정의를 의도적으로 흐리거나 그 범위를 도덕적 측면에 국한시켜서 그리스도인의 삶은 최상의 상태로, 유대인의 삶은 최악의 모습으로 그리고 있다고 비판하며, 이런 면에서 바울은 모순적일 뿐만 아니라 또한 작의적이라고 보고 있다. 두 번째의 루터-불트만(Luther-Bultmann) 계열의 설명은 율법에 '행위의 의'를 부가하는 것인데, 이에 대해 레이제넨은 이런 요소가 바울의 신학에 있어서 본연적 요소가 아니라 갈라디아에서의 유대적 성향의 대응자들과의 논쟁적 상황에서 비롯된 우발적 사상인 것으로 보고 있다. 문제는 '유대적 방식'을 적으로 몰아가는 바울의 구원론적 경직성에 있다는 주장이다. 이 두 가지 외에도 레이제넨은 H. 휴브너가 *Law in Paul's Thought* (Edinubrgh: T&T Clark, 1984)에서 제시하고 있는 바울 사상의 '발전설'(development theory) 등을 비판하고 있다.

또 시간을 두고 이루어진[29] '이차적 합리화'(secondary rationalization) 과정의 산물로 해석하는 것이다. 이 때문에 바울의 율법관은 '뒤에서 앞으로' 진행된 논리요, 기독론적, 구원론적으로 '여과된' 논리일 수밖에 없다는 것이다(pp. 108-9).

레이제넨이 제시하는 설명은 물론 많은 가설에 근거하고 있다. 그 자신이 솔직히 인정하고 있는 것처럼, 그의 많은 공격에 대해 바울이 대답할 처지에 있지 못하다는 것, 따라서 그가 바울에게 충분한 공정성을 기할 수 없다는 것을 밝히고 있다(pp. 14-5).[30] 그럼에도 불구하고 그가 자신의 제안을 '역사적'이란 이름을 붙여서 내어놓고 있는 것은 실상은 '역사적' 접근과 오늘 현대의 바울주의(modern Paulinism), 곧 바울에 대한 '신학적' 해석을 대립적 위치에 놓기 위한 의도에서이다. 어떤 면에서 바울 자신보다 한 부류의 바울 해석자들의 신학에 대한 하나의 '시정제'(corrective)로 그의 역사적 연구를 제시한다고 볼 수 있다(p. 15).[31] 그러나 여기에 곧바로 문제가 뒤따른다. 바울의 신학에 대한 '역사적' 공정성을 기하지 않는다

---

[29] 이런 면에서 우리는 종교적 경험(piety)과 신학적 사유(theological reflection)를 엄격히 구분하는 종교사학파의 영향을 찾아볼 수 있다. 특히 레이제넨은 다메섹 경험과 바울의 신학을 연결 짓는 김세윤의 입장을 강하게 비판하고, 바울의 율법관이 회심/부름의 시기나 그 얼마 후까지도 갖추어지지 않았다고 주장한다(p. 256).

[30] 레이제넨이 생각하는 것보다 훨씬 심각하게 그가 바울을 정당히 다루고 있는지의 문제를 다루고 있는 사람으로 참고, C.E.B. Cranfield, 'Giving a Dog a Bad Name: A Note on H. Räisänen's *Paul and the Law*', *JSNT* 38 (1990), 77-85.

[31] 바울 해석, 특히 종교개혁적 칭의론에 의존한 해석에 대한 공격은 브레데와 슈바이처 이후로 많은 학자들에 의해 시도되어왔다. 브레데는 그의 바울연구 *Paulus* (Tübingen: J.C.B. Mohr, 1907)에서 바울의 칭의론을 유대교와의 대결의 맥락에서만 사용되는 '투쟁교리'(die Kampfeslehre, p. 72)라고 격하하고 있으며, 슈바이처는 이를 '주변 분화구'(ein Nebenkrater)라 부르고 있다. A. Schweitzer, *Die Mystik des Apostels Paulus* (Tübingen: J.C.B. Mohr, 1930), 220. 이들의 관점은 W.D. 데이비스, 쇼프스(Schoeps), 스텐달, 샌더스, 그리고 레이제넨 등에게서 다소 변형된 모습으로 되풀이 된다.

면³² 바울 해석자들의 신학이 어떤 점에서 잘못되었는지를 어떻게 판단할 수 있겠는가?³³ 이런 면에서 우리는 레이제넨의 연구가 비일관되게 보이는 바울의 율법관에 대한 역사적, 경험적 설명에 치중하면서 바울의 신학 그 자체에 대해서는 진지한 고려를 하지 않고 있는 결함을 발견한다. 바울의 내, 외적 경험에 대한 심리학적 요소만이 아니라 그의 신학의 전반적 구조 그리고 그것의 변화과정 또한 고려되어져야 한다. 헹엘(Hengel)이 지적하듯이 '그리스도인' 바울을 회심/부름 전의 바울과는 전혀 별개의 사람인 양 나누어 놓는 것은 적절하지 못하다.³⁴ '그리스도인' 바울의 변화된 입장이나 그의 '독창성'도 이전의 그의 신학적 사고의 틀을 떠나서는 이해할 수 없는 것이다.³⁵ 레이제넨이나 샌더스와 같이 바울이 '그리

---

32 성경저자 또는 텍스트의 신학에 대한 역사적 연구를 성경신학의 주된 과제로 삼아야 한다는 제의는 최근 피터 발라(Peter Balla)에 의해 제시된 바 있다. 그의 박사학위논문에 근거한 책 *Challenges to New Testament Theology* (Tübingen, J.C.B. Mohr, 1997) 참고. 발라의 제의는 레이제넨과 스텐달의 '순수 역사적' 과제로 정의된 성경신학의 개념과 로버트 몰간(Robert Morgan)등의 '신학적 해석'(theological interpretation) 또는 '신학하기'(doing theology)로서의 성경신학에 대한 정의 사이에서 중간적 입장을 취한다. 몰간의 입장을 위해서는 그의 글 'New Testament Theology', in *Biblical Theology: Problems and Perspectives*, FS for J. Ch. Beker, ed. by Steven J. Kraftchick et al (Nashville: Abingdon, 1995), 104-30 참고.
33 조화의 가능성이 처음부터(*a priori*) 배제될 때 우리는 레이제넨 자신의 제의가 성공적인지 아닌지 판단할 수 있는 근거도 없으며, 나아가서 무엇을 상충이라 해야 할지에 대해서도 판단할 수 없다. 이 점에 대해서는 라이트가 *The Climax of the Covenant: Christ and the Law in Pauline Theology* (Minneapolis: Fortress, 1991), 5에서 잘 지적하고 있다.
34 Martin Hengel (Roland Deines와 공저), *The Pre-Christian Paul* (London: SCM and Philadelphia: Trinity Press International, 1991), p. 86. Cf, Mark A. Seifrid, *Justification by Faith: The Origin and Development of a Central Pauline Theme* (NovTSup 68, Leiden: Brill, 1992), pp. 76-7.
35 바울의 '독창성'이 구약적 배경과 어느 정도 연관을 가지는가에 대한 레이제넨과 웨스트홀름 사이의 논쟁을 참고하라. S. Westerholm, 'Paul and the Law in Romans 9-11', in *Paul and the Mosaic Law*, ed. by J.D.G. Dunn (WUNT 89, Tübingen: J.C.B. Mohr, 1996), 215-37; Räisänen, 'Faith, Works and Election in Romans 9: A Response to Stephen Westerholm', 같은 책, 239-46.

스도인'이기 때문에 문제다 하는 식의 형식논리적 접근[36]에 매몰되기 이전에 바울의 사상 속에는 보다 일관되게 하나님의 구원적 행위 안에서 복음과 율법을 조화 있게 볼 수 있는 관점이 과연 존재하지 않는가 하는 것을 먼저 물어볼 필요가 있다. 중요한 제안들이 많이 이루어지고 있지만[37] 우리는 먼저 호피우스(Otfried Hofius)의 견해를 살펴보고자 한다.

호피우스가 하고 있는 일은 하나의 새로운 관점을 제시하려는 일이 아니다. 오히려 바울의 신학적 구조가 어떤 특징들로 이루어져 있는지를 보여주고 있다. 하나의 주목할만한 예로서 호피우스는 고린도후서 5:14-21을 선택하고 있고, 이를 통해 그는 첫째로 바울의 속죄와 화목교리가 구약적 전통과의 연속성과 불연속성을 가짐을 잘 보여주고 있다. 호피우스는 게제(H. Gese)와 야눕스키(B.

---

[36] 이런 입장이 '그리스도인' 바울과 유대교에 대해 그저 스쳐 지나가며 '무관심하게' 총쏘기 이상을 나타내지 못하며, 또 바울과 유대교 모두에 대해 '비헌신적'(non-committal) 상을 의도적으로 부여하고 있다는 K. T. 쿠퍼(Karl T. Cooper)의 지적은 의미가 깊다. 그의 글 'Paul and Rabbinic Soteriology', *WTJ* 44 (1982), 123-39 (특히 130-31, 139) 참조.

[37] 대표적인 예로 '율법의 행위'를 유대인들에 의한 민족주의적 특권 혹은 '배지'로서의 율법의 '사용'과 결부시키는 제임스 던의 'New Perspective'를 들 수 있을 것이다. 참고, J.D.G. Dunn, 'The New Perspective on Paul', now with 'Additional Note' in *Jesus, Paul, and the Law: Studies in Mark and Galatians* (Louisville: Westminster/John Knox, 1990 [1983년에 처음 발표됨]). 그러나 던의 입장도 문제가 없는 것은 아니다. 이에 대한 논평으로는 참고, Richard H. Bell, *No One Seeks for God: An Exegetical and Theological Study of Romans 1.18-3.20* (WUNT 106, Tübingen: J.C.B. Mohr, 1998), 228-30; C.E.B. Cranfield, '"The Works of the Law" in the Epistle to the Romans', *JSNT* 43 (1991), 89-101; M. Silva, 'The Law and Christianity: Dunn's New Synthesis', *WTJ* 53 (1991), 339-353. 특히 바울이 갈라디아서나 로마서에서 문제삼고 있는 것은 율법의 특정 부분만이 아니라 그 전체라는 것을 강조하면서(이런 면에서 던의 문제점을 극복하고), 그의 논리가 유대인들이 하나님과의 특별한 언약관계 속에서 이방의 치유자로 부름받은 그 사명을 감당하지 못함으로 인해 빠져 있는 현재의 곤궁(plight)으로부터 '치유자의 치유자'를 통한 해결(solution)을 향해 나가며 다시 그 해결의 관점에서 곤궁을 해석하는 것으로 보는(그런 점에서 레이제넨과 샌더스의 일방적 'from solution to plight'의 논리를 시정하고 있는) 라이트의 제의도 큰 설득력을 가진다고 본다. 그의 글 'The Law in Romans 2', in *Paul and the Mosaic Law*, 131-50 참고.

Janowski)를 따라 바울의 속죄사상이 제사장 문서에 나타난 제의적 속죄 전통과 연속성을 이룬다고 지적한다.[38] 바울은 이것을 예수 그리스도의 십자가에서의 대속적 죽음의 관점에서 새롭게 해석하고 있는 것이다. 이 면에서 바울의 불연속성을 호피우스는 네 가지로 정리하고 있는데, (1) 인간 중재자 없이 하나님 혼자만이 속죄의 주체가 되고 있는 점, (2) 예수의 속죄 희생은 반복이 없이 단번으로 그친다는 점, (3) 그 속하는 죄의 범위가 실수에 의한 것에 국한되지 않고 모든 죄에 미친다는 점 그리고 마지막으로 (4) 이스라엘의 민족적 범위를 넘어 우주적 대상을 취한다는 점이다.[39]

또 다른 핵심적인 특징은 바울의 구원론이 기독론과 밀접히 연관되어 있다는 점이다. 호피우스는 고린도후서 5:19의 θεὸς ἦν ἐν Χριστῷ(하나님이 그리스도 안에 계셨다)를 하나의 독립적 삽입구로 봄으로써 십자가 죽음의 대속 및 화목사건에 있어서 하나님과 그리스도가 '하나'라는 것을 보여준다고 강조한다.[40] 호피우스는 여기서 "하나님 자신이 인간과 화목하셨다는 것, 곧 그리스도 하나님이 인간과 화목하셨다는 것"을 나타내고자 함이 바울 자신의 의도라고 해석한다.[41] 이처럼 기독론적 관점에서 속죄, 화목사건을 봄으로써 십자가 사건의 구원론적 효과가 하나님 자신의 자유로운 사

---

[38] O. Hofius, 'Sühne und Versöhnung. Zum paulinischen Verständnis des Kreuzestodes Jesu', in *Paulusstudien* (WUNT 51, Tübingen: J.C.B. Mohr, 2nd edn 1994), 33-49 (특히 39, 44); idem, 'Das Gesetz des Mose und das Gesetz Christi', 같은 책, 50-74. 참고, H. Gese, 'Die Sühne', in *Zur biblischen Theologie: Alttestamentliche Vorträge* (Tübingen: J.C.B. Mohr, 3rd edn 1989), 85-106; B. Janowski, *Sühne als Heilsgeschehen. Studien zur Sühnetheologie der Priesterschrift und zur Wurzel KPR im Alten Orient und im Alten Testament* (WMANT 55, Neukirchen-Vluyn: Neukirchener Verlag, 1982).

[39] Hofius, 'Sühne und Versöhnung', 48-9.

[40] Hofius, 'Sühne und Versöhnung', 38.

[41] Hofius, 'Sühne und Versöhnung', 37.

랑의 행위, 그의 구속의 은혜에 의거하며 또한 '구원을 창조하는 하나님의 의'[42]의 증거로 주어지는 것임을 강조하고 있다. '우리를 위한' 하나님의 사역의 구원적 결과는 '하나님이 십자가에 달리신 그리스도 안에 있음'에 철저히 의존하는 것이다.

이와 더불어서 호피우스는 바울의 속죄와 화목 사상에 있어서 하나님의 구원의 행위(Heilstat)와 구원의 말(Heilswort)이 서로 연관되어 있음을 밝힌다. 고린도후서 5:18-21의 구조 속에는 하나님을 화목케 하는 행위의 주체로뿐만 아니라(18b, 19a,b, 21) 또한 화목의 말씀의 주체로 나타내고 있다. 그는 '화목의 말씀'(τὸν λόγον τῆς καταλλαγῆς)을 위탁하셨고(19c), '화목의 직책'(τὴν διακονίαν τῆς καταλλαγῆς)을 주셨으며(18c), 또한 그리스도의 대사된 자들의 설교 가운데서 그분 자신이 말씀하신다(20절). 이와 같이 *Heilstat*과 *Heilswort*의 관계는 '하나의 구원사건'(das *eine* Heilsgeschehen)으로서 서로 불가분리적이고,[43] 이런 상관구조가 바울에게 있어서 가장 특징적인 요소의 하나라고 호피우스는 지적한다(롬 10:6 이하; 고전 15:1이하; 고후 5:14-21 등).

위에서 호피우스가 지적한 바울신학 구조상의 특성들이 우리의 논의와 관련해서 가지는 의미는, 레이제넨이 시도하는 것과 같은 역사적 연구가 단순히 사건적 측면이나 그 기술(description)에 제한되기 쉬운 반면, 우리가 바울의 신학을 좀 더 잘 이해한다면, 바울은 그리스도 안에서의 하나님의 구원사건을 그리스도의 죽음의 대속적 사건에의 참여와[44] 그 '화목의 말씀'을 위한 하나님의 위임

---

[42] 호피우스는 하나님의 의를 '하나님의 창조자-구속자로서의 능력'(der Schöpfer- und Erlösermacht Gottes)으로 이해하고 있다. 참고, Hofius, '"Rechtfertigung des Gottlosen" als Thema biblischer Theologie', in *Paulusstudien*, 121-47.

[43] Hofius, 'Wort Gottes und Glaube bei Paulus', in *Paulusstudien*, 148-74 (148).

[44] 호피우스는 그리스도의 대속적 죽음을 하나님이 그리스도와 죄인을, 죄인과 그리스도

(commissioning)과 대리(authorizing)의 행위에 하나의 대리자(agent)로 부름 받아 참여함을 포함하는 것으로 이해하고 있으며, 그런 점에서 단순한 인지의 변화만이 아니라 하나님으로 말미암고 하나님을 위한 존재로서의 전면적인 자아관, 세계관의 변화를 일으키는 사건으로 나타내고 있다는 점이다.

이런 근원적이고 존재론적인 변화를 바울은 '새 창조'(καινὴ κτίσις) 라는 사상 속에서 잘 보여주고 있다. 고린도후서 5:17, 갈라디아서 6:15 등에 나타나는 바울의 이 핵심적인 사상에 대해 예상 밖으로 많은 연구가 이루어지지 않고 있으며,[45] 더군다나 바울의 사상을 매우 폭넓게 다루고 있는 레이제넨의 경우에 있어서도 이 주제에 대해서만은 언급이 거의 전무하다. '새 창조'의 개념 자체가 바울에게 독창적인 것은 아니기 때문에, 특히 유대 묵시문학이나 랍비문헌의 범주 속에서 이 개념이 어떻게 사용되어 왔는지에 대한 관찰이 필요하겠지만[46] 여기서는 이 문제를 다 다룰 수는 없고, 다만 우

를 '동일시함'("Gott hat Christus mit dem Sünder und den Sünder mit Christus *identifiziert*", 'Sühne und Versöhnung', 46) 사건으로, 그런 점에서 이를 '*inkludierender, den Sünder einschließender Stellvertretung*'('Das Gesetz des Mose und das Gesetz Christi', 63)의 사건으로 이해하고 있다.

[45] '새 창조'에 대한 단편적이거나 또는 포괄적인 연구들은 더러 있어왔는데, 이를 위해서는 참고, Charles Boyer, 'ΚΑΙΝΗ ΚΤΙΣΙΣ (2 Cor 5,17; Gal 6,15)', *Studiorum Paulinorum Congressus Internationalis Catholicus 1961*, 2 vols (Rome: Pontificio Istituto Biblico, 1963), I, 487-90; Friedrich Hahn, '"Siehe, jetzt ist der Tag des Heils." Neuschöpfung und Versöhnung nach 2. Korinther 5,14-6,2', *EvT* 33 (1973), 244-53; B. Chilton, 'Galatians 6:15: A Call to Freedom', *ExpTim* 89 (1978), 311-13; G. Baumbach, 'Die Schöpfung in der Theologie des Paulus', *Kairos* 21 (1979), 196-205 (특히 200-202); Samuel Vollenweider, *Freiheit als neue Schöpfung. Eine Untersuchung zur Eleutheria bei Paulus und in seiner Umwelt* (FRLANT 147, Göttingen: Vandenhoeck & Ruprecht, 1989).

[46] 이를 위해서는 참고, G.F. Moore, *Judaism in the First Centuries of the Christian Era*, I, 533; W.D. Davies, *Paul and Rabbinic Judaism*, 119-29; H.-J. Schoeps, *Paulus. Die Theologie des Apostels im Lichte der jüdischen Religionsgeschichte* (Tübingen: J.C.B. Mohr, 1959), 206f. 사해사본 속에 나타나는 '새 창조' 사상의 연구를 위해서는 참고, Erik Sjöberg, 'Neuschöpfung in den Toten-

리의 논의와 관련해서 슈툴마허(Peter Stuhlmacher)가 본격적으로 드러내고 있는 것과 같이 바울의 '새 창조' 사상에 특징적으로 나타나는 '존재론적' 측면에 주목해보고자 한다.[47] 슈툴마허는 이 개념의 구약적 배경(특히 이사야 40-66장)과 더불어서 *Joseph and Asenath*와 같은 문서에 나타나는 새 창조의 주체로서의 '말씀'과 '성령'에 대한 '존재적'(ontic) 이해에 주목하고 있다. 이런 배경들이 바울의 기독론적 관점에 따라 새롭게 해석되면서도 '새 창조'에 대한 바울의 '존재론적' 이해에 그대로 이어지고 있다고 보는 것이다. 슈툴마허는 이런 주해적 작업의 바탕 위에서 두 가지 요점을 강조하고 있는데, 그 하나는 '새 창조' 사상에서 나타나고 있는 '하나님의 말씀과 부르심의 창조적인 힘'(schöpferischen Macht des Rufes und Wortes Gottes)이다.[48] 슈툴마허는 이것을 푹스(E. Fuchs)와 에벨링(G. Ebeling)의 '언어사건'(*Sprachereignis*)과 결부시키고 있다.[49] 또 다른 하나는 '새 창조'의 존재는 이제 하나님의 '신적 창조주 되심'(göttlicher Schöpferherrlichkeit)이 바

Meer-Rollen', *ST* 9 (1955), 131-36. 보통 유대문헌 속에서 '새 창조'의 개념이 새로운 개종자나 용서받고 새롭게 된 죄인들 등에 적용되어서 개인화된 '새 피조물'(new creature)의 의미로 이해되고 있다. 그러나 많은 주해가들이 καινὴ κτίσις를 이런 개인적 의미로 해석하는 것을 반대한다. 참고, R.P. Martin, *Reconciliation: A Study of Paul's Theology* (Atlanta: John Knox Press, 1981), 104; V.P. Furnish, *II Corinthians* (AB 32A, Garden City, NY: Doubleday, 1984), 314-15. 그러나 Ben Witherington은 16절의 판단의 '관점'의 맥락과 17절 초반에 나오는 τις의 보다 '개인적' 논조에 일치시켜서 καινὴ κτίσις를 보다 '개인적'이고 '주관적'인 측면과 연관이 있는 것으로 보고 있다. Witherington, *Conflict and Community in Corinth: A Socio-Rhetorical Commentary on 1 and 2 Corinthians* (Grand Rapids: Eerdmans, 1995). 395. 그러나 그의 관점은 지나치게 '레토릭적' 일관성에 초점을 맞추고 있다. 바울이 그가 보는 것처럼 καινὴ κτίσις의 '주관적', '객관적' 측면을 나누고자 하는 것이 이 위치에서의 그의 관심이었는지에 대한 확실한 근거는 없다.

47 참고, P. Stuhlmacher, 'Erwägungen zum ontologischen Charakter der καινὴ κτίσις bei Paulus', *EvT* 27 (1967), 1-35.
48 Stuhlmacher, 'Erwägungen zum ontologischen Charakter der καινὴ κτίσις bei Paulus', 32.
49 Stuhlmacher, 'Erwägungen zum ontologischen Charakter der καινὴ κτίσις bei Paulus', 25.

르게 인정되는 영역, 곧 그 합당한 송영적 지위 속으로 옮겨지게 되었다는 점이다.[50] 이와 같은 '새 창조'의 존재가 경험하게 되는 변화는 그러므로 인식적이든 도덕적이든 어느 한 부분적 측면에 국한되지 않는다. 그 전 존재가 창조자-구속자의 능력 아래, 또 그와의 관계 속으로 변화를 받는 것이다.[51] 헹엘(Martin Hengel)은 이와 같은 근본적 변화에 대한 관점이 바울의 율법과 복음에 대한 생각의

---

50 Stuhlmacher, 'Erwägungen zum ontologischen Charakter der καινὴ κτίσις bei Paulus', 35.
51 이 변화에는 앎의 방식에 있어서의 변화와 삶의 방식에 있어서의 변화가 다 포함된다. 특히 '새 창조'에 근거한 삶의 방식의 변화에 대해서는 C. 란드매서가 잘 말해주고 있다: "Was hier im Anschluß an 2Kor 5,17 kurz skizziert wurde, wird in der neutestamentlichen Forschung bekanntlich zusammengefaßt als der Indikativ des Heilsgeschehens, in dem dann der Imperativ für die Gestaltung des Lebens der Christen gründe." (C. Landmesser, 'Der paulinische Imperativ als christologisches Performativ. Eine begründete These zur Einheit von Glaube und Leben im Anschluß an Phil 1,27-2,18', in *Jesus Christus als die Mitte der Schrift. Studien zur Hermeneutik des Evangeliums*, ed. by C. Landmesser, H.-J. Eckstein, and H. Lichtenberger [BZNW 86, Berlin and New York: Walter de Gruyter, 1997], 543-77 [545]). 특히 란드매서가 강조하고 있는 것은 바울의 윤리적 가르침에 있어서 그 기준이 되고 있는 것은 예수 그리스도 안에서 행하신 하나님의 행위자체라는 것이다. 이런 점에서 바울은 예수 그리스도의 십자가와 부활을 그리스도인의 행동의 근거로 제시한다. 이는 특히 고린도전서를 볼 때, '강한 자'들의 자아추구의 방식이 아니라 '약한 자'들과의 동화의 방식으로 나타나고 있다. 참고, Thomas Söding, 'Starke und Schwache. Der Götzenopferstreit in 1Kor 8-10 als Paradigma paulinischer Ethik', *ZNW* 85 (1994), 69-92. 윤리적 의미에 있어서 십자가와 부활은 세상적 추구와 그 가치판단에 대한 판단기준의 역전이 됨을 말한다. 사회변혁을 위한 십자가의 상징적 기능에 대한 최근의 연구로는 참고, Raymond Pickett, *The Cross in Corinth: The Social Significance of the Death of Jesus* (JSNTSup 143, Sheffield: Sheffield Academic Press, 1997); David G. Horrell, *The Social Ethos of the Corinthian Correspondence: Interests and Ideology from 1 Corinthians to 1 Clement* (Edinburgh: T&T Clark, 1996); Dale B. Martin, *Slavery as Salvation: The Metaphor of Slavery in Pauline Christianity* (New Haven and London: Yale University Press, 1990). 이들의 연구는 중요하지만 십자가의 '판정적' 기능에 국한되어 있다. 바르트가 강조하고 있는 것처럼 부활 또한 '판정적'(verdictive) 성격을 가진다(*Church Dogmatics*, IV/1, 309, 313). 필자는 부활의 윤리적 함의를 고린도전서 6:14에서 찾을 수 있다고 제안한다. 부활과 관련된 다른 논의들을 위해서는 참고, Brian V. Johnstone, 'Transformation Ethics: The Moral Implications of the Resurrection of Jesus', in *The Resurrection: An Interdisciplinary Symposium on the Resurrection of Jesus*, ed. by Stephen T. Davis et al (Oxford: Oxford University Press, 1997), 339-60; Oliver O'Donovan, *Resurrection and Moral Order: An Outline for Evangelical Ethics* (Leicester: Inter-Varsity Press and Grand Rapids: Eerdmans, 1986).

근저에 '처음부터' 자리잡고 있었다고 주장한다.[52] 레이제넨 등이 이 문제와 관련하여 주장하고 있는 갈등의 사회적 상황 속에서의 우발적이요 '이차적' 생성 이론 속에는 '새 창조'와 관련한 이런 근본적 변화의 관점이 전적으로 결여되어 있는 것이다.

여기서 우리는 이런 '새 창조'의 급진적, 근본적 변화의 요소를 담아낼 수 있는 인식적 틀을 어떻게 가질 수 있을 것인가 하는 문제에 부딪치게 된다. 레이제넨 등이 뿌리를 두고 있는 객관-주관의 인식적 틀 속에서 역사적-신학적 이분도식을 전개하는 것이 이 문제와 관련해서 얼마나 빈약하고 불만스러운 것인지를 우리는 잘 느끼게 되기 때문이다. 인식 주체가 중심이 되어 하나님을 대상화하는 방식으로는 이 '새 창조'의 영역을 결코 그 인식 틀 속에 담아낼 수 없다. '그리스도 안에서' 이루어지는 이 '새 창조'의 영역은 인간 존재 그 자신이 더 이상 중심이 되지 아니하고 오히려 자신이 중심된 그 세계를 벗어나서 하나님이 중심이요 하나님이 모든 일의 주체가 되시는 그 세계 속으로 옮기어지는 일 속에서 경험된다. 융엘이 잘 표현해주고 있는 것처럼, "믿음 안에서 예수 그리스도의 신비를 고백하는 사람은, 이로 말미암아 자기 자신으로부터 옮겨져서(aus sich selbst herausgesetzt) 자신의 실존적 자리를 그리스도안에서(고후 5:17) 발견한다.'[53] 여기서 '자신으로부터 옮기워진다'

---

[52] Hengel, *The Pre-Christian Paul*, 80 (특히 슈바이처와 레이제넨의 이론에 대한 반박을 위해서는 145, n. 328을 보라). 김세윤은 바울의 '새 창조' 사상의 배후에 구약과 랍비적 전통 외에도 다메섹 경험이 자리잡고 있다고 역설하고 있다. 참고, S. Kim, 'God Reconciled His Enemy to Himself: The Origin of Paul's Concept of Reconciliation', in *The Road from Damascus: The Impact of Paul's Conversion on His Life, Thought, and Ministry*, ed. by Richard N. Longenecker (Grand Rapids and Cambridge: Eerdmans, 1997), 102-24 (특히 111).

[53] E. Jüngel, 'Die Wahrheit des Mythos und die Notwendigkeit der Entmythologisierung', Tübingen의 Hölderlin Society에서 행해진 미출판 강연, 1990, 24. (이 논문을 가용하게 해준 Dr. R. H. Bell에게 감사를 표한다)

는 이 핵심적인 표현은 융엘이 루터에게서 따오고 있는 표현이다. 루터에게 있어서 하나님의 말씀은 우리 자신으로부터 하나님께로 '옮김'(removal)이 이루어지게 하는 실체이다. 곧 말씀이 '우리를 우리 밖으로 불러내고 우리를 우리 바깥에 둔다.'[54] 이를 따라서 융엘은 '새 창조'의 영역 속에서 이해되는 진리는 "사람을 자기 자신으로부터 불러내고 또한 옮기는 신적 말씀의 진리"(die Wahrheit des den Menschen aus sich herausrufenden und heraussetzenden göttlichen Wortes)[55]라고 정의하고 있다. 앞에서 틸리케를 통해 보았던 것처럼, 데카르트적 사유에 근거한 'Theology A'의 틀 안에는 이것이 들어갈 자리가 없다. 이런 한계 안에 여전히 머무르고 있는 단순한 역사적 연구나 텍스트 해석학을 넘어서(물론 그것을 결코 무시하지 않으면서) 말씀의 창조적, 변혁적 능력을 말해주는 '새 창조'의 영역을 담아낼 수 있는 신학해석학적 틀을 우리가 어떻게 세워갈 수 있을 것인가 하는 문제의식 속에서 우리는 계속해서 융엘과 피셔(Johannes Fischer)의 제의를 살펴보고자 한다.

2) '실천적 지식'과 '자아개입적' 언어의 특성

틸리케가 '수용주체'(receiving I) 중심의 데카르트적 'Theology A'와 하나님의 창조적 말씀에 근거한 비데카르트적 'Theology B'를 구분하고 있는 것과 유사한 방식으로[56] 피셔와 융엘은 '이론적 지식'(theoretische Erkenntnis)과 '실천적 지식'(praktische Erkenntnis)을 구분한

---

[54] *Luther's Works* (American Edn) vol. 26, 387; vol. 27, 331. Cf. E. Jüngel, *Karl Barth: A Theological Legacy* (Philadelphia: Westminster, 1986), 123-24.
[55] Jüngel, 'Die Wahrheit des Mythos', 24.
[56] Thielicke, *The Evangelical Faith*, I, 37, 156.

다.⁵⁷ 피셔는 과학적, 이론적 지식의 특징에 대해서는 인식주체가 중심이 되어 그 인식대상을 인식자의 영역 속에 위치시키는 것으로 이해하고, 실천적, 신앙의 지식에 대해서는 그 인식대상의 영역 속에 인식자를 위치시키는 것으로 이해한다.⁵⁸ 따라서 신앙의 관점에서 하나님의 말씀의 창조적 성격에 대해 말하는 것은 단순히 하나님에 '대한' 지식, 하나님의 의에 '대한' 지식으로 그치는 것이 아니라 그 실제 자체가 그 앎을 통해 '매개되는'(vermittelt) 지식을 말한다.⁵⁹ 이것은 대상에 대한 방관자의 지식이 아니라 그 대상의 실재에 참여하는 지식, 그 대상의 어떠함과 더불어서 새롭게 인식자 자신이 규정되고 변화되는 사건을 포함하는 지식을 말한다. 융엘이 예를 들어서 말하고 있는 것처럼, '예수는 주시다'라고 누군가 고백할 때, 이는 예수의 어떠함에 대해서 말하는 것뿐만 아니라, "고백하는 그 사람이 이에 따라 자신을 새로운 사람으로 인식하게 된다

---

57 참고, J. Fischer, 'Über die Beziehung von Glaube und Mythos. Gedanken im Anschluß an Kurt Hübners "Die Wahrheit des Mythos"', *ZThK* 85 (1988), 303-28; idem, *Glaube als Erkenntnis* (Munich: Kaiser, 1989); Jüngel, 'Die Wahrheit des Mythos und die Notwendigkeit der Entmythologisierung', 1990. 이런 구분은 아리스토텔레스에 뿌리를 두고 있는 가다머의 *epistēmē*와 *phronēsis*의 구분과도 연관이 있다. 참고, Gadamer, *Truth and Method* (London: Sheed & Ward, 1989, 1993, 2nd Eng. edn from 5th German edn), 312-24. 앤서니 티슬턴(Anthony C. Thiselton)은 가다머의 *phronēsis*에 대한 이해를 바탕으로 '실천적 이성'(practical reason)이 어떻게 다양하고 변화 많은 일상적 삶의 상황 가운데서 성경의 해석이 그 적용에 이르도록 인도하는데 사용될 수 있을지에 대한 제안을 주고 있다. 참고, Thiselton, *New Horizons in Hermeneutics: The Theory and Practice of Transforming Biblical Reading* (London: Harper Collins, 1992), 330.

58 Fischer, 'Über die Beziehung von Glaube und Mythos', 306. 피셔는 이렇게 말한다. "*Die wissenschaftliche Erkenntnis lokalisiert das Erkannte im Zusammenhang der Wirklichkeit des Erkennenden, unter den Bedingungen seiner ontologischen Prämissen. Die Erkenntnis des Glaubens dagegen lokalisiert den Erkennenden im Zusammenhang der Wirklichkeit des Erkannten….*" (강조는 원문 그대로).

59 Fischer, 'Über die Beziehung von Glaube und Mythos', 306. 바로 이런 의미에서 Hofius도 바울의 속죄론과 관련하여 "Jesu Sühnetod ist nicht bloß das Mittel zur Versöhnung, sondern ihr *Vollzug*, nicht bloß ihre Ermöglichung, sondern ihre Verwirklichung"라고 말하고 있다. Hofius, 'Sühne und Versöhnung', 39 (강조는 원문 그대로).

는 것, 그래서 그 사람은 자신의 모든 삶이 이 주장에 기꺼이 투여되게(*zu investieren*) 한다는 것, 그렇다, 그의 모든 삶이 그 근원에 있어서 이미 이 주장에 통합되었다(*ist integriert*)는 것을 말한다."[60] 이런 방식으로 고백의 언어는 고백자의 삶에 변혁적 결과를 가져오는 것이다. 성경 언어의 특징은 이와 같이 그 독자의 삶에 변혁적 결과를 가져오는 수행력(performative force)을 가진다는 것이다. 케빈 밴후저(Kevin Vanhoozer)가 말하는 것처럼, 성경과 관련해서 해석학적 훈련이 가져오는 결과는 "정보만이 아니라 신실하고 쓸모 있는 제자의 형성"이다.[61] 따라서 성경의 제반 언어적 형태에 관여하는 것은 그 독자들에게 "보는 방식을 형성시켜줄 뿐만 아니라 세상 속에서의 존재의 방식을 또한 형성시켜 준다."[62] 이렇게 성경의 언어는 그 선포적 형태에 있어서나 또는 고백적 형태에 있어서 '자아개입적' 특성을 본질적으로 가진다.

여기서 우리가 한 가지 주의해야 할 것은 이와 같은 '자아개입적' 측면의 강조가 신앙적 지식이나 담화의 '내용'적 측면을 결코 무시해서는 안 된다는 것이다. 앞에서 호피우스의 고린도후서 5:18-21의 분석을 통해 *Heilstat*와 *Heilswort*가 함께 하나의 구원사건(Heilsgeschehen)을 이루는 것을 강조하고 있는 것처럼, 우리를 믿음으로 이끄는 말씀은 그 내용적 요소와 분리되어 작용할 수 없다. 그 내용을 잃어버릴 때 성경의 전통이 그토록 강조하고 있는 것과 같은 우상의 숭배와 참 하나님을 섬김 사이의 구분을 잃어버릴 수

---

60 Jüngel, 'Theologie in der Spannung zwischen Wissenschaft und Bekenntnis', in *Entsprechungen*, 24.
61 K. Vanhoozer, 'Language, Literature, Hermeneutics, and Biblical Theology: What's Theological about a Theological Dictionary?', *NIDOTTE*, I, 15-50 (44).
62 Vanhoozer, 'Language, Literature, Hermeneutics, and Biblical Theology', 44.

있기 때문이다. 피셔도 이점과 관련해서 '지식과 이해가 없는 맹신'(Blindgläubigkeit ohne Erkennen und Verstehen)의 위험에 대해 경고하고 있다.⁶³ 이 때문에 그는 기독교의 신앙을 '지식 있는 신앙'(erkennender Glaube)이라고 정의하는 것이다.⁶⁴ 융엘 또한 로마서 10:8-10의 분석을 통해 ὁμολογέω 동사와 πιστεύω 동사 사이의 평행관계에 주목한다. 곧 믿음은 사람의 결단이 아니라 하나님의 말씀으로 말미암지만(8절), 그것은 또한 고백의 형태를 띠며, 그런 점에서 '내용'을 가지는데, 그 내용은 다름 아니라 κύριος Ἰησοῦς(예수는 주시다) 그리고 ὁ θεὸς αὐτὸν ἤγειρεν ἐκ νεκρῶν(하나님이 그를 죽은 자 가운데서 일으키셨다, 9절)이라는 사실이다.⁶⁵ 이렇게 고백의 '내용'은 고백언어의 '발화수반력'(illocutionary force)과 더불어서 '자아개입적' 언어의 특성을 이루고, 이는 제3자적 서술이나 추상개념과는 차이를 가지는 것이다. 융엘은 그런 점에서 어드레스(Anrede)가 언어의 일차적 기능이라고 말하며, 예수 그리스도 안에서 하나님이 우리를 대하여 말씀하심이 우리가 그를 향하여, 또 그에 대하여 따라 말하고(speak correspondingly) 따라 사유('think after' against cartesian 'Cogito')할 수 있는 근거가 된다고 말한다.⁶⁶

---

63 Fischer, 'Glaube und Mythos', 303.
64 Fischer, 'Glaube und Mythos', 305.
65 E. Jüngel, '"Theologische Wissenschaft und Glaube" im Blick auf die Armut Jesu', in *Unterwegs zur Sache: Theologische Bemerkungen* (Munich: Kaiser, 1972), 11-33 (25). 융엘은 종합적으로 '신앙의 언어사건'(das Sprachereignis des Glaubens)에 대해 이와 같이 진술한다. "Gott spricht als der, der den gekreuzigten Jesus ins Leben gerufen hat und den Menschen ins Leben ruft. Der Mensch entspricht der Sprache Gottes, indem er den toten Jesus als den lebendigen Herrn bekennt und so angesichts des gekreuzigten Jesus diesem ins Leben folgt (p. 26)."
66 참고, E. Jüngel, *God as the Mystery of the World: On the Foundation of the Theology of the Crucified One in the Dispute between Theism and Atheism* (Edinburgh: T&T Clark, 1983), 11, 203.

언어에 있어서 '명제적 내용'(propositional content)과 '발화수반력'(illocutionary force)의 동반관계에 대해서는 화행론(speech-act theory)이 잘 밝혀주고 있다. 오스틴(John L. Austin)의 책 *How to Do Things with Words*[67]에서 밝히고 있는 것처럼 우리는 말을 통해 많은 행위를 하는데, 곧, '판정'을 행하기도 하고 '시행'을 하기도 하며 '약속'을 만들기도 하고 '주장'을 행하기도 하며 '표현'을 나타내기도 한다. 하버마스가 말의 문자적 의미(*Bedeutung*)와 의도된 의미(*Meinung*)를 구분하고 있는 것처럼,[68] 우리의 말은 전자의 내용적 의미를 전달하는 것으로 그 기능을 다하는 것이 아니라 내용적 요소와 함께 수반되는 발화수반력(그 범주는 위에 말한 '판정', '시행', '약속' 등이다)과 더불어서 하나의 행위로 작용하는 것이다. 이러한 발화수반행위(illocutionary act)는 어떤 발화된 말(locution 또는 utterance)을 '약속'이나 '요청' 등으로 받게 하는, 다시 말해서 그 말을 소정의 책임과 의무 및 권리가 따르는 의도나 진정이 담긴 행위로 간주하게 하는 사회적 관습 위에서 그 유통이 이루어진다.[69] 발화수반행위의 효력은 적법한 조건들이 갖추어져 있을 때 말 그 가운데서(in) 자연스럽게 따라온다. 이에 반해서 '발화효과행위'(perlocutionary act)는 말을 수단으로(by) 어떤 소기의 효과를 이루어내고자 하는 목적 아래에서 행해지는 말-행위를 지칭한다. 협박이나 우격다짐, 욕설, 상벌을 내세운 설득행위, 상업적, 정치적 목적을 위한 선전 등이 이 부류에 속할 것이다.

---

[67] J. L. Austin, *How to Do Things with Words* (Oxford: Oxford University Press, 1962). 한국어 번역으로 장석진 역, 『오스틴: 話行論』(서울: 서울대학교 출판부, 1988)을 보라.

[68] J. Habermas, *The Theory of Communicative Action*, 2 vols (London: Polity Press, 1984-87, 독일어 원본 1981), I, 296.

[69] 이런 절차에 대해서는 참고, N. Wolterstorff, *Divine Discourse: Philosophical Reflections on the Claim that God Speaks* (Cambridge: Cambridge University Press, 1995).

하버마스의 경우는 그가 이상으로 삼는 '의사소통행위'(communicative action)를 발화수반행위의 부류에 위치시키고 있다. 반면 그가 반대하고 있는 이기적, 전략적, 목적지향적 행위를 발화효과행위와 결부시킨다.[70] 이 발화효과행위는 그 '효과'를 장담하고 '성공'을 셈할 수 있다는 점에서 성공지향적인데, 한 사회가 성공지향적 사회가 될수록 그 말에 있어서도 발화수반행위(illocution)로서의 인격적 대화(dialogue)보다는 발화효과행위(perlocution) 위주의 일방적 독백(monologue)이 주도적 현상이 되어간다. 그리고 그 말이 먹혀드는 것을 보다 확실하게 보장할 수 있는 길은 권력과 돈과 같은 수단들을 내세우는 길이므로 사람들은 이런 수단 확보를 그 본래 목적과 뒤바꾸어 버리는 것이다. 하버마스가 언어적 모델을 통해 사회비판에 접근하는 것은 이와 같이 언어의 타락과 사회의 타락이 같은 길을 걸을 수밖에 없다는 것을 명시적으로 보여주고자 하는 의도에서이다.

문제는 우리가 복음의 언어적 특성을 잘 분간하지 못할 때, 한 면에서는 레이제넨이나 데이비스와 같이 소위 '객관적', '가치중립적' 언어이해 속에서 그 '발화수반력'이나 '자아개입적' 요소를 무시하기 쉽다는 것과 또 다른 한 면에서는 복음을 '수사적' 발화효과행위의 하나로 이해함으로써 그 효력의 성취를 인간의 손에 맡겨버리기 쉽다는 것이다.[71] 복음은 그 내용의 진술 또는 하나님의 행위

---

70 Habermas, *The Theory of Communicative Action*, I, 295.

71 이 점에 대해서는 참고, Duane Litfin, *St Paul's Theology of Proclamation: 1 Corinthians 1-4 and Greco-Roman Rhetoric* (SNTSMS 79, Cambridge: Cambridge University Press, 1994). 리프핀(Litfin)은 복음의 선포와 관련된 주된 단어들이 '비수사적'이라고 말하며(p. 195), 설득술과 개인의 능력에 의존하는 그레코로만 웅변가들과 십자가에 나타난 하나님의 능력에 의존하는 바울을 잘 비교하고 있다.

에 '대한' 정보로 그치는 것도 아니며, 또 한편 그 효력은 결코 '인과적 효과'(causal effects)로 발생하는 것도 아니다. 예수 그리스도의 십자가와 부활에 나타난 하나님의 창조자-구속자로서의 행위와 능력에 대한 믿음의 고백은 그 고백하는 사람에 대하여 하나님이 중심이 된 세계에 옮겨짐의 결과 또는 메타포적으로 '그리스도의 몸'에 속함의 결과를 얻게 되는데, 이는 곧 케제만이 말하는 것처럼, 그리스도의 주되심에 대한 '가시적 표현', '몸으로의 순종', 그리고 '그 지체들과의 교제'에 동참하는 책임 있고 관계적인 삶의 형태로 나타난다.[72] '실천적 지식'은 이런 변혁적 결과를 포함한 포괄적인 앎의 세계를 지칭하기 위해 쓰이는 개념이다.

4. 나가는 말

우리는 위에서 레이제넨과 데이비스에게 나타나고 있는 것과 같은 데카르트적 '객관화' 또는 '가치중립'의 관심이 성경해석이나 신학적 논구와 관련하여 계속적으로 하나의 도전이 되고 있는 것을 보았다. 그러나 이것이 인식주체를 중심으로 모든 것을 대상화함으로써 예를 들어 나사렛 예수의 십자가의 죽음을 한 역사적 사건으로, 한 인간의 특이한 죽음으로 아는 데까지는 갈 수 있지만, 그것이 우리를 위한 '대속의 죽음'이라는 것을 아는 데까지는 나가지 못하는 것을 보았다. 이런 이유로 우리는 바울의 '새 창조'의 근원적, 존재론적 변화의 관점을 담아내고 하나님의 창조적 말씀의 능

---

[72] E. Käsemann, 'On the Subject of Primitive Christian Apocalyptic', in *New Testament Questions of Today* (London: SCM, 1969), 108-37 (특히 135).

력을 체험하게 하는 보다 총체적인 인식의 틀을 찾아보고자 노력하였다. 그리고 이런 인식의 틀은 그 내용적 요소와 수행적 요소를 다 같이 필요로 한다는 것을 강조하였다. 우리는 그 수행적 요소를 간과하는 접근이 레이제넨이나 데이비스가 뿌리를 두고 있는 데카르트적 객관–주관의 잘못 잡혀진 인식의 틀 속에 계속적으로 존재하고 있는 것을 보았다. 복음의 역동성에 근거한 복음주의적 신학은 '하나님의 주권적, 은혜적, 변혁적 행위'[73]의 개입을 거부하는 소위 '가치중립적' 접근에 반대하고 그 인식의 틀을 극복해가지 않을 수 없다.

또 다른 한 면에서 현대의 복음주의적 신학은 유사한 효과들과 주관성에 근거해서 진리를 정의하고자 하는 실용주의적, 상대주의적 접근의 도전을 막아내어야 한다. 이는 복음의 역동적, 변혁적 힘은 우리의 지성에 호소하는 그 내용적 요소를 떠나서 작용하지 않는다는 사실 때문이다. 돈 큐핏(Don Cupitt)의 예를 들어볼 때, 그는 기존의 종교를 '철저히 타율적이며 외적 통제체제'로 이해하며, 따라서 '관습적인 신학적 실재주의와의 단절, 모든 종교적 교리와 주제들의 전적인 내재화'를 요구하고 있다.[74] 앞의 '객관성'의 추구와는 정반대로, 그에게 있어서 종교적 진리는 전적으로 '주관적'이다.[75] 특히 그의 종교적 언어에 대한 이해에 있어서는 반실재주의적, 해체주의적 성격이 강하게 나타나고 있다. 큐핏은 니체,

---

[73] A.C. Thiselton, 'Luther and Barth on 1 Corinthians 15: Six Theses for Theology in Relation to Recent Interpretation', in *The Bible, the Reformation and the Church: Essays in Honour of James Atkinson*, ed. by W.P. Stephens (Sheffield: Sheffield Academic Press, 1995), 258-89 (259). 바르트는 부활에 있어서 'of God'의 요소를 강조하고 있다. K. Barth, *The Resurrection of the Dead* (London: Hodder and Stoughton, 1933), 4, 17-22.

[74] D. Cupitt, *Taking Leave of God* (London: SCM, 1980), xi, xii.

[75] "Religious truth is subjectivity." (Cupitt, *Taking Leave of God*, 166).

비트겐슈타인, 데리다 등을 언급하면서 "현상들의 표면적 유희-단어들, 기호들, 의미들, 모양새들-그것이' 곧 실재이다…우리가 표피를 꿰뚫고 더 실재적인 것, 그 배후의 불변적 실상들을 찾을 수 있다고 믿는 것은 치명적인 환상이다"라고 부르짖고 있다.[76] 그래서 큐핏은 언어나 교리체계(belief-system)를 통해 진리에 곧 바로 접근하려는 '수직적'(hierarchical) 해석 방법을 부정하고, 대신 '수평적'(horiozontal) 해석, 곧 그 지시대상을 거치지 않고 '기호에서 기호로', 또는 윤리적 차원에서 '삶에서 삶으로' 바로 이어지는 '메타포적인 것들의 병렬식 감응'(the sideways resonance of the metaphoric)의 해석방법을 주장하고 있는 것이다.[77] 그러나 여기에 남는 것은 무엇이겠는가? 결국 니체나 푸코(Michel Foucault), 로티(Richard Rorty) 등에게서와 같이 진리가 아니라 해석, 많은 해석들만 남게 될 뿐이다. 그리고 이 해석들 간에는 푸코가 내다보고 있는 것처럼, 평화와 조화에 이르게 하는 언어와 의미 같은 것이 아니라 서로를 이기고 지배하려는 전쟁과 권력투쟁의 종소리만 계속될 것이다.[78] 궁극적으로 여기에는 '하나님이 은혜로 주심' 속에서 그 삶의 출발과 목표를 찾는 자들의 책임과 신뢰와 희생과 헌신과 사랑이 설 자리가 없는 것이다.

이상의 논의를 바탕으로 필자는 복음주의적 신학이 위와 같은 도전들에 맞서면서 창조와 구속 가운데 나타난 하나님의 지혜와 능력을 찬미할 송영적 자리에 부름 받은 우리가 우리를 구원하러 오신 그분이 '예수'이심을 믿는 믿음의 기반 위에 서서 성령의 인도 아래 진리 안에서 서로 사랑하기를 끝'날까지 힘쓰는 일에 학문적

---

[76] D. Cupitt, *The Long-Legged Fly: A Theology of Language and Desire* (London: SCM, 1987), 20.
[77] Cupitt, *The Long-Legged Fly*, 171.
[78] M. Foucault, *Power/Knowledge: Selected Interviews and Other Writings 1972-1977*, ed. by Colin Gordon et al (Brighton: Harvester, 1980), 114.

으로 또한 실천적으로 기여코자 하는 것을 그 과업으로 삼아야 한다고 제언한다.

Σὺ δέ,
ὦ ἄνθρωπε θεοῦ

"그러나 너,
오 하나님의 사람아!"

Is There an Address in This Text?

6장
구약 인용의 수사학:
C. 스탠리와 칼빈의 비교[1]

1. 들어가는 말

오늘날 간본문성(intertextuality)의 문제는 철학과 문학이론, 수사학 속에서뿐만 아니라 성경해석의 영역에서도 대단히 중요한 논제가 되고 있다. 전통과의 대화, 영향, 인용, 암시 등의 작용에 주목함으로써 많은 건설적인 결과들이 도출되고 있다. 그러나 다른 접근 방법들이 다 그러한 것처럼, 이 주제 역시 두 얼굴을 가지고 있음을 부인할 수 없다. 우리는 이 글에서 바울의 구약 인용이라는 논제를 두고 어떻게 서로 다른 목소리들이 나타날 수 있는지를 대비적으로 살펴보고자 한다. 그 하나의 목소리는 포스트모던 시대의 목소리이며, 또 다른 목소리는 500년 전 시대에 태어났던 인물의 목소리이다. 서로 다른 시대의 두 목소리들을 한 자리에 놓고 비교한

---

[1] 이 글은 칼빈 탄생 500주년을 기념하는 제54차 한국복음주의신학회 정기논문발표회 주제 논문으로 발표되었던 글이다. 제목은 보다 적절하게 바꾸었지만, 그 밖의 내용은 당시의 맥락을 대체로 유지하였고, 토론 과정의 지적들을 수렴하였음을 밝힌다.

다는 것이 다소 무리일 수 있겠지만, 그러나 과거가 과거로만 남아 있지 않고 오늘날에도 여전히 살아 있는 전통이라고 한다면 이것은 또한 동시대의 대화이기도 할 것이다.

이 글에서 우리는 우선 포스트모던 시각의 하나로 바울의 구약 인용 주제를 심도 있게 다루고 있는 C. 스탠리(C. D. Stanley)의 접근 방법을 살펴보게 될 것이다. 물론 이 주제와 관련하여 다루어 볼 수 있는 사람들은 많이 있겠지만, 우리의 목적이 서로 다른 두 목소리를 최대한 생생하게 부각시켜 보고자 하는 것이기 때문에, 그런 점에서 나름대로의 목소리가 뚜렷한 스탠리의 글을 출발점으로 삼는다. 그리고 우리는 대조적 측면에서 칼빈의 목소리를 증폭시켜 보고자 한다. 물론 체계적으로 바울의 구약 인용과 관련된 칼빈의 입장을 다루고자 하면 보다 많은 연구가 필요할 것이다. 우리는 여기서 너무 큰 욕심을 가질 수는 없고 우리의 목적에 맞게 인용본문 하나와 암시본문 하나를 선별적으로 택하여 이에 대한 칼빈의 접근 방법을 살펴보게 될 것이다.

우리는 이런 고찰들을 통해 '저자의 죽음' 및 의미 없는 의미들의 끝없는 유희의 구호가 이미 일상적인 것이 된 시대 속에서 하나님의 타자성을 존중하는 그의 말씀의 해석자로서 보다 책임 있게 해석의 과업에 임한다는 것이 무엇인지를 생각해보게 될 것이다. 이것이 중요한 이유는 우리가 바라는 진정한 변혁의 효과는 의사소통적 말씀의 주체이신 하나님과 그의 대리자들에 대한 존중으로부터 오는 것이기 때문이다.

2. 바울의 구약 인용에 대한 C. 스탠리의 견해

1) 구약 인용의 수사적 효과 문제

크리스토퍼 스탠리는 바울의 구약 인용(quotation) 주제를 상당히 오랫동안 다루어 온 학자이다.[2] 그의 관심은 주로 인용의 수사적 '효과에 관한 것이며, 특별히 이 효과가 청중(독자)의 인용 본문 이해 능력과 어떤 상관관계를 가지는가 하는 점에 모아진다. 초창기 그의 접근 방법으로는 '수사학적-독자반응 접근'(a rhetorical/reader response approach)이 사용되고 있지만,[3] 보다 최근의 책 *Arguing with Scripture*[4]에서는 좀 더 포괄적인 접근 방법을 시도하고 있다. 이 글에서는 주로 이 책을 중심으로 바울의 구약 인용 주제와 관련된 그의 견해를 살펴보고자 한다.

스탠리의 일차적인 관심은 "인용이 무엇을 '말하느냐' 보다도 논증의 전개를 위한 한 부분으로서 그것이 무엇을 '행하느냐'"를 파악하는 데 있다.[5] 곧 바울이 자신의 1세기 청중들의 생각이나 느낌, 행동을 변화시키기 위한 의도된 목적 가운데서 어떻게 인용을 하나의 설득의 전략 수단으로 사용하고 있는지, 또한 그 의도된 효과가 무엇이며 어떻게 그것이 이루어지고 있는지를 파악하고자 하는 것이다.

---

[2] 참고, C. D. Stanley, "'Under a Curse': A Fresh Reading of Galatians 3.10-14", *NTS* 36/4 (1990), 481-511; idem, *Paul and the Language of Scripture: Citation Technique in the Pauline Epistles and Contemporary Literature* (Cambridge: Cambridge University Press, 1992).

[3] Stanley, "'Under a Curse'", 486.

[4] C. D. Stanley, *Arguing with Scripture: The Rhetoric of Quotations in the Letters of Paul* (New York and London: T & T Clark International, 2004).

[5] Stanley, *Arguing with Scripture*, 20.

스탠리는 이 주제를 다루는 데 있어서 여러 가지 방법론적 도구들을 복합적으로 사용하고 있다. 우선적으로 그는 화행론(speech act theory)의 개념적 틀을 활용한다. 그는 오스틴(John Austin)의 화행론이 '인용'의 경우를 누락하고 있다는 점을 올바르게 잘 지적한다.[6] 뿐만 아니라 오스틴은 발화수반행위(illocutions)의 분석에 있어서는 대단히 세밀하지만, 발화효과행위(perlocutions)의 면에 있어서는 그다지 세밀하지 못하다.[7] 이는 오스틴이 설득, 제지, 협박, 오도 등과 같은 발화효과행위의 범주에 속하는 화행들에 큰 가치를 두지 않기 때문인 것으로 보인다. 스탠리의 경우는 '인용'을 발화효과행위의 일환으로 보는 기본 출발점을 가진다. 물론 이것이 정당한지에 대해서는 따져보지 않을 수 없다. 이 문제에 대한 논의는 뒤로 넘겨두고 우선은 스탠리의 논지를 따라가 보기로 하자.

문학이론 속에서 인용의 기능에 대해 분석하고 있는 몇 가지 이론들을 스탠리는 비판적으로 채용하고 있다. 그 가운데서도 인용은 인용 저자가 원 화자의 원래적 발화 사건을 극적으로 재연하기 위해 그 페르소나(persona)를 취하는 행위로 이해하는 안나 위어쯔비카(Anna Wierzbicka)의 드라마 이론(dramaturgical theory)과 인용의 재상황화 상태 속에서는 원 상황 자체의 재연보다는 인용 저자의 해석적 렌즈를 통한 수사학적 목적이 더 큰 작용을 하게 된다는 마이어 스턴버그(Meir Sternberg)의 관점을 상호보완적으로 채택하고 있다. 하지만 스탠리가 가장 크게 의존하고 있는 이론은 질리언 레인-머시어(Gillian Lane-Mercier)의 패러디 이론이다. 레인-머시어는 인용의

---

[6] Stanley, *Arguing with Scripture*, 23.
[7] 보라, John L. Austin, *How to Do Things with Words* (Oxford: Oxford University Press, 1962). 특히 9장과 10장에서 발화수반행위와의 구분을 위허 발화효과행위에 대해 다루고 있다.

동기를 두 가지로 구분한다. 하나는 인용 저자가 자신의 진술을 입증하기 위한 목적에서 권위적으로 인용을 사용하는 경우이고, 또 하나는 인용 저자가 자기 자신의 말을 하기 위한 도약대 또는 통로로 원천 텍스트의 말을 사용하는 '패러디식 인용 사용'('parodic' use of quotations)이다.[8] 이 경우 언어와 텍스트의 세계는 패러디식 창의성이 뒤섞이는 하나의 '놀이'(play)의 공간이 된다.

스탠리는 스턴버그와 레인-머시어의 말을 자신의 말과 뒤섞어 거의 구분할 수 없는 방식으로 이렇게 진술하고 있다. "인용 저자는 특정 수사학적 그리고/또는 이데올로기적 목적을 이루기 위해 외부 텍스트의 언어를 이용한다. 저자의 이런 활동은 표면상 객관적인 것으로 보이는 인용과정에 의해 위장된다. 인용 저자가 잠시 물러서고 원천 텍스트가 스스로를 말하도록 하는 것 같지만, 저자의 선택의 행위 및 인용을 새로운 수사학적 상황 속에 배치시키는 행위는 실제로는 그 원 텍스트의 본질적 해체 및 재구축에 해당된다. 이와 같은 해체-재구축 과정의 궁극적 목적은 인용 저자의 권위 그리고/또는 명성을 강화하고자 하는 것이다."[9] 따라서 인용이 겉으로는 원 텍스트의 타자성을 존중하는 것 같지만, 실제로는 "피인용자의 은유적 죽음"을 말하며, 청자들에 대해서는 그들의 계산된 반응을 유도하는 조작적 전략을 구사하는 것에 지나지 않는다.[10] 이런 양면적 측면에서 인용자는 인용을 통해 원 저자와 청자 모두에게 자신의 권력을 행사한다.

이런 관점에서 볼 때 스탠리가 보는 바울의 구약 인용은 하나의

---

[8] Stanley, *Arguing with Scripture*, 33.
[9] Stanley, *Arguing with Scripture*, 34.
[10] Stanley, *Arguing with Scripture*, 35.

권력의 문제이다. 특별히 이방인 독자들과 같이 구약 본문에 대한 이해력이 부족하면 할수록[11] 바울의 인용은 그의 권위의 호소와 더불어 실제로는 일종의 '장식적 기능'을 수행한다.[12] 다시 말해서 그의 청중들이 그가 인용하는 것을 잘 알기 때문에, 또는 잘 알도록 하기 위해 인용을 하는 것이 아니다. 스탠리는 이렇게 주장한다. "성경의 인용이 바울의 논증의 지적 내용에 어떤 새로운 것을 더하여 주는 경우는 거의 없다. 대부분의 바울의 인용들은 그가 이미 말하였던 요점을 단순히 강화하기 위함이며…신적 권위의 분위기를 보태어준다."[13] 인용은 화자로서의 바울 자신의 명성(에토스)을 증진시키기 위한 수사학적 도구로 사용되며, 성스러운 것에 대한 호소를 통하여 청자들 위에 자신의 논증의 효력을 증대시키기 위한 목적을 가지는 '성스러운 놀이'(sacred play)이다. 질리언 레인-머시어와 거의 동일한 시각에서 스탠리는 "바울의 거의 모든 구약 인용이 힘의 요소를 포함하며, 청중의 수용도(receptiveness)를 높이기 위한 은밀한 도모"인 것으로 보고 있다.[14]

2) 은닉된 전략적 화행에 대한 하버마스의 분석

위와 같은 스탠리의 관심은 발화효과행위(perlocutionary speech-act)의 이행기제와 관련된 화행론의 기본 개념을 그 기반으로 가진다.

---

[11] 독자들의 구약 이해 능력에 관한 관심은 스탠리의 주요 논제 가운데 하나이다. 그는 헤이스(Richard B. Hays)의 책 *Echoes of Scripture in the Letters of Paul* (New Haven: Yale, 1989)이 독자들의 가해력에 대해서는 잘 다루지 않는다고 비판한다. 보라, Stanley, *Arguing with Scripture*, 47.
[12] Stanley, *Arguing with Scripture*, 36, 182.
[13] Stanley, *Arguing with Scripture*, 181-82.
[14] Stanley, *Arguing with Scripture*, 182.

스탠리 자신이 위르겐 하버마스(Jürgen Habermas)를 이용하거나 언급하고 있지는 않지만, 우리가 이 문제와 관련된 좀 더 분명한 조망점의 확보를 위해서 하버마스의 '의사소통행위 이론'의 분석적 틀을 병행하여 살펴보는 것이 도움이 될 것이다.

하버마스는 인간의 모든 사회적 행위가 그러한 것처럼 화행들의 경우도 의사소통적 화행과 전략적 화행이 구분되는 것으로 보고 있다. '의사소통적 화행'은 대화 참여자들의 상호이해의 바탕 위에서 인격적, 제도적 합의 및 의견 조율이 이루어지는 경우를 지칭한다. 반면 '전략적 화행'은 발화자의 자기중심적인 성공의 계산에 따라 성공지향적이며 효과지향적인 방식으로 발화가 이행된다.[15] 따라서 전략적 화행은 대화적이기 보다 목적지향적이고 나쁜 경우에는 조작적이다.

하버마스는 전략적 화행을 다시 두 가지로 구분한다. 하나는 그 조작적 효과의 도모가 은밀하게 이루어지는 경우(은닉된 전략적 화행)가 있고, 또 하나는 그것이 공개적으로 이루어지는 경우(공개적 전략적 화행)가 있다.[16] 공개적 전략적 화행은 이를테면 강도가 총을 겨누고 "손들어! 돈 내놔"라고 말하면서 상대를 협박하는 경우이다. 이는 철저하게 자신의 일방적 목적(효과) 달성을 목적으로 하는 왜곡된 형태의 언어 사용이다.[17]

공개적 전략적 화행에 비해 은닉된 전략적 화행은 보다 은밀하

---

[15] J. Habermas, *The Theory of Communicative Action*, 2 vols (London: Polity Press, 1984-1987), I:285-86.

[16] Habermas, *The Theory of Communicative Action*, I:333.

[17] '공개적 전략적 언어사용'과 관련된 하버마스와 아펠(Karl-Otto Apel)의 논쟁에 관해서는 참고, 최승락, "하버마스의 의사소통행위 이론과 바울의 복음의 효과 이해," 『성경과 신학』 42 (2007, 4), 126-163.

게 그 전략적 효과를 산출한다. 하버마스는 여기에도 두 가지 경우를 나누고 있는데, 하나는 무의식적 기만(체계적으로 왜곡된 의사소통)이며, 또 다른 하나는 의식적 기만(조작)이다. 전자는 어떤 이데올로기에 전적으로 동화된 사람이 자신이 어떻게 잘못되어 있는지를 전혀 의식하지 못하면서 처음부터 끝까지 왜곡된 형태의 의사소통에 개입하는 경우이다. 반면 후자는 자신이 무엇을 하고 있는지 알고 있는 경우이며, 자신의 은밀한 목적 달성을 위하여 상대에게 자신의 계산된 효과를 실행시키고자 하는 목적으로 언어를 사용하는 경우이다. 우리는 위의 스탠리 피쉬의 구약 인용에 대한 이해를 이런 측면의 은닉된 전략적 발화효과화행 범주에 포함시킬 수 있을 것이다.

그런데 화자의 발화 효과가 어떻게 이루어지는가 하는 문제와 관련하여, 하버마스는 의사소통 행위와 전략적 행위를 각각 다르게 이해하고 있다. 의사소통적 행위로서 발화수반화행의 효과는 "의사소통에 참여하고 있는 자들이 상호 간에 세상 속의 어떤 것에 대하여 이해에 이르게 하는 상호인격적 관계의(interpersonal relations) 차원에서" 이루어지는 반면, 발화효과화행의 효과는 "한 행위자가 발화수반적 성공들의 수단을 통하여(by means of illocutionary successes) 청자 속에 일정한 형태의 영향을 행사하고자 하는 의도를 가지고 취하는 목적론적 행위의 결과"라고 말한다.[18] 특별히 '은닉된 전략적 행위'에 있어서 그 발화효과적 효과는 "발화수반적 성공들의 수단을 통하여" 일어나는 대표적인 경우이다. 발화자는 자신의 전략적 의도가 드러나지 않기를 원하기 때문에 표면적으로는 이해를

---

[18] Habermas, *The Theory of Communicative Action*, I:292-93.

추구하는 의사소통 행위를 가장한다. 따라서 이런 종류의 발화효과화행은 발화수반행위에 의존적이며 기생적일 수밖에 없다.

발화수반행위와 발화효과행위 안에도 각각 여러 다른 화행의 카테고리들이 포함된다. 하버마스는 오스틴의 판정행위(verdictive), 행사행위(exercitive), 위임행위(commissive) 모두를 아우르는 개념으로서 발화수반행위의 범주로 분류하는 규범행위(regulative)와 발화효과행위의 범주 속에 포함시키는 명령행위(imperative)를 구분하고 있다. 후자의 경우는 상대에게 영향력을 행사하고자 하는 숨겨진 전략적 목적 하에서 수행되는 '발화수반행위에 의존된' 발화효과행위의 한 예이다. 이 경우 그 발화효과적 효과를 위해서는 진리주장이 아니라 권력주장이 요구되며, 그 성공의 보장을 위해서는 불이익의 제재(sanction) 수단들이 사용된다. 하버마스는 이런 종류의 '명령행위'(imperative)를 청자가 화자의 사회적 지위를 인정함으로써 그 타당성 주장(권력주장이 아니라)의 바탕 위에서 명령에 부응하는 경우인 규범행위(regulative)와 구분하고 있다.

우리가 위에서 살펴본 스탠리의 '인용' 이해는 하버마스의 관점에서 보면 은닉된 전략적 화행의 하나라고 볼 수 있다. 바울은 자신이 의도하는 수사적 효과의 산출을 위하여 그 내용에 대한 관심보다는 자신의 아우라 효과의 일환으로 구약을 인용하고 있는 것으로 보고 있는 것이다. 이런 경우 바울은 인용의 수사학적, 전략적 효과를 필요로 하는 것이지, 인용하는 본문의 내용이나 자신의 해석의 책임성에 대해서는 자유롭다. 그것은 하나의 해체-재구축 과정의 간본문 놀이(intertextual play)의 성격을 지닌다. 하지만 이것이 꼭 이렇게만 이해되어야 할 문제일까? 좀 더 구체적으로 스탠리가 분석하고 있는 몇 가지 예시 본문들을 통해서 그의 관점이 어떻게 적용되고 있는지를 살펴보고, 이를 칼빈의 해석과 비교해보도록 하자.

3) 예시 본문들

스탠리는 주로 바울의 4대 서신, 고린도전·후서, 갈라디아서, 로마서에서의 구약 인용의 예들을 제시하고 있다. 그의 관심이 그러한 것처럼 그는 해당 구약 본문들을 바울이 어떻게 해석하고 있는지에 대한 상세한 주해적 작업을 하고 있는 것은 아니다. 다만 바울의 전반적 수사학적 논증 과정에서 구약 인용이 어떤 기능을 하는지에 초점을 맞추고 있으며, 특히 청중의 형편을 세 부류(구약 본문에 능숙한 청중, 익숙한 청중, 미숙한 청중)로 나누어서 그 각각의 경우에 인용의 수사적 효력이 어떻게 나타났을 것인지를 추정해보고 있다. 우리는 형편상 그가 다루는 모든 예들을 다 살펴볼 수는 없고, 고린도전후서를 중심으로 명시적 인용과 암시적 사용의 예를 각각 하나씩 선택적으로 살펴보려 한다.

(1) 고린도전서 10:1-11
스탠리는 바울의 구약 인용을 통한 수사학적 설득의 효과를 가늠하기 위해 고린도 교회의 회중을 세 부루로 구분하고 있는데, 그 중 일부는 바울이 인용하는 구약 본문에 매우 능숙한 청중(informed audience)이 있었을 것이라고 추정한다. 이들은 바울이 "모세에게 속하여 세례를 받았다"(eis ton Mōysēn ebaptisthēsan)거나 "신령한 음식"(pneumatikon brōma)을 먹고 "신령한 음료"(pneumatikon poma)를 마셨다고 말할 때 이것이 출애굽 시의 조상들의 광야 경험을 말한다는 것과 또 그리스도인들의 세례 및 성찬의 유비 관계를 말한다는 것을 설명이 없이도 곧 알아들을 수 있는 사람들이다. 뿐만 아니라 "따르는 신령한 반석"(ek pneumatikēs akolouthousēs petras)을 말하면서 이것이 곧 그리스도라고 말하는 부분도 좀 더 정확한 해석이 필요하긴 하겠지만, 구약에 의거한 바울의 논지를 따르는 데는 큰 무리가 없었을 것으로 스탠리는 보고 있다. 출애굽기 32:6을 명시적으로 인용하고 있는 7절에서 먹음과 우상숭배 및 그 결과로서의 심판을 잘 알고 있는 사람들에게는 이를 통해 바울이 당시의 우상제물 먹는 문제와 우상숭배의 경고를 결부시키고 있는 것을 곧 알아차릴 수 있었을 것으로 보고 있다. 결국 바울은 직접적 명령의 언어를 사용하지는 않지만 "겉으로 볼 때는 순수한 성경 이야기를 하는 것 같은 데 실상은 이것이 고린도인들의 마음과 의지 위에 권력을 행사하기 위한 주의 깊게 고안된 시도로 변하고 있다"고 분석한다.[19]

두 번째로 구약에 어느 정도 익숙한 청중(competent audience)의 경우 7절에서 바울이 인용하고 있는 출애굽기 32:6의 출처와 배경을 정확히 알지 못할 때 '먹고 뛰노는' 일에 대한 언급이 우상숭배 행위와 관계된다는 것을 즉시 알아차리는 데 어려움이 있었을 것이라는 것 외에는 전반적으로 구약에 능숙한 사람들과 동일한 효과가 바울의 은밀하게 의도된 구약의 인용을 통해 일어났을 것으로 보고 있다.

세 번째로 구분하고 있는 부류는 구약에 대한 사전 지식이 거의 없는 사람들(minimal audience)이다. 특별히 이들에게는 인용된 구약 본문의 내용보다는 그가 인용하고 있는 것이 권위 있는 성경이라

---

19 Stanley, *Arguing with Scripture*, 88.

는 사실 자체가 위의 두 부류의 사람들에 못지않은 효과를 낳았을 것이라고 스탠리는 강조한다. 그들은 바울의 재구성된 이야기를 통해 불순종한 옛 하나님의 백성을 벌하셨던 예들을 들음으로 말미암아 결국 바울의 지시를 따르지 않을 수 없게 되는 만큼, "권위에의 호소"라는 인용 수사의 효력이 가장 두드러지게 나타났을 계층으로 보고 있다.

이 부분에 대한 스탠리의 결론은 이것이다. "그 자신의 목소리를 성경(구약)의 목소리와 그토록 긴밀하게 직조함으로써 바울은 그의 권위에 의문을 품는 사람들까지도 그가 원하는 방향대로 행하도록 동기화하고자 하는 논증을 고안해내고 있다. 이 전략의 성공은 고린도 회중 위에 그의 통제를 공고히 하고자 하는 자신의 목적에 한층 가깝게 나가도록 해주었을 것이다."[20]

(2) 고린도후서 3:6-18

스탠리는 고린도전서에서보다 고린도후서에서 명시적 구약 인용의 빈도가 현저히 줄어든 현상의 이유를 바울의 사도적 권위에 대한 심화된 도전에서 찾고 있다. 스탠리의 전제에 따르면 인용의 수사학적 효과는 인용자의 에토스와 직결된다. 권위 있는 구약 해석자로서의 바울의 자질이 의심을 받지 않을 때 인용을 통한 호소의 성공도는 보다 크다고 보는 것이다. 그런데 고린도후서가 기록된 정황에서는 그의 권위가 의심되고 있는 상황인 만큼 인용을 통한 설득의 효과를 기대하기 어려웠다는 것이다. 물론 이런 판단은 스탠리의 기본 전제를 그대로 따를 때는 충분히 가능한 설명이 될 수 있을 것이다. 그러나 바울이 꼭 과시적, 권력적 목적에서만 구

---

[20] Stanley, *Arguing with Scripture*, 90.

약을 인용하는가? 그렇지 않은 경우가 있다면 우리는 스탠리의 이론을 대폭 수정하지 않을 수 없다. 뒤에서 보겠지만, 우리는 고린도후서에서 바울의 구약 사용이 훨씬 더 질적으로 깊이가 있고 정교하다는 것을 간과할 수 없다.

스탠리는 고린도후서에서 직접 인용보다는 암시(allusion)가 사용되고 있는 예 하나로 고린도후서 3:6-18의 본문을 주목하고 있다. 스탠리가 볼 때 암시의 경우도 그 작용과 효과는 인용과 동일하다. 이 본문에 대해서도 그는 역시 세 그룹의 청중을 나누어서 그 효과의 정도를 가늠하고 있다. 그 가운데서도 구약에 능숙하거나 익숙한 청중의 경우, 바울이 말하는 모세의 얼굴에 쓴 수건이나 그 얼굴의 "없어질"(7절 katargoumenēn 또는 13절의 katargoumenou) 영광 등의 언급이 출애굽기 34장을 배경으로 하고 있다는 것을 곧 알아차릴 수 있었을 것이다. 하지만 왜 그것을 '없어질' 것으로 보느냐의 이유가 제시되지 않고 있기 때문에 이 부분과 관련하여 바울의 신빙성을 의심할 수도 있었을 것으로 스탠리는 보고 있다. 그런 그들에게 바울의 구약 암시의 수사학적 효과는 그렇게 크지 못했으리라는 것이다.

구약을 잘 모르는 청중의 경우, 바울이 암시하고 있는 내용들을 그들이 잘 알지 못하였을 것이지만, 최소한 모세가 누구인지를 알고 있는 사람이라고 한다면 모세보다 자신의 사역을 더 우월한 것으로 제시하는 바울의 논증을 이해하는 데는 어려움이 없었을 것으로 보고 있다. 그들에게 있어서 구약의 구체적 내용 자체보다 바울의 권위에 대한 인정 여부에 따라 그의 논증의 수사학적 효과가 달라지는 것으로 보고 있다.

(3) 비평적 평가

스탠리의 접근이 가지는 긍정적 요소를 우리는 무시할 수 없다. 특별히 구약 인용의 '효과'에 대한 관심을 증진시킨 점은 그의 좋은 기여이다. 이를 위해 청중들을 단일한 대상으로 일반화시키지 않고 그 수용 능력에 따라 세밀하게 구분하고 있는 점도 대단히 중요한 기여임이 분명하다.

하지만 우리가 먼저 짚고 넘어가지 않을 수 없는 것은 바울의 수사적 논증의 효과를 발생시키는 요소가 그 자신의 숨겨진 권력 동기 및 그런 목적에서의 인용(또는 암시)의 수사학적 무기화뿐이었을까 하는 점이다. 수사학적 접근을 하는 사람들 안에서도 이와 다르게 말하는 사람들이 많이 있을 수 있다. 예를 들어서 안더스 에릭슨(Anders Eriksson)에게 있어서[21] 고린도전서 8-10장 속에서 바울의 논증의 효과를 불러일으키는 보다 근본적인 요소는 바울이 이미 선포하였고 또한 고린도 교인들이 그 위에 서 있는 공유된 전승, 곧 "그리스도께서 우리를 위하여 죽으셨다"(고전 8:11)는 사실이다. 에릭슨은 이 전승의 바탕 위에서 고린도교회의 현실적 상황과 직조되어 형성되는 바울의 엔티메메(enthymeme) 논증이 설득력 있게 전개되는 과정을 잘 관찰하고 있다.

에릭슨에 따르면 고린도전서 8:11-12 속에 나타나는 바울의 엔티메메 논증들은 다음과 같은 방식으로 구성해볼 수 있다.[22]

---

[21] 보라, Anders Eriksson, "Special Topics in 1 Corinthians 8-10", in *The Rhetorical Interpretation of Scripture*, ed. Stanley E. Porter and Dennis L. Stamps (Sheffield: Sheffield Academic Press, 1999), 272-301.

[22] Eriksson, "Special Topics in 1 Corinthians 8-10", 290-91.

(생략된 대전제)	그리스도께서 위하여 죽으신 자는 형제다
보조적 대전제	그리스도께서 우리를 위하여 죽으셨다
소전제	약한 자는 그리스도께서 위하여 죽으신 자이다
결론	따라서 약한 자는 형제이다

(생략된 대전제)	그리스도와 그리스도인은 연합되었다
소전제	약한 자는 그리스도와 연합된 형제이다
결론	약한 자에게 죄짓는 것은 그리스도에게 죄짓는 것이다

에릭슨 역시 구약 인용의 수사학적 기능이 바울의 논증에 있어서 중요한 부분을 차지한다는 것을 인정한다.[23] 그러나 그가 이해하는 그리스도인 내적 논증(inner Christian argumentation)에 있어서는 공유된 전승에 의거한 추리적 논증이 가지는 힘을 무시할 수 없음을 또한 잘 보여준다.

우리의 입장에서 이보다 한 걸음 더 나아가서 말한다면, 우리가 보는 바울은 자신의 권력이나 통제 목적에서 가용한 수사학적 방법들을 동원하고 있는 한 사람의 수사학자의 모습이 아니라, 그리스도 안에 나타난 하나님의 복음의 선포를 위해 자신의 모든 것을 그 아래 복속시키고 있는 한 복음선포자의 모습이다. 스탠리가 보는 것처럼 청중/독자보다 우월한 지위에 서서 통제와 권력의 숨은 동기에 의해 전략적 방식으로 구약 본문들을 사용하는 노련한 설득가 바울보다는, 하나님의 통치가 교회 공동체 가운데 실제적으로, 그리고 온전하게 이루어지기를 원하여 그의 일관된 뜻을 밝히고자 하는 차원에서 구약과 현 상황과의 유비적 연관성을 비추어

---

[23] Eriksson, "Special Topics in 1 Corinthians 8-10", 299.

주기를 쉬지 않는 사도의 모습을 우리는 그의 서신들에서 발견한다. 이를 위해 바울은 자신의 수사적 목적을 하나님의 뜻에 복속시키고 일치시킨다.

이런 관점에서 볼 때 바울의 구약 인용을 통한 논증 효과의 성격은 발화효과적(perlocutionary)이기보다 발화수반적(illocutionary)이다. 우리는 이것을 하버마스가 말하는 명령행위(imperative)의 범주 속에서가 아니라 규범행위(regulative)의 범주 속에서 다룰 필요가 있다. 전자의 경우는 효과의 발생을 위해 공개적이든 숨겨진 것이든 권력의 사용 및 이익, 제제 수단의 사용이 필수적이지만, 후자의 경우는 그 명제적 내용에 대한 예스와 노의 응답이 가능하다. 바울의 사도적 선포와 권면은 자신의 은밀한 목적의 달성을 위한 도구적 수단이 아니라 그리스도의 위임에 근거한 공개적 선포이며 또한 정당한 사도적 권위의 시행이다. 그리고 그 효과는 그 명제적 내용(propositional content)과 발화수반력(illocutionary force) 양자 모두의 협력 위에서 이루어진다.

3. 관련 구약 인용들에 대한 칼빈의 해석

1) 칼빈의 인용 본문 해석의 원리

한스-요아킴 크라우스(Hans-Joachim Kraus)는 칼빈의 주석들 속에 나타나는 대표적인 특징들 가운데 한 가지가 "저자의 의도에 대한 지속적인 추구"(constant search for the intention of the author)라고 말한다.[24]

---

[24] Hans-Joachim Kraus, "Calvin's Exegetical Principles", in *Articles on Calvin and Calvinism*, vol. 6

물론 이 저자의 의도라는 것이 저자의 심리적 상태 같은 것을 말하는 것은 아니다. 저자가 놓여 있었던 "역사적, 지리적, 기구적 상황들" 그리고 그 저자의 표현이 처하여 있는 문학적, 텍스트적 "맥락"을 살피는 것이 해석자로 하여금 저자의 의도를 판단할 수 있게 만든다.

칼빈은 같은 구약의 본문이라도 그것이 구약 속에 놓여 있을 때와 신약 속에 인용되어 있을 때의 의미를 판박이처럼 같은 것으로 보지는 않는다. 각각의 저자가 각각의 맥락에서 서로 말하고 있는 것의 의미를 그 맥락을 존중하여 이해하는 것이 필요하다. 예를 들어 출애굽기 14-17장의 내용을 주석하면서 칼빈은 고린도전서 10:1-4의 관점을 구약 본문 속에 집어넣어 해석하지는 않는다. 출애굽기 본문은 역사적 내러티브로서의 그 성격에 맞게 이해하고 설명하는 것이 필요하다. 그러나 이것이 바울에 의하여 암시되거나 인용되고 있을 때는 일차적으로 바울 자신의 사용 맥락을 존중하고, 또한 바울이 독특하게 그 사건들을 바라보는 시각을 존중하면서, 전체적으로는 그것을 매개하는 하나님의 목적이라는 측면에서 해당 본문을 이해하고 있다.

칼빈에게 있어서 바울을 포함한 사도의 위치는 "과거에 선지자들에게 허락되었던 것보다 조금도 못하지 않은 것이 허락된" 사람들이다. "이는 곧 그들이 옛 성경을 풀어서 거기에 전하여진 것이 그리스도 안에서 성취되었음을 보여주는 것이다."[25] 그런 점에

Calvin and Hermeneutics, ed. Richard C. Gamble (New York and London: Garland Publishing, 1992), 2-12 (7).

25 John Calvin, *Institutes of the Christian Religion*, The Library of Christian Classics, XX-XXI, ed. John T. McNeill, tr. Ford Lewis Battles, 2 vols (Philadelphia: Westminster Press, 1960), IV. viii. 8.

서 바울의 구약 사용의 궁극적 통제탑 역할을 하는 것은 그리스도이다. 크라우스는 이것을 "그리스도 목적/초점"(scope of Christ)이라 지칭한다.[26] 파커(T.H.L. Parker) 역시 칼빈의 "목적"(*consilium*)이라는 용어에 주목하고 있다.[27] 로마서 주석 서문에서 "저자의 정신"(*mens authoris*)이라고 말했던 것과 같은 의미로 칼빈이 "선지자들의 콘실리움"을 말하고 있다는 것이다. 푸켓(David L. Puckett)이 지적하는 것처럼, 때로 칼빈은 신약 저자들이 구약 본문의 의미를 변경시키는 듯이 보이는 경우들이 있다는 것을 인정한다.[28] 하지만 이런 경우에도 그 변경은 단지 드러나는 모습의 측면일 뿐이고, 오히려 이를 통하여 그 의도된 목적을 더욱 강화하기 위한 경우가 많다고 보고 있다.

일차적으로 칼빈은 성경의 해석자가 문맥 속에서의 가장 단순한 문자적, 역사적 의미를 취해야 할 것을 강조한다. 하지만 때로는 문자적 의미를 넘어가야 할 필요가 있다는 것을 강조하기도 한다. 특히 십계명의 해석과 관련해서 칼빈은 우리가 바라보아야 할 것이 우리의 육체의 외적 조건에만 제약을 가하는 인간 법의 수여자 차원이 아니라 우리의 내, 외적 조건들 모두를 관장하시는 율법 수여자 하나님 자신임을 주지시키고 있다.[29] 따라서 그의 법을 해석하는 데 있어서는 율법수여자의 목적과 의도를 밝히고 그에 따라 그의 법을 준행해야 한다는 것을 강조한다.

---

[26] Kraus, "Calvin's Exegetical Principles", 11.
[27] T.H.L. Parker, *Calvin's Old Testament Commentaries* (Louisville: Westminster/John Knox, 1986), 81.
[28] David L. Puckett, *John Calvin's Exegesis of the Old Testament* (Louisville: Westminster/John Knox, 1995), 92.
[29] Calvin, *Institutes*, II. viii. 6-10.

칼빈은 이것이 예수 그리스도께서 직접 보여주신 율법 이해의 방법이라고 말한다. 이 경우 우리가 십계명의 단지 문자적 차원의 의미에만 국한할 것이 아니라 "말로 표현된 것 이상"(more than is expressed in words)의 측면을 보아야 하는데, 이것은 인간이 마음대로 판단하고 부여할 수 있는 것이 아니라, 율법수여자의 목적과 의도, 곧 "계명이 주어진 이유"에 부합하는 것이다.[30] 이는 문자적 의미와 상관없는 것이 아니라 문자적 의미 속에 담겨진 영적 의미이다. 리처드 멀러(Richard A. Muller)의 표현대로 하자면 중세 해석학의 특징인 "문자적 의미 너머의 영적 의미"가 아니라 "문자적 의미 안에 영적 의미를 위치시키고자 하는 접근"이다.[31] 이것은 달리 말하면 말씀을 들으면서 그 말씀을 주신 분을 존중할 때 가능하게 되는 존중의 해석학이다.

2) 고린도전서 10:1-11

칼빈은 이 본문 배후의 고린도 교회의 실제적 문제(우상제물 먹는 문제)의 상황 속에서 바울이 하나의 예시적, 비교적 논증을 하고 있다는 것을 잘 지적한다. 비교의 효과를 위해서는 차이점보다 유사점을 더 부각시키는 것이 필요하기 때문에 바울은 비록 문자적으로는 무리가 있는 표현이지만, 출애굽 당시의 조상들이 "동일한

---

[30] Calvin, *Institutes*, II. viii. 8.
[31] 리처드 멀러는 종교개혁의 성경해석이 중세의 '비평전' 주해에서 '비평적' 주해로의 이전이라고 보지 않고, 문자적 의미 '위에'(beyond) 영적 의미를 두려하였던 '비평전' 주해에서 문자적 의미 안에(in) 영적 의미를 두려하였던 '비평전' 주해로의 이전이라고 보고 있다. 참고, Richard A. Muller, "Biblical Interpretation in the Era of the Reformation: The View from the Middle Ages", in *Biblical Interpretation in the Era of the Reformation*, R.A. Muller and John L. Thompson eds. (Grand Rapids: Eerdmans, 1996), 3-22 (14).

성례들"(the same sacraments)을 가졌다고 말하는 것으로 칼빈은 보고 있다.[32]

칼빈이 보는 것처럼 바울의 논증의 출발점은 현재에 있다. 그는 당시의 고린도 교인들이 특권의식에 빠져서 교만하다가 결국 하나님의 형벌을 당하는 무서운 결과에 빠지지 않도록 경고하고자 하는 권면적 목적을 가진다. 이 때문에 그는 출애굽기 14장 이하의 출애굽 사건과의 유사점 형성을 위해 조상들이 "세례를 받았다"거나 "신령한 음식"을 먹고 "신령한 음료"를 마셨다고 말하고 있는 것이다.

여기까지만 본다면 이것은 구약의 본문에 대한 바울의 횡포가 아닌가 하는 질문이 생겨날 수 있다. 이런 유사점은 전적으로 바울 자신의 창의적 관점에 속하는 것인가? 바울이 구약의 사건들 속에서 성례의 의미를 찾을 수 있는 그 어떤 단서가 구약 본문 속에 있는가? 이와 관련하여 칼빈의 해석은 이렇다. 비록 출애굽 시대의 사람들이 누린 것은 물질적 차원의 혜택들이었지만, 이 혜택들은 단지 그 자체로만 끝나는 것이 아니라, 그 배후에 "하나님의 주된 목적, 곧 하나님이 그들의 하나님으로 자신을 증거하시고, 계시하시며, 또한 그 가운데 영원한 구원이 포함되었다"는 뜻을 밝히고자 하는 목적이 있었다고 보는 것이다.[33] 바울이 이것을 보았기에 비록 그들이 누린 것이 물질적 차원의 혜택이었지만, 그리스도인들이 성례를 통하여 누리는 것과 동일한 것을 그들도 누렸던 것으로 연결시킬 수 있었다고 칼빈은 이해하고 있다.

---

[32] John Calvin, *The First Epistle of Paul the Apostle to the Corinthians*, tr. John W. Fraser (Grand Rapids: Eerdmans, 1960), 200.

[33] Calvin, *The First Epistle of Paul to the Corinthians*, 201.

같은 방식으로 4절에서 그리스도를 "따르는 신령한 반석"이라고 말하는 것도 구약 본문 속에 이런 언급이 전혀 없지만, 조상들에게 공급되었던 반석으로부터의 물이 그치지 않았던 것은 곧 반석이 그들을 따랐던 것과 같은 의미로 연결되고, 또 이 물이 그리스도의 실질을 드러내는 성례적 의미로 연결되어서, "장소적으로"나 자연의 방식으로가 아니라 "성례적 방식으로"(sacramentally) 그리스도가 그들을 "따르는 반석"이었다고 말할 수 있었다는 것이다.[34]

칼빈은 이런 성례적 경험이 구약의 하나님 백성들에게 실제적이었음을 강조하고 있다. 그는 6절과 11절에 쓰이는 "본"(typoi, typikōs)이란 말을 벌게이트역이나 에라스무스처럼 상징적 차원으로(in figura) 그 의미를 약화시키는 것을 반대하면서 "생생한 그림으로"(in tabula)라고 강하게 그 의미를 살려서 읽는다.[35] 그 이유는 그들이 단지 신약 교회의 그림자가 아니라 그 시대의 교회 자체였기 때문이며, 그들의 성례는 그 시대에 그들에게 실제적 효력을 가져다주는 참된 성례였다고 보기 때문이다.[36] 이런 그들이 출애굽기 32:6이 보여주는 것처럼 '먹고 뛰노는' 우상숭배 행위, 간음의 행위(민 25:9), 시험하는 행위(민 21:6), 원망하는 행위(민 16장) 등을 행함으로 형벌을 받았던 것처럼, 바울의 청중들도 결코 교만하지 말고 두려워하는 법을 배워야 한다고 바울은 경고하고 있다. 칼빈이 볼 때 이것이 바로 바울이 바르게 파악하고 있는 해당 구약 본문들의 하나님의 목적이다.

여기서 잘 나타나는 것처럼, 칼빈이 보는 바울은 구약의 본문을

---

[34] Calvin, *The First Epistle of Paul to the Corinthians*, 205.
[35] Calvin, *The First Epistle of Paul to the Corinthians*, 207.
[36] Calvin, *The First Epistle of Paul to the Corinthians*, 211.

자신의 수사학적 목적에 복속시키거나 그 내용과 상관없이 "장식적" 방식으로 구약을 사용하는 것이 아니라, 본문 속에 깃들인 하나님의 목적을 주의 깊게 읽고 그 내용에 대하여 매우 책임 있는 방식으로 의미를 밝혀나가는 사람으로 드러나고 있다.

3) 고린도후서 3:6-18

칼빈은 이 본문의 경우에도 바울 논증의 역사적 정황을 잘 이해하는 것이 필요하다고 강조한다. 칼빈이 볼 때 바울이 다루어야 했던 문제는 고린도 교회에 침투해 있는 율법 교사들과의 대립이 아니었다. 오히려 화려한 수사학적 말의 치장으로 사람들의 귀를 만족시키고자 하는 "효과 없는 말장이들"(ineffective babblers)의 문제였고, 바울은 여기에 맞서서 복음 사역자들의 진정한 무기는 "성령의 효과성"(the efficacy of the Spirit)임을 강조하고 있다.[37] 따라서 칼빈이 이해하는 대로의 이 본문에서의 율법과 복음의 대비는 율법과 복음의 관계 문제 자체가 아니라 사역의 비교 그리고 그 효과 및 기능의 측면에 국한된다.

칼빈은 바울의 '문자'(to gramma)와 '영'(to pneuma)의 대비도 이런 관점에서 이해하고 있다. 칼빈은 이 대조를 성경의 '문자적 의미'와 '알레고리적 의미'의 대조로 보았던 오리겐의 관점을 강하게 비판한다. 이곳에서의 바울의 관심은 해석학적 문제가 아니라 사역론 및 그 사역의 효과에 관한 것이다. 따라서 칼빈이 볼 때 "문자는 마음에 닿지를 못하는 외면적 설교를 의미하며, 영은 성령의 은혜로

---

[37] John Calvin, *The Second Epistle of Paul to the Corinthians and the Epistles to Timothy, Titus and Philemon*, tr. T.A. Smail (Grand Rapids: Eerdmans, 1964), 41.

말미암아 사람의 영혼 속에 효과 있는 작용을 주는 생명력 있는 가르침을 의미한다."[38] 칼빈은 똑같은 내용을 연이어서 반복하고 있다. 그만큼 여기에 큰 무게를 두고 있다는 표시이다. 강조점은 효과 있는 말씀의 선포에 놓여진다. "따라서 '문자'는 죽었고 효과가 없으며 오직 귀로만 감지되는 문자적 가르침을 의미하는 반면, 영은 다만 입으로만 발화되는 것이 아니라 살아 있는 의미를 사람들의 마음속에 효과 있게 불러일으키는 영적 가르침을 말한다."[39]

바울은 이런 사역자의 자질(hikanotēs, 3:5)이 사람으로부터가 아니라 하나님으로부터임을 강조하고 있다(4-6절). 효과 있는 선포는 하나님이 세우신 사역자들이 성령의 도우심을 힘입어 예수 그리스도의 복음을 신실하게 전함으로써 수행된다. 이것이 문자적 추천서와 화려한 언변을 앞세우는 "효과 없는 말장이들"로부터는 공격과 폄훼의 대상이 되겠지만, 바울 속에는 '수건'(kalymma)이 필요했던 모세와는 달리 가릴 것이 필요 없는 '담대함'(parrēsia, 3:12)이 있었다.

이 부분에서 바울은 본격적으로 자신의 사역을 출애굽기 34장에 나타난 모세의 모습과 대비시키고 있다. 바울은 세 번의 칼 와호멜(qal wahomer) 용법의 사용을 통해 새 언약 사역의 탁월한 영광을 모세의 사역과 비교한다(7-11절). 칼빈은 모세 사역의 핵심을 이루는 율법의 경우에 있어서 죽이는 일이 "항속적이요 불가피한 작용(accidens)"이라고 말한다.[40] 하지만 복음은 율법이 주지 못하는 치유를 주기 때문에 사람들을 생명으로 이끄는 능력을 가진다. 따라서 "하나님의 영은 이전에 율법 아래에서 했던 것보다 훨씬 더 강력하

---

[38] Calvin, *The Second Epistle of Paul to the Corinthians*, 42.
[39] Calvin, *The Second Epistle of Paul to the Corinthians*, 42.
[40] Calvin, *The Second Epistle of Paul to the Corinthians*, 44, 45.

게 복음 아래에서 역사하신다."⁴¹

칼빈은 새 언약 사역자를 "성령의 사역자"라고 부른다. 진정한 사역의 효과는 그리스도의 증거 위에 성령께서 임하실 때 나타난다. 칼빈은 이렇게 말한다. "우리가 성령의 사역자라는 말은 우리가 성령을 묶거나 사로잡아 있는 것처럼 가지고 있다거나 또는 우리 자신의 뜻대로 모든 사람들 위에나 아니면 우리가 원하는 사람들 위에 그 은혜를 내려줄 수 있기 때문이 아니라, 우리를 통하여 그리스도께서 사람들의 정신을 조명하며(enlightens), 그들의 마음을 새롭게 하고(renews), 그들을 전적으로 거듭나게 하기(regenerates) 때문이다."⁴² 칼빈은 복음 선포의 효과가 이루어지는 데에는 복음의 메시지를 중심으로 "그리스도의 내밀한 능력과 사람의 외적 사역이 동시적으로"(both of the secret power of Christ and the external work of man) 필요하다는 것을 강조한다.⁴³

바울은 고린도후서 3:16에서 출애굽기 34:34의 어구를 인용에 가깝게 암시한다. 과거에 모세가 하나님 앞에 나아갈 때 수건이 필요 없었던 것처럼, 이제는 신약시대의 성도들이 더 이상 수건이 필요 없도록 되어졌음을 나타내고 있다. 바울은 이와 같은 변화의 이유를 일러주기 위하여 17절에서 "주는 영이시니(ho de kyrios to pneuma estin) 주의 영이 계신 곳에는 자유함이 있느니라"고 천명한다. 칼빈은 이 구절을 예수 그리스도의 '영적 본질'과 연결시켜 해석해왔던 기존의 견해를 논박하면서, 이 문구가 그리스도의 '영적 본질'보다 그의 '직분'을 나타내고 있는 것이라고 해석한다.⁴⁴ 그리스도의

---

41 Calvin, *The Second Epistle of Paul to the Corinthians*, 45.
42 Calvin, *The Second Epistle of Paul to the Corinthians*, 43.
43 Calvin, *The Second Epistle of Paul to the Corinthians*, 43.
44 Calvin, *The Second Epistle of Paul to the Corinthians*, 48.

본질이 영이라는 것이 아니라 그가 율법의 정신 차원의 역할을 함으로써 그렇지 않으면 죽은 시체나 마찬가지인 율법을 살아 움직이게 만드는 역할을 하시는 면에 있어서 '영'이라는 것이다. 그리고 그리스도께서 율법에게 생명을 주시는 방법이 "주의 영", 곧 성령을 주심을 통해서라는 것이다. 따라서 이 두 번째 영은 첫 번째의 비유적(metaphorical) 의미의 영과 다른 의미를 가지는 것으로 보고 있다. 종합적으로 칼빈은 이렇게 정리한다. "그리스도는 [그 하시는 역할에 있어서] 영이신데, 이는 그가 우리를 그의 성령의 생명을 주는 능력으로 말미암아 살게 만드시기 때문이다."[45] 이런 의미로 칼빈은 17절 전반부는 기독론적으로 그리고 후반부는 성령론적으로 나누어서 이 본문을 해석하고 있다.

아쉬운 것은 이 구절의 해석에 있어서 칼빈이 바울 자신의 암시 본문인 출애굽기 34:33-35의 흐름을 충분히 고려하지 않는다는 점이다. 우리가 이 구절 역시 출애굽기 34장의 연장선 속에서 읽는다면, 모세가 수건 벗은 얼굴로 나아가 대하였던 그 하나님이 신약시대의 그리스도인들에게는 성령님에 해당한다고 볼 수 있다. 그렇게 본다면 이 본문은 기독론적 성격보다 성령론적 성격을 띠게 된다.[46]

칼빈은 18절 말미의 "주의 영으로 말미암음이니라"(apo kyriou pneumatos)에 대해서는 소유격 프뉴마토스(pneumatos)의 성격을 동격의 의미로, 다시 말해서 '주 곧 성령'의 의미로 읽고 있다.[47] 주님 곧

---

[45] Calvin, *The Second Epistle of Paul to the Corinthians*, 49.
[46] Murray J. Harris, *The Second Epistle to the Corinthians* (NIGTC. Grand Rapids: Eerdmans, 2005), 318.
[47] 이에 대한 현대 주석가들의 논의를 위해서는 참고, Linda Belleville, *2 Corinthians* (Downers Grove: InterVarsity Press, 1996), 111.

성령께서 하시는 일은 신약시대의 성도들인 "우리 모두가"(hēmeis de pantes) 모세가 누렸던 것과 같은 특권을 누리게 만드시는 것이다. 신약의 성도들 '모두가' 이제는 성령으로 말미암아 수건 벗은 모습으로 하나님을 대면하여 그의 영광의 형상을 거울에 비추어진 모습을 보듯 '지속적으로 바라보는'(katoptrizomenoi) 가운데서 영광에서 영광으로 '지속적으로 변형된다'(metamorphoumetha). 칼빈은 이 부분에서 바울의 거울 이미지 사용의 함의를 세 가지로 지적하고 있다. 첫째는 하나님에 대한 확실성, 둘째는 영광스런 변모과정의 실제성, 셋째는 성화 과정의 점진성이 그것이다.[48]

하나님과 성도의 점진적 동화, 바로 이것이 새 언약 사역이 가져오는 놀라운 효과이다. 이 사역은 "성령의 나타남과 능력"(고전 2:4) 가운데서 복음의 신실한 선포를 통하여 이루어진다. 칼빈은 고린도후서 3:6-18의 구약 암시 본문을 통하여 바울이 구축하고 있는 새 언약 사역의 진정한 효과의 본질 문제를 누구보다 잘 파악해내고 있다.

4. 칼빈과 존중의 해석학

1) 간본문성(Intertextuality)에 관한 포스트모더니즘의 관심

이 시대에 우리는 텍스트 이해의 패러다임 변천이 일어나고 있음을 본다. 많은 사람들은 더 이상 고정된 텍스트, 고정된 의미 대신 끊임없이 재생산되고 끊임없이 파괴되며 끊임없이 움직이는 기

---

[48] Calvin, *The Second Epistle of Paul to the Corinthians*, 50.

호체계만 있을 뿐이라고 믿고 있다. 한 면에서는 이것이 '간본문성'(intertextuality)라는 말 배후에 놓여 있는 이 시대의 조류이다. 쥴리아 크리스테바(Julia Kristeva)는 이 용어가 흔히 "원천들의 연구"라는 진부한 의미로 쓰이는 것과 구별하기 위해 "이동"(transposition)이란 말을 대신 즐겨 사용한다. 그녀가 이해하는 "intertextuality"는 한(또는 여러) 기호체계로부터 다른 기호체계로의 끊임없는 이동 또는 유동이다. 그녀는 이렇게 말한다. "만일 누구든지 모든 기의적 실행이 다양한 기의적 체계들(하나의 간본문성)의 이동들의 장이란 것을 인정한다면, 그 언명의 '자리' 및 그 함의된 '대상'은 결코 단수적이지도, 완성적이지도, 그 자체로 동일하지도 않고, 항상 복수적이며, 파쇄되고, 재편성될 수 있다는 것을 이해하는 것이다."[49] 이와 같은 크리스테바의 '이동'에는 예외로 남는 것이 아무것도 없다. 모든 것이 다 이 기호체계의 놀이의 장 속에 흡수되며, '주체'라고 말할 수 있는 것의 일체성도, 안정성도 확보될 수 없다.

우리는 위에서 크리스토퍼 스탠리의 구약 인용의 간본문성 주제에 대한 입장을 살펴본 바 있다. 물론 이것은 크리스테바의 과격한 주장에 비하면 그래도 온건한 입장에 속한다고 볼 수도 있다. 하지만 그 역시 간본문성의 끊임없는 패러디적 유희의 세계 속으로 독자들을 초청하고 있다. 그 안에는 "피인용자의 은유적 죽음"이 전제되며, 원 저자와 독자 모두에 대한 권력행사가 자유롭게 이루어진다. 바울이 구약의 이름을 빌려 자신의 수사학적 목적을 달성하고자 도모할 수 있었다면, 우리 또한 이 시대의 성경 해석에 있어

---

[49] Julia Kristeva, *The Revolution in Poetic Language*, tr. Margaret Waller (New York: Columbia Univ. Press, 1984), 60. Kristeva, Harold Bloom 등에 대한 연구 및 '영향', '모사', '인용' 등의 주제에 대한 소개를 위해서는 참고, Mary Orr, *Intertextuality: Debates and Contexts* (Cambridge: Polity, 2003).

서 마찬가지 방식으로 바울의 말을 빌려 내 말하기에 아무 거리낄 것이 없다.

제임스 아지슨(James W. Aageson)은 이보다 좀 더 온건한 입장에 서서 말하는 것 같지만, 역시 바울의 "그때도 그랬으니 지금도 그런 해석학"(as then so now hermeneutic)을 이야기하고 있다.[50] 이 구도 안에서 바라보는 바울은 텍스트의 의미를 찾아내기보다는 생산해내고 있는 자유사상가이다. 해석은 본질적으로 "무한히 열린 상태를 지향하는 생산적 창조적 과제"(a generative and creative task that is invariably open-ended)이다.[51]

하지만 이것이 성경을 가지고 내가 하고 싶은 것을 무엇이든 할 수 있다는 것을 말하는가? 여기에서 하나님의 타자성은 어떻게 될 것인가? 또는 하나님 자신의 의사소통적 목적은 어떻게 될 것인가? 오직 인간 바울만이 의사소통의 주체인가? 우리는 그의 서신들 속에서 구약의 목소리에 직조되어 뒤섞인 그의 목소리, 그의 전략적 언어만을 들을 뿐인가?

2) 성경 텍스트에 관한 칼빈의 태도가 주는 대안

옌스 짐머만(Jens Zimmermann)은 가다머 이후 해석학 속에서 하나님을 비롯하여 타자에 대한 존중이 상실되고, 인간 자신에 대해서는 더 많이 집중하면서 하나님에 대해서는 더 이상 집중하지 않는

---

[50] James W. Aageson, "Written Also for Our Sake: Paul's Use of Scripture in the Four Major Epistles, with a Study of 1 Corinthians 10", in *Hearing the Old Testament in the New Testament*, ed. Stanley E. Porter (Grand Rapids: Eerdmans, 2006), 152-81 (178).

[51] Aageson, "Written Also for Our Sake", 157.

현상이 짙어져 있음을 잘 지적하고 있다.[52] 그러면서 이에 대한 대안으로서 그는 칼빈의 신학적 해석학적-순환(hermeneutical circle)에 눈을 돌리고 있다. 칼빈의 신학은 오직 하나님만 말하는 것도 아니며, 오직 인간을 말하는 것만도 아니다. 하나님을 말하면서 동시에 인간을 말한다. 그런데 인간을 인간으로서만 말하지 않고 하나님과의 관계 속에서 말하는 이것이 인간을 진정으로 새롭게 하는 요소가 된다.

성경 텍스트의 진정한 변혁적 효과는 무엇에서부터 비롯되는 것일까? 우리는 스탠리 등이 말하는 오직 자아의 수사학적 목적과 전략만 남는 성경 사용의 세계가 여기에 대한 합당한 대안이 될 수는 없다고 믿는다. 비록 그가 발화나 텍스트의 수사학적 효과에 대하여 지나칠 만큼 많이 강조를 하고 있지만, 그 효과에 대한 보장은 아무 것도 없다. 이에 비해 바울은 고린도 지역에 들어가면서 "예수 그리스도와 그의 십자가에 못박힌 것 외에는 아무 것도 알지 아니하기로 작정하였다"(고전 2:2)고 밝힌다. 그가 하고자 했던 것은 하나님이 행하신 일에 대한 증언이요, 그것이 열어주는 새 창조적 세계로의 초대였다.

5. 나가는 말

칼빈의 렌즈를 통해 우리가 바울에게서 발견할 수 있는 것은 성경 속에 매개된 하나님의 의사소통적 목적을 존중하는 존중의 해

---

[52] Jens Zimmermann, *Recovering Theological Hermeneutics: An Incarnational-Trinitarian Theory of Interpretation* (Grand Rapids: Baker Academic, 2004), 266.

석학이다. 하나님의 의사소통 목적이 존중되고 밝혀질 때 그 의사소통의 대상자로 초대받은(그런 점에서 또한 존중의 대상이 되는) 청자/독자들 가운데에 인간 저자의 목소리를 초월하는 하나님의 목소리가 들려온다. 우리가 그것을 들을 때 자신과 세계를 새롭게 이해하고 인식할 수 있게 하는 진정한 변혁의 효과가 우리 가운데 일어나게 된다. 바울의 구약 인용은 단순한 권력 도구도, 성스러운 "패러디 놀이"도 아니다. 그것은 의사소통적 의도를 가진 존중되어야 할 하나님의 말씀이다.

7장
고백언어의 특성과 웨스트민스터 신앙고백서

1. 들어가는 말

　말이 힘을 잃어버리고 있는 시대이다. 가장 일차적인 형태의 언어행위들조차도 왜곡되고 변질되는 일들이 흔하게 일어나고 있다. 이런 때에 그리스도인의 고백언어에 대하여 다시 한 번 생각해볼 기회를 가지는 것은 매우 의미 깊은 일이라고 본다. 우리는 성경적 관점에서 고백언어의 성격과 그 구성요소들 그리고 그 기능이 무엇인지를 이 글을 통하여 생각해보고자 한다. 이 글의 순서는 먼저 신약성경이 보여주는 고백의 범례들을 간략히 살펴보고, 이어서 웨스트민스터 신앙고백서 속에 반영되고 있는 고백언어의 구체적 특성들을 살펴본 후에 이를 현대적 논의의 맥락 속에서 좀 더 넓게 토론해보고자 한다.

　고백언어 자체가 대표적인 '언약행위'의 화행(commissive speech-act)에 속하는 만큼 우리는 화행론(speech-act theory)의 시각에서 이 주제를 다루게 될 것이다. 물론 우리가 다루는 문서들이 다 실제적 화행의 형식을 가진 것은 아니다. 따라서 우리는 좁은 의미에서의 화행분석을 하고자 하는 것은 아니며, 해당 본문들이 가지는(때로는 전제된) 화행적 특성과 의미를 좀 더 큰 틀 속에서 다루어보려고 한다. 고백 화행의 본질을 되찾고 이 시대 속에 재현해나가는 일은 말이 허물어짐으로 모든 관계들이 허물어져 가고 있는 이 시대의 상황 가운데서 그리스도의 교회가 참된 말씀의 교회로 하나님과 세상을 바르게 섬길 수 있는 정도(正道)가 될 수 있을 것이다.

2. 고백언어의 성격과 기능

1) 신약성경 속에서의 고백

카믈라(E. Kamlah)가 잘 지적하고 있는 것처럼 신약성경 속에서의 고백 관련 단어들(homologia, homologen 등)의 용례는 다양하고도 복잡하다.[1] 그것은 법적 구속력을 가지는 진술의 의미로 사용되기도 하고(행 24:14 등), 예배나 공적 고백의 상황에서 믿음에 대한 장중한 진술을 하는 경우(롬 10:8-10; 빌 2:11 등)에 집중적으로 사용되며, 또한 유대인, 이방인, 이단들과의 논쟁적 상황 속에서의 공개적 진술(요 9:22; 딤전 6:13; 요일 4:2-3 등) 등과 관련하여서도 폭넓게 사용되고 있다.

쿨만(Oscar Cullmann)의 연구에 이어 신약에 나타난 고백(homologia) 관련 내용들을 전문적으로 연구한 뉴펠드(Vernon Neufeld)는 복음

---

[1] E. Kamlah, "Bekenntnis", RGG 3판, I:992-93. 그 밖에 참고, D. Fuerst, "ὁμολογέω", *NIDNTT*, I:344-48; O. Michel, "ὁμολογέω", *TDNT* V:199-220.

(euangelion)이나 선포(kērygma), 가르침(didachē), 증거(martyria) 등의 연관 단어들과의 비교를 통해 신약의 고백의 의미를 명료하게 밝히는 데 많은 기여를 한 바 있다.[2] 특히 복음과 관련하여 고린도후서 9:13이나 로마서 10:8 이하 등이 보여주는 것처럼 교회의 호몰로기아는 그리스도의 복음에 철저히 복속되며 또한 이와 불가분리적임을 보여준다. 뿐만 아니라 호몰로기아는 디모데전서 6:13의 예수 그리스도 자신에 대한 언급에서도 보여주는 것처럼, 적대적인 상황 속에서는 그것이 가져오는 모든 곤란한 결과를 감수하면서도 진리에 대한 공개적 선포를 하는 것을 포함한다.

특히 반의어인 arneomai와 arnēsis(부인하다/부인: 히 11:24; 눅 8:45, 9:23; 행 4:16; 딛 2:12 등)와의 관계 속에서 볼 때 호몰로기아가 가지는 의미는 고백자가 그리스도와의 관계에 대한 공개적 선포에 따른 자신의 색채를 분명히 취하는 행위라는 점을 뉴펠드는 강조하고 있다.[3] 그는 이렇게 밝힌다. "homologein은 그리스도인 됨을 공적으로 고백하는 것과 그 삶이 일치되어야만 한다는 사상을 포함한다. homologia는 어떤 신앙의 표준에 언어적 공감을 표한다는 의미뿐만 아니라, 활동적인 그리스도인 생활 속으로 자신의 삶을 드린다는 것을 포함한다."[4]

미헬(O. Michel)은 이를 좀 더 폭넓게 표현하여 "kēryssein, euangelizesthai, homologein, martyrein 등과 같은 단어들은 모두가 선포적 성격을 가지는데, 이는 곧 위탁과 의무, 묶음과 주장을

---

[2] Vernon H. Neufeld, *The Earliest Christian Confessions* (Grand Rapids: Eerdmans, 1963), 13-33.
[3] 푸어스트(D. Fuerst) 역시 이 반어적 대조 속에서 homologia가 가지는 의미의 특성에 대해 강조한다. 이 경우 고백은 부인의 화행과 마찬가지로 단지 사람이 입으로 말하는 것 그 자체만이 아니라 그 사람의 순종, 곧 삶의 모습 전체가 그 말에 일치되어야 한다는 것을 강조하고 있다. *NIDNTT*, I:347.
[4] Neufeld, *The Earliest Christian Confessions*, 19.

동시에 나타내고 있다"[5]고 말한다. 미헬이나 뉴펠드가 한 목소리로 잘 지적하고 있는 것처럼 신약의 호몰로기아는 고백의 '내용'과 고백의 '행위' 양자를 함께 아우르는 대표적인 자기포함적(self-involving) 화행언어이다.

따라서 성도들의 호몰로기아는 예배적 상황 속에서는 이를 통해 성도들이 하나님을 인정하고 찬양 및 감사하는 일에 사용되며, 교육적 상황 속에서는 새로운 신자들을 받아들이는 일이나 세례를 위해 사용되고, 세상 속에서의 선포적 상황 속에서는 이것이 교회의 선포의 요체로 사용된다. 특히 세상의 적대적 상황 속에서는 그 고백의 행위에 따르는 핍박이나 순교 속에서도 그리스도와 교회의 관계를 공개적으로 표방하는 일에 호몰로기아가 사용된다. 그리스도와의 살아 있는 연합에 대한 공개적인 신앙의 고백은 적대적인 세상 가운데서는 죽음을 불사하는 공적 자세를 취하는 선포적 언어행위인 것이다.

2) 웨스트민스터 신앙고백서의 고백적 특성

역사적 신앙고백들 모두가 다 신약의 호몰로기아가 보여주는 고백의 특성들을 균형 있게 잘 견지하고 있다고 말하기는 어려울 것이다. 성경의 고백들과 일치하는 고백이 되기 위해서는 먼저 고백의 내용이 성경적이어서 그 명제적 진술이 진리성을 잘 견지해야 하며, 뿐만 아니라 고백자와 하나님의 관계가 바르게 살아 있어서 근본적으로 고백의 언어가 가지는 일인칭적 발화수반력(illocutionary force)을 잃지 말아야 할뿐더러 더 나아가서는 고백의 언어와 고백

---

[5] Michel, "ὁμολογέω", 212.

자의 삶의 변혁적 일치성 관계가 심도 있게 부각되어져야 한다. 우리의 관심은 역사적 신앙고백들 가운데서 이런 기준들에 잘 부합하는 한 예를 찾아보고자 하는 것이며, 그 검증의 사례로서 웨스트민스터 신앙고백서를 주목해보고자 한다.

리처드 멀러(Richard Muller)는 웨스트민스터 신앙고백서를 포함하여 종교개혁 이후 시기의 개혁적 신앙고백서들의 신학적 특성과 관련하여 이런 말을 한 적이 있다. "개혁주의 정통파 시기에는 교회의 삶과 경건, 실행이 교의신학과 직접적으로 연관되어 있었다. 이 시기의 신학자들 거의 대부분이 신학을 '사변'과 '실천'의 결합으로 보든지 아니면 순수하게 실천적 학문으로 이해했다. 신학에 대한 그들의 정의 속에 실천(praxis)이란 말을 포함시킨 것은 신학이란 학문 전체가 목적지향적(goal-directed)임을 뜻한다. 프락시스 혹은 실천적 학문으로 이해된 신학은 인간 구원의 목적을 지향하고 있었다. 보다 구체적으로 그 당시의 신학 체계 속에서 가르쳐졌던 각각의 교리들은…그 자체가 하나님의 진리로 이해되어야 했음과 동시에 그것이 향하고 있는 인간 지식자의 구원의 목적을 위한 것으로 이해되어져야 했다. 올바로 이해된(다시 말해 정통적인!) 교리는 경건에, 믿음의 형성에 그리고 그리스도인 삶의 형성에 직접적인 효과를 일으키는 것이어야 했다."[6]

멀러의 관찰은 웨스트민스터 신앙고백서와 같이 당시의 교회에 의해 공적으로 표방된 교리들은 그 속에 진리적 명제의 내용적 측면과 그것을 고백하는 신자들의 삶 속에 이루어지는 실천적 삶의

---

6 Richard Muller, "Sources of Reformed Orthodoxy: The Symmetrical Unity of Exegesis and Synthesis", in Michael S. Horton ed., *A Confessing Theology for Postmodern Times* (Wheaton: Crossway Books, 2000), 56.

형태가 반드시 함께 갈 수밖에 없음을 잘 보여주고 있다. 그런 면에서 단순히 성경만이 아니라 그것이 지향하는 또 다른 축인 그리스도인의 삶, 곧 '실천'이 정통과 신학의 원천들 중의 하나로 작용하였다는 것이 멀러의 지적이다.

이런 지적은 웨스트민스터 신앙고백서와 같은 역사적 신앙고백이 신약의 호몰로기아가 보여주는 고백언어의 특성을 잘 견지하고 있음을 제시하는 좋은 지적이다. 그러나 아쉽게도 멀러는 구체적으로 그런 특성들이 어떤 방식으로 나타나고 있는지에 대해서는 보다 상세한 언급을 주지는 않는다. 우리는 웨스트민스터 신앙고백서 속에서 이와 관련된 여러 가지 구체적인 측면들을 많이 찾아볼 수 있겠지만, 그 중에서도 특별히 이 고백서가 '말씀과 성령'을 균형 있게 강조하고 있는 점을 그 한 예로 지적해 보고자 한다. 이런 문구를 통하여 하나님의 '목적' 또는 '의도'를 부각시키려 하는 웨스트민스터 신앙고백의 독특성과 이것이 가지는 실천적, 변혁적 함의들이 무엇인지를 보다 자세히 살펴보고자 하는 것이다.

3. 고백 속에 나타난 신적 목적 또는 의도의 문제

웨스트민스터 신앙고백서 속에는 신자의 구원과 그 유익에 대한 하나님의 관심이 두드러지게 강조되고 있다. 구원에 대한 하나님의 뜻을 단지 제3인칭적 진술로만 서술한 것이 아니라 그것이 하나님의 1인칭적 화행(speech-act)에 근거한다는 것을 잘 살리려 하고 있는 것이다. 이를 나타내기 위해 웨스트민스터 신앙고백서는 '말씀과 성령'을 균형 있게 강조하고 있다. 성령은 기록된 말씀을 통하여 하나님의 근원적 뜻을 나타내시고 적용시키시며 또 무엇이 하나님의 뜻에 합하는지를 밝혀주시는 직접적 주체가 되고 있다.

먼저 웨스트민스터 신앙고백서는 성경의 저자를 하나님으로 분명하게 밝히고 있다(I.4).[7] 하나님은 자신의 영광과 인간의 구원과 신앙 및 생활에 필요한 모든 것에 대한 그의 뜻을 모두 성경에 분명하게 나타내셨다(I.6). 성경이 무오한 진리요 하나님의 권위임에 대한 확신은 교회의 증거와 성경 자체의 증거 위에 "우리의 마음 속에서 말씀을 가지고 말씀으로 말미암아 증거하시는 성령의 내재하시는 역사"에 기인한다(I.5). 이 성령의 내적 조명으로 말미암아 우리는 말씀에 계시된 일들을 구원에 이르도록 이해하게 된다.

우리가 구원받기를 원하시는 하나님의 뜻은 성경에 분명하게 밝혀졌고, 말씀의 설교 속에서 역사하시는 성령이 우리 속에 믿음을 주심으로 말미암아 하나님의 뜻이 우리 속에 적용된다. 그때에 신자들은 "그의 말씀과 성령으로" 그 본래 속하였던 죄와 사망의 상태에서 건짐을 받아 예수 그리스도로 말미암는 은혜의 구원에 들어감을 얻게 된다(X.1). 그리스도는 자신이 위하여 속전을 치러주신 모든 사람들에게 확실하고 유효하게 구원을 전달하시고 적용시키시며, "말씀 안에서 혹은 말씀으로 말미암아 구원의 신비를 저희에게 계시하시고 성령으로 효능있게 저희를 감동하사 믿고 순종하게 하시고 말씀과 성령으로 저희 마음을 다스리신다"(VIII.8).

말씀과 성령은 이와 같이 우리를 향한 하나님의 구원의 뜻을 밝히고 적용하며, 그것을 확실하게 하고 유효하게 하며 확신하게 하

---

7 웨스트민스터 신앙고백서의 한국어 번역본은 김혜성, 남정숙 역, 『웨스트민스터 신앙고백』 (서울: 생명의말씀사, 1983)을 사용한다. 영어본은 Philip Schaff, *The Creeds of Christendom* (Grand Rapids: Baker, 1983) III:598-673에 수록되어 있는 것을 사용한다.

는 이 모든 일에 있어서 결정적 역할을 한다는 것을 알 수 있다. 하나님의 목적과 뜻이 사람에게 효력을 일으키는 데 있어서 주도적 역할을 하는 것이 말씀과 성령이며, 구원받은 신자의 삶 속에서 지속적으로 확신과 성화를 이루어 나가는 데 있어서도 역시 말씀과 성령은 주도적 역할을 수행한다(III.8, XIII.1, XIV.1, XVIII.3, XXVII.3, XXVIII.6 등).

말씀과 성령으로 말미암아 믿음의 사람들이 된 자들은 지속적으로 "성경에서 친히 말씀하시는 하나님"(XIV.2)의 말씀을 듣는다. 곧 "명령에는 순종하고 경고에는 떨며 현세와 내세를 위한 하나님의 약속들을 즐겁게 받아들인다"(XIV.2). 명령과 경고와 약속들은 하나님의 일인칭적 화행(speech-act) 말씀들을 반영한다. 그 말씀을 듣는 사람들 속에는 단지 기록된 문자적 의미의 이해의 차원을 넘어서 순종과 두려움의 자세가 형성되고 약속을 자신의 것으로 삼고 거기에 자신의 삶을 맞추는 새로운 삶의 형태가 만들어진다.

이런 다양한 방법으로 '말씀과 성령'의 동반적 작용을 강조하는 웨스트민스터 신앙고백서는 성경 속에서의 하나님의 의도나 그의 뜻에 대해 가장 담대하게 말할 수 있게 하는 고백서임을 알 수 있다. 이것은 성경의 해석과도 관련하여 매우 중요한 길잡이 역할을 한다. 우리는 기록된 말씀 속에서 신적 저자인 하나님의 의도를 말하기를 너무 경계하거나 주저할 필요가 없다. 일반해석학 속에서 '의도의 오류'에 대해 경계하는 것은 허쉬(E. D. Hirsch)가 지적하는 것처럼 저자 또는 화자의 '의지의 행위'의 결핍과 관련이 깊다. 이 때문에 허쉬는 "발화 의미의 결정을 위해서는 의지의 행위를 필요로 한다"⁸고 말한다. 만일 저자 또는 화자의 뜻이 분명하지 않다면 우리는 그 사람이 무엇을 의도하는지를 분간하기 어려울 것이다. 그러나 그 뜻이 분명하다면 우리는 저자 또는 화자의 의도를 말하는 것이 덜 어려운 일이 될 것이다.

성경해석에 있어서 과연 저자 또는 화자의 의도가 해석의 대상인가 하는 문제와 관련하여 복음주의권 안에서도 작은 논쟁이 있다. 노만 가이슬러(Norman Geisler)는 이 문제와 관련하여 부정적인 입장을 취한다.⁹ 그는 모이세스 실바(Moisés Silva)의 웨스트민스터 신학교 교수취임연설에 대한 답변기고 속에서 성경저자의 목적과 의도를 의미결정의 적극적인 요소로 취하자고 제안하는 실바의 입장¹⁰에 대해 반대하고 있다. 가이슬러는 "텍스트 의미는 저자의 특정 목적 속에가 아니라 저자가 모든 언어적 조각들에 부여한 구조와 순서, 형태 속에 기거한다"¹¹는 표현으로 자신의 입장을 정리한다. 그러나 이것은 의미를 너무 좁게 제한하는 시각이다. 물론 해석자는 그가 지적하는 것처럼 저자의 의도나 목적을 헤아리기 위한 심리분석가 같은 사람이 될 필요는 없다. 그러나 글이나 발화 자체가 의도나 목적을 가진 행위라는 점을 감안한다면 우리는 그것을 이해하고자 하는 노력을 처음부터 배제하고 본문에 접근할 수는 없다. 때로 그 목적은 명시적일 수도 있으며 암시적일 수도 있고, 때로는 점진적으로 더 명확해져가는 경우도 있겠지만, 우리

---

8 E. D. Hirsch, "In Defense of the Author", in Gary Iseminger ed., *Intention and Interpretation* (Philadelphia: Temple University Press, 1992), 16.

9 Norman L. Geisler, "Does Purpose Determine Meaning?", *Westminster Theological Journal* 51 (1989), 153-55.

10 Moisés Silva, "Old Princeton, Westminster, and Inerrancy", *Westminster Theological Journal* 50 (1988), 65-80.

11 Geisler, "Does Purpose Determine Meaning?", 155.

는 이것을 텍스트 의미와 배제적 관계에 둘 필요는 없다.

이런 문제와 관련하여 월터스토프(N Wolterstorff)는 화행론의 관점에서 발화자의 발화의도의 중요성을 심리적 의도와 잘 구분하고 있다.[12] 우리가 관심 가지는 것은 심리적 의도가 무엇이었느냐 하는 것을 추리하는 일이 아니라, 발화된 말을 통하여 표현된 발화자의 의도가 무엇인지를 밝히는 일이다. 예를 들어, 일상적 맥락에서 어떤 사람이 "고양이 굶어 죽겠어"라는 발화를 하는 경우, 이 말은 단지 고양이의 상태에 대한 관찰적 묘사만이 아니라, 고양이에게 먹을 것을 주어야겠다는 의도의 표현이든지, 아니면 먹을 것을 주라는 요청이나 명령, 비난 등의 의미를 포함하는 것으로 볼 수 있다. 이런 의도적 의미는 발화의 문자적 의미와 함께 발화의 전체적 의미에 포함되며, 이를 밝히는 것은 해석자가 구별해 내어야 할 해석 대상의 한 축에 속한다.

성경 속에는 우리의 구원과 관련한 하나님의 뜻이 분명하게 표현되고 있다. 웨스트민스터 신앙고백서는 이 뜻이 우리에게 온전히 이해되고 적용되어야 한다는 것을 강조하기 위해 '말씀과 성령'을 동시적으로 강조한다. 말씀과 성령으로 말미암아 우리가 하나님의 의도된 의미를 바르게 깨달아서 그가 뜻하신 대로 우리에게 확실하고 유효하게 된 구원 안에서 그에게 감사와 찬양을 표하며, 밖으로 죽음의 위협에도 불구하고 우리의 믿음을 공개적으로 표방하는 것이 우리의 신앙고백의 행위이다.

바른 신앙고백의 행위를 위하여 우리는 말씀과 성령을 동시에 필요로 한다. 말씀 없이 성령만 이야기하는 신비주의자가 되어서

---

12 Nicholas Wolterstorff, *Divine Discourse: Philosophical Reflections on the Claim That God Speaks* (Cambridge: Cambridge University Press, 1995), 149.

도 안 될 것이며, 또한 성령 없이 자구만 이야기하는 문자주의자가 되어서도 안 될 것이다.

4. 고백의 명제적 진리의 문제

고백이 비록 고백자 개인이나 고백 공동체의 1인칭 '언약행위'로서의 발화수반화행(commissive illocutionary speech-act)이지만, 그 가운데는 '주장행위'(assertive)의 요소 또한 포함된다. 앞서 보았던 미헬(O. Michel)의 표현을 빌리자면 고백은 "위탁과 의무, 묶음과 주장을 동시에 나타내고 있다."[13] 예를 들어 로마서 10:9처럼 "예수는 주시다"라는 고백을 하는 것은 예수 그리스도의 주이심에 대한 '주장'(assertive)의 요소와 더불어 예수의 그러하심이 고백자에게 가지는 결과, 곧 자신을 그의 종으로 봄의 '언약'(commissive)의 요소가 동시에 포함된다. 고백에 있어서 이 양자의 요소는 어느 하나를 배제할 수 없을 만큼 꼭 같이 중요하다. 우리는 고백의 '언약'의 발화수반력이 가지는 변혁적 결과를 잠시 후에 보기로 하고 먼저 이곳에서는 '주장'의 요소에 해당하는 명제적 내용의 측면을 생각해보기로 한다.

웨스트민스터 신앙고백서는 말씀의 내용적 진리성을 강조한다. 성경은 "무오한 진리(infallible truth)요 하나님의 권위"이다(I.5). 뿐만 아니라 "하나님의 영광과 인간의 구원과 신앙과 생활에 필요한 모든 것에 관한 하나님의 뜻은 전부 성경에 분명하게 진술되어 있거

---

[13] Michel, "ὁμολογέω", 212.

나 조리 있고 필연적인 이치로 성경에서 연역할 수 있다"(I.6). 이 성경이 가진 진리의 확실성 때문에 우리는 또한 구원의 확실성을 이야기할 수 있다. "이 확실성은 속기 쉬운 소망에 근거한 한갓 짐작이나 그럴듯한 설득이 아니라 구원의 약속에 대한 하나님의 진리에 기초를 둔 믿음의 무오한 확신(infallible assurance of faith)이다"(XVIII.2).

우리가 성경의 무오성(infallibility)을 일부에서 그렇게 하듯이 내용적 측면과 구분하여 작용적 측면(efficacy)에서 이해하려는 것은 적합하지 못하다. 우리의 무오한 확신이 무오한 성경의 진리에 근거하는 것은 분명하다. 그러나 우리에게 일어나는 작용의 측면은 인간의 짐작이나 그럴듯한 설득의 결과일 수도 있다. 중생하지 못한 자들도 자신이 구원의 상태에 이른 줄로 짐작하고 나름대로는 일종의 확신을 가질 수도 있다는 점을 웨스트민스터 신앙고백서는 강조한다(XVIII.1).

루터교 전통에 서 있는 제임스 볼츠(James Voelz)는 "하나님의 말씀으로서의 성경이 그 목적을 이룰 수 있는 능력을 가리켜 효력(efficacy)이라 부르며, 바로 이런 측면을 가리키는 데 전통적으로 무오성(infallibility)이라는 용어가 적용되어 왔다"[14]고 말한다. 그러나 무오성이 내용적 요소와는 별도로 효력의 측면에서만 이야기될 수 있는 것인지에 대해서는 볼츠는 더 이상 언급하지 않는다. 반면에 밴후저(Kevin Vanhoozer)는 훨씬 더 명료하고 세밀하게 이 점을 다루고 있다.[15] 곧 화행들의 '성공' 조건과 '진리' 조건을 구분하고 있는

---

14 James W. Voelz, *What Does This Mean?: Principles of Biblical Interpretation in the Post-Modern World* (St. Louis: Concordia Publishing House, 1995), 288.

15 Kevin Vanhoozer, "The Semantics of Biblical Literature: Truth and Scripture's Diverse Literary Forms", in D.A. Carson and J.D. Woodbridge eds., *Hermeneutics, Authority, and Canon*

것이다. 성공조건을 만족시키는 것이 꼭 진리조건을 만족시키는 것은 아니다. 다시 말해서, 거짓진술을 가지고도 다른 사람들로 하여금 믿게 하는 효과를 거두는 것은 가능하다. 그러나 사도 바울이 잘 밝히고 있는 것처럼, 복음의 권면은 간사(오류)나 부정이나 궤계 등에 있지 않다(살전 2:3; 고후 4:1-2).

린드백(G. Lindbeck)의 접근은 훨씬 더 명제적 내용의 측면으로부터 멀어져 가고 있다. 명제적 인지주의(propositional cognitivism)와 경험적 표현주의(experiential expressivism) 양자의 약점을 다 경계하면서 린드백은 교리나 고백의 '사용'(use), '실행'(practice), 또는 '수행'(performance)의 측면으로 기울어져가고 있다. 그는 이렇게 말한다. "종교적이 된다는 것은 실행과 훈련을 통해 일단의 기술들을 내면화시키는 것이다. 종교적 전통의 내부 구조 속으로 들어가서…그것과 일치하여 느끼고 행동하고 생각하기를 익히는 것이다. 일차적 지식은 종교에 '대한' 것도 아니고 그 종교가 이런 저런 내용을 가르친다는 것도 아니고, 오히려 이런 저런 방식으로 어떻게 종교적이 되느냐 하는 것이다."[16] 물론 린드백은 종교의 지적 요소나 합리성을 전적으로 부정하는 것은 아니다. 그러나 그것을 '기술'로 또는 하나의 '동화적 능력'으로 정의하고 있다.[17]

이것이 가지는 위험성은 종교적 언어나 실행이 그 공동체 안에서 비록 내적 통용성은 확보를 한다고 하더라도 이것이 어떻게 실재의 세계 속에서의 언어외적 진리성에 의해 검증을 받을 수 있을 것인가 하는 점이다.[18] 린드백이 주장하는 것처럼 "신자들은 실재

(Grand Rapids: Baker Books, 1986), 49-104 (특히 94-103).
16 George Lindbeck, *The Nature of Doctrine* (Philadelphia: Westminster Press, 1984), 35.
17 Lindbeck, *The Nature of Doctrine*, 128.
18 이런 점을 동일하게 잘 지적하고 있는 글로서 참고, Michael S. Horton, "Yale

의 질서에 관한 존재론적 '주장들'(assertions)을 하지는 않고, 다만 그들의 특정 종교적 비전에 조직내적으로(intrasystematically) 합치하는 '발화들'(utterances)만을 할 뿐"[19]이라고 한다면, 우리는 성경을 따라 참 하나님을 섬기는 것과 우상들을 섬기는 것 사이에 별다른 차이를 가지지 못하게 되고 말 것이다.

이와 같은 현대적 교리 이해의 흐름과는 달리 웨스트민스터 신앙고백은 성경의 명제적 내용의 측면이나 그것이 신자들 가운데서 이루는 하나님의 목적의 효력의 측면 모두에서 성경이 무오한 하나님의 말씀임을 강조하고 있다. 신자의 무오한 확신은 바로 이런 반석 위에 굳건히 세워지게 되는 것이다.

5. 고백자의 변혁적 삶의 효과의 문제

바른 고백은 인지적, 내용적 요소에 대한 지적 동의만으로 이루어지는 것은 아니다. 고백자의 삶의 체계가 고백의 내용에 따라 변화되는 것이 필요하다. 하나님을 어떤 분으로 고백하느냐 하는 것이 그 삶의 모습이 어떻게 이루어져야 하느냐 하는 것과 뗄 수 없이 연관되어 있다. 예를 들어, 데살로니가전서 4:6에서처럼, 우리

Postliberalism: Back to the Bible?", in Michael S. Horton ed., *A Confessing Theology for Postmodern Times* (Wheaton: Crossway Books, 2000), 183-216. 종교의 '명제적'(propositional) 요소에 대한 린드벡의 경시의 위험성에 대한 비판적 지적을 위해서는 미로슬라브 볼프의 글 참고, Miroslav Volf, "Theology, Meaning and Power: A Conversation with George Lindbeck on Theology and the Nature of Christian Confession", in Timothy R. Phillips and Dennis L. Okholm eds., *The Nature of Confession: Evangelicals and Postliberals in Conversation* (Downers Grove: InterVarsity Press, 1996), 45-66 (특히 53-60).

19 Lindbeck, *The Nature of Doctrine*, 107.

가 하나님을 불의한 일을 신원하시는 심판의 하나님으로 고백한다면, 우리는 하나님을 모르는 이방인들처럼 색욕을 따라 행하며 분수를 넘어 형제를 해하는 자리까지 나아가는 일을 범할 수 없는 것이다. 오히려 "거룩함과 존귀함으로 자기의 아내 취할 줄을 알고"(살전 4:4) 모든 일에 구별된 하나님 백성으로서의 거룩함을 추구하지 않을 수 없게 된다.

웨스트민스터 신앙고백서 속에서의 말씀과 성령에 대한 양면적 강조는 이런 측면을 포함하고 있다. 앞에서도 보았던 것처럼, "성경에서 친히 말씀하시는 하나님"의 말씀을 듣게 될 때 고백자들은 "명령에는 순종하고 경고에는 떨며 현세와 내세를 위한 하나님의 약속들을 즐겁게 받아들인다"(XIV.2). 명령과 경고와 약속들의 상대자가 됨으로써 그들 속에는 이것들이 주는 새로운 삶의 자세가 만들어지고, 하나님의 약속에 자신의 모든 것을 맞추는 새로운 삶의 형태가 발생하게 되는 것이다. 만일 성경을 단순히 문자주의적으로만 이해한다면 그 기록된 의미는 알 수 있을지 모르지만, 성령의 살아 있는 말씀 앞에서의 바른 삶의 자세는 이루어지지 않을 것이다. 우리의 신앙고백은 이런 것을 경계하고 있다.

비록 다소 다른 고백적 입장을 취하기는 하였지만, 지금 우리가 다루고 있는 부분에 대해서는 어느 누구보다 예리한 통찰력을 보여주었던 존 오웬(John Owen)은 하나님의 약속 말씀에 대한 합당한 반응이 신자의 삶 속에 가져오는 변화를 이와 같이 잘 지적해주고 있다. "하나님이 말씀하실 때는 그 말씀 속에 우리의 이해에 확신을 가져다주는 진리가 있을 뿐만 아니라, 그 말씀은 또한 선을 행한다. 곧 그 말씀은 우리에게 달콤하고 선한 것, 우리의 의지와 애정에 흠모할만한 것을 가져다준다."[20] 오웬의 이런 혜안 속에는 하나님의 말씀이 가지는 인지적, 명제적 요소와 그것이 우리의 정서와 의지 속에 낳는 실제적 결과의 상관관계에 대한 총체적 이해가 잘 드러나고 있다. 참된 고백은 우리 삶의 모든 부분들 속에 총체적 변화의 효과를 낳는다.

6. 나가는 말

우리는 위의 관찰을 통하여 웨스트민스터 신앙고백서가 고백의 성경적 범례에 비추어 매우 균형 잡힌 신앙고백임을 알 수 있게 되었다. 이것을 오늘 자신의 신앙고백으로 삼고 있는 한국의 장로교회가 그 정신을 바르게 살려서 성경적 신앙의 바른 내용에 근거한 고백의 행위를 모범적으로 하는 것이 꼭 필요한 시점이다.

한 면에서는 이 시대가 효과주의적 방향으로 흘러가고 있기 때문에 고백의 명제적 내용에 대하여 무시하는 경향이 있다. 느낌만 좋다면 내용이야 어떠하든 상관없다는 태도가 교회의 본질과 정체성을 훼손시키는 데 좋지 않은 영향을 끼치고 있는 것이다. 그런 점에서 웨스트민스터 신앙고백서의 재발견은 한국 교회의 신앙정체성 확립과 회복을 위하여 특별히 이 시점 속에서 중요한 역할을 수행할 수 있다.

또 다른 한 면에서는 명제적 내용만을 신앙고백으로 생각하고 고백의 화행에 따른 삶의 변화가 수반되지 않는 것 역시 큰 문제

---

[20] J. Owen, *The Works of John Owen*, ed. by William H. Goold (Edinburgh: T&T Clark, 1862), VI:76.

이다. 이것은 그토록 실천(praxis)의 함의를 고백의 본질로 간직하고 있는 웨스트민스터 신앙고백서의 정신을 저버리는 일이기도 하다. 그리스도인의 삶에 있어서 밖으로는 예수 그리스도에 대해 믿고 고백하고 있지만, 그 입술의 고백과 실제적 삶의 모습 사이에 자꾸만 큰 괴리가 만들어지고 있는 것이 심각한 문제이다. 그리스도를 십자가의 주님으로 고백하지만 그리스도인의 삶 속에는 십자가 짐의 섬김과 희생이 갈수록 빚어지지 않고 있는 것이 우리의 현실이다.

현금의 한국 교회의 강단도 많은 경우에 있어서 성경적, 역사적 바른 고백으로부터 점점 멀어져가고 있다. 설교가 바른 고백이 가진 책임 있고 신실한 선포적, 고백적 발화수반력(proclamatory and confessional illocutionary force)을 잃어버린 채 결과만을 앞세우는 조작적 화행(perlocution)의 차원으로 전락해가고 있는 것 역시 큰 아픔이 아닐 수 없다. 우리는 웨스트민스터 신앙고백서가 강조하고 있는 것처럼 "성경 안에서 말씀하시는 성령"(I.10)과 "성경에서 친히 말씀하시는 하나님"(XIV.2)을 대리하는 신실한 말씀의 종들에 의해 한국의 강단이 회복되어지기를 소망한다. 그렇게 될 때 바른 고백언어의 알찬 열매들이 한국 교회 속에 풍성하게 맺히게 될 것이다. 이것이 오늘날의 세속화되고 있는 한국 교회가 새롭게 되는 첩경이며, 나아가서 기초를 잃어버린 채 표류하고 있는 이 사회의 근간을 지탱하는 힘이 된다.

제2부_
성경을 통한 하나님의 말 걸기

Σὺ δέ,
ὦ ἄνθρωπε θεοῦ

"그러나 너,
오 하나님의 사람아!"

Is There an Address in This Text?

8장
목회서신의 어드레스 용례와
그 해석학적 의의

1. 들어가는 말

이 글에서 우리는 목회서신(디모데전·후서, 디도서)에 나타나는 어드레스(address)의 몇 가지 용례들을 살펴보고 그것이 이 서신들 속에서 가지는 기능 및 그 해석학적 의의가 무엇인지를 생각해보고자 한다. 이 주제에 관심을 가지는 이유는 한 면에서는 이 서신들 속에서 수신자들을 부르는 바울의 방식이 매우 독특하기 때문이며, 또 한 면에서는 오늘날 텍스트 해석에 있어서 어드레스의 기능을 극소화 또는 부정하려 하는 해석의 이론들이 다양한 방식으로 제시되고 있기 때문에 이런 동향에 비추어 이 주제가 어떤 대안적 입장을 제시할 수 있을 것인지가 궁금하기 때문이다.

우리의 관심사에 보다 효과적으로 접근하기 위해 우리는 전통적으로 '목회서신'으로 분류된 세 편지들을 정경의 순서를 따라 관심 부분들을 선별하여 관찰하게 될 것이다. 물론 기록의 순서대로 하면 디모데전서와 디도서가 디모데후서보다 앞서는 것으로 보지만.[1] 이런 사실이 우리의 논의에 큰 영향을 주는 것은 아니다.

우리는 목회서신 속에서 크게 세 가지 정도의 서로 다른 어드레스 유형들을 찾아볼 수 있다. 우리는 먼저 이 세 가지 유형들을 각각 살펴보기로 한다. 그러나 보다 많은 지면과 관심이 집중되는 곳은 목회서신의 가장 특징적인 어드레스 방법인 '그러나 너는'(Σὺ δέ)의 용법이 될 것이다. 마지막으로 우리는 이런 어드레스의 특성이 강하게 나타나는 텍스트의 특성이 오늘날의 해석학적 지평 속에서 어떤 의의를 가지는지 생각해보고 이 글을 마무리하고자 한다.

2. 편지 형식에 따른 어드레스

바울은 그의 서신들을 기록할 때 당대 그레코로만 세계의 통상적인 서간문 형태를 대체적으로 따르고 있다. 물론 여기에는 메시지의 성격에 따른 필요한 변형도 가미된다. 대체적으로 형식적 기능에 그치는 편지의 서두에 있어서도 바울의 서신들은 많은 경우에 매우 깊은 차원의 신학적 의미를 담고 있다.

목회서신에 있어서 바울은 대체로 공통적인 형식을 취하고 있다. 먼저 발신자인 바울 자신을 밝힌다.[2] 그는 세 편지에 공통적으

---

[1] 비평적 학자들은 디모데후서 속에 바울적 요소가 더 많이 포함되어 있다는 이유로 디모데후서를 더 우선시하는 경향을 가진다. 참고, Martin Dibelius and Hans Conzelmann, *The Pastoral Epistles* (Hermeneia. Philadelphia: Fortress Press, 1972), 1; I. Howard Marshall, *The Pastoral Epistles* (ICC. Edinburgh: T&T Clark, 1999), 57-92. 혹자는 디도서, 디모데전서, 디모데후서의 순서를 주장하기도 한다. 참고, Jerome D. Quinn and William C. Wacker, *The First and Second Letters to Timothy* (Grand Rapids: Eerdmans, 2000), 20.

[2] 목회서신의 바울 저작권 부정은 바우어(F. C. Baur) 이후로 학계의 정설처럼 받아들여지고 있다. 디벨리우스와 콘젤만이 이런 계통을 따르며, 다소 유보적인 입장은 하워드 마샬처럼 디모데후서의 일부만 바울의 것이고 그의 사후 이를 바탕으로 디모데와 디도의 사

로 '사도'로 자신을 소개하고 있다. 하지만 디도서에서는 특이하게도 그의 사도됨의 본질과 위임사항을 매우 상세하게 적고 있다. 이는 바울 자신의 사도성의 변증에 무게가 있는 것은 아니고 디도가 '같은 믿음'에 부름 받고 있다는 사실을 주지시킴으로 둘 사이의 공감대를 확고히 하고자 하는데 그 목적이 있는 것으로 보인다.

바울은 발신자에 이어서 각 서신들의 수신자를 어드레스 하고 있다. 세 편지 모두에 있어서 이 부분 역시 간결하면서도 핵심적인 용어들을 포함한다. 이에 대해서는 잠시 후에 좀 더 상세히 살펴보기로 하자. 수신자에 이어서 바울은 문안의 내용을 적는다. 세 편지에 공통적으로 들어가는 말은 '은혜와 평강'이다. 이는 일반적인 그레코로만 편지 형식에 비한다면 χαίρειν이나 ὑγιαίνειν에 해당되는 표현이다. 존 화이트(John L. White)가 잘 지적하는 것처럼, 바울은 단순히 육체적인 건강이나 안녕을 기원하기보다 영적 차원에서의 보다 본질적인 안녕을 기원한다.[3]

바울은 당대 서간들의 형식적 관례들을 기본적으로 따르면서도 매우 창의적인 방식으로 이를 변용하기도 한다. 문안의 경우에 있어서도 그러하다. 보통의 경우 바울은 '은혜와 평강'을 기원한다. 하지만 디모데전서 1:2과 디모데후서 1:2의 경우에는 은혜와 평강 사이에 '긍휼'(ἔλεος)을 첨가하고 있다. 이는 바울의 다른 서신들에서는 나타나지 않는 보다 유대적 색채를 강하게 담고 있는 단어이

역을 뒷받침하기 위한 일종의 '협저'(allonymity, pseudonymity와는 달리)가 이루어졌다고 보는 견해이다. 참고, Marshall, *The Pastoral Epistles*, 57-92. 그러나 우리의 관점은 텍스트 자체가 밝히고 있는 것처럼 세 편지 모두를 바울이 썼다고 보는 것이다. 바울의 저작권을 변호하는 학자들의 목록을 위해서는 참고, William D. Mounce,『목회서신』(WBC 주석 46, 서울: 솔로몬, 2009 [2000]), 118.

[3] John L. White, *Light from Ancient Letters* (Philadelphia: Fortress Press, 1986), 20.

다.[4] 뿐만 아니라 바울은 이전 "비방자요 박해자요 폭행자"였던 자신이 사도의 직분에 부름 받은 것은 하나님의 무한하신 긍휼을 입었기(ἠλεήθην) 때문임을 디모데전서 1:13과 16절에서 두 번씩이나 감격스럽게 술회하고 있다. 긍휼은 그와 모든 그리스도인들에게 있어서 눈물 없이는 떠올릴 수 없는 체험적 단어이다.

수신자 어드레스에 있어서도 바울은 당대의 편지 관례를 기본적으로 따르고 있다. 그는 수신자 이름의 여격을 사용하여 각 서신의 수신자들을 부르고 있다. 하지만 여기에서도 역시 창조적 변형이 일어난다. 단순히 수신자의 이름만 기록하기보다는 자신과의 특별한 관계를 나타내는 용어들을 병기하고 있다는 점이다. 이를테면 디모데전서 1:2에서는 "믿음 안에서 참 아들 된 디모데에게"(Τιμοθέῳ γνησίῳ τέκνῳ ἐν πίστει), 디모데후서 1:2에서는 "사랑하는 아들 디모데에게"(Τιμοθέῳ ἀγαπητῷ τέκνῳ), 그리고 디도서 1:4에서는 "같은 믿음을 따라 나의 참 아들 된 디도에게"(Τίτῳ γνησίῳ τέκνῳ κατὰ κοινὴν πίστιν)라는 방식으로 각각을 어드레스 하고 있다.

공통적으로 바울은 수신자들을 '아들'로 지칭한다. 이는 특히 믿음 안에서의 관계이다. 육신적 차원에서는 전혀 아버지와 아들이 될 수 없지만, 영원하시고 자비로우신 하나님 안에서 새 가족의 일원이 되었고, 또한 복음으로 말미암은 아버지와 아들의 관계가 이루어졌다. 바울은 디모데전서 1:2과 디도서 1:4에서는 아들을 꾸미는 말로 γνήσιος를 사용하고 있다. 이 단어는 문자적으로는 사생아

---

4 제임스 던은 이 단어를 구약의 언약적 사랑을 나타내는 헤세드(חֶסֶד 출 34:6-7 등)의 번역어로 보고 있다. James D.G. Dunn, *The First and Second Letters to Timothy and the Letter to Titus* (NIB vol. XI; Nashville: Abingdon, 2000), 790. 바울서신 외에는 요한이서 3절에서 "은혜와 긍휼과 평강"을 언급한다.

가 아닌 결혼 관계 속에서의 '합법적' 자녀를 가리킬 때 사용된다.[5] 경우에 따라서는 저명한 철학자의 공인된 해석자를 가리킬 때(예를 들어 플라톤에 대하여 아리스토텔레스의 관계) 이 단어를 사용하기도 한다.[6] 바울이 이 단어에 은유적 의미를 담고 있다고 인정하더라도 우리는 그것을 디벨리우스와 콘젤만처럼 단지 "하나의 친절하고 공손한 어드레스 형태"로만 볼 수는 없다.[7]

칼빈은 목회서신 설교에서 이 부분과 관련하여 바울이 디도를 '자연적'(natural) 아들이라 부르는 것은 명분만 가진 위선자들과 구분하기 위함이라고 하면서, 설교의 적용을 성도들이 이름과 실질을 동시에 구비한 진정한 아들이 되어야 한다는 방향으로 잡아가고 있다.[8] 그러면서 칼빈은 자신을 아버지의 위치에 두는 것이 결코 하나님의 영광을 가로채거나 감소시키는 것이 아니라고 덧붙인다. 이는 특히 디도서에서 '같은 믿음'을 언급하는 데서 잘 나타난다고 말한다. 곧 바울은 이를 통하여 "그가 아버지이면서도 동시에 나머지 모든 사람들과 같이 자신이 아들이기를 그치지 않는다"는 인식을 표현한다는 것이다.[9]

자칫 통상적인 형식에 그칠 수도 있는 수신자 어드레스에 있어서도 바울은 이 서신들을 통하여 그가 행하고자 하는 모든 것의 기초를 잘 다져놓고 있음을 본다. 그는 수신자들을 자신과의 가장 긴밀한 관계 속으로 불러들이고 있다. 그 안에서 바울은 자신의 모든

---

[5] 참고, Mounce, 『목회서신』, 207.
[6] 참고, Marshall, *The Pastoral Epistles*, 132.
[7] Dibelius and Conzelmann, *The Pastoral Epistles*, 13.
[8] John Calvin, *Sermons on the Epistles to Timothy and Titus*(Oxford: The Banner of Truth Trust, 1983 [Facsimile edn. of 1579]), 1050.
[9] Calvin, *Sermons on Timothy and Titus*, 1051.

것을 그들과 공유하기를 원한다. 그의 은혜, 그의 복음, 그의 교훈, 그의 삶과 투쟁 등은 그 자신만의 것이 아니다. 디모데와 디도가 이 모든 것을 그와 공유하고 계속적인 사명 수행과 투쟁의 자리에 서기를 바울은 바라고 있는 것이다. 그런 목적을 위하여 편지 초반의 그의 어드레스는 하나의 대의를 향하여 세대를 초월하여 함께 나아가는 아버지와 '아들'의 가족유대적 관계를 부각시키고 있다.

3. 호격의 사용

편지의 몸 부분 속에서 바울은 몇 차례에 걸쳐 디모데와 디도를 직접적인 방식으로 어드레스 하고 있다. 이 경우에 바울은 이름이 나 아니면 '아들'과 같은 관계 용어의 호격을 사용한다. 이런 직접 어드레스(direct address)는 네 본문 정도에서 뚜렷하게 나타나는데, 그 각각의 경우들을 좀 더 자세히 살펴보자.

첫째, 디모데전서 1:18에서 바울은 디모데를 향해 "아들 디모데야"(τέκνον Τιμόθεε)라고 부르면서 중요한 지시적 명령(παραγγελία) 하나를 주고 있다. 그것은 곧 그가 "선한 싸움을 싸우도록(ἵνα στρατεύῃ)" 하라는 것이다.[10] 이 싸움은 두 가지 조건으로 싸운다. 그 하나는 "그것으로"(ἐν αὐταῖς, 전치사 ἐν을 도구적 의미로 본다면 '너에 대한 앞서의 예언들로') 싸우는 것이다. 이 '예언들' 문구는 양면으로 작용한다. 카타 전치사와 연결되어 나타나는 경우(κατὰ τὰς προαγούσας

---

10 "이 교훈"(명령)이라고 할 때의 Ταύτην이 ἵνα 이하의 내용을 가리키는지에 대해 마운스는 부정적이다. 오히려 앞쪽으로 디모데전서 1:5과 연관시키고 있다. 참고, Mounce, 『목회서신』, 298. 하지만 그렇게 할 때 명령의 내용은 밝혀지지 않는 단점이 있다.

ἐπὶ σὲ προφητείας)에는 바울을 주어로 가지는 παρατίθεμαι 동사에 연결되어서 바울이 이 예언들의 바탕 위에서 디모데에게 '선한 싸움'의 명령을 하나의 전승처럼 위탁하고 있다. 그리고 이것이 엔 전치사와 연결될 때에는 디모데가 이 예언들을 무기로 삼아 자신에게 맡겨진 '선한 싸움'을 잘 싸워가야 한다. 바울과 디모데가 공통적으로 알고 있는 이 '예언들'은 디모데전서 4:14과 디모데후서 1:6의 예언 및 은사에 대한 언급과 동일한 것으로 보이며,[11] 디모데의 복음 전파의 사명과 능력 및 임명과 연관된 것으로 볼 수 있다. 이 예언들은 그의 물러설 수 없는 기반이며 보루이고 또한 능력의 원천이다.

디모데의 "선한 싸움"은 또 하나 "믿음과 착한 양심을 가지고서" (ἔχων πίστιν καὶ ἀγαθὴν συνείδησιν) 싸워야 할 싸움이다. 바울은 이 대적자들과 관련하여 어떤 양심을 버린 자들이 믿음에 관하여는 파선하였고, 그 중에 구체적으로는 후메내오와 알렉산더가 있다고 지적한다. 이곳의 알렉산더가 디모데후서 4:14의 금속 세공인 알렉산더와 동일 인물일 가능성이 크지만 단정할 수는 없으며, 후메내오에 대해서는 달리 언급을 찾을 수 없다(딤후 2:17에 다시 한 번 이 이름이 언급되는 것 제외). 하지만 이들이 누구이든 간에 이들의 대적 활동은 교회 밖으로부터가 아니라 교회 안으로부터 시작되고 있다.[12] 그래서 바울은 출교를 짐작하게 하는 의미로 "내가 사탄에게 내주었다"(딤전 1:20)고 말한다. 바울의 조치가 있었음에도 불구하고 그

---

11 이렇게 보는 관점은 참고, Mounce, 『목회서신』, 306.
12 디모데전·후서의 거짓 교사들이 밖으로부터 들어온 사람들이기 보다는 교회 내부에서 일어난 지도자들(장로들)이라는 추정을 위해서는 참고, Gordon D. Fee, "Reflections on Church Order in the Pastoral Epistles", in *Listening to the Spirit in the Text* (Grand Rapids: Eerdmans, 2000), 147-62 (151-52).

런 활동들이 계속해서 일어날 위험성은 항상 상존하기 때문에 디모데는 자신의 정결한 본을 바탕으로 '선한 싸움'을 계속해가야 한다. 바울은 이 일을 위하여 디모데를 불러 세우고 있는 것이다.

둘째, 디모데전서 6:11에서 바울은 매우 감정적인 방식으로 디모데를 부르고 있다. 이 경우 "오 하나님의 사람아"(ὦ ἄνθρωπε θεοῦ)라는 호격의 어드레스는 우리가 다음 항목에서 좀 더 자세히 살펴볼 "그러나 너는"(Σὺ δέ) 문구와 함께 등장하여 그 어드레스의 강도가 매우 높게 상승하고 있다. 바울이 디모데를 '하나님의 사람'으로 부르는 것은 그의 정체성을 명확하게 규정하는 역할을 한다. 이 표현은 70인경에서 68번 나타나며, 모세, 다윗, 사무엘, 엘리야, 엘리사 등에게 돌려지던 칭호이다.[13] 그는 오직 하나님께 그리고 전적으로 하나님께 의지하여 살고 일하야 하는 사람이다.

감탄사 ὦ는 BDAG 사전에 따르면 호격과 함께 사용되는 전형적인 개별 어드레스(personal address)의 표시자이다. 그리고 대개의 경우는 감정의 표현이 담긴다. 바울은 이곳에서 "다른 교훈을 하는 어떤 자"(τις ἑτεροδιδασκαλεῖ, 딤전 6:3)의 교만하며 파괴적인 활동에 분노를 느끼면서, 디모데가 "하나님의 사람"에게 기대되는 존귀로운 사명을 잘 감당하도록 온 마음의 기대와 열정을 쏟아 그를 불러 세우고 있는 것이다.

셋째, 바울은 디모데전서 6:20에서 다시 한 번 동일한 감탄사를 사용하여 "오 디모데야"(Ὦ Τιμόθεε)라고 부르고 있다. 이 호격 어드레스 역시 매우 감정적이다. 이 어드레스와 함께 바울이 디모데에게 당부하고 있는 것은 "부탁한 것을 지키라"(τὴν παραθήκην

---

[13] 참고, Mounce, 『목회서신』, 734.

φύλαξον)는 것이다. 특히 사람들을 믿음에서 이탈시키는 공허한 말 (κενοφωνία, 딤후 2:16에도 나오며 이것이 불경건을 조장한다)과 거짓 지식의 공격 앞에서 디모데는 '그 의탁물'을 사수해야 할 책임이 있다. 여기서 바울이 언급하는 "부탁한 것"(παραθήκη)은 디모데후서 1:12, 14에도 나타난다. 특히 디모데후서 1:12의 "내가 의탁한 것"(τὴν παραθήκην μου)은 여러 가지 방식으로 읽는 것이 가능하다. '내가 하나님께 의탁한 것'을 말하는지, 아니면 '하나님이 나에게 의탁한 것'을 말하는지, 아니면 '바울이 디모데에게 의탁한 것'을 말하는지 결정하기가 쉽지 않다. 하지만 디모데후서 1:14에서 '의탁물'(τὴν καλὴν παραθήκην)은 디모데에게 의탁된 것을 가리킨다고 보는 데 무리가 없다. 같은 용례를 따라 우리는 디모데후서 1:12에서도 '나의 의탁'(하나님에게) 보다는 '하나님의 의탁물'(바울에게) 또는 '바울의 의탁물'(디모데에게)의 의미로 보는 것이 좋을 듯하다.[14]

바울은 디모데전서를 마무리 지으면서 일반적인 문안 인사 대신 그가 하고 싶었던 이야기의 핵심을 결론적으로 짚어주고 있다. 곧 '그 의탁물'을 끝까지 신실하게 지켜서 사람들을 믿음과 생명의 길로 이끌라는 것이다. 이런 마지막 당부를 간절한 마음을 담아 전달하기 위해 바울은 "오 디모데야"라고 열정적으로 그를 부르고 있는 것이다.

넷째, 디모데후서 2:1에서 바울은 디모데를 "그러므로 너, 나의 아들아"(Σὺ οὖν, τέκνον μου)라고 부르고 있다. 이 어드레스에 이어 예수 그리스도 안에 있는 은혜로 "강하라"(ἐνδυναμοῦ, 현재 수동태 명령법의 의미를 살린다면 계속하여 [하나님에 의해] 강하여지라)는 명령이 따른다.

---

14 하워드 마샬은 이 세 번째 의미를 지지하고 있다. Marshall, *The Pastoral Epistles*, 711.

우리가 다음 항목에서 볼 Σὺ δέ의 경우는 강한 대비 관계의 구성을 가지지만, 여기서는 Σὺ οὖν을 사용하여 디모데를 바로 앞에서 언급하였던 오네시보로의 선한 모범과 연결시키고 있다. 바울은 에베소에서 그가 많이 '봉사했던'(διηκόνησεν) 일을 디모데에게 상기시키고 있다. 그런 섬김의 일을 디모데도 역시 (비록 그 섬김의 종류나 기능은 다를지라도) 잘 감당할 수 있도록 그가 강하여져야 한다는 것을 바울은 Σὺ οὖν을 통해 부각시키고 있는 것이다.

"너, 나의 아들아"라는 바울의 부름은 디모데 자신을 향한 "강하라"는 명령뿐만 아니라 다른 사람들을 개입시키는 "부탁하라" (παράθου παρατίθημι의 아오리스트 명령법으로, 앞서 1:18에서는 바울이 '선한 싸움'의 명령을 위탁할 때 동일한 동사를 사용)는 명령의 근거가 된다. 디모데가 다른 신실한 사람들에게 전승해야 할 것은 다름 아닌 "내게 들은 것들"(ἃ ἤκουσας παρ' ἐμοῦ)이다.[15] 전승의 연결 속에 바울과 그의 아들 디모데가 함께 묶여지고 있음을 본다. 여기에 전승의 일체성이 존재한다. '아들'의 관계어는 단지 육체적 유비에만 그치지 않고 복음 전승의 연속성을 뒷받침하는 언어로 기능하고 있다.

위에서 우리가 살펴본 용례들은 이름이나 관계 용어를 사용하여 가르침이나 명령을 주는 경우이지만, 이런 직접 어드레스가 없이도 이인칭 단수 명령형을 사용하는 경우들이 목회서신에는 많이 나타난다. 이 속에도 인칭 표시들이 다 들어 있기 때문에 넓은 의미에서의 직접 어드레스라고 볼 수 있겠지만, 우리가 위에서 살펴

---

[15] 디모데가 들었던 것의 일차적인 원천은 바울이다(따라서 παρ' ἐμοῦ는 '나로부터'). 따라서 두 번째 전치사구(διὰ πολλῶν μαρτύρων, 우리 번역에는 이것이 먼저 나온다)는 '많은 증인들을 통해' 보다는 '많은 증인들 앞에서'로 옮기는 것이 더 적합하다. 참고, Philip H. Towner, *The Letters to Timothy and Titus* (NICNT. Grand Rapids: Eerdmans, 2006), 490; George W. Knight III, *The Pastoral Epistles* (NIGTC. Grand Rapids: Eerdmans, 1992), 390.

본 것들은 이를 대표하여 보다 명료하게 바울이 그의 대화 상대를 부르고 있는 경우들이다.

이 직접 어드레스의 경우들에 있어서 공통적인 특징은 바울과 수신자 사이의 강한 일체성이다. 바울은 이런 일체성을 바탕으로 디모데에게 많은 희생과 대가 지불이 따르는 '싸움'을 명할 수 있는 것이다. 이런 싸움의 현실은 이어서 살펴 볼 Σὺ δέ 문구의 사용을 통한 어드레스 속에서 더 잘 부각된다.

4. "그러나 너는"(Σὺ δέ) 문구의 사용

1) 구체적 예들

수신자를 독특하게 구별하여 부르는 Σὺ δέ의 용례는 목회서신 전체에서 다섯 번 나타난다. 바울의 다른 서신들 속에서 이런 용례가 극히 드물다는 점을 고려한다면 이는 목회서신을 특징짓는 어드레스의 방법이라 볼 수 있다. 우선 바울이 어떤 맥락 속에서 이런 표현을 사용하고 있는지 살펴보자.

첫째, 가장 먼저 이 표현이 나타나는 경우는 디모데전서 6:11이다. 위에서도 본 것처럼 이 경우는 Σὺ δέ에 이어 "오 하나님의 사람아"라는 호격 어드레스가 중복되어 매우 강한 어드레스의 효과를 자아내고 있다. Σὺ δέ의 대비적 효과는 "이것들을 피하라"는 명령 속에서 구체화되고 있다. 그렇다면 디모데가 피해야 할 "이것들"(ταῦτα)은 무엇인가?

바울은 바로 앞에서 "부하려 하는 자들"과 "돈을 사랑함"의 해악에 대해 경계하고 있다(딤전 6:9-10). 좁은 의미에서 보면 ταῦτα는 이런 것들을 가리킨다. 그러나 조금 더 넓은 맥락에서 보면 이런 "부하려 하는 자들"은 "다른 교훈을 하는 어떤 자"(τις ἑτεροδιδασκαλεῖ, 딤전 6:3)의 부류에 속하며, 또한 "경건을 이익의 방도로 생각하는 자들"(딤전 6:5)의 부류에 속한다. 그러므로 디모데가 멀리해야 할 것은 "그리스도의 말씀과 경건에 관한(κατ᾽ εὐσέβειαν)[16] 교훈"(딤전 6:3)을 그 자체대로 만족하지 않고, 오히려 물질적 만족을 위하여 이를 수단화하는 사람들의 모든 잘못된 소행들이다. 이런 사람들은 고든 피가 잘 지적하는 것처럼 교회 바깥에서 들어온 사람들이 아니라 교회 안에서 일어난 사람들이다.[17] 결국 디모데가 경계해야 할 것은 거짓 교사들에 의한 교훈의 변질이다.

바울은 디모데가 피해야 할 부정적인 것들뿐만 아니라 "하나님의 사람"으로서 그가 취해야 할 보다 적극적인 것들이 있음을 강조한다. 곧 의, 경건, 믿음, 사랑, 인내, 온유(πραϋπαθία, 보다 일반적인 형태인 πραΰτης와 달리 신약에서 여기만 나타나는 단어로 고난을 참아내는 온유의 뉘앙스를 가짐)[18]의 여섯 가지 항목들이다. 조지 나이트는 이 여섯 가지 덕목들을 둘씩 짝을 지어 의와 경건이 하나님과의 관계를 대표하는 것으로, 믿음(신실함보다는 신뢰의 의미로)과 사랑을 그리스도인 삶의 중심 원리로, 인내와 온유를 적대적 세상에서의 그리스도인의 자세를 대변하는 것으로 정리하고 있다.[19] 다소 인위적 구분의

---

[16] 여기에 언급된 κατ᾽ εὐσέβειαν은 단순히 경건에 '관한'의 의미보다는 '결과'의 의미를 염두에 두어서 '경건을 위한' 또는 '경건을 목적으로 하는'의 의미로 읽는 것이 더 낫다. 그렇다면 바울이 가르치는 바른 교훈은 경건을 증진시키는 능력과 목적을 가진다. 참고, Knight, *The Pastoral Epistles*, 250.
[17] Fee, "Reflections on Church Order in the Pastoral Epistles", 151.
[18] 참고, Mounce, 『목회서신』, 736.
[19] Knight, *The Pastoral Epistles*, 262.

냄새가 나긴 하지만, 그래도 일리가 있는 시도이다. 디모데가 이런 것들을 적극적으로 좇아서 그의 삶 속에 온전히 구현해나갈 때 앞의 거짓 교사들의 모든 추구와는 뚜렷이 구별되는 참된 '하나님의 사람'으로서의 사역자의 모습을 교회와 세상 앞에 제시할 수 있게 될 것이다. 바울은 이를 위하여 "그러나 너, 오 하나님의 사람아"라고 디모데를 부르고 있다.

둘째, 디모데후서 3:10에서 바울은 "그러나 너는 나의 교훈과 행실과 의향과 믿음과 오래 참음과 사랑과 인내와 박해를 받음과 고난을 알았다"(Σὺ δὲ παρηκολούθησά μου τῇ διδασκαλίᾳ, τῇ ἀγωγῇ, τῇ προθέσει, τῇ πίστει, τῇ μακροθυμίᾳ, τῇ ἀγάπῃ, τῇ ὑπομονῇ, τοῖς διωγμοῖς, τοῖς παθήμασιν)고 말한다. 여기에는 바울이 디모데전서 6:11에서 말하였던 덕목들과 겹치는 것들이 나타나기도 하지만, 그보다는 훨씬 포괄적이다. '삶의 방식'('행실'로 번역)을 가리키는 단어로 신약에서 오직 여기에만 나오는 ἀγωγή의 사용도 특이하며, 다른 곳에서는 주로 하나님의 계획이나 뜻을 가리킬 때 사용하는(롬 8:28 등) πρόθεσις('의향'으로 번역)를 바울 자신과 관련하여 사용하는 것도 특이하다. 뿐만 아니라 그의 고난들에 대한 구체적이고 생생한 언급은 삶을 함께 나눈 매우 가까운 관계가 아니면 알 수 없는 체험적인 것들이다.

바울이 여기서 열거하는 항목들은 모두 여격을 그 목적어로 취하는 아오리스트 시제의 '알았다'(παρηκολούθησας)는 동사에 연결된다. 여기에 사용된 παρακολουθέω 동사는 단순한 인지적 지식 이상의 것을 나타낸다. 이 단어는 BDAG 사전에 따르면 "마음과 이해를 가지고 무엇인가를 자기 것으로 삼으면서 따른다"는 의미를 가진다. 디모데는 이미 바울의 길을 자신의 것으로 삼아 그 길을 선택하고 따라왔던 사람이다. 그런 면에서 디모데의 말과 행실 속에는 바울의 흔적이 고스란히 담겨질 수밖에 없다. 이런 점이 이 구절이 놓여 있는 더 넓은 맥락에 등장하는 거짓 교사들과의 근본적 차이점이다.

이 거짓 교사들은 "경건의 모양은 있으나 경건의 능력은 부인"하는 자들이며, "죄를 중히 진 여자"(γυναικάρια σεσωρευμένα ἁμαρτίαις, 죄들로 층이 져있는 상태의 약한 여자)를 구원의 길로 바르게 인도하기는커녕 오히려 그들을 "유인하는 자들"(αἰχμαλωτίζοντες, 원래 포로로 잡는다는 전쟁 용어)이다(딤후 3:5-6). 그들은 믿음과 관련해서는 "버림 받은 자들"(ἀδόκιμοι, 시험 실패자들)이다(딤후 3:8).

바울은 Σὺ δέ를 사용하여 이런 자들과 디모데를 구별한다. 그들은 다 자신들의 사악한 욕망을 따라 어리석은 실패자의 길로 나아갔지만 '그러나 너는 나를 따랐다'는 것이다. 바울은 디모데에게서도 동일한 삶의 결과들이 나타나기를 기대하면서 자신의 본을 제시하고 있다. 무엇보다 복음의 사역자들에게는 가르침과 삶의 방식(특히 ἀγωγή)이 함께 가는 것이 중요하다.

이런 복음 사역자의 길과 관련하여 매튜 헨리(Matthew Henry)가 바울의 핵심을 잘 간파하고 있다. "그[바울]의 삶의 방식은 그의 가르침과 하나를 이루었으며, 이 둘이 결코 서로 모순되지 않았다. 설교는 잘 하지만 살기는 나쁘게 하는 자는 결코 다른 사람들에게 유익을 주기를 기대할 수 없다…사도의 삶은 세 가지 면에 있어서 매우 모범적이었다. 그의 가르침, 그의 삶 그리고 그의 핍박과 고난이 그것이다."[20] 매튜 헨리는 디도서 2:7과 관련해서도 동일한 것을 강조한다. "선한 교리는 선한 삶과 함께 가야 한다…빛과 그 영

---

[20] Matthew Henry, *Commentary on the Whole Bible* (Grand Rapids: Zondervan, 1961), 1897.

향이 함께 가야 한다…따라서 말에 있어서 본이 되고, 삶의 방식(conversation)에 있어서, 곧 가르침에 상응하는 삶에 있어서 본이 되라."[21]

셋째, 디모데후서 3:14의 경우 바로 앞의 3:10과 이어지는 맥락에서 바울은 디모데를 향해 "그러나 너는 배우고 확신한 일에 거하라"(σὺ δὲ μένε ἐν οἷς ἔμαθες καὶ ἐπιστώθης)고 명한다. 이 부분 역시 바로 앞 13절의 "악한 사람들과 속이는 자들"과 대조를 이룬다. "속이는 자들"을 가리키는 γόητες는 원래 마술사를 의미하는 단어이며,[22] 그 구체적인 예들이 앞서 3:8에서 얀네와 얌브레라는 이름으로 소개된 바 있다.

이런 자들과 달리 디모데는 과거로부터 살아 있는 신앙의 인격자들로부터("네가 누구에게서 배운 것을 알며". 3:14) 배웠으며, 또한 "하나님의 감동으로 된"(3:16) 가장 훌륭한 교본인 성경을 배운 사람이다. 이제 디모데가 해야 할 일은 그 가운데 계속 거하는(μένε의 현재시제 주목) 일이다. 비록 그 길이 박해를 대가로 지불해야 하는 일일지라도 예수 그리스도의 사람들은 그런 길을 따르지 않을 수 없다(3:12). 바울은 이를 위해 σὺ δὲ 문구를 사용하여 디모데를 구별되게 부르고 있는 것이다.

넷째, 디모데후서 4:5에서 바울은 다시 한 번 σὺ δὲ를 사용하여 디모데를 그에게 맡겨진 사역의 자리에 바르게 불러 세우고 있다. 구체적으로 그것은 "전도자"(εὐαγγελιστής. 행 21:8; 엡 4:11 등)의 일이다. 바울은 앞서 4:1에서 하나님과 예수 그리스도를 증인으로 세워 디모데에게 엄히 명한(διαμαρτύρομαι) 일이 있다. 바울이 사용하는 이

---

21 Henry, *Commentary*, 1902.
22 Mounce, 『목회서신』, 1061.

동사는 맹세를 위한 전문적 용어로 사용된다. 바울이 자기 스스로에 대하여 "만일 복음을 전하지 아니하면 내게 화가 있을 것이로다"(고전 9:16)고 자술하였던 것처럼, 동일한 엄숙한 무게로 바울은 디모데에게 "너는 말씀을 전파하라"고 명한다(딤후 4:2).

그러나 이 일이 그렇게 쉬운 일이 아니라는 것은 분명하다. 왜냐하면 사람들이 '바른 교훈'보다 각자의 사욕을 만족시켜 줄 선생들을 더 좋아할 것이며, '진리'보다 '신화들'(τοὺς μύθους, 딤후 4:4)을 더 즐겨 들을 것이기 때문이다.

바울은 이런 상황을 내다보면서 디모데에게 "그러나 너는 모든 일에 신중하라"(σὺ δὲ νῆφε ἐν πᾶσιν)고 명한다. 여기서 바울이 사용하는 νήφω 동사는 잠이나 술에 취하지 않고 맑은 정신으로 깨어 있는 것을 의미한다. 특별히 영적으로 잠들게 하는 이단적 스승들의 강한 술에 자신이나 다른 사람들이 취하지 않도록 그는 항상 깨어 있어야 한다.[23] 이런 일을 위하여 심지어 "고난을 받으라"(κακοπάθησον)고 명하기도 한다. 궂은 일 당하는 것을 피하려 할 것이 아니라 오히려 적극적으로 짊어지고 돌파하라는 것이다. 디모데의 '전도자'로서의 사역은 이처럼 분명하고 구별된 자기인식이 없이는 감당할 수 없는 일이다. 그런 이유 때문에 바울은 σὺ δὲ 문구를 사용하여 디모데를 강하게 불러 세우고 있는 것이다.

다섯째, 디도서 2:1의 경우 바울은 디도에게 "오직 너는 [늙은 남자/늙은 여자로는 ~하도록] 바른 교훈에 합당한 것을 말하라"(Σὺ δὲ λάλει ἃ πρέπει τῇ ὑγιαινούσῃ διδασκαλίᾳ)고 명한다. 바울이 여기서 Σὺ δὲ 문구를 쓰는 것은 앞의 1장 말미에서 언급했던 "그들"(특히 딛

---

23 이런 이미지를 위해서는 참고, Mounce, 『목회서신』, 1085.

1:15-16)과의 대비 관계 속에서이다. 그들은 "유대인의 허탄한 이야기와 인간적 계명들"(Ἰουδαϊκοῖς μύθοις καὶ ἐντολαῖς ἀνθρώπων)을 앞세우는 사람들이다(딛 1:14). 디모데의 에베소뿐만 아니라 디도의 그레데에서도 거짓 교사들은 교회 내부로부터 일어나서 유대적 신화들, 곧 "사소한 구약의 특징들 주변에서 창출한 이야기들"과 "금욕적인 가르침" 및 "참된 예배를 대신하는 의식주의" 같은 것을 무기로 삼아 교회를 어지럽히는 활동을 하고 있었다.[24] 특히 "깨끗한 자들에게는 모든 것이 깨끗하나 더럽고 믿지 아니하는 자들에게는 아무 것도 깨끗한 것이 없다"(딛 1:15)는 바울의 선언은 내적 정결보다 의식적 정결을 앞세우고 있던 유대적 전통이 디도의 교회 속에도 영향을 행사하고 있었음을 반영한다. 이런 문제는 에베소에서 "혼인을 금하고 어떤 음식물은 먹지 말라"(딤전 4:3)고 가르치는 거짓 교사들의 행태와 유사성을 보인다. 바울은 그 자리에서도 "하나님께서 지으신 모든 것이 선하매 감사함으로 받으면 버릴 것이 없나니 하나님의 말씀과 기도로 거룩하여짐이라"(딤전 4:4-5)고 답한 바 있다. 바울은 옛 경륜 시대의 의식적, 소극적 거룩성을 넘어 새 경륜 시대의 적극적 거룩성의 원리를 제시하고 있다.

나아가서 바울은 그레데의 거짓 교사들의 결정적 잘못을 보여주기 위해 그들의 자기궤멸적 화행(self-defeating speech act)의 한 예를 보여준다. 곧 그들이 입으로는 "하나님을 아노라"고 시인하지만(θεὸν ὁμολογοῦσιν εἰδέναι), 그러나 그 행위들을 가지고서는(τοῖς ἔργοις, 수단의 여격을 사용) 그들은 하나님을 부인하고 있다(ἀρνοῦνται).[25] 비록 그

---

[24] 이 부분의 이해를 위해서는 마운스의 표현을 채용하였다. 참고, Mounce, 『목회서신』, 806.

[25] 내용상 명백한 잘못을 가진 고백적 화행과 자기궤멸적 화행 및 진정한 고백적 화행의 구분에 대해서는 참고, 최승락, "칼빈의 요한일서 주석에 나타난 삶의 모드의 강조,"「개혁

들이 하는 말의 내용에는 아무 잘못을 찾아볼 수 없다고 하더라도, 그 행위를 통해 드러나는 것들이 그들의 말을 스스로 무너뜨리고 있다. 바울은 여기서도 그들을 실패자들(ἀδόκιμοι)이라 부른다. 디도서 1:16하의 "모든 선한 일을 버리는 자니라"(πρὸς πᾶν ἔργον ἀγαθὸν ἀδόκιμοι)는 우리말 번역은 그들이 선한 일을 포기하는 자들이라는 인상을 준다. 그보다는 모든 선한 일들에 대하여[26] 그들이 쓸모없는 자들이 되었다는 것을 나타낸다. 선한 일에 관한 한 그들은 파산자들이 되었다.

바울은 이런 실패자들과 디도를 구분하기 위해 디도서 2:1에서 Σὺ δέ를 사용하여 디도의 인정받는 사역이 어떤 것이 되어야 할 것인지의 방향을 지시하고 있다. 곧 그의 사역은 하나님의 백성 가운데 참된 삶의 행실로 "하나님의 교훈을 빛나게(ἵνα..κοσμῶσιν)"[27](딛 2:10) 하는 결과를 낳는 사역이 되어야 한다.

이상의 예들을 정리해보면, 디모데후서 2:1에서 Σὺ οὖν을 통해 오네시보로의 선한 모범을 연결 짓는 예와 달리, Σὺ δέ의 경우는 전부가 거짓 교사들과의 강한 대비 관계를 바탕으로 청자(addressee)로 하여금 구별된 태도와 반응을 보일 것을 요구하고 있음을 알 수 있다. 그렇다면 이런 대비적 어드레스가 가지는 발화상의 특징이 무엇인지를 별도로 조금 더 자세히 살펴보도록 하자.

신학과 교회」 24호(2010년), 123-46.

26 타우너는 전치사 πρός를 "~에 관하여"(with reference to)의 의미로 잘 읽고 있다. 보라, Towner, *The Letters to Timothy and Titus*, 711, n. 154.

27 여기 사용된 κοσμέω 동사는 장식한다는 의미를 가진다. 하나님의 바른 교훈의 장식은 믿는 자들의 삶의 행실들을 통하여 이루어진다.

2) 텍스트언어학적 논의

텍스트학(Textwissenschaft)[28]의 선두주자 중 한 사람인 화란의 반 데이크(Teun A. van Dijk) 교수는 어떤 발화와 그것의 화용적 맥락 사이의 관계를 다각적으로 검토하는 가운데서 특히 불변화사나 연결사가 가지는 기능에 주목한다. 예를 들어, 아래의 a와 같이 두 개의 문장은 아무런 연결사 없이도 서로 연결된 의미 맥락을 형성할 수 있다.[29]

a. Jan war müde. Er blieb zu Haus.
(얀은 피곤했다. 그는 집에 있었다.)
b. Jan war müde. Also blieb er zu Haus.
(얀은 피곤했다. 그래서 집에 있었다.)
c. Jan war müde. Er blieb daher zu Haus.
(얀은 피곤했다. 그래서 집에 있었다.)

반 데이크에 따르면 b의 경우 연결사 also는 단지 사태간의 관계만을 나타낼 뿐이지만, c의 경우 daher(그래서, 바로 그 이유로)는 앞선 주장의 결론을 나타낸다. 이런 예를 통해서 반 데이크는 연결사의 '의미적 사용'과 '화용적 사용'을 구분하고 있다.[30]

---

[28] 텍스트학 또는 텍스트언어학은 텍스트의 의미 이해를 단순히 어휘적 의미 분석에 그치지 않고, 그 화용적 맥락과 더 넓은 다양한 사회, 심리적 차원의 맥락 속에서 학제적 접근을 시도하는 특징을 가진다.
[29] 이 예들은 반 데이크의 것을 축소하여 재구성한 것이다. 보라, Teun A. van Dijk, 『텍스트학』(정시호 역, 서울: 아르케, 2000[1978]), 145-46.
[30] van Dijk, 『텍스트학』, 147.

그가 말하는 의미적 사용은 사태들 사이의 관계를 밝히는 기능을 말한다. 하지만 화용적 사용은 그것을 넘어서(또는 그런 바탕 위에서) "커뮤니케이션상의 맥락을 위해서 수행하는 특별한 역할"을 가진다. 다르게 말하자면 "어떤 화행이 실제상황에 특별히 연관될 때, 예를 들면, 앞으로의 행위와 대화참여자의 상호작용을 위한 조건으로서 특히 중요할 때 화용적 연결사가 사용된다"는 것이다.[31]

반 데이크는 연결사들 가운데서도 '그러나'(aber)를 가장 전형적인 화용적 연결사의 하나로 들고 있다. 이 연결사의 일차적 기능은 사태들 사이의 정상적 흐름 속에 예외적 관계가 있다는 것을 지시한다(의미적 기능). 그러나 단지 거기에 그치지 않고 "선행된 (언어)행위에 대한 이의, 혹은 심지어 비난까지 시사하게 된다"(화용적 기능).[32] 반 데이크가 드는 예를 하나 인용해보자.

A: Gehst du mit ins Kino? (너 같이 영화관에 갈래?)
B: Aber du weißt doch, daß ich morgen eine Prüfung machen muß! (그러나 너는 내가 내일 시험을 쳐야 한다는 것을 알고 있지!)

대화의 맥락 속에서 aber는 단지 두 다른 사태를 반대적으로 연결하는 기능만을 하는 것이 아니라, 비난(알면서 어떻게 나에게 그럴 수 있어?) 등의 별도의 강화된 발화수반력(illocutionary force)을 발생시키기도 한다.

우리는 반 데이크의 지적이 앞서 보았던 바울의 Σὺ δέ의 용례들을 잘 뒷받침해주는 것을 볼 수 있다. 바울의 '그러나'는 단지 두 반

---

[31] van Dijk, 『텍스트학』, 147.
[32] van Dijk, 『텍스트학』, 149.

대되는 사태를 연결하는 기능에 그치지 않는다. '그러나 너는'이라는 어드레스를 통하여 청자에게 하나의 강세를 가진 기대나 요망 또는 명령이 전달되고 있다. 여기에는 반 데이크가 지적하는 것처럼 "앞으로의 행위와 대화 참여자의 상호작용을 위한 조건"이 수반된다. 바울은 디모데나 디도가 또한 오늘의 그리스도인들이 가야 할 특정 방향의 자세나 삶의 길을 보여주고 있고, 그것을 받는 자들(addressee)에게는 경우에 따라 그것이 권면이 되기도 하며 명령이 되기도 하며 약속이 되기도 하는 다각적 발화수반행위의 힘으로 다가오게 되는 것이다.

5. 어드레스 용례를 통해 본 목회서신의 특성

목회서신의 어드레스는 바울의 다른 서신들과 큰 차이를 보이고 있다. 크리스토퍼 포브스(Christopher Forbes)의 경우 바울의 어드레스가 당대의 다른 서신들과 달리 책임 있고 의식 있는 전체 회중을 대상으로 삼는 집단 또는 공동 어드레스(communal address)의 특성을 가진다는 사실을 잘 지적한다.[33] 예를 들어, "형제들아"라는 공동 어드레스가 로마서에서 10번, 고린도전·후서에서 23번, 갈라디아서에서 8번, 빌립보서에서 6번, 데살로니가전·후서에서 21번 사용되고 있는 것과 같다.[34] 포브스는 자신이 살핀 수많은 현존하는 고대의 그레코로만 서신들 속에서 공공기구나 가까운 가족들을 대상으

---

[33] Christopher Forbes, "Ancient Rhetoric and Ancient Letters", in J.P. Sampley and Peter Lampe (eds.), *Paul and Rhetoric* (New York and London: T & T Clark, 2010), 143-60 (150).

[34] Forbes, "Ancient Rhetoric and Ancient Letters", 150.

로 하는 일부 경우가 아니면 바울과 같은 빈번한 공동 어드레스를 사용하는 경우를 찾아보기 어렵다고 말한다. 이는 바울의 서신들이 문학 작품처럼 "읽혀지기 위해서"가 아니라, 수사적 발화처럼 "이행되기 위해"(to be performed) 기록되었기 때문이라는 것이다.[35]

물론 우리는 포브스가 지적하는 것처럼 바울서신이 가진 공동 어드레스의 특성을 잘 주목하는 것이 필요하다. 그러나 모든 바울서신이 다 그러하다는 일반화의 경향은 주의할 필요가 있다. 포브스가 그런 접근을 하는 이유는 첫째, 그가 개인을 수신자로 삼는 목회서신을 바울의 진정한 서신에 포함시키지 않기 때문이다.[36] 둘째, 바울서신을 서간학 보다는 수사학에 위치시키고자 하는 그의 분류 의도가 지나치게 강하게 작용하기 때문이다. 셋째, 그가 공동 어드레스 하나만을 바울서신의 특성을 판가름하는 기준으로 사용하고 있기 때문이다. 우리가 위에서 살펴본 예들은 바울에게 있어서 다른 종류의 어드레스 방법이 얼마든지 있을 수 있다는 것을 잘 보여준다.

보다 개별적이면서 보다 대비적 특성이 강한 직접 어드레스가 다양하게 구사되고 있는 목회서신을 우리는 서신들의 계보 속에서 어떻게 자리매김 할 수 있을 것인가? 특히 바울이 목회서신에서 즐겨 사용하는 Σὺ δέ 문구는 하워드 마샬이 지적하는 것처럼 성경 밖의 일반 문헌들 속에서는 위-디오게네스(Ps-Diogenes)의 편지나 위-소크라테스(Ps-Socrates)의 편지, 필로, 헤르마스 등의 글에서 그 용례를 찾아 볼 수 있고, 주로 "용납되는 행동이나 반응을 용납되

---

[35] Forbes, "Ancient Rhetoric and Ancient Letters", 159.
[36] Forbes, "Ancient Rhetoric and Ancient Letters", 157, n. 54.

지 못하는 행동들과 구분"하는 기능을 가진다.³⁷

스탠리 스토워스(Stanley K. Stowers)는 목회서신을 파레네시스(paraenesis)의 범주에 포함시키면서, 이런 부류의 서신들이 가지는 근본적인 특징들을 다음과 같이 정리하고 있다.³⁸

1. 편지의 발신자는 수신자의 친구이거나 도덕적으로 우월한 자(예를 들어, 더 연로하거나 더 지혜롭거나 더 업적이 많은 사람)이다.
2. 발신자는 어떤 성품상의 본이 될 만한 것에 부합되는 습관이나 행위들을 권장하고, 수신자로 하여금 성품상의 부정적 본이 될 만한 것에서 돌이키고자 노력한다.

때때로 발신자가 자기 자신을 하나의 본으로 제시하는 경우도 있는데, 이런 예는 세네카의 파레네시스 편지들 속에서 찾아볼 수 있다.³⁹

파레네시스 편지 유형과 유사한 한 범주로 프로트레페(protrepe) 유형의 편지가 있다. 이는 아리스토텔레스에게 있어서 수사적 프로트레페에 해당되는 서신상의 한 유형이다. 이런 편지들의 특징은 "그 수신자들로 하여금 발신자들이 옹호하는 삶의 방식을 권장할 뿐만 아니라 자신들의 가르치는 바와 믿는 바를 보다 총괄적인 방식으로 소개한다."⁴⁰ 주후 4-6세기의 것으로 추정되는 위-리바니우스(Pseudo-Libanius)의 서간 핸드북에 따르면 파레네시스 편지 유형

---

37 참고, Marshall, *The Pastoral Epistles*, 237.
38 Stanley K. Stowers, *Letter Writing in Greco-Roman Antiquity* (Philadelphia: Westminster Press, 1986), 96-97.
39 Stowers, *Letter Writing in Greco-Roman Antiquity*, 100.
40 Stowers, *Letter Writing in Greco-Roman Antiquity*, 113.

의 한 특성이 프로트레페이기도 하다. "파레네틱 편지 유형을 통해서 우리는 어떤 사람으로 하여금 어떤 것을 추구하도록 그리고 어떤 것을 피하도록 촉구한다. 파레네시스는 두 부분으로 나누어진다. 하나는 권장설득(προτροπήν)이요, 또 하나는 단념설득(ἀποτροπήν)이다."[41]

엄격한 의미에서의 프로트레페 서신의 전형적인 한 예는 기원전 3세기에 에피쿠루스(Epicurus)가 한 제자 후보생에게 보낸 편지를 들 수 있을 것이다.[42] 여기에서 에피쿠루스는 수신자가 철학의 연구에 입문하기를 권장하면서 많은 사람들의 잘못된 추구의 방식을 논박하고 바른 덕의 추구를 소개한다. 스토워스는 신약에서 로마서를 프로트레페 편지의 한 전형으로 소개하고 있다. 특히 바울의 지속적인 디아트리베(diatribe) 사용에 등장하는 대화상대자(interlocutor)를 통하여, 일차적으로 그 잘못을 밝히고(elenchein) 나아가서 새로운 길을 제시하는 방식 속에 프로트레페의 전형적인 모습이 잘 나타난다고 보고 있다.[43]

우리는 목회서신 속에서 동일한 프로트레페의 절차가 이루어지는 것을 본다. 특히 목회서신의 특징적인 어드레스의 사용은 다른 서신들의 대화상대자를 대용하는 기능을 가진다. 디아트리베의 부정적 잘못 지적(elenchein)과 긍정적 대안 제시의 방식이 목회서신의

---

41 Jeffrey T. Reed, "The Epistle", in Stanley E. Porter ed., *Handbook of Classical Rhetoric in the Hellenistic Period 330 B.C. - A.D. 400* (Boston and Leiden: Brill Academic Publishers, 2001), 171-93, 175에서 재인용.

42 보라, Stowers, *Letter Writing in Greco-Roman Antiquity*, 116-18.

43 보라, Stanley K. Stowers, *A Rereading of Romans* (New Haven and London: Yale University Press, 1994), 162-65. 로마서를 프로트레페로 보는 것에 대한 Neil Elliott의 반대에 대해서는 그의 책 *The Rhetoric of Romans* (Sheffield: Sheffield Academic Press, 1990), 85, 116-18 참고.

Σὺ δέ 경우에 있어서는 거짓 교사들의 어리석고 무력하며 파멸적인 가르침 및 삶의 방식이 전제된 바탕 위에서 이를 뒤집는 대안적 가르침 및 삶의 방식이 제시되는 형태로 대치되고 있다. 다만 디아트리베의 가상적 대화상대자보다는 실제적으로 활동 중인 대적들이 소개되고 있는 점이 다르지만 그러나 그 전개 방식은 일맥상통하다고 본다.

우리는 여기서 목회서신을 프로트레페의 한 유형으로 재정리해야 한다는 주장을 하고자 하는 것은 아니다. 바울의 목회서신은 그레코로만 세계의 어느 한 편지 유형으로 범주화하기에는 너무나 크고 종합적이다. 그 안에는 파레네시스의 요소도 들어 있고 프로트레페의 요소도 들어 있다. 그러나 바울은 단지 어떤 보다 나은 삶, 보다 나은 행복이나 지혜의 길 등을 권장하고자 하는데 그의 서신의 목적을 두고 있지 않다. 그는 '하나님의 집'을 무너뜨리려 하는 대적자들의 도전에 맞서 그의 전적인 신뢰를 얻고 있는 영적 '아들들'에게 가장 강력한 어드레스의 방식을 통해 가장 총체적이고 온전한 복음의 교훈 및 바른 삶의 길을 바르게 분별하고 자신들의 모범을 통해 선한 싸움을 싸우도록 촉구하고 있다.

6. 어드레스 텍스트의 해석학적 의의

텍스트는 기록과 함께 그 어드레스적 성격을 잃어버리는 것이 아니다. 특히 목회서신과 같이 어드레스 특성이 강하게 부각되는 텍스트는 더욱 그러하다. 바울은 그의 영적 아들들인 디모데와 디도가 교리적 정통성과 그에 합당한 삶의 방식을 취하고, 그가 권고

하는 것들을 따르는 반응을 보일 것을 기대하고 있다. 이렇게 하는 것이 하나님의 집을 함께 세워가는 책임 있는 사역자의 자세임을 알기 때문이다. 비록 목회서신이 글로 된 기록 텍스트라고 할지라도 바울의 어드레스는 말로 하는 것 이상으로 청자(addressee)의 반응과 응답을 불러 일으키고 있다. 그런 점에서 바울의 글에는 분명한 의사소통적 목적과 의도가 깃들어 있다. 우리가 이를 무시할 것이 아니라 오히려 더 잘 부각시켜 읽는 것이 텍스트에 대한 바른 접근의 자세일 것이다. 그러나 오늘날의 상황 속에서는 이런 자세가 제대로 평가 받지 못하고 있다. 여기에는 여러 다양한 텍스트 이해가 작용하고 있기 때문이다.

오늘날의 텍스트 이해에 지대한 영향을 끼친 폴 리쾨르(Paul Ricoeur)의 경우, "텍스트란 무엇인가?"라는 그의 글에서 "독자는 기록의 자리에 있지 않고, 저자는 읽기의 자리에 있지 않다"는 양면적 부재의 상황을 지적하면서 "따라서 텍스트는 독자의 부재 및 저자의 부재라는 이중적 일식의 상황을 빚어낸다. 이를 통해 텍스트는 한 사람의 말을 다른 사람의 귀에 직접 연결하는 대화의 관계를 대체한다"고 주장한다.[44] 그에게 있어서 대화적 어드레스는 텍스트가 유발하는 '거리' 속으로 흡수되어 버린다.

또한 해체주의의 대변자인 데리다(Jacques Derrida)에게 있어서 텍스트는 "더 이상 그 내용이 하나의 책이나 그 빈자리에 가두어져 있는 완성된 한 묶음의 글이 아니다. 오히려 그것은 차연적 그물망이요 흔적들의 직물로서 끊임없이 그 자체 외의 다른 것, 또 다른

---

[44] Paul Ricoeur, *Hermeneutics and the Human Sciences* (Cambridge and New York: Cambridge University Press, 1981), 147.

차연적 흔적들을 지시한다"고 주장한다.[45] 데리다의 '직물' 메타포와 유사한 방식으로 롤랑 바르트(Roland Barthes)는 텍스트를 '그물망'으로 이해한다. 그러면서 그 역시 "텍스트는 복수적이다. 텍스트는 의미의 복수성을 이루는데, 이는 결코 더 이상 약분할 수 없는 복수성"이라고 주장한다.[46]

오늘날 우리가 즐겨 쓰는 '간본문성'(intertextuality)이라는 말을 유통시키는데 성공한 쥴리아 크리스테바(Julia Kristeva)는 오히려 이 용어보다 '이동'(transposition)이란 말을 더 선호한다. 그녀가 이해하는 간본문성, 또는 이동은 한(또는 여러) 기호체계로부터 다른 기호체계로의 끊임없는 흐름을 이야기한다. 텍스트와 관련하여 크리스테바는 이렇게 말한다. "만일 누구든지 모든 기의적 실행이 다양한 기의적 체계들(하나의 간본문성)의 이동들의 장이란 것을 인정한다면, 그 언명의 '자리' 및 그 함의된 '대상'은 결코 단수적이지도, 완성적이지도, 그 자체로 동일하지도 않고, 항상 복수적이며, 파쇄되고, 재편성될 수 있다는 것을 이해하는 것이다."[47] 데리다의 '직물'이나 롤랑 바르트의 '그물망' 속에 더 이상 저자의 사인이 존재하지 않는 것처럼, 크리스테바의 '이동' 속에도 더 이상 저자는 없다. 모든 텍스트는 다 기호체계의 놀이 속에 흡수되며, '주체'와 '대상' 사이의 어드레스 관계도 존재할 수 없다.

우리는 이런 텍스트 이해들이 가져오는 어드레스 실종의 상황을

---

[45] Jacques Derrida, "Living On"/"Border Lines", in Harold Bloom, Paul de Man, Jacques Derrida et al. *Deconstruction and Criticism* (London: Routledge and Kegan Paul, 1979), 84.

[46] Roland Barthes, "From Work to Text" in Josué V. Harari (ed.), *Textual Strategies. Perspectives in Post-Structuralist Criticism* (Ithaca: Cornell University Press, 1979), 76.

[47] Julia Kristeva, *The Revolution in Poetic Language*, tr. Margaret Waller (New York: Columbia University Press, 1984), 60.

심각하게 주시하지 않을 수 없다. 진정한 어드레스의 목소리가 사라진 곳에 남는 것은 전략적 조작과 권력적 명령어 밖에 없다. 만일 이런 시각에서 본다면 목회서신의 바울의 어드레스 또한 자기의 약한 제자들에 대한 강압된 동일시 또는 권력적 명령어 이상이 될 수 없을 것이다.

우리는 칼빈이 시대를 앞서서 언급했던 말을 다시 한 번 상기시켜 본다. 곧 바울은 "그가 아버지이면서도 동시에 나머지 모든 사람들과 같이 자신이 아들이기를 그치지 않는다"는 사실을 잘 알고 있었다는 것이다. 그는 자신을 포함하여 모든 그리스도인들이 그리스도께서 주신 긍휼과 구원의 은혜에 쿠응하는 삶을 살아야 할 것을 요청하고 있다. 특별히 그와 함께 사역자의 길에 부름 받은 디모데와 디도를 향하여서는 목회서신이 보여주는 것과 같은 강력한 어드레스의 방식을 통해 세상 가운데서 구별된 그리스도인의 대안적 정체성을 세워가는 일이 얼마나 시급한지를 잘 일깨워주고 있다.

만일 바울의 이 어드레스의 목소리가 일차적 청자인 디모데와 디도를 넘어 오늘 이 시대의 그리스도인들 속에도 생생히 전달될 수 있다면, 오늘날처럼 어드레스의 효력을 잃어버린 시대 속에서 다시 한 번 어드레스의 진가를 회복하고 맛보고 실행하는 특권을 우리가 누릴 수 있게 될 것이다.

7. 나가는 말

이상에서 우리는 목회서신 속에 나타나는 몇 가지 어드레스의 용례들을 유형별로 살펴보았다. 그리고 이것이 오늘날의 텍스트 이해 및 해석과 관련하여 어떤 의의를 가지는지 간략하게 생각해 보았다. 바울의 강하면서도 매혹적인 어드레스 방식이 오늘 이 시대에도 반드시 높이 평가되고 재생되어야 할 보배라는 것이 우리의 결론이다.

우리가 목회서신의 이런 특징들을 잘 배우고 또 이 시대에도 설교나 권면, 가르침 등의 사역에 잘 활용해 나간다면, 우리는 성경해석학이 일반해석학으로부터 늘 배우고 영향을 받는 패턴에서 벗어나, 오늘날처럼 아나키를 향하여 치달아가는 텍스트 해석의 공허한 무대 속에 오히려 일반해석학이 성경해석학으로부터 배우고 새롭게 변혁되는 길을 제공할 수 있을 것이다. 이것이 성경 텍스트의 삶을 현장 속에서 살아내는 진실된 그리스도인들이 세상을 향하여 줄 수 있는 말걸음(어드레스)이다.

Σὺ δέ,
ὦ ἄνθρωπε θεοῦ

"그러나 너,
오 하나님의 사람아!"

Is There an Address in This Text?

9장
에베소서에 나타난 능력 관련 단어들과 포스트모더니즘 능력 개념의 비교 이해

1. 들어가는 말

에베소서에는 하나님에 대한 장엄한 진술들이 많이 나타나고 있지만, 그 가운데서 그의 능력에 대한 진술이 또한 두드러지게 나타난다. 이 능력은 사도 바울을 포함하여 우리 모든 그리스도인들의 존재와 활동의 근거요 원천이 되고 있다.

우리는 이 글에서 능력과 관련하여 에베소서가 말하고 있는 내용을 전체적으로 살펴보고자 한다. 뿐만 아니라 이것이 오늘 우리 시대에 가지는 함의를 생각해보게 되는데, 우리는 그것의 일환으로 오늘 포스트모더니즘 시대 속에서 능력(또는 권력)을 이야기하는 방식과 연결시켜서 에베소서 본문이 주는 교훈이 무엇인지를 되새겨보고자 한다. 이를 위하여 우리는 최근의 바울해석의 한 지류를 형성하는 푸코식 바울 읽기의 한 예를 소개하고 이를 에베소서 본문 이해에 비추어서 비평적으로 평가해보게 될 것이다.

그리스도인이 그 능력을 잃고 있다고 빈번히 지적되는 이 시대 속에서 참된 능력의 원천이 무엇이며, 우리가 어떻게 그 능력을 힘입고 살며 투쟁해야 할 것인지 에베소서를 통해 살펴보는 것은 시의적절한 일이 아닐 수 없다.

2. 에베소서의 능력 관련 단어들

1) 에베소서 1:19의 능력 관련 단어들

에베소서 1:19 속에는 능력과 관련된 네 개의 단어들이 연속적으로 나타나고 있다. 이 네 단어들은 로우와 나이다(Louw & Nida)의 사전에서 보여주는 것처럼[1] 같은 의미 범주 안에 속하며, 그 각각은 매우 미묘한 의미의 차이를 가지고 있다.

가장 먼저 나타나는 dynamis는 능력과 관련하여 신약에서 가장 빈번히 사용되는 단어이며, 로우와 나이다 사전은 이를 "어떤 기능을 수행함에 있어서 효력을 발휘할 수 있는 잠재력"으로 정의하고 있다. 이것과 짝을 이루는 말이 energeia일 것이다. 회너(Harold W. Hoehner)가 소개하고 있는 것처럼, 아리스토텔레스는 dynamis를 '잠재적 능력'으로 energeia를 '현실적 능력'으로 구분하고 있다.[2] 신약에서 전부 8번 나타나고 있는 energeia는 에베소서에서 세 번(1:19, 3:7, 4:16)을 포함하여 대부분 하나님과 관련하여 사용되며 단 한번 '사단의 역사'(살후 2:9)를 표현할 때 사용되고 있다. 하나님의 모든

---

[1] Johannes P. Louw and Eugene A. Nida, *Greek-English Lexicon of the New Testament Based on Semantic Domains* (New York: United Bible Societies, 1988), I:680-83.

[2] Harold W. Hoehner, *Ephesians: An Exegetical Commentary* (Grand Rapids: Baker, 2002), 269.

잠재적 능력(dynamis)는 그의 현실적 역사(energeia)를 통해 표출되고 확인되는 것으로 볼 수 있다.

능력과 관련된 또 다른 단어로 kratos가 사용되고 있다. 칠십인경(LXX)에서 전부 51회, 신약에서는 총 12번이 사용되는데, energeia처럼 대부분이 하나님과 관련하여 쓰이고 있고, 단 한번(히 2:14) 마귀와 관련하여 사용되고 있다. 이 단어는 주로 물리적으로 나타나는 강한 힘 또는 지배력, 통제력 등의 의미를 가지고 있다. 누가 지배하느냐에 따라 theocracy(신정정치)가 될 수도 있고 democracy(민주정치)가 될 수도 있다.

또 하나의 능력 관련 단어는 ischys인데, 이 단어는 70인역에서 dynamis 다음으로 빈번히 사용되고 있고, 여러 가지의 히브리어 단어들이 이 말로 번역이 되고 있다. 신적 존재에만 사용되는 것이 아니라 사람이나 짐승의 경우에도 폭넓게 사용되며, 주로 그 타고난 힘 또는 소유하고 있는 힘을 나타낼 때 사용되는 단어이다. 신약에서는 10번 나타나고 있고, 에베소서에서는 1:9과 6:10에서 두 번 나타난다.

이 네 단어들이 서로 어떻게 의미의 차이를 가지는지 설명하기 위해 마르쿠스 바르트(Markus Barth)는 각 힘이 작용하는 각각의 상황들을 설정한다. dynamis는 어떤 계획이나 약속, 또는 이미 시작된 것을 이루어내는 힘으로, energeia는 물리적 힘처럼 인정사정없이 밀어붙이는 힘으로, kratos는 저항하는 힘 또는 방해물이나 방해자를 극복하는 힘으로, ischys는 실제적 힘의 실행을 나타내는 말로 설명하고 있다.[3]

---

[3] Markus Barth, *Ephesians 1-3* (Anchor Bible; New York: Doubleday, 1974), I:152, n. 39.

아마도 회너의 설명이 좀 더 실제적으로 다가올 것이다. 그는 불도저의 예를 들어 이 네 단어들의 관계를 설명한다.⁴ 불도저는 그 자체로서 모든 총체적이며 잠재적 능력(dynamis)을 가지고 있다. 그런데 우리는 불도저가 가진 타고난 힘(ischys)을 그 엔진이 작동하여 앞으로 움직이는 것을 볼 때 그것이 가진 통제력(kratos)을 느낄 수 있게 된다. 그리고 마침내 불도저가 돌이나 나무를 실제로 넘어뜨리는 것을 볼 때 그 실제적 능력(energeia)을 인식할 수 있게 된다.

사도 바울은 에베소서 1:19에서 하나님의 능력을 나타내기 위해 힘과 관련된 이런 다양한 뉘앙스의 단어들을 아낌없이 사용하고 있는 것을 본다. 그러면 이 단어들은 서로 어떻게 배열이 되어 있는가? 우선 우리가 알아야 할 것으로 바울이 간구하고 있는 세 가지 내용 가운데서 세 번째가 19절에 나타나는 것처럼 "(그의) 능력(dynamis)의 지극히 크심이 어떤 것"인지를 아는 것이다. 이 능력은 우리말 번역이 오도하기 쉬운 것처럼 "우리에게 베푸신 (우리의) 능력"이 아니다. 원문에는 하나님을 가리키는 인칭대명사 'autou'(그의)가 붙어서 이것이 하나님의 능력임을 명확히 하고 있다. 이 능력의 특성은 표적에 못 미치는 것이 아니라 오히려 표적을 넘어가는(hyperballon) 위대함(megethos)을 그 특성으로 가진다. 그 어떤 한계도 뛰어넘는 위대한 하나님의 능력을 우리가 알아야만 한다는 것이다.

그런데 이 능력은 막연하고 추상적이며 무정향적인 것이 아니라 구체적으로 '믿는 우리를 향한'(eis hēmas tous pisteuontas) 것이다. 곧 하나님의 능력이 향하는 대상이 누구인지를 보여주고 있다. 바울은

---

4 Hoehner, *Ephesians*, 271.

이 능력이 성도들에게 이양되었다거나 성도들의 소유물로 주어졌다는 것을 말하지 않는다. 오히려 믿음으로 하나님을 향하여 나아가는 성도들에게 이 하나님의 능력이 가용한 것이 되어졌음을 말하고 있다. 소유적인 것이 아니라 관계적 능력을 말하는 것이다. 우리를 향하여 베푸시는 하나님의 능력을 우리는 그분을 믿는 믿음 안에서 누리고 활용할 수 있게 된다.

"그의 힘의 강력으로 역사하심을 따라"라고 번역된 문구는 '믿는 우리'에 연결되기보다 '하나님의 능력'에 대해 앞서(헬라어 본문의 어순상) 말하였던 것을 수식하는 문구로 보는 것이 더 나을 것이다. 곧 우리가 그토록 위대한 하나님의 능력을 어떤 방식으로 알 수 있느냐에 대한 부가적 언급이라 볼 수 있다.

다소 어려운 문제는 이 문구 안에 사용되고 있는 소유격들을 어떤 방식으로 연결시킬 것인가 하는 문제이다. 먼저 우리는 "역사하심을 따라"(kata tēn energeian) 하나님의 능력을 알 수 있게 된다. 곧 하나님의 하나님 되심이 포함하는 모든 무한한 잠재적 능력은 그 능력의 현실적 표출인 '역사'(energeia) 속에서 우리의 인식의 대상이 된다. 우리는 그 역사하는 힘을 볼 때 하나님의 무한한 능력이 어떤 것인지를 알 수 있게 된다.

그런데 이 energeia 뒤에는 두 개의 소유격이 따른다. tou kratous 와 tēs ischyos(autou)가 그것이다. 이 두 어구의 배열에 따라 우리는 두 가지 다른 결과를 가지게 될 것이다. tou kratous가 그 앞의 energeia를 수식하는 것으로 보면 '그의 힘의 강력한 역사를 따라' 가 될 것이고, 이 경우 '그의 힘'(tēs ischyos autou)이 독자적으로 부각이 된다. 이와 달리 tou kratous가 그 뒤의 ischys의 수식을 받아 다시 이 전체가 energeia를 수식하는 것으로 보면 '그의 힘의 강력의 역사를 따라'가 될 것이다. 이 경우 energeia에 집중적으로 강조점이 모아지는 것으로 볼 수 있다. 둘 중 어느 것을 취하든 큰 차이는 없겠지만, 둘을 짝으로 언급하는 관습[5]을 따른다면 kratos와 ischys를 연결시키고 dynamis와 energeia를 연결시킬 수 있는 후자의 경우가 더 적절하지 않을까 생각한다. 우리는 하나님의 무한한 잠재적 능력을 그의 힘이 실제적으로 작용하는 차원에서의 그 현실적 능력의 실현을 따라 알 수 있게 된다.

2) 인접 문맥 속에서의 이해

바울이 에베소서 1:19에서 언급한 능력 관련 표현들은 좁은 문맥 속에서 보면 에베소 교인들을 위한 그의 기도문(엡 1:16-23) 속에 포함되어 있다. 바울이 기도하는 가장 중심적인 간구는 하나님께서 "지혜와 계시의 정신을 너희에게 주시기"를 구하는 것이다. '정신'으로 번역된 17절의 pneuma가 인간의 영을 가리키는지 아니면 성령을 가리키는지에 대해서는 많은 논란이 있다. 하나의 통일된 견해를 가지기가 쉽지 않은 문제이지만, 우리는 많은 학자들이 지적하고 있는 것처럼 이를 성령으로 보는 것이 가장 적절할 것으로 본다.[6] 이는 17절 말미의 "하나님을 알게 하시고"라는 문구와도 관련이 있다. 이 문구는 독립된 간구의 제목이 아니라 앞에 나타난 주된 간구에 따르는 하나의 부가적인 전치사구(en epignōsei autou)로서, 지혜와 계시의 '성령'이 밝혀주시는 일들이 속한 영역 또는 범위가

---

[5] 바르트가 이것을 언급하고 있다. Barth, *Ephesians 1-3*, I:152.
[6] 이렇게 보는 학자들로 벵겔, 핫지를 포함하여 링컨, 베스트, 슈나켄부르크, 오브라이언, 피, 회너 등의 학자들을 들 수 있을 것이다.

무엇인지를 나타내고 있다. 곧 하나님의 지식에 속하는 일들의 범주 안에서 그는 우리를 가르쳐주실 것이다. 성령은 하나님의 깊은 것을 친히 통달하시기 때문에(고전 2:10) 이것을 우리에게 능히 밝혀 주실 수 있는 것이다.

우리에게 이런 지혜와 계시의 성령이 주어짐으로 말미암아 우리는 하나님과 그의 행하시는 일들에 대해 알아야만 할 것을 바르게 알 수 있게 된다. 여기에는 세 가지가 포함되는데, 이 세 가지는 각각 tis, tis, ti로 구분이 되어 서로 연결되고 있다. 첫 번째의 것은 그의 부르심의 소망이 무엇인지를 아는 것이고, 두 번째는 그의 기업[7]의 영광의 풍성이 무엇인지를 아는 것이며, 세 번째는 우리가 앞에서 보았던 것처럼 그의 능력의 지극히 크심이 어떤 것인지를 아는 것이다.

이 세 번째의 내용은 20-23절에서 더 확장되어 설명되고 있다. 곧 하나님의 탁월한 능력의 증거가 어떤 것인지를 보여주려 하는 것이다. 그 능력은 일차적으로 예수 그리스도의 부활 속에서 입증되었다. 하나님은 그를 죽은 자 가운데서 다시 일으키심으로 종말론적 새 전기를 역사 속에 도입하셨다. 뿐만 아니라 그를 모든 정사와 권세와 피조물들 위에 높이심으로 만물을 충만케 하시는 일을 하였다. 이와 같은 하나님의 능력의 증시 속에 교회가 위치한다.

이 교회의 정체성과 존귀는 2장 속에서 더욱 상세히 진술되고 있다. 예수 그리스도를 죽은 자 가운데서 일으키고 그의 우편에 앉히

---

[7] 이것이 성도를 위해 하나님이 예비하신 기업을 말하는지, 아니면 하나님이 성도들을 그의 기업으로 삼으시는 것을 말하는지에 대해서는 논의가 필요하다. 에베소서 1:14은 '우리의 기업'(tēs klēronomias hēmōn)을 언급하지만 18절에서는 '그의 기업'(tēs klēronomias autou)을 이야기하고 있으며, 이것은 서로 상호보완적 짝을 이루는 것으로 보인다. 하나님에 속한 것이 우리의 기업이 되지만, 우리 성도들이 또한 하나님의 값진 기업이 되기도 하는 것이다.

신 하나님의 능력(엡 1:20)이 동일하게 믿는 자들 가운데 역사함으로 그들을 그리스도와 '함께 일으키사'(synēgeiren) 하늘에 '함께 앉히셨다'(synekathisen, 엡 2:6). 그러므로 예수 그리스도의 부활과 승귀 속에서 입증되어졌던 하나님의 능력이 이제는 동일하게 교회의 존재와 그 존귀의 원천이 되고 있다. 하나님의 능력을 떠나서는 우리가 교회의 존재와 존귀를 말할 수 없는 것이다.

이처럼 교회가 그리스도의 몸으로서 세상 속에 존재하고 그 사명을 감당해가는 모든 일의 배후에는 하나님의 능력이 놓여 있다. 이것이 없이는 교회의 존립 근거가 되는 예수 그리스도의 부활과 높아지심도 있을 수 없었고, 교회 자체의 종말론적 존귀와 사명도 있을 수 없다. 그러므로 바울은 성도들이 이 능력을 더 온전히 알게 되기를 위해 간구하고 있는 것이다.

3) 에베소서 전체 속에서의 이해

에베소서 1장에 언급되고 있는 하나님의 능력은 3장에서 바울 자신의 사도적 직무와 관련하여 다시 한 번 언급되고 있다(엡 3:7). 바울은 자신이 복음의 일군(diakonos)된 것이 하나님의 은혜의 선물을 따라 된 것임을 밝히고 있다. 그리고 다시 한 번 이 일은 '하나님의 능력의 역사를 따라'(kata tēn energeian tēs dynameōs autou) 된 일임을 강조한다. 다시 말해서 하나님의 총체적 능력으로부터 발현된 그의 능력의 구체적 역사가 바울이 그의 복음 일군의 직무를 수행해 갈 수 있게 하는 출발점이면서 동시에 그가 지속적으로 힘입어야 할 능력의 원천임을 밝히고 있는 것이다.

이 능력은 바울 자신에게 원천적 원동력이 될 뿐만 아니라 모든 성도들이 또한 힘입어야 할 원동력이다. 바울은 에베소서 3:14 이하에 나타나는 두 번째 기도문 속에서 하나님이 성도들의 속사람을 능력으로 강건하게 하시기를 기도하고 있다. 강건하여지는 것을 나타내기 위해 바울은 kratos에서 파생된 동사 krataiōthēnai를 사용하고 있다. 그들은 모든 것을 맞설 수 있도록 강하여져야 한다는 것이다. 그리고 그들이 강하여지기 위해서는 '능력으로'(dynamei) 그와 같이 되어야 한다고 말한다. 여기에 능력의 여격이 사용되고 있는데, 우리는 이를 수단의 여격으로 이해할 수 있다. 그러나 근본적으로 그 능력의 원천이 하나님임을 밝히기 위해 바울은 이 구절 속에서는 능력과 성령을 연결시키고 있다. '우리는 그의 성령으로'(dia tou pneumatos autou) 속사람이 강하여짐을 입게 되는 것이다.

하나님의 능력은 하나님께 대한 송영 속에서도 언급이 되고 있다(엡 3:20). 우리가 높이는 하나님은 우리의 온갖 구하는 것이나 생각하는 것에 더 넘치도록 능히 하실 분인데, 이 모든 것의 근거가 되는 것은 그의 능력이다. 우리 가운데서 "역사하는 능력대로"(kata tēn dynamin tēn energoumenēn), 다시 말해서 현실적으로 드러나는 하나님의 능력을 의뢰하기에 우리 앞에 당하는 모든 현실적 문제들 속에서도 우리는 하나님을 두려움 없이 신뢰하며 그를 높일 수 있게 되는 것이다.

능력에 대한 또 다른 언급은 에베소서 6장 속에 나타난다. 이번에는 성도들이 감당해야 할 영적 싸움과 관련하여 그들이 강건하여지는(endynamousthe) 일이 필요한데, 이렇게 되기 위해서는 그들이 '그리스도 안에' 있어야만 하고 또한 '그의 힘의 강력 안에'(en tō kratei tēs ischyos autou) 있어야만 한다. 이번에는 dynamis와 energeia의 짝 대신에 kratos와 ischys의 짝이 사용되고 있다. 우리가 영적 싸움을 위해 힘입어야 할 힘의 원천 역시 예수 그리스도이다. 그가 그의 앞의 모든 난관들을 물리치고 승리하신 것처럼 그의 '힘의 강력'을 힘입을 때(오직 그런 조건 아래서만!) 우리 또한 우리 앞의 싸움을 감당할 수 있다.

　이와 같이 다양한 측면 속에서 성도의 존재와 활동은 하나님의 능력과 결부되고 있다. 하나님의 능력이 없이는 성도는 존재할 수도 없으며 세상 속에서의 존귀로운 사명을 힘차게 감당할 수도 없게 되는 것이다. 이것이 에베소서가 보여주는 능력에 대한 이해이다. 이것은 단지 이름으로만 불리는 것이 아니라 우리의 현실의 도전이 실질적인 것처럼 또한 실질적이다.

4) 전반적인 바울 서신 속에서의 이해

　우리는 바울 서신 전체 속에서 능력과 관련하여 쓰이고 있는 표현들을 다 살펴보기는 어렵다. 에베소서 1:19에 나오는 단어들의 사용은 다른 바울 서신들 속에서 비교적 쉽게 추적하고 정리할 수 있을 것이다.

　우리의 전체적 논의를 위하여 몇 가지 점만 언급하고 넘어가기로 한다. 첫째, 바울의 능력에 대한 이해는 고린도후서 12장에 잘 나타나고 있는 것처럼, 그 자신과 모든 그리스도인들의 능력의 원천인 그리스도의 능력이 그에게 전부가 되기 위하여 자신에 대해서는 그의 약한 것밖에 자랑할 것이 없다는 점을 명확히 밝히고 있다. 사람이 타고나거나 갖춘 스스로의 능력이 중요한 것이 아니라, 그리스도를 힘입는데서 얻는 능력이 가장 중요함을 천명하고 있는 것이다. 그런 면에서 바울이 이해하는 능력은 사람들과의 관계 속에서 이해되기 이전에 먼저 하나님과의 관계 속에서 이해되어야 한다. 능력은 사람들 속에서의 힘의 역학관계만을 그 근거로 가지는 것이 아니라, 사람들 속에서 그 능력을 나타내시고 시행하시며 또한 능력 있게 사람들을 세우기도 하시는 하나님의 능력의 역사를 그 근거로 가진다는 사실을 확인할 필요가 있다.

두 번째, 바울은 자신의 권세(exousia)를 절대시하지 않는다. 오히려 그리스도의 복음과 교회의 덕세움을 위하여 이를 융통성 있게 사용하며 때로는 기꺼이 이를 희생하려 하고 있다. 그의 권세는 자기 추구적인 것이 아니라 그리스도인의 사랑의 원리에 의해 통제되는 것이다. 바울은 사람의 인정을 받기 위해서가 아니라 그리스도의 뜻을 교회 가운데 이루기 위해 그에게 주어진 권세의 시행 역시 때로는 강하게 때로는 온유하게 교회의 형편을 따라 적절하게 잘 사용하고 있다.

세 번째, 바울은 자신의 사도직의 수행에 있어서 능력이 필수적 요소이며 또한 사도됨의 표시라는 것을 밝히고 있다(고후 12:12). 이 능력은 모든 성도들이 그 원천으로 가져야 할 하나님의 무한하신 능력에서부터 기인하는 것이지만, 특별히 그의 사도의 직무를 위해 하나님의 능력이 은혜 가운데 그에게 주어졌다(엡 3:7).

3. 포스트모더니즘 능력 이해의 한 예

1) 산드라 폴라스키(Sandra Polaski)의 접근 소개

능력(또는 권력)에 대한 논의는 포스트모더니즘 시대의 한 중요한

이슈가 되고 있다. 이 주제를 체계적으로 다루는 것은 이 글의 범위를 넘어서는 일이다.[8] 사회적 맥락 속에서의 논의와 종교적 맥락에서의 논의가 다소 그 논점의 차이를 가지는 것도 무시할 수 없을 것이다. 그러나 양자를 연결시켜서 이해하고자 하는 논의가 종종 이루어지고 있기에 우리는 그 한 예를 선택하여 그 기여와 한계를 비판적으로 평가해 볼 수 있을 것이다.

산드라 폴라스키는 그녀의 책 *Paul and the Discourse of Power*[9]에서 권력과 담론의 관계에 관한 미셸 푸코(Michel Foucault)의 논의를 바탕으로 권력 문제가 중심 주제가 되고 있는 바울서신의 몇몇 본문들을 새로운 각도에서 해석하려 시도하고 있다. 물론 폴라스키의 시도가 유일한 것은 아니다. 그에 앞서 엘리자베스 카스텔리(Elizabeth A. Castelli)는 데살로니가전서 1:6, 2:14, 고린도전서 4:16, 11:1, 빌립보서 3:17, 갈라디아서 4:12 등에 나타나는 바울의 '나를 본받으라'는 문구 속에 잠재된 권력 동기를 역시 푸코의 관점을 통해 밝히려는 시도를 한 바 있다.[10]

폴라스키는 권력(또는 능력)에 관한 어휘-의미론적 이해를 자신의 연구목적으로 삼지는 않는다. 푸코의 제안을 따라 권력을 하나의 독립된 실체로 보기보다는 그것이 시행되는 곳에서만 인식될 수 있는 것으로 보기 때문에 폴라스키의 주요한 관심도 권력이 '어떻

---

[8] 이 문제를 전면에 내세우고 있는 주요한 사상가 가운데 한 사람으로 미셸 푸코(Michel Foucault)를 들 수 있을 것이다. 그의 '권력/지식'(power/knowledge) 논의에 대한 비판적 평가를 위해서는 필자의 졸고, '미셸 푸코와 성경해석', 「성경과 신학」 33(2003, 4): 339-360 참고.

[9] Sandra Hack Polaski, *Paul and the Discourse of Power* (Biblical Seminary 62, Gender Culture Theory 8; Sheffield: Sheffield Academic Press, 1999).

[10] E. A. Castelli, *Imitating Paul: A Discourse of Power* (Louisville: Westminster/John Knox, 1991). 이에 대한 논의는 필자의 '미셸 푸코와 성경해석', 350 이하 참고.

게' 시행되고 있는지, 다시 말해서 바울이 자신의 권력의 확보 또는 강화를 위해 어떤 담론들을 어떤 전략적 관심 속에서 사용하고 있는지를 보여주려 하고 있다.

엄밀히 말하면 폴라스키의 관심은 권력(능력) 그 자체가 아니라 '권력의 기능'(functioning of power)이다. 따라서 폴라스키는 바울과 권력의 문제를 바로 이해하자면 이에 관한 질문부터 바르게 정립해야 한다고 주장한다. 그가 답하려 하는 세 가지 질문은 이것이다. 첫째, 어떤 기반들 위에서 권력 담론이 작용하는가? 둘째, 권력 담론은 어떻게 상충되는 담론들과 협상하는가? 셋째, 권력 담론은 어떤 방식으로 그 대상들 가운데에 하나의 실재를 이루어 놓게 되는가?[11]

먼저 첫 번째 질문과 관련하여 폴라스키는 빌레몬서에 나타난 바울의 권력 담론에 주목하고 있다. 푸코가 제시하는 대로 추상적 실재로서가 아니라 구체적 기능으로서의 권력을 이해하는 좋은 예를 빌레몬서 속에서 보여주려 하는 것이다.[12]

푸코는 서구 근대 사회 속에서 어떻게 '왕의 머리 베기'[13]의 과정을 통해 권력의 시행이 외부로부터의 억압의 방식이 아니라 내재적 규율의(internalized disciplinary) 방식으로 이루어지게 되었는지를 보여주려 하고 있다. 이런 권력의 시행을 위해 지식(knowledge)과 담론

---

[11] Polaski, *Paul and the Discourse of Power*, 49-50.
[12] "실재적 의미에서의 권력 '*le' pouvoir*는 존재하지 않는다"는 푸코의 구호가 잘 보여주는 것처럼, 그의 시각 속에서 볼 때 권력은 하나의 소유할 수 있는 실재물로 존재하는 것이 아니라 복잡한 관계들의 그물망 속에서 "끊임없는 투쟁"이나 긴장을 야기시키는 "배열들, 책동들, 전략들, 기교들, 기능들"의 모습으로 나타난다. 보라, Michel Foucault, *Power/Knowledge: Selected Interviews and Other Writings 1972-1977*, ed. by Colin Gordon et al. (Brighton: Harvester, 1980), 198; idem, *Discipline and Punish: The Birth of the Prison* (London: Penguin Books, 1977), 26.
[13] Foucault, *Power/Knowledge*, 121.

(discourse)은 권력의 필수적 동반자가 되었고 감시(surveillance)는 사람들이 벗어날 수 없는 족쇄가 되었다고 말한다.

폴라스키는 푸코의 후기 문서 중의 하나인 'The Subject and Power'에서 정리하고 있는 권력 관계의 다섯 가지 요소들을 빌레몬서의 이해에 적용하고 있다. 그 다섯 요소는 첫째, 권력의 시행은 차이들(differences)의 바탕 위에서 이루어진다는 것, 둘째, 권력 관계 속에는 관련자들의 목적(objectives)의 추구가 이루어지고 있다는 것, 셋째, 그 목적의 성취를 위한 수단들(means)이 사용된다는 것, 넷째, 모든 권력 관계는 어느 정도 기구화(institutionalized)된다는 것, 그리고 다섯째, 권력 관계의 효율성을 위해서는 합리화(degrees of rationalization)의 과정이 필요하다는 것이다.

바울은 빌레몬에게 도망친 노예였던 오네시모를 다시 받아들이도록 권면하는 과정 속에서 그의 담론을 빌레몬과의 권력 관계에 근거하여 매우 전략적으로 구성하고 있다고 보는 것이 폴라스키의 시각이다. 우선 바울은 오네시모의 최근의 변화와 관련하여 빌레몬이 전혀 알지 못하는 것을 알고 있는 사람으로서 차별화된 특권적 지위(privileged status)를 가진다. 둘째, 바울의 담론의 목적은 한 면에서는 오네시모의 해방이지만, 다른 한 면에서는 그의 지위의 강화를 목적으로 한다. 셋째, 바울은 오네시모와 자신을 일치시키는 방식을 통해 빌레몬이 오네시모에 대하여 행하는 행위여부가 결국에는 바울과의 교제의 지속 또는 손실과 연결되게 함으로써 자신의 담론 목적을 성취하려 하고 있다. 넷째, 빌레몬에 대한 바울의 권력의 시행은 개별적이면서 동시에 일종의 '새 기구'(a new institution) 곧 교회를 통해 이루어진다. 이 속에서 권력의 시행은 밖으로부터의 명령에 의하기보다 안으로부터의 내재화된 규율에 의해 수행된다. 다섯째, 바울은 자신에게 불가능한 물리적 감시 대신 "너희 기도"를 언급함으로써 보다 내면화되면서도 공동체적 차원에서 이루어지는 감시를 시행하고 있다는 것이다.

이처럼 폴라스키의 시각에 따르면 빌레몬서는 권력의 시행이 법적, 정치적 구조 속에서처럼 외적 명령에 의해서가 아니라 '새 기구' 속에서 '자유롭게 부여된 책임'에 의거하여 내재화된 규율에 따라 이루어지는 한 예를 보여준다는 것이다. 그의 말을 그대로 옮기면, "바울은 그 자신의 수사의 힘을 통해, 다시 말해서 빌레몬이 그 속에 참여하기를 원하는 한 세상의 묘사를 통해 빌레몬을 하나의 '순종체'(docile body)로 만들려 하고 있다"[14]는 것이다.

우리는 여기서 먼저 몇 가지 질문을 던져 놓고 넘어가려 한다. 첫째, 폴라스키의 논지는 바울을 한 새로운 사회의 비전을 제시하는 자로, 그리고 그 속에서 사람들에게 새로운 지위를 부여하는 자로 위치시키면서 그의 권력의 지위를 그의 담론의 설득력의 성공 여부에 연결시키고자 하는 것이다. 그러나 바울의 담론의 설득력은 단지 바울과 빌레몬의 수평적 관계에만 근거하는 것인가? 오히려 빌레몬이 그의 주 되신 예수 그리스도 안에서 경험하게 된 하나님의 무한한 해방의 능력이 보다 실제적으로 바울의 담론을 설득력 있게 만드는 것이 아닐까? 한 걸음 더 나아가서 만일 빌레몬이 바울의 말을 받아들이지 않는다면 어떻게 될 것인가? 그 때문에 바울의 지위는 부정될 것인가? 폴라스키는 수용자의 수용 여부에 의존된 능력(또는 권력) 개념을 가지고 있지 않은가? 하나님께로부터 수여된 능력의 측면을 고려하지 않는다면 바울의 지위, 더 나아가서 오늘날 설교자의 지위는 설교 수용자의 인정 여부에만 의

---

[14] Polaski, *Paul and the Discourse of Power*, 71.

존된다고 말할 수 있을 것인가?

   이런 면들을 좀 더 전반적으로 논의하기 위해 권력과 담론 관계에 근거한 폴라스키의 바울해석의 예들을 몇 가지 더 살펴보도록 하자.

   폴라스키는 갈라디아서를 통해 바울이 그와 다른 주장을 가지고 나오는 사람들과 협상(negotiate)하는 과정 속에서 어떻게 자신의 권력 지위를 재정의하고 있는지를 볼 수 있다고 말한다. 바울의 권력 담론이 가지는 특성을 보다 개별적이요 관계적이며 카리스마적인 것으로 보는 폴라스키는 갈라디아서에서 바울이 시도하고 있는 협상의 전략도 권력의 '공식적'(official) 측면을 배제하고 관계적 측면에 호소하는 것이라고 말한다. 이를 위해 바울의 자서전적 이야기가 하나의 전략적 담론으로 사용되고 있다는 것이다. 바울은 예루살렘의 사도들에 대해서도 "나보다 먼저" 사도된 자들(갈 1:17)이라 부르면서 그들의 시간적 우선됨을 이야기하지 예루살렘의 기구적 우월성을 이야기하지는 않는다는 점을 강조한다. 사도권의 바탕을 기구적 측면에서보다는 관계적 측면에서 이해하려 하는 것이다.

   폴라스키가 볼 때 갈라디아서 속에 나타난 바울의 권력 담론의 전략은 빌레몬서와 유사한 방식으로 자신의 사도권의 '공식적' 측면에 기초한 '명령'(command) 언어의 선택에 있지 않고 오히려 자신의 자서전적 이야기에 바탕한 '호소'(appeal) 언어의 선택에 있다. 이 호소적 전략의 정점은 갈라디아서 4:12에 나타나는 것처럼 "너희도 나와 같이 되라"는 것이다. 바울이 그 자신을 모델로 제시하는 것을 통해 그의 권력의 목적을 이루려 한다는 점은 폴라스키에 앞서 카스텔리가 이미 상세히 논한 바가 있다.

   폴라스키의 보다 독창적인 기여는 바울서신의 여러 곳에서 빈번히 찾아볼 수 있는 '은혜' 언어를 권력 담론의 한 전략적 언어로 보고 있다는 점이다. 폴라스키는 능력(또는 권력)과 관련하여 바울서신 가운데 빈번히 사용되는 dynamis나 exousia 같은 말들 속에서만 능력에 관한 논의를 제한할 수 없다고 말한다. 폴라스키는 이렇게 말한다. "바울이 사용하는 dynamis와 exousia 같은 특정 용어들은 바울 텍스트 배후에 놓여 있는 보다 넓은 권력 담론에 대한 해석자들의 이해를 크게 증진시켜주지는 못한다."15 왜냐하면 바울은 권력과는 전혀 상관이 없어 보이는 '은혜'와 같은 말을 권력적으로 사용하고 있기 때문이라는 것이다.

폴라스키는 '은혜'의 의미 자체가 곧 '권력(능력)'이라고 말하지는 않는다. "여기서 내가 제시하고자 하는 것은 바울의 '은혜' 언어가 텍스트 배후에 놓여 있는 권력 관계에 주목하게 하는 신호로서 기능하고 있다는 점이다."16 물론 폴라스키는 '은혜'의 내용적 의미 곧 "예수 그리스도 안에서의 하나님의 구원하는 행위"를 무시하지 않는다. 그러나 무게 초점은 그 내용적 의미보다도 기능적 의미에 쏠리고 있음을 주목할 필요가 있다.

그러면 어떤 방식으로 '은혜'는 권력의 언어로 작용하게 되는가? 특별히 이것이 '계시' 또는 그 관련 단어들과 연결되어 사용되거나, 로마서 1:5의 경우처럼 "은혜와 사도의 직분"(charin kai apostolēn)이 연결되어 사용되는 경우이다. 바울은 자신에게 주어진 은혜의 독특한 측면을 강조함으로써 성도들이 경험하는 구원과 관련하여 '특권적 중재자'(privileged mediator)의 위치에 자신을 세우고 있다는 것이다. 폴라스키의 말을 인용해보자. "바울의 독자들은 바울이 그들에

---

15 Polaski, *Paul and the Discourse of Power*, 104.
16 Polaski, *Paul and the Discourse of Power*, 107.

게 전하는 것을 순종함으로써 하나님께 대한 그들의 믿음을 나타내도록 초청받고 있다. 왜냐하면 바울은 '은혜와 사도의 직분'을 받은 자이기 때문이다. 바로 여기에 권력 담론이 있다. 바울은 그 스스로를 사람들이 순종해야 할 진리의 선포자로 위치시키고 있으며, 이는 은혜의 언어로 포장되어 있다."[17]

폴라스키는 특히 고린도후서 12:1-10 속에서 '은혜'와 '능력'이 연결되어서 나타나고 있는 것에 주목한다. 바울은 이 경우에도 자신의 약함을 하나님의 능력과 연결시키기 위해 '은혜 은어'를 사용하는 것으로 보고 있다. "이와 같이 바울의 능력과 하나님의 능력의 실질적 등치도 바울의 은혜 용어의 사용을 통해 가능하게 되고 있다."[18] 결국 바울의 은혜 언어는 그의 권력 동기를 숨기기 위한 한 권력 담론의 방편인 셈이다. 권력 담론은 "감추어질 때 더 효과적이다."[19] 바울의 종교적 담론들 배후에 작용하고 있는 '복잡한 권력 전략들을 캐내는 것'(to uncover the complex strategies of power)[20]이 권력(능력) 문제와 관련한 오늘날의 바울 해석의 한 과제가 되고 있음을 본다.

2) 폴라스키의 접근에 대한 평가

'은혜 언어'에 대한 폴라스키의 해석 속에서 잘 드러나고 있는 것처럼, 폴라스키의 바울해석은 '은혜'를 말하면서도 '권력'을 의미하는 바울의 숨은 동기를 지적하고자 하는 '의구의 해석학'(hermeneutics

---

[17] Polaski, *Paul and the Discourse of Power*, 111.
[18] Polaski, *Paul and the Discourse of Power*, 113.
[19] Polaski, *Paul and the Discourse of Power*, 109.
[20] Polaski, *Paul and the Discourse of Power*, 123.

of suspicion)의 한 시도임을 알 수 있다. 호소, 은혜, 약함 등은 경계심을 가지기 쉬운 드러난 권력의 얼굴보다 훨씬 효과적으로 권력적 목적을 성취할 수 있다고 보는 것이다.

그러나 우리는 폴라스키가 '은혜'의 의미를 규정할 때 보여주고 있는 다분히 기능주의적 의미 이해를 문제 삼지 않을 수 없다. 우리는 문맥 속에서 그 말이 가지는 기능에 초점을 맞추는 비트겐슈타인 식의 의미 이해가 제한성을 가진다는 것을 상기해야만 할 것이다. 말의 의미는 기능 속에만 있는 것이 아니라 그것이 지칭하는 내용 속에도 있다. 은혜의 내용을 무시한 채 바울이 그 말을 사용하는 방식에만 주목하는 것은 적절하지 못하다. 바울이 자신의 사도직의 원천으로 언급하는 하나님의 능력 또한 단순히 전략적, 수사학적 표현에 그칠 뿐 그 속에 아무런 내용적 요소를 허용하지 않으려 한다면 이는 대단히 잘못된 이해가 될 수밖에 없다. 하나님의 실질적 능력은 바울의 능력 있는 사도적 사역 가운데 실질적으로 작용하고 있는 능력이다. 단지 그의 권력 강화를 위해 호소 또는 주장하는 차원의 기능성 언어에 그치는 것이 아니다.

앞에서도 지적했던 것처럼 바울의 사도직을 단순히 그와 개인적 관계를 맺고 있는 사람들과의 관계 속에서 수평적인 측면에서만 이해할 수 있는가? 그것이 하나님과의 관계에 일차적으로 근거하지 않는다면 수평적 측면에서도 단지 '호소'나 '주장' 때문에 그 효력을 발휘할 수 있는가?

우리는 에베소서 속에서 바울이 모든 능력의 원천으로서 하나님의 능력을 강조하고 있는 것을 보았다. 그리고 이 하나님의 능력의 역사를 따라 바울은 하나님의 은혜로 복음의 일군이 되었다. 사도로서의 그의 직분은 단지 은혜의 '호소'에 의거하여 교인들이 그렇게 받아들여주는 수용자의 인정의 차원에서만 그 효력을 가지는 것이 아니다. 우리는 기묘하게도 폴라스키가 에베소서 3:7을 다루지 않을 뿐만 아니라 에베소서 자체를 단 한 번도 언급하지 않고 있는 것을 그냥 지나칠 수 없다. 바울이 자신과 모든 그리스도인의 능력의 원천과 근거로 제시하는 하나님의 능력에 대한 에베소서의 선명한 진술을 폴라스키가 무시하고 있는 것은 실수라면 큰 실수일 것이고, 의도적인 것이라면 이는 결국 권력(능력)에 대한 폴라스키의 논의가 편파적임을 자인하는 것이 될 것이다. 그 자신이 '텍스트 속의 바울'(Paul-in-the-text)[21]을 강조하고 있지만 자신의 취향에 맞게 선별적으로 본문을 사용한다면 우리가 진정한 모습의 'textual Paul'을 보기는 어려울 것이다.

바울의 능력(권력)은 폴라스키가 보는 것처럼 "그 자신의 권력의 지위를 의도적으로 강화하기 위해" 전략적 담화를 구사하는 데서 확보될 수 있는 것은 아니다. 그리스도의 십자가와 부활 속에 나타난 바 하나님의 구속과 사죄와 새 창조적 능력의 바탕이 없다면 바울의 능력이 주장한다고, 또는 호소한다고 확보될 수 있는 것일까? 수용자들이 이를 인정하지 않으면 또 어떻게 될 것인가? 바울은 단지 자신의 진심을 숨긴 채 '포장된' 전략적 언어만을 구사할 뿐 진정 '명령'의 언어를 잃어 버렸을까? 바울의 '명령' 언어가 가지는 '공식적', '기구적' 측면은 그 자신에 의해 획책된 것에 불과할 뿐일까?

폴라스키가 바울서신 가운데 나타난 권력과 담론 관계의 복잡한 한 측면을 밝히려 한 것은 좋은 시도이겠지만, 우리는 이것이 인간

---

[21] Polaski, *Paul and the Discourse of Power*, 112.

상호 간의 권력관계에 집중해서 파악이 됨으로써 그 전체성을 잃어버리고 있고, 이것이 폴라스키의 '적대적이지 않은 바울 읽기'(not a hostile reading)[22]의 의도에도 불구하고 본문의 바울을 왜곡하는 방향으로 흐르고 있음을 지적하지 않을 수 없다.

4. 나가는 말

위의 비교가 과연 적절한지에 대해서는 의문이 생길 수도 있다. 동일한 텍스트에 대한 서로 다른 해석을 마주해놓고 비교하는 것은 좀 더 쉬운 일이겠지만, 서로가 논점을 다르게 잡고 있는 논의들을 함께 비교하는 것은 적절하지 못할지도 모른다. 그러나 우리는 최소한 같은 '능력'(또는 권력)을 이야기하면서도 전혀 다른 것을 이야기하는 현상은 피해야 한다고 본다. 하나님의 능력과 그리스도인의 능력 그리고 그리스도인들 상호간의 능력관계, 그리스도인과 세상과의 능력관계 등은 다 공통적인 뿌리를 가진다.

에베소서가 보여주는 것처럼 능력의 원천이 되는 하나님의 능력에 대한 언급이 없이 사람들 상호간의 권력관계에 대해서만 이야기하는 것은 위의 폴라스키의 논의에서도 보여주는 것처럼 일면적으로 흐를 수밖에 없고, 나아가서 이것이 바울의 진의를 왜곡하는 위험을 낳게 된다.

오늘날 사람들 간의 권력관계가 첨예한 갈등의 원인이 되고 있는 시대 속에서 푸코식의 권력구조 이해나 의구의 시각에서 담론

---

[22] Polaski, *Paul and the Discourse of Power*, 21.

들을 바라보는 현상이 보편화되고 있다. 심지어 설교자들에 대해서조차도 이런 의구의 눈길을 던지는 것이 보편화된 이 시대의 상황이 안타까운 일이 아닐 수 없다. 많은 설교자들이 자신의 권력 아래 교회를 복속시키려 하지 않는가? 그들의 담론이 그들의 숨은 권력 동기를 교묘히 섬기고 있지 않은가? 이런 것이 현실로 경험되고 있기 때문에 푸코의 뒤를 따라 카스텔리나 폴라스키 등의 논의가 힘을 얻고 있는지 모른다. 이런 왜곡 현상들의 관찰이나 설명을 위해 푸코식의 논의가 설 자리를 얻고 있는 것이 아닐까? 그러나 근본적인 측면에서 이런 왜곡된 현상이나 그에 따른 논의들이 증가되고 있는 이유는 사람들이 그만큼 사람들 사이의 권력관계에 대해서만 관심을 가질 뿐 권력(능력)의 원천이 되는 하나님을 생각지 않고 또 그를 힘입지 않기 때문일 것이다.

바울의 기도처럼 우리가 하나님의 무한한 능력을 더 깊이 알고 힘입게 될 때 우리에게는 자신의 권력적 지위를 강화하기 위한 '거짓된 겸손'(폴라스키가 바울을 향하여 의구의 눈길을 던지는 것처럼)이 아니라 진정으로 하나님의 영광을 빛내는 참 은혜 아래서의 삶을 살아갈 수 있게 될 것이다. 그러할 때 우리는 숱하게 권력을 이야기하지만, 실질이 바탕 되지 못함으로 인해 능력 언어의 모양만 있고 그 내용은 잃어버린 포스트모더니즘 시대의 무능을 넘어 진정한 능력의 빛을 이 시대를 향해 비출 수 있게 될 것이다.

10장
십자가와 설교 그리고 설교자의 에토스: 고린도전서를 중심으로

1. 서론적 고찰

고린도전서에 대한 이전의 역사비평적 방법의 주된 관심은 이 서신이 몇 개의 부분들로 이루어져 있느냐 하는 데 집중되고 있었다. 이를 소위 '단락 이론'(partition theory)이라 부르는데, 이는 1910년에 바이스(Johannes Weiss)가 선구적 제안을 한 이후 현재까지도 계속되고 있는 논의이다. 바이스는 *Der erste Korintherbrief*[1]와 또 다른 책 *Earliest Christianity: A History of the Period A.D. 30-150*[2]에서 고린도전서를 세 부분(letter A: 10:1-23, 6:12-20, 11:2-34; letter B1: 7-9장, 10:24-11:1, 12-15장, 16:1-6; letter B2: 1:1-9, 1:10-6:11, 16:10-14)으로 나누고 있다. 그의 견해는 고구엘(Maurice Goguel), 슈미탈스(Walter Schmithals), 딩클러(Erich Dinkler) 등의 비평적 학자들에게 이어지고 있다.[3]

---

[1] Göttingen: Vandenhoeck und Ruprecht, 1910.
[2] 2 vols, Gloucester, MA: Peter Smith, 1970, rep. of 1937.
[3] 이들의 접근에 대한 비교 분석을 위해서는 참고, John C. Hurd, Jr, *The Origin of 1 Corinthians* (London: SPCK, 1965), 43-7. 보다 최근까지의 '단락 이론'에 대한 정리와 평가를 위해서

그러나 근래에 들어서 이 서신의 사회-수사학적(socio-rhetorical) 배경에 학자들의 관심이 모아지면서[4] 이전의 '단락들'에 대한 주도적 관심이 많이 극복되고 있다. 사회-수사학적 접근이 가지는 의의는 몇 가지 면에서 두드러진다. 하나는 바울의 선포나 담화를 그 말이 통용되던 사회적, 수사학적 맥락 속에 위치시킴으로써 말이 가지는 행위성, 역동성을 더 잘 드러내고 있다는 점이고, 또 하나는 이전의 역사적 상황의 재구성에 근거한 '쪼갬' 대신 서신 전체의 문학적, 수사학적 '일체성'에 대한 강조가 높아지고 있다는 점이다.

사회-수사학적 접근이 종전의 역사비평적 접근의 한계들을 많이 극복하고 있다고 인정하더라도, 이 접근이 바울의 신학적 주제들을 얼마나 잘 드러내어 줄 수 있는가 하는 문제는 또 별개의 문제이다. 이런 반성은 이 방법을 적용하고 있는 학자들 사이에서도 일어나고 있다. 예를 들어, 포골로프(Stephen M. Pogoloff)는 사회-수사학적 관심이 또 하나의 '역사적' 관심으로 그칠 수도 있다는 것을 조심스럽게 지적한다.[5] 사회-수사학적 방법이 과거를 여는 하나의 '도구'에 그치지 않기 위해서는, 이 접근이 과거의 텍스트가 열어주는 '세계' 속에 독자들을 이끌어 들임으로써 오늘 현대 독자들에게 '변혁적 효과들'이 어떤 방식으로 이루어지도록 할 것인지에 대한 관심을 기울여야 한다고 강조한다. 여기에서 포골로프는 하나의

는 참고, Gordon D. Fee, *The First Epistle to the Corinthians* (Grand Rapids: Eerdmans, 1987), 15-6.

[4] 이런 방향으로의 관심을 환기시킨 학자들로는 게르트 티이센(Gerd Theissen), 웨인 믹스(Wayne A. Meeks), 조지 A. 케네디(George A. Kennedy), H. D. 베츠(H. D. Betz), 피터 마살(Peter Marshall) 등을 들 수 있을 것이다.

[5] 보라, S.M. Pogoloff, 'Isocrates and Contemporary Hermeneutics', in *Persuasive Artistry: Studies in New Testament Rhetoric in Honor of George A. Kennedy*, ed. by Duane F. Watson (Sheffield: Sheffield Academic Press, 1991), 338-62 (특히 339).

분명한 '해석학적' 비전을 제시하고 있다.[6]

포골로프는 그의 고린도전서에 대한 연구서[7]를 통해 바울과 고린도 교회의 1세기 사회-수사학적 맥락 가운데서 '십자가의 말'(*logos tou staurou*)이 어떻게 당대의 공동체적, 사회적 '가치들'을 재점검하도록 도전하고 있는지를 잘 보여주고 있다. 십자가의 복음은 기존의 사회적 지위와 획득된 권리, 추구하는 가치 등에 대한 인정, 보강을 위한 방편이 되는 것이 아니라 그것을 근원적으로 위태롭게 하고 새로운 방식의 삶의 길을 사람들에게 열어 보이고 있다. 그래서 바울은 고린도 교회가 존중하던 그레코로만 수사학(*sophia logou*, 고전1:17) 대신 십자가의 수사학(*logos tou staurou*)을 선택하고 있는 것이다. 십자가의 말은 이런 점에서 기존의 가치체계의 '역전'(reversal)을 가져온다.

이와 같은 역전의 효과에 대해서는 벤 위더링턴(Ben Witherington III) 역시 잘 지적해주고 있다.[8] 사회적 신분상승의 욕구가 강하게 작용하고 있던 고린도 같은 도시에 있어서는 사람들의 가치가 성공지향적인 방식으로 형성되어 있기 쉽다. 이런 상황 가운데서 바

---

6 포골로프는 이렇게 말한다. "The specificity of the rhetorical situation, then, is not dissolved by hermeneutics, but emphasized. We must first enter the alien world of the text if we are to be liberated from our situations and gain a world. The meaning is no longer bound to the original situation, but becomes meaningful to us only when the horizons of our language world stretch to touch or even fuse with those of the text's first home." Pogoloff, 'Isocrates and Contemporary Hermeneutics', 361.

7 S.M. Pogoloff, *Logos and Sophia: The Rhetorical Situation of 1 Corinthians* (Atlanta: Scholars Press, 1992).

8 B. Witherington, III, *Conflict and Community in Corinth: A Socio-Rhetorical Commentary on 1 and 2 Corinthians* (Grand Rapids: Eerdmans, 1995), 특히 47, 137. 이들과는 다소 다른 관점에서이지만 제임스 던 역시 십자가의 '변혁'(transformation)과 '역전'(reversal)의 효과에 대해 강조하고 있다. J.D.G. Dunn, *1 Corinthians* (New Testament Guides, Sheffield: Sheffield Academic Press, 1995), 104.

울은 그의 복음을 사회적 상승 수단의 하나인 전문 수사학의 범주 속에서 판단하려는 사람들의 판단 기준을 거부하고 오히려 십자가의 판단 기준 앞에 모든 사람들을 세우고 있다. 이런 점에서 돈 카슨(Don A. Carson)이 압축적으로 잘 표현해주고 있는 것처럼, "십자가는 우리의 신조일 뿐만 아니라, 또한 우리의 사역의 기준이다."[9]

하지만 사회-수사학적 접근들이 한결같이 이런 십자가 선포의 변혁적 역동성에 관심을 가지는 것은 아니다. 바울의 수사학적 자질이나 표현 그 자체가 주된 관심이 되는 경우가 더 많다. 이런 경우에 바울은 그의 수사력을 통해 그 자신의 특정한 목적을 추구하고 있는 것으로 묘사되고 있다. 그가 추구하는 목적이 무엇이냐에 대해서는 폭넓은 관점의 차이가 드러난다. 고린도전서의 경우 대체로 학자들은 바울의 수사학적 특성이 '정치적 수사'(deliberative rhetoric)인 것으로 보고 있다. 법적(forensic rhetoric의 경우), 윤리적(epideictic rhetoric의 경우) 목적보다 정치적 목적이 주된 관심이 되고 있다는 것이다. 예를 들어, 마가렛 미첼(Margaret M. Mitchell)은 고린도 교회의 불화와 분열의 상황에 주목한다.[10] 어떤 면에서 정치적 집단과 다를 바 없는 교회는 이런 분열의 상황 가운데서 '화해'가 필요한 것이다. 이를 이루기 위해 바울은 그의 수사력의 초점을 '하나 됨'(homonoia)에 모으고 있다는 것이다. 이를 이룸으로 그들이 어떤 유익을 얻을 것인지를 제시함으로써 그들에게 설득적 효과를 이루고자 하는 것으로 보고 있다.

---

[9] D. A. Carson, *The Cross and Christian Ministry: An Exposition of Passages from 1 Corinthians* (Leicester: Inter-Varsity Press, 1993), 40.

[10] 보라, M. Mitchell, *Paul and the Rhetoric of Reconciliation: An Exegetical Investigation of the Language and Composition of 1 Corinthians* (Tübingen: Mohr, 1991), 20-64.

2. 십자가의 복음과 설교

이상의 개괄적 논의를 통해서 드러나는 하나의 문제의식은 바울의 십자가 복음의 설교를 그의 그레코로만 수사학에의 의존을 통해 전적으로 설명할 수 있을 것인가 하는 점이다. 그렇지 않다면 그가 어떤 방식으로 복음 자체의 수사력에 자신의 말과 삶을 일치시키는 가운데서 당대의 수사학적 맥락 속에 그 자신을 개입시키고 있는가 하는 점을 더 자세히 살펴보고자 한다.

먼저 복음의 설교를 수사학의 범주 속에서 설명하고자 하는 접근과 관련해서는 마가렛 미첼이 고린도전서 1:10의 *parakalō*를 전적으로 수사학적 맥락에서 이해하고 있는 것을 한 예로 들 수 있을 것이다. 미첼에게 있어서 이 단어는 단지 이 서신의 서론부에서만 아니라 서신 전체에 걸쳐서 하나의 내용적, 구성적 일체성을 형성해주는 핵심어(*prothesis*) 역할을 하고 있다.[11] 바울은 분열된 고린도 교회의 '하나 됨'(*homonoia*)을 이루어내기 위한 정치적, 수사학적 목적 아래에서 이 단어를 비중 있게 사용하고 있다는 것이며, 이런 용례는 당대 그레코로만 세계의 정치적 수사에서 빈번하게 찾아볼 수 있다는 것이다.

이와 같은 미첼의 주장은 비어클룬트(C. Bjerkelund)의 주장과는 상치된다. 고대의 문헌들을 방대하게 살피고 있는 비어클룬트는 이 용어(*parakalein*)가 외교적 스피치에 사용된 예들은 많지만 정치적 스피치에는 잘 사용되지 않았으며, 정치적 스피치에 있어서는 대신 *parainein*이 주로 쓰였다고 주장한다.[12] 이런 면에서 이 용어는 수사

---

11 Mitchell, *Paul and the Rhetoric of Reconciliation*, 44, n. 114; 198-200.
12 C. Bjerkelund, *Parakalō: Form, Funktion und Sinn der parakalō-Sätze in den paulinischen Briefen* (Oslo:

학적 용어가 아니라는 것이 비어클룬트의 결론이다. 우리는 여기서 이 용어가 정치적 수사에 사용된 예가 있느냐 아니면 전혀 그런 용도로 사용되지 않았느냐 하는 것을 가리는 일에 관심을 가지는 것은 아니다. 미첼의 주장처럼 이것이 수사학적 맥락에서 사용된 경우들이 많이 있다고 인정을 하더라도, 이 일반적 수사학적 범주를 바울에게 그대로 적용할 수 있느냐 하는 것은 또 다른 문제라는 점을 지적하고자 한다. 다시 말해서 그레코로만 세계에서의 몇몇 용례들과 일치점이 나타난다고 해서 바울의 이 단어의 사용을 수사학적이라고 단정 짓는 것은 너무 섣부른 결론이라는 것이다.

우리는 이런 구분의 중요성을 조금 더 깊이 생각해 볼 필요가 있다. 수사비평적 입장을 취하는 사람들에게 있어서 이런 구분을 무시하거나 가볍게 여기는 경우들이 많은 것을 본다. 그러나 이것이 무시될 때 바울의 복음 설교를 수사적 설득과 동일한 것으로 간주하는 잘못을 범하기가 쉽다. 바울이 권면하는 행위는 정치적 차원에서의 설득보다 더 깊은 뿌리를 가지고 있다. 고린도후서 5:20을 볼 때, 바울은 하나님이 그리스도 안에서 친히 이루신 화해의 사건에 근거해서 하나님이 사람들에게 권면하시는(*parakalountos*) 일을 대리하는 사역에 관여하고 있다. 따라서 바울의 복음적 권면(*paraklēsis*)은 내용적 오류나 동기의 불순함, 그리고 방법상의 미혹하는 것과 철저히 선을 긋는다(살전 2:3).[13] 이는 오직 복음 자체의 능력과 매력이 그대로 드러나기를 바라는 마음 때문이다.

언어 이론의 관점에서 볼 때도 설득의 말-행위와 선포나 간청,

Universitetsforlaget, 1967), 84f.

[13] 이와 관련해서는 필자의 책,『말씀사역의 본질과 능력』(서울: 좋은 씨앗, 2002), 55-8 참고.

약속 등의 말-행위는 그 작용기제가 다르다. 화행론(speech-act theory)의 이론적 기초를 닦은 오스틴(John L. Austin)의 구분에 따르면, 사람의 말의 행위에는 가장 기초적으로 어떤 단어들을 연결하여 말을 발하는 '발화'(locutionary) 행위와, 어떤 말을 하는 가운데서(in) 판정을 내리거나 명을 발하거나 약속을 만들거나 주장을 하거나 감사를 드리는 등의 행위를 수행하는 '발화수반'(illocutionary) 행위, 그리고 무언가를 말함으로써(by) 어떤 일방적 효과를 달성하고자 하는 '발화효과'(perlocutionary) 행위가 있다.[14] 오스틴은 이 '발화효과행위'의 범주 속에 '납득, 설득, 제지, 놀래킴, 오도' 등을 포함시키고 있다.[15] 존 설(John R. Searle)과 반더베켄(Daniel Vanderveken)은 '이제 내가(I hereby)…'라는 수행어의 형식이 이런 '발화효과행위'에는 적용될 수 없다고 지적한다.[16] 왜냐하면 상대가 어떤 말에 따라 '설득이 되었는지' 보장할 수 있는 길이 없기 때문이다.

오스틴에게 있어서 '발화수반' 행위와 '발화효과' 행위의 구분이 충분히 구체적이지 못한 면이 있지만, 이런 점은 이후에 다른 학자들에 의해 보완이 되고 있다. 월터스토프(Nicholas Wolterstorff)는 말의 행위를 통해 대화 당사자 간에 권리와 책임이 동반되는 상호-인격적 관계가 형성되는 점에 근거해서, 이런 상호관계가 '간주'(count as)를 통해 이루어지느냐 아니면 기계적, 인과적 작용으로 이루어지느냐를 기준으로 '간주-발생'(count-generation)과 '인과적 발생'(causal

---

[14] John L. Austin, *How to Do Things with Words* (Oxford: Oxford University Press, 1962), 109. 이 책의 한국어 번역으로는 장석진 역, 『오스틴: 話行論』(서울: 서울대학교 출판부, 1988)을 보라.

[15] Austin, *How to Do Things with Words*, 109.

[16] J.R. Searle and D. Vanderveken, *Foundations of Illocutionary Logic* (Cambridge: Cambridge University Press, 1985), 12.

generation)의 경우들을 구분하고 있다.¹⁷ 월터스토프는 '모든' 발화수반행위들은 '간주-발생'을 통해서만 이루어질 수 있음을 강조함으로써, 이를 인과적으로 이루어질 수 있는 '알림'의 행위, '전달'의 행위, '감정 유발'의 행위 등과 구분하고 있다.[18] 쉬운 예를 들어서 A가 B에게 '다음 학기에 장학금을 주겠습니다'하고 말할 때 A의 그 말을 '약속을 행하는 것으로' B가 '간주'하게 되고 따라서 상호간에는 권리와 책임의 관계가 형성된다. 그러나 A가 'B가 장학금을 받게 됩니다'하고 '알리는' 경우에는 이 말을 듣는 사람들이 다 인과적으로 그 사실을 알게 될 뿐 별도의 '간주' 관계가 이루어지지 않는다. 이런 점에서 약속 등의 '발화수반력'(illocutionary force)을 동반하는 '발화수반행위'는 단순한 제3자적 서술(description)과 차이가 날뿐만 아니라, 인과적으로 소기의 결과를 이루고자 하는 '발화효과행위'와도 차이가 나는 것이다.

하버마스(J. Habermas) 역시 발화수반-발화효과행위의 보다 분명한 구분을 시도하고 있다. 인간의 행위가 상호관계에 근거한 '의사소통적 행위'와 일방적 '전략적 행위'로 구분될 수 있는 것과 마찬가지로 말의 행위에 있어서도 '발화수반행위'는 전자와 '발화효과행위'는 후자와 연결되는 것으로 분석하고 있다. 그는 이렇게 주장한다. "따라서 나는 모든 대화 참여자가 의사소통이라는 중재적 행위 가운데서 발화수반적 목적(illocutionary aims), 그것도 **오직 발화수반적 목적만을** 추구할 때 이와 같은 형식으로 언어를 통해 매개되는 상호행위들을 의사소통적 행위(communicative action)로 간주한

---

17 N. Wolterstorff, *Works and Worlds of Art* (Oxford: Clarendon Press, 1980), 219-21. 이 이론을 보다 잘 발전시킨 그의 책, *Divine Discourse: Philosophical Reflections on the Claim that God Speaks* (Cambridge: Cambridge University Press, 1995), 78-80을 참고하라.
18 Wolterstorff, *Works and Worlds of Art*, 220; idem, *Divine Discourse*, 33.

다. 반면에 대화 참여자 가운데 적어도 한 편이 그 말의 행위를 통해 그 상대방에게 발화효과적 결과(perlocutionary effects)를 산출하고자 원할 때 나는 이를 언어적으로 매개된 전략적 행위(strategic action)로 간주한다.″[19] 하버마스가 분석하고 있는 것처럼 '발화효과행위'에 있어서는 '효과'나 '성공'이 그 수행의 잣대가 된다. 이런 점에서 사회가 점차 효율 위주의 성공지향적 사회가 되어가는 것과 사람들의 말이 발화수반행위으로서의 대화(dialogue)보다는 발화효과행위로서의 전략적 도구화 되어가는 것은 별개의 일이 아니라는 것을 발견할 수 있다.

이상의 분석을 고려할 때, 우리는 복음의 설교가 수사적 설득과 구별될 수밖에 없다는 것을 분명히 보게 된다. 물론 우리는 복음의 설교가 수사적 측면을 가진다는 사실 자체를 부정하려는 것이 아니다. 다만 이런 설득적 결과가 이루어지는 것이 수사적 자질 그 자체에 의존되지 않는다는 것을 강조하고자 한다. 이는 바울이 십자가의 복음을 전할 때 그레코로만 수사학에 근거를 둔 '말의 지혜'(*sophia logou*)를 취하지 않고 '십자가의 말'(*ho logos ho tou staurou*)을 취한 것을 통해 뒷받침된다(고전 1:17-18). 칼빈(John Calvin)이 잘 지적하는 것처럼, 바울은 복음의 내용뿐만 아니라 그 전달의 방식에 있어서도 '남의 옷'(foreign garb)을 빌리지 않고 '전도(*kērygma*)의 미련한 것'(고전 1:21)을 취하고 있음을 보게 된다.[20] 이는 바울의 목적이 말의 힘이나 자신의 설득력, 또는 어떤 사람들이 바울에게 돌리고 있는 바울

---

[19] J. Habermas, *The Theory of Communicative Action*, 2 vols (London: Polity Press, 1984-87), I, 295.

[20] J. Calvin, *The First Epistle of Paul the Apostle to the Corinthians*, tr. by John W. Fraser (Grand Rapids: Eerdmans, 1960), 32.

의 조작적 권위 등을 나타내려 하는 것이 아니기 때문이다.[21] 그는 다만 '하나님의 능력', 특히 십자가의 그리스도를 통해 '약함 가운데 나타난 그의 능력'(power-through-weakness)을 나타내고자 한다.[22]

이런 이유 때문에 바울의 전달 방식은 그레코로만 수사학과 본질적인 차이를 가진다고 릿핀(Duane Litfin)은 잘 지적하고 있다.[23] 릿핀은 설교자의 기능이 웅변가(orator)보다는 전언자(herald)에 더 가깝다는 것을 지적하면서 바울이 설교와 관련하여 사용하는 용어들(*euangelizomai, kēryssō, katangellō, martyreō*)이 '비수사적'(non-rhetorical)이라고 단언한다.[24] 말의 힘이 웅변가 개개인의 능력에 의존하는 그레코로만 수사에서와는 달리 바울의 설교는 '복음 그 자체에 내재된 역동력'에 의존하고 있다.[25] 웅변가들에게 있어서는 설득의 결과를 성취하는 것이 자신들의 손에 달려 있기 때문에 스스로를 믿는 자신감이 그들에게 있어서는 필수적 요건이지만, 바울에게 있어서는 이 능력이 자신에게 있는 것이 아니기 때문에 그는 전적으로 하나님의

---

[21] 바울이 자신의 말의 설득력을 위해 그의 공동체들에 대하여 조작적 권위를 행사하고 있다는 주장과 관련해서는 참고, Elizabeth A. Castelli, *Imitating Paul: A Discourse of Power* (Louisville: Westminster/John Knox Press, 1991); Antoinette C. Wire, *The Corinthian Women Prophets: A Reconstruction through Paul's Rhetoric* (Minneapolis: Fortress Press, 1990).

[22] 십자가에 나타난 하나님의 능력의 역설적(dialectical) 측면에 대해서는 참고, John H. Schütz, *Paul and the Anatomy of Apostolic Authority* (Cambridge: Cambridge University Press, 1975), 191; Timothy B. Savage, *Power Through Weakness: Paul's Understanding of the Christian Ministry in 2 Corinthians* (Cambridge: Cambridge University Press, 1996).

[23] D. Litfin, *St Paul's Theology of Proclamation: 1 Corinthians 1-4 and Greco-Roman Rhetoric* (Cambridge: Cambridge University Press, 1994).

[24] Litfin, *St Paul's Theology of Proclamation*, 195. 이런 점은 신약연구와 관련하여 수사학적 관심을 선구적으로 불러 일으킨 케네디(George A. Kennedy)에게서도 확인되는 요점이다. 그는 "기독교 설교는 설득이 아니다. 이는 논증에 근거하지 않고 권위와 은혜에 근거한다"고 말한다. 그의 책, *Classical Rhetoric and its Christian and Secular Tradition from Ancient to Modern Times* (Chapel Hill: Uinversity of North Carolina Press, 1980), 127.

[25] Litfin, *St Paul's Theology of Proclamation*, 192.

능력에 의존하며 '두려움과 떨림'(고전 2:3)의 자세를 가지는 것이다. 수사술은 그 이루고자 하는 결과로부터 시작하여 메시지의 내용으로 옮겨오지만, 설교는 그 결과를 설교자가 좌우하지 못하기 때문에 항상 메시지의 선포로부터 출발한다. 이런 점이 설교를 '결과' 중심의 인과적 화행(perlocution)으로서의 수사술과 구분되게 하는 핵심적 요소이다. 설교는 '하나님의 권면'에 근거한 선포적, 권면적 발화수반행위(illocution)로 정의될 수 있다.

설교가 가지는 설득력은 수사학적 '말의 지혜'보다도 하나님이 십자가의 그리스도와 또 그를 일으키신 일 가운데서 자신을 나타내신 방식에 근거한다. 이것을 증거하기 위해 세우신 설교라는 독특한 방식은 사람들을 향한 '하나님의 권면'을 대리하는 권면적, 선포적 사역이다. 설교의 효력은 따라서 설교자의 수사력에 의해 보증되지 않고 하나님을 대리한 신실한 증거와 성령의 역사에 의해 보증되는 것이다.

3. 설교에 있어서 설교자의 인격과 삶

그러면 설교자의 개인적 요소가 설교에 전혀 영향을 미치지 않는 것인가? 그렇게 말할 수는 없다. 설교의 '효력'이 설교자에 의해 보증되지 않는다는 것은 설교의 효력에 대한 '기대'를 가지지 않는다는 것과는 전혀 다른 문제이다. 설교는 설교자가 그 효력을 '보증'할 수 있는 조작적 담화행위(manipulative discourse)가 아니다. 그러나 신실한 설교에는 언제나 하나님과 관련하여 사람들의 생명을 살리고 삶을 변화시키는 효력이 따른다. 설교는 단순히 하나님에 대한 지식의 전달만으로 그치는 것이 아니라, 십자가와 부활의 신실한 증언 가운데서 사람들로 하여금 하나님의 경고와 약속과 명령의 말씀을 듣게 하고, 또 그리스도 안에서 하나님과 자아와 세상과의 관계를 본질적으로 재정립하게 간드는 결과를 가져온다. 설교자는 이런 결과를 기대하면서 설교의 직무에 임하는 것이다. 설교자가 이런 기대를 가지고 하나님의 위임적 권위에 근거해서 선포적으로 말한다는 것은 설교자 자신의 인격과 삶이 전적으로 여기에 개입되지 않을 수 없다는 것을 말한다.

고전적 수사학에 있어서도 웅변가의 인격적, 도덕적 요소는 그 말의 설득력을 위하여 매우 중요한 요소로 인식되어 왔다. 아리스토텔레스는 수사학자들에게 정석처럼 받아들여지고 있는 다음의 말을 하고 있다. "구화를 통해 이루어지는 설득의 양태들 가운데는 다음 세 가지가 포함된다. 첫째는 화자의 인격적 성품(personal character)에 의한 것이다. 두 번째는 청중을 소정의 마음 상태(frame of mind)로 이끌어 가는 데 달린 것이다. 세 번째는 연설 그 자체의 말 가운데 제시된 논증(proof), 즉 확실한 논증에 의한 것이다. 설득은 화자와 관련하여 청중이 그 말하는 자를 믿을만하다고 생각하는 정도에 비례하여 그 화자의 인격적 성품에 의해 이루어진다. 우리는 좋은 사람이 말하는 것을 그렇지 못한 사람이 말하는 것보다 더 전적으로 또 더 주저 없이 믿는다…어떤 사람들은 수사학에 관한 그들의 글에서, 화자의 말 가운데 드러나는 인격적 선이 그의 설득력에 아무런 기여를 하지 않는다고 말하지만 이것은 옳지 않다. 그 반대로 화자의 성품은 그가 소유하고 있는 설득의 수단들 가운데서도 가장 효과가 큰 것이라 할만하다."[26] 아리스토텔레스가

---

[26] Aristotle, *Rhetoric*, Britannica Great Books, vol. 9 (Chicago: Encyclopaedia Britannica, 1952,

말하는 설득에 이르게 하는 위의 세 가지 요소들은 각각 에토스, 파토스, 로고스(ēthos, pathos, logos)로 표현되는 것인데, 이 세 가지는 또한 '얼마나 그 말하는 사람을 믿을만 한가', '얼마나 그 말이 감동적인가', 그리고 '얼마나 그 말이 지혜로운가' 하는 기준들과 관련이 있다. 아리스토텔레스는 에토스에 우선적인 강조점을 두고 있다. 화자의 도덕적, 인격적 성품이나 삶의 스타일은 그 말의 설득력을 확고하게 뒷받침한다고 보는 것이다.

바울의 설교와 관련하여 이런 요소의 중요성을 부각시키고 있는 사람 가운데 안드레 레스너(André Resner, Jr.)가 있다.[27] 그는 설교에 있어서 수사학의 일방적 기피(칼 바르트의 경우처럼)나 수사학을 가치중립적 도구로 경계 없이 수용하는 태도(어거스틴의 전통에서 드러나듯) 모두가 바울의 설교관에 부합하지 못함을 지적하면서, 바울에게 나타나는 설교와 수사학 양자 간의 긴장적 관계를 '역전의 에토스'(reverse-ēthos)라는 이름으로 제시하고 있다.[28] 이는 바울이 십자가를 그 복음의 내용으로 제시하는 것처럼 그 사역과 삶의 스타일이 십자가에 합한 삶이 되게 함으로 말미암아 고린도 교회의 세상적으로 전도되어 있는 가치들을 역전 또는 재조정하고 있다는 것을 표현해주는 말이다. 바울의 설교는 그의 삶의 방식에 의해 뒷받침됨으로 그 설득력을 더하게 된다는 것이다. 이것 역시 바울의 삶의 방식에 대한 강조를 수사적 설득을 위한 윤리적 조건화의 방향으로 끌고 가지만 않는다면 매우 유익한 통찰이라 할 수 있겠다. 우리는 최근의 많은 연구들 가운데서 바울이 '강한 자들'의 편에서 자

---

rep. from *The Works of Aristotle*, ed. W.D. Ross), 1356a, 1-13.
27 A. Resner, Jr, *Preacher and Cross: Person and Message in Theology and Rhetoric* (Grand Rapids: Eerdmans, 1999).
28 Resner, *Preacher and Cross*, 4.

기를 주장하지 아니하고 '약한 자들'과 자신을 동일시함으로써 그가 전파하는 십자가의 복음을 자신의 삶과 사역 가운데서 더욱 힘있게 드러내고 있는 사실을 다각적으로 이해할 수 있는 관점들을 발견하고 있다.[29]

설교에 있어서 그 명제적 내용(propositional content)과 발화수반력(illocutionary force) 양자가 다 같이 중요하다는 것은 화행론에서도 동일하게 강조되는 점이다. 십자가를 그 핵심적 내용으로 하는 복음은 십자가에 부합하는 삶의 방식과 더불어서 그 선포의 효력을 이룬다. 설교의 화행에 수반되는 발화수반력에는 몇 가지 다른 측면들이 복합적으로 작용한다. 맥널티(T. Michael McNulty)는 바울의 설교 가운데 드러나는 발화수반력의 복합적 측면들을 잘 분석해주고 있다.[30] 첫째는 예수님에 관한 역사적 사실들과 관련해서는 평서행위(expositive)의 측면이 있다. 또한 설교자의 위임된 권위와 관련해서는 행사행위(exercitive)의 요소가 있다. 세 번째로 말과 그에 따른 일정한 삶의 방식과 관련해서는 언약행위(commissive)의 요소가 있다. 설교에는 이 모두가 복합적으로 작용한다. 어느 한 가지 부분만으로 설교가 이루어지지 않는다.

설교는 지식의 전달만으로 그치는 것도 아니고, 수단 방법 가리

---

[29] 몇 가지 예를 들자면, Raymond Pickett, *The Cross in Corinth: The Social Significance of the Death of Jesus* (Sheffield: Sheffield Academic Press, 1997), 85-125; David G. Horrell, *The Social Ethos of the Corinthian Correspondence: Interests and Ideology from 1 Corinthians to 1 Clement* (Edinburgh: T & T Clark, 1996), 199-216; Andrew D. Clarke, *Secular and Christian Leadership in Corinth: A Socio-Historical and Exegetical Study of 1 Cor 1-6* (Leiden: E.J. Brill, 1993); Dale B. Martin, *Slavery as Salvation: The Metaphor of Slavery in Pauline Christianity* (New Haven and London: Yale University Press, 1990); Thomas Söding, 'Starke und Schwache: Der Götzenopferstreit in 1Kor 8-10 als Paradigma paulinischer Ethik', *ZNW* 85 (1994), 69-92.

[30] T.M. McNulty, 'Pauline Preaching: A Speech-Act Analysis', *Worship* 53 (1979), 207-14 (특히 211).

지 않는 설득행위에 그치는 것도 아니다. 알아들을 수 있는 내용도 없이 권위만 내세우거나 맹목적인 헌신만 요구하는 것도 설교의 바른 모습이 아니다. 성경적 내용과 그에 합당한 설교자의 삶이 잘 어우러져서 하나님과 또 교회에 의해 위임된 권위에 따라 말씀이 선포될 때 "자라나게 하시는 하나님"의 생명의 역사가 나타나는 것이다(고전 3:7). 설교에서 십자가만 나타나도록 설교자는 가려져야 하겠지만, 동시에 십자가의 삶의 모습을 드러내는 설교자가 빠져버린 강단처럼 무책임하고 공허한 장소도 없다는 사실을 우리는 기억해야 할 것이다.

4. 나가는 말

우리는 근자의 사회-수사학적 접근이 특히 바울의 언어를 그 일상적 맥락 속에서 더 잘 이해할 수 있게 하는 면에 있어서 좋은 기여를 하고 있음을 인정하지만, 다른 면에서는 바울의 선포적 언어를 수사학적 설득의 범주 속에 가둘 수도 있는 위험성을 내포하고 있음을 보았다. 우리가 이런 위험을 잘 피할 수 있기 위해서는 십자가의(또한 부활의) 복음이 가지는 역설적 하나님의 능력에 근거한 설교적 언어의 선포적 본질을 지속적으로 붙들어야 할 것이다. 복음의 선포는 단순한 설득이 아니라 하나님의 말씀을 듣도록 매개하는 신실한 증언이어야 한다. 이를 위해 '십자가의 말'에는 십자가에 합한 설교자의 삶과 인격이 뒷받침되어야 한다. 설교는 단순한 기계적 반복이 아니며, 인격과 분리된 기능의 수행이 아니다. 십자가의 설교는 십자가 지는 설교자의 삶과 인격과 함께 선포된다. 또한 그러한 설교는 세상 가운데서 구별된 십자가와 부활의 공동체를 만든다. 신앙의 정통과 생활의 순결, 이 양자의 일체성은 우리의 설교 이해에도 동일하게 적용된다.

바로 이런 점 때문에 훌륭한 개혁주의 신학자 스킬더는 그리스도의 고난에 관한 그의 삼부작(Lenten Trilogy) 가운데서 설교의 강단은 십자가 곁에(의미상으로는 십자가의 판단기준 아래에) 세워져야만 한다는 것을 강조하고 있다. 스킬더의 말로 우리의 결론을 대신하고자 한다. "우리는 강단이 십자가 곁에 세워지도록 해야 하겠다. 오직 그러할 때만, 훈육 받지 못한 충동과 어리석은 치졸함이 예수님의 거룩한 존전에서 되잖은 것들을 말하지 못하도록 막아줄 수 있는 것이다."[31]

---

[31] Klass Schilder, *Christ in His Sufferings* (Minneapolis: Klock & Klock, 1978 rep.), 33. "We will let the pulpit stand beside the cross. So only can we keep undisciplined impulse and foolish naivete from saying unbecoming things in Jesus' holy presence."

11장
베드로서신에 나타난 세상 속 그리스도인의 신행일체(信行一體)

1. 들어가는 말

　베드로서신은 의외로 학계나 목회 일선에서 홀대를 당하는 책 중의 하나이다. 이런 실정을 감안한다면 여러 주석가들이 베드로서신에 대하여 언급하는 말을 들을 때 우리는 내심 놀라지 않을 수 없게 된다. 예를 들어 하워드 마샬(I. Howard Marshall)은 베드로전서를 두고 이렇게 말한다. "만일 어떤 사람이 난파를 당하여 한 외딴 섬에 떨어지게 되었는데, 그에게 신약성경 가운데서 오직 한 권의 서신만을 가질 수 있도록 허용이 된다면 베드로전서는 가장 이상적인 선택이 될 것이다. 그 가르침은 너무나 풍부하며, 그 정신은 너무나 따뜻하고, 적대적 환경 속에서 그 메시지는 너무나 위로가 넘친다."[1] 클라우니(Edmund Clowney) 역시 스피크(C. Spicq)의 말을 빌

---

[1] I. Howard Marshall, *1 Peter* (IVPNTCS, Leicester: InterVarsity Press, 1991), 12. 현대 주석가들 뿐만 아니라 마틴 루터 역시 이 서신에 관하여 "신약의 책들 가운데 가장 고매한 책 중의 하나"라고 말하며 로마서나 요한복음에 비견되는 "탁월성의 전형"이라고 평하고 있다. 참고, Karen H. Jobes,, *1 Peter* (BECNT, Grand Rapids: Baker Academic, 2005), 1.

려서 베드로전서를 두고 "기독교 신앙과 그것이 불러일으키는 행실의 가장 집약적인 신약 이력서"라는 말을 하고 있다.[2] 베드로후서에 대해서 더글라스 무(Douglas Moo)는 오늘날과 같은 다원주의 사회 속에서 모든 가르침들을 쉽게 허용하려 하는 관용의 분위기에 휩쓸려 진리에의 관심이 실종되기 쉬운 때에 베드로후서와 같은 책은 너무나 요긴한 책이라고 평가하고 있다.[3]

우리가 이런 귀한 가치를 가진 베드로서신의 가르침을 좀 더 잘 맛보지 못하고 있는 이유는 무엇보다 한국 교회의 성경에 대한 편식 경향 때문이라고 본다. 우리는 성경의 폭넓은 시각들을 골고루 잘 즐기지 못하고 하나의 시각에 지나치게 의존하는 경향을 가진다. 베드로의 목소리는 이런 상황 속에서 우리에게 신선한 충격을 던져준다. 특히 신학적 가르침과 그리스도인 삶을 위한 권면이 결코 분리될 수 없는 일체를 형성하고 있는 베드로서신의 특성을 보다 주의 깊게 주목해보지 않을 수 없다. 믿는 것과 사는 것 사이의 괴리로 말미암아 교회 밖으로부터의 달갑지 않은 조롱에 시달리고 있는 한국 교회의 현 실정을 우리는 베드로서신의 거울 앞에 세워 보지 않을 수 없다. 이를 위해 우리는 최대한 본문 중심적 접근을 하면서 동시에 오늘 우리 시대의 상황 속에서 교회와 세상의 관계가 어떻게 자리매김 되어야 할 것인지의 문제의식을 가지고 그 가르침들을 오늘에 접맥시켜 보고자 한다.

---

[2] Edmund Clowney, *The Message of 1 Peter: The Way of the Cross* (BST. Leicester: InterVarsity Press, 1988), 15.

[3] Douglas Moo, *2 Peter and Jude* (NIVAC. Grand Rapids: Zondervan, 1996), 15.

2. 베드로서신이 보여주는 세상 속의 그리스도인

1) 세상 속 그리스도인의 위치를 보여주는 메타포들

베드로는[4] 자신의 편지의 수신자들을 나타내기 위해 벧전 1:1(헬라어 본문)에서 "택하심을 입은 자들과 나그네들에게"(ἐκλεκτοῖς παρεπιδήμοις)라는 두 단어를 연결하여 사용하고 있다. 이 연결된 두 단어는 세상 속에서 이들이 누구인가 하는 것을 요약적으로 잘 보여주고 있다. 한 면에서 그들은 하나님의 택하신 자들로서의 특권을 가지지만, 동시에 세상과의 관계에서는 불이익 집단의 지위를 가진 자들이다.[5] 특히 이들을 '나그네'로 지칭하고 있는 것은 이 서신 전체의 성격과 관련하여 중요한 논란을 형성하고 있는 부분이다. 전통적으로 이 단어는 영적인 의미로 많이 이해되어 왔지만, 특히 엘리엇(John H. Elliott)의 연구 이후로는 1세기 수신자들의 사회적 지위를 나타내는 말로 보는 견해가 증가하고 있다. 그러나 이 말을 지나치게 영적인 측면에서나, 아니면 지나치게 사회학적 개념으로 보는 것은 둘 다 적합하지 않다고 본다.[6] 오히려 실제 상황 속에서의 사회적 지위를 반영하는 말이 그리스도인의 현존재 방식을 규정하는 중심적 메타포로 기능하도록 차용됨으로 인해 그 가운데서 독특하고도 창의적인 방식으로 의미 소통 쌍방에 걸쳐 의

---

[4] 많은 논란이 있는 문제이긴 하지만 우리는 두 편의 베드로서신의 저자를 사도 베드로로 이해한다.

[5] 참고, J. Ramsey Michaels, *1 Peter* (WBC. Waco: Word Books, 1988), 6.

[6] 참고, Ralph P. Martin (with Andrew Chester), *The Theology of the Letters of James, Peter, and Jude* (Cambridge: Cambridge University Press, 1994), 97; Paul J. Achtemeier, *1 Peter* (Minneapolis: Fortress Press, 1996), 175.

미확대가 일어나게 하는 것으로 볼 수 있을 것이다.[7]

우리는 베드로가 사용하고 있는 '나그네'와 '행인' 같은 말 배후에 수신자들의 얼마만큼의 실제적인 사회적 지위가 놓여져 있는지를 명확히 알 수는 없다. 1세기 당시 이 방대한 지역의 정치-경제적 유민들을 말하는 사람도 있고,[8] 보다 최근에는 클라우디우스 황제 때 이 지역 각각에 세워졌던 식민지들을 배경으로 거론하는 사람도 있다.[9] 이 글에서 이 부분을 충분히 다루기에는 한계가 있다. 우리는 이 단어들이 단지 영적인 의미로만 국한되는 것은 아니며 어떤 형태로든지 해당 지역의 그리스도인들의 실제적 경험과 연관이 있다고 본다. 그런 경험을 하나님의 부르심과 연결시킬 때, 비록 그들이 실제 유민으로 떠돌지는 않고 자신들의 땅에 그대로 살고 있다고 하더라도, 나그네 등의 용어들을 통해 자신들의 하나님 백성으로서의 형편을 새로운 시각에서 이해할 수 있는 은유적 채널을 얻을 수 있게 되는 것이다. 그들은 이제 주변의 문화나 가치관, 삶의 방식 등과 전혀 다른 새로운 가치와 삶의 방식을 추구해가는 사람들이다. 그런 면에서 그들은 자신들이 그 사회의 일원이었던 이 세상과의 관계에 있어서 파레피데모스(그 어떤 지위도 없이 어떤 지역에 한정적으로 체류하는 사람) 또는 파로이코스(시민권을 가지지는 못하나 최소한의 법적 보호의 테두리 안에는 들어 있는 사람)로 불리고 있는 것이다.

---

[7] 메타포가 그 지칭적 의미에 국한되어 단지 정보만을 전달하는 것이 아니라 의미 소통 쌍방간의 새로운 의미세계의 교류를 매개하는 화행적 기능을 수행하기도 하는데, 이런 과정에 대한 연구로는 참고, Hugh C. White, "Metaphor as Performative", in Gary A. Phillips and N.W. Duran eds, *Reading Communities Reading Scripture* (Harrisburg: Trinity Press International, 2002), 66-87.

[8] 이런 견해를 위해서는 보라, John H. Elliott, *I Peter* (AB, New York: Doubleday, 2000), 94-97; idem, *A Home for the Homeless: A Sociological Exegesis of I Peter, Its Situation and Strategy* (Philadelphia: Fortress, 1981), 220-33.

[9] 이를 위해서는 보라, Jobes, *1 Peter*, 28-41.

베드로전서 1:17에서는 성도들의 현 상태를 가리켜 "나그네로 있을 때"라고 말하는데, 여기에서의 나그네에 대한 언급은 나그네 사람(πάροικος) 보다 나그네성(παροικία)을 말한다. 곧 하나님께로의 구별된 거룩성을 가지고 성도들이 세상 속에 살아가는 기간을 나그네성의 기간으로 규정하고 있다. 베드로는 그 시간을 어떻게 구별되게 살아야 할 것인지를 강조하고 있는 것이다. 이와 같이 성도의 삶의 시간이 나그네성의 시간으로 규정되는 것은 철저하게 저희를 부르신 자의 어떠함을 따라(κατὰ τὸν καλέσαντα ὑμᾶς ἅγιον, 벧전 1:15) 결정된다. 하나님과의 언약 관계 속으로 부름 받았다는 이 사실이 성도들을 세상 가운데서 나그네와 행인으로 인식하게 되는 근거가 되며, 이제 예기치 못하였던 새 집 안으로 들어감을 통해 자신들에게 가장 익숙했던 집으로부터 그들을 낯선 이방인으로 만드는 일대 변환적 사건을 그들은 경험하게 된 것이다.

2) 세상 속 그리스도인의 양면적 새 현실

위의 사실이 빚어내는 결과는 두 가지로 집약된다. 첫째는 새롭게 옮겨진 집 안에서 이제 그들은 전에 누리지 못하였던 새로운 신분적 지위를 누릴 수 있게 되었다는 것이다. 그들에게 돌려지고 있는 '택하신 족속, 왕 같은 제사장, 거룩한 나라, 하나님의 소유된 백성'(벧전 2:9)과 같은 이름들이 전에 백성 아니었던 이 이방인들에게 돌려지고 있다. 베드로서신 속에 새 백성이나 새 이스라엘과 같은 이름들이 직접 사용되고 있지는 않지만, 그들에게 주어진 역할이나 감당해야 할 사명, 요구되는 구별된 삶 등에 있어서 그들은 이스라엘과 동일하다는 것을 말하고 있다.

한편, 이런 영광스러운 결과와 더불어 자신들이 속하여 살던 옛 사회와의 관계 속에서는 예상치 못하였던 박해의 결과가 일어나고 있다.[10] 새롭게 예수를 믿게 된 이방인들에게 주변 세계로부터의 박해는 매우 이상한 것으로 받아들여질 수도 있었겠지만, 베드로는 이것이 그리스도인이라면 겪게 되는 지극히 당연한 일 중의 하나라고 언급한다(벧전 4:12). 왜냐하면 예수 그리스도 자신이 바로 그런 길을 걸으셨기 때문이다. 그는 그의 발자취를 뒤따르는 우리의 길을 인도하시는 목자와 감독이 되신다(벧전 2:21, 25).

하나님께로 구별된 하나님 백성으로서의 그리스도인 공동체, 그리고 이 때문에 일어나는 구별된 표시로서의 주변 세계로부터의 박해, 이것이 베드로의 수신자 그리스도인들이 구별된 삶을 살지 않을 수 없는 이유이다. 먼저는 레위기 11:44, 19:2, 20:7 등에 바탕을 둔 "내가 거룩하니 너희도 거룩할찌어다"라는 언약적 요구가 이들에게 돌려지고 있고(벧전 1:16),[11] 아울러 그들의 모든 행실에 있어서 거룩한 자들, 곧 구별된 자들이 되라는 명령(imperative)이 그들에게 던져지고 있다(벧전 1:15 등). 이제 그들에게 요구되는 이 행실의 문제에 좀 더 관심을 집중시켜보도록 하자.

---

10 이 지역에서의 대대적 기독교 박해가 도미티안이나 트라얀 이전에 있었는가 하는 의문이 베드로 저작성의 부인의 한 이유로 제기되기도 하지만, 그러나 우리가 대규모의 공식적 박해를 상정하지 않는다 하더라도 국지적인 형태의 비공식적 기독교 박해는 낯설지 않은 현상이었던 것으로 본다. 참고, Achtemeier, *1 Peter*, 34-36.

11 셀윈은 이를 두고 교회를 '신레위족 혹은 신제사장 공동체'로 정의하는 것이라고 말하지만, 그러나 베드로의 강조점은 교회의 정의 자체보다 그 거룩성에 놓여 있다. 참고, E.G. Selwyn, *The First Epistle of St. Peter* (London: Macmillan, 1947), 374; Elliott, *I Peter*, 73.

3. 베드로서신 속에서의 행위에 대한 강조

1) 행위와 관련된 용어들

(1) 아나스트로페의 용례

그리스도인의 행위와 관련하여 베드로가 가장 빈번하게 사용하는 특징적인 용어 중의 하나로 아나스트로페(ἀναστροφή, 동사형 ἀναστρέφω)가 있다. 이 용어는 신약성경 전체 속에 명사형으로는 13회, 동사형으로는 9회가 나타나는데, 다른 곳에서의 산발적인 사용에 비해 베드로서신 속에서는 명사형으로 8회, 동사형으로 2회에 걸쳐 지속적이고 일관된 사용을 보이고 있다.

주어진 상황 속에서 사람의 행위의 총체성을 가리키는 아나스트로페는 그 자체로서는 중립적 의미를 가지며, 상황에 따라 긍정적, 또는 부정적 맥락 속에서 사용될 수 있다. 베드로의 경우 대부분은 그리스도인의 선한 행실과 관련하여 이 용어를 사용한다. 베드로전서 1:15에서도 본 것처럼 그리스도인은 모든 '행실'에 있어서 거룩한 자가 되어야 하며, 특별히 믿지 않는 자들과의 관계 속에서 그 행실을 선하게 가질 필요가 있다(벧전 2:12, 3:16). 그리스도인 아내들 역시 그 행실을 지켜보는 믿지 않는 남편들을 그 행실을 통해 구원으로 이끄는 길을 열 수 있게 된다(벧전 3:1, 2). 특히 종말의 약속 앞에 서 있는 그리스도인들에게는 거룩한 행실이 요구되고 있다(벧후 3:11). 때로는 아나스트로페가 그리스도인의 옛 생활방식 또는 이방인들의 악한 행실과 관련하여서도 사용된다. 그리스도인은 그 조상들의 유전한 망령된 '행실'로부터 구속을 받았으며 (벧전 1:18), 롯과 같이 주변의 음란한 '행실'로 인해 고통을 받기도 한다(벧후 2:7).

동사형으로는 베드로전서 1:17에서 그리스도인의 생애를 나그네 기간으로 규정한 맥락 속에서 그 시간을 두려움(하나님에 대한 경외) 가운데 '행해야' 한다는 것을 말할 때 한 번 사용하고 있으며, 또 한 번은 부정적 맥락 속에서 이방인들의 삶의 모습과 관련하여 미혹한 데 '행하는' 사람들이라고 지칭할 때 사용하고 있다(벧후 2:18).

바울이 자신의 과거의 삶의 방식을 두고 갈라디아서 1:13에서 "내가 이전에 유대교에 있을 때에 행한 일(ἀναστροφήν)"이라고 말하는 용례에서 보는 것처럼 매우 넓은 의미에서 사용될 수 있는 이 용어가 베드로에게 있어서는 이전과 이후가 뚜렷하게 구별되는 그리스도인의 삶의 방식을 나타내는데 집중적으로 사용이 되고 있음을 본다. 그만큼 행실에 대한 강조가 베드로에게 있어서 중요하다는 것을 보여준다.

(2) 아가토포이이아의 용례

그리스도인의 선한 행위와 관련하여 베드로가 사용하는 또 다른 특징적인 용어로는 아가토포이이아(ἀγαθοποιΐα, 동사형으로 ἀγαθοποιέω)가 있다. 셀윈(E. G. Selwyn)이 지적하는 것처럼 이 단어군은 베드로 서신의 핵심 개념 가운데 하나이며,[12] 총 6회의 용례가 나타난다. 명사형으로는 베드로전서 4:19에 단 1회 나타나는데, 고난을 당하는 자들이 하나님의 뜻을 생각할 때 '선을 행함'(아가토포이이아) 가운데서 그 영혼을 하나님께 의탁할 수 있게 된다고 말한다. 동사형으로는 베드로전서 3:6에서 사라의 예를 들어 일반적 의미에서 선을 행하라는 권면을 주기 위해 사용되고, 베드로전서 2:14-15에서는 더 넓게 그리스도인의 사회적 행위의 맥락에서 '선행하는 자'를 가

---

[12] Selwyn, *The First Epistle of St. Peter*, 89; Achtemeier, *1 Peter*, 184.

리키고 있으며, 베드로전서 2:20과 3:17에서는 그 때문에 고난이 야기되는 상황 속에서 악행함(κακοποιέω)과 대비되는 그리스도인의 행동을 나타내는 데 이 용어가 사용되고 있다.

사회적 차원에서 그리스도인이 '선행하는 자'가 되는 것은 그 선행을 위정자들이 선으로 인정한다는 것을 전제한다. 이런 경우에 선을 행함은 하나님의 뜻으로 볼 때도 선이지만 사회적 기준으로 볼 때도 선이다. 많은 경우에 그리스도인의 아가토포이이아는 이 범주에 속할 것이다. 그러나 항상 그런 경우만 있는 것은 아니고, 베드로전서 2:20과 3:17에서 보는 것처럼, 선을 행하는 것이 하나님 보시기에는 옳은 것이지만 일반사회 속에서는 고난을 불러일으키는 경우도 생긴다. 이처럼 선한행함을 두고 하나님 뜻대로 행하는 것과 세상이 요구하는 것 사이에 충돌이 일어날 수도 있음을 알 수 있다. 우상숭배의 요구나 방탕한 일들의 요구(벧전 4:4) 등의 경우는 고난이 따름에도 불구하고 하나님께서 보시기에 선한행함을 선택하지 않을 수 없다.

아가토포이이아와 유사한 방식으로 베드로는 '선의 열심장이들'(τοῦ ἀγαθοῦ ζηλωταί, 벧전 3:13)이 되는 것에 대해서도 언급한다. 베드로전서 3:13-17의 단락 속에서는 이 표현을 필두로 '그리스도 안에 있는 너희의 선행'(τὴν ἀγαθὴν ἐν Χριστῷ ἀναστροφήν, 16절), '선을 행함으로'(ἀγαθοποιοῦντας, 17절) 등의 표현들을 집중적으로 사용함으로써 그리스도인의 삶 속에 선한 행위가 얼마나 중요한지를 강조하고 있다. 그렇다면 그리스도인의 선한행함 또는 선한 삶의 방식의 근거는 무엇인가? 왜 그리스도인은 이렇게 살 수밖에 없는가? 우리는 이 문제에 대한 베드로의 대답을 들어보고자 한다.

2) 그리스도인의 선한 행실의 근거와 이유

(1) 하나님의 영광스런 부르심 때문에

베드로서신 속에서 그리스도인은 그 근본적 정체성이 철저하게 하나님의 부르심에 의해 규정된다. 이것은 베드로전서의 시작 부분에서부터 나타나고 있다. 하나님의 택하신 자들(ἐκλεκτοί)이 된 것은 특별히 이방인 그리스도인들의 입장에서 볼 때 말할 수 없이 큰 특권이며 영광스러운 일이다.

그리스도인들의 이와 같은 영광스러운 지위가 어디에서부터 비롯되며 또 무엇을 지향하는지에 대해서 베드로는 따라오는 세 개의 전치사구를 통해 삼위일체적 방식의 설명을 덧붙이고 있다. 첫째는 이것이 아버지 하나님의 미리 아심을 따라(κατὰ πρόγνωσιν θεοῦ πατρὸς) 된 것이며, 둘째는 성령의 거룩하심 안에(ἐν ἁγιασμῷ πνεύματος) 있도록 된 것이요, 셋째는 순종을 위하여 그리고 예수 그리스도의 피뿌림을 위하여(εἰς ὑπακοὴν καὶ ῥαντισμὸν αἵματος Ἰησοῦ Χριστοῦ) 이루어진 것이다. 이 세 개의 전치사구는 각각 성도의 현재적 지위의 기원과 그 현위치와 지향적 목적을 나타낸다.[13]

성도들은 이와 같이 하나님의 삼위일체적 사역의 결과로 그들을 위하여 하늘에 간직된(τετηρημένην τηρέω의 수동태 완료분사형, 벧전 1:4) 기업의 상속자들이 되었다. 이것이 그들을 이 세상 가운데서 택하신 자들임과 동시에 나그네로서의 독특한 존재들로 만들어 놓았

---

13 이 문구를 삼위일체적으로 이해할 수도 있고 그렇지 않을 수도 있겠지만, 이런 견해의 차이는 두 번째 전치사구의 πνεύματος를 인간 영으로 볼 것인지 아니면 성령으로 볼 것인지에 따라서 나타나는 차이가 될 것이다. 이를 인간 영으로 본다면 성도 자신의 영이 거룩함 안에 있다는 의미가 되겠지만, 성령으로 본다면 이 소유격을 주격적 소유격으로 이해하여 성령의 역사로 빚어주시는 거룩함의 영역이 성도의 현위치라는 것을 말하는 것으로 볼 수 있는데, 우리는 이 후자 쪽이 더 적합한 이해라고 본다.

다. 그들은 하나님과의 새로운 언약적 관계 속으로 부르심을 받음으로 인해 자신들이 살고 있는 세상 가운데서 갑자기 이방인이 되어 버린 것이다. 그래서 주변의 문화와 관습과는 전혀 다른 방식의 삶을 살도록 부름 받고 있다. 그들의 추구는 더 이상 이 세상이나 이 세상에 속한 것이 아니다. 그렇다고 이 세상을 등지고 사는 것도 아니다.[14] 여전히 이 세상 속에서 살고 있지만, 이전에 자신의 집이었던 곳이 더 이상 집이 아닌 이상한 현상 속으로 그들은 들어오게 된 것이다.

이와 같은 하나님의 특권적 부르심은 베드로전서 3:10에서는 복을 유업으로 받게 하고자 부르심을 입었다고 표현되기도 한다. 따라서 이것을 세상 속에서의 새로운 현실로 가진 자들로서 그리스도인들은 세상의 사람들과 다른 삶의 양식, 곧 악을 악으로, 욕을 욕으로 갚지 아니하고 도리어 복을 비는 자세를 가지고 살도록 부름 받고 있다(벧전 3:9). 이것이 그들을 부르신 거룩한 자를 따라 모든 행실에 거룩한 자들이 되어서 살아가는 삶의 자세이며(벧전 1:15), 그리스도인들은 더욱 힘써 그 "부르심과 택하심을 굳게 하라"(벧후 1:10)는 권면을 삶 가운데 지속적으로 실천할 필요가 있다.

(2) 구원의 독특한 성격 때문에

베드로서신은 이미 구원을 경험한 사람들에게 주어지고 있다. 그래서 계속적으로 수신자들의 이전 상태와 현재의 상태를 '전에는'과 '이제는'의 비교를 통해 대비시키고 있다(벧전 1:14, 2:10, 2:25).

---

[14] 고펠트가 잘 지적하는 것처럼, 이는 에세네파의 세상으로부터의 '이주' 개념과는 달리 세상 속에서의 '이행' 개념으로 이해해야 한다. Leonhard Goppelt, *A Commentary on 1 Peter* (Grand Rapids: Eerdmans, 1993), 19, 69.

또는 '지나간 때'와 '육체의 남은 때'의 대비를 사용하기도 한다(벧전 4:2-3). 그리고 베드로후서에서도 "그의 신기한 능력으로 생명과 경건에 속한 모든 것을 우리에게 주셨으니(δεδωρημένης δωρέομαι의 완료분사형)"라고 말함으로써(벧후 1:3) 구원에 속한 것들이 이미 성도들에게 은사로 주어져 있는 상태를 언급하고 있다.

이 구원을 주신 분은 "모든 은혜의 하나님 곧 그리스도 안에서 너희를 부르사 자기의 영원한 영광에 들어가게 하신 이"(벧전 5:10)이다. 이 구원은 특별히 선지자들을 통하여 예언된 바, 예수 그리스도의 고난과 영광 받으심을 통해 믿는 자들에게 주어지는 것이다. 선지자들은 '그리스도의 영'으로 지칭되는 성령으로 말미암아 그리스도를 증거하기는 하였지만, 그들조차도 누리지 못한 그 은혜를 베드로의 수신자들이 누리고 있다는 것을 강조하는 것은 이 종말 시대의 구원이 얼마나 큰 특권인지를 밝히기 위함이다. 따라서 구원의 은혜를 그리스도 안에서 누리게 된 이 시대의 사람들은 비록 예수를 육신적으로 보지는 못하였어도 말할 수 없는 영광스러운 즐거움으로 즐거워하는 특권을 누리는 사람들이 되었다(벧전 1:8).

그리스도인의 구원의 근거로서 베드로는 예수 그리스도의 고난을 강조한다. 어린양 같은 그리스도의 보배로운 피(벧전 1:19)는 은이나 금 같은 것을 가지고는 살 수 없는 값진 구속을 우리에게 허락하는 통로가 된다. 이사야 53장을 바탕으로 베드로전서 2:22-25에서 베드로는 "친히 나무에 달려 그 몸으로 우리 죄를 담당"하신 예수 그리스도에 대해 증거하고 있다. 그 결과로 우리는 죄에 대하여 죽고 의에 대하여 살게 되었다. 그리스도의 고난이 가지는 함의는 대속적 효과의 면에서뿐만 아니라, 성도의 삶을 위한 모범(벧전

2:21)의 면에서도 두드러지게 강조가 되고 있다.[15]

그리스도의 고난과 그리스도인의 삶의 불가분리적인 연관성은 그리스도의 부활에 대해서도 동일하다. 성도는 그리스도의 부활에 동참함으로써 하나님과의 관계에 있어서의 모든 특권적인 위치 가운데 나아갈 수 있게 된 사람들이다. 하나님은 그의 무한한 긍휼 가운데서 "예수 그리스도의 죽은 자 가운데서 부활하심으로 말미암아 우리를 거듭나게 하사" 썩지 않는 영원한 기업의 상속자들이 되게 만들어 주셨다(벧전 1:3-4). 거듭남을 부활과 연관시키고 있는 것을 주목할 필요가 있다. 거듭남은 시작일 뿐만 아니라 또한 그 목적지이기도 하다. 거듭남을 통하여 우리는 부활의 생명 속에 들어가고 또한 부활의 생명을 향하여 나아간다.

이와 같이 구원은 그리스도 안에서 이미 우리의 현실이지만, 동시에 그 구원은 미래적 현실이기도 하다. 그래서 베드로는 그것을 "말세에 나타내기로 예비하신 구원"(벧전 1:5)이라 말하기도 한다. 그러므로 성도들은 "예수 그리스도의 나타나실 때"(벧전 1:7, 13 등)를 기다려야 하고, 또한 그 과정 가운데서 일어나는 여러 가지 시험의 상황들 속에서 인내할 뿐만 아니라, 마음의 허리를 동이고 근신하는 것이 필요하다(벧전 1:13). 그 과정은 다르게 이야기하면 "너희를 부르신 거룩한 자처럼 너희도 모든 행실에 거룩한 자가 되라"(벧전 1:15)는 권면처럼 그 모든 삶의 행실 속에서 구별된 자의 삶이 드러나야만 할 삶으로의 부름이다.

이것이 구원에 합당한 삶이다. 그 속에는 계속적인 자라감이 있어야 한다. 이를 위하여 우리에게는 "순전하고 신령한 젖"이 필요한데, "이로 말미암아 너희로 구원에 이르도록(εἰς σωτηρίαν) 자라게

---

[15] 참고, Martin, *The Theology of the Letters of James, Peter, and Jude*, 110; Jobes, *1 Peter*, 47.

하려 함이라"(벧전 2:2)고 말한다. 구원은 성도들에게 하나님을 향한 삶의 출발점일 뿐만 아니라 실현되어야 할 과정이며 또한 지향해야 할 목적이기도 하다. 그러기 때문에 성도들에게는 자라감이 필요하며, 베드로후서에서는 이미 생명과 경건에 속한 모든 것이 은사로 주어져 있는 사람들을 향하여 "더욱 힘써" 행할 것이 있음을 지적하고 있다(벧후 1:5, 1:10).

때로는 구원을 얻는 것이 매우 어려운 일로 묘사되기도 한다. 예를 들어 베드로전서 4:18에서는 "의인이 겨우 구원을 얻으면"이라고 말한다. 이 구절은 비록 잠언 11:31의 인용이지만, 그러나 인용이 아닌 17절 하반절과의 평행관계를 고려할 때 그 생각 자체는 베드로의 것이라는 것을 알 수 있다. 실패의 가능성이 전혀 배제된 것이 아니다.[16] 성도는 이미 '의인'으로 칭하여진 자이며, 또한 "그리스도인으로서 고난을 받으면"(벧전 4:16)이라는 말에서와 같이 이미 '그리스도인'으로 불리고 있지만, 그 구원의 마지막까지 이르는 데에는 끊임없이 살아 있는 자의 몸부림이 필요하다.

그렇다면 베드로는 떨어짐의 가능성을 언급하고 있는 것일까? 물론 적극적인 차원에서는 그것을 이야기하지 않는다. 그러나 그의 권면은 그 위험성을 배제하지 않는다. 베드로전서 5:8-9a에서는 "근신하라 깨어라 너희 대적 마귀가 우는 사자 같이 두루 다니며 삼킬 자를 찾나니 너희는 믿음을 굳게 하여 저를 대적하라"고 권면한다. 특히 이것은 고난의 현실을 직면하고 있는 그리스도인들에게 주어진 권면이다. 고난에 대한 바른 시각 속에서 볼 때는 그 목적은 "그의 영광을 나타내실 때에 너희로 즐거워하고 기뻐하게 하려함"(벧전 4:3)이다. 그러므로 고난은 즐거워해야 할 일이지만,

---

[16] 보라, Goppelt, *A Commentary on 1 Peter*, 333.

그러나 그런 목적을 이해하지 못하고 방심한다면 큰 위험에 떨어질 수 있다.

베드로후서 속에서는 더 생생하게 미혹의 현실을 지적하고 있다. 이 미혹은 많은 거짓 선생들을 통해 일어난다. 이들이 노리는 자들은 "굳세지 못한 영혼들"(벧후 3:14), 또는 "미혹한데 행하는 사람들에게서 겨우 피한 자들"(벧후 3:18)이다. 이들은 허탄한 자랑의 말이나 '자유를 준다'는 달콤한 말을 무기 삼아 약한 자들을 미혹한다. 문제는 "만일 저희가 우리 주 되신 구주 예수 그리스도를 앎으로 세상의 더러움을 피한 후에 다시 그 중에 얽매이고 지면"(벧후 2:20) 그 상황은 더욱 심각하게 된다는 것이다. 여기서 말하는 '저희'가 누구를 가리키는 것인지에 대해서는 애매함이 있다. 미혹하는 거짓 교사들을 가리킬 수도 있고, 미혹된 사람들을 가리킬 수도 있다. 어쩌면 이를 구분하지 않고 한 통속이 된 사람들을 아울러서 경고하고 있는 것이라고 볼 수도 있다. 어쨌든 이들은 주 예수 그리스도를 아는 것 안에(ἐν ἐπιγνώσει τοῦ κυρίου) 있었던 사람들이다. 베드로후서의 초반에서 성도의 구원과 권면을 위해 매우 중요한 역할을 하는 에피그노시스(예를 들어 벧후 1:3)가 이들에게도 있었다는 것이다. 그러면서도 이들은 넘어지는 자들이 되었다.

이런 가능성을 바탕으로 베드로후서 3:17-18에서는 이중적 권면이 주어지고 있다. 먼저 부정적 측면에서 "무법한 자들의 미혹에 이끌려 너희 굳센데서 떨어질까 조심하라"는 것이고, 이어서 긍정적 측면에서는 "오직 우리 주 곧 구주 예수 그리스도의 은혜와 저를 아는 지식에서(ἐν χάριτι καὶ γνώσει) 자라가라"는 권면이다. 우리는 이런 권면을 결코 가벼운 것으로 볼 수 없다. 물론 그 목적은 우리에게 부정적 경고를 주기 위함도 아니고 우리의 구원을 회의하게 만들고자 하는 것도 아니다. 오히려 그 반대로 우리의 구원이 얼마나 견고하며 또한 영광스러운 것인지를 말하고 있다. 왜냐하면 이것은 세상으로부터 주어지는 모든 고난을 이겨낼 만한 가치가 있는 것이기 때문이다. 그럼에도 불구하고 미혹을 받아 또는 끝까지 견디지 못함으로 떨어지는 자들이 있을 수 있다. "의의 도를 안 후에 받은 거룩한 명령을 저버리는 것"은 차라리 처음부터 알지 못하는 것보다 더 나쁜 일이다(벧후 2:21).

베드로서신이 보여주는 것처럼 우리의 구원은 우리로 하여금 안주하게 만들지 않고 역동적으로 순종하며 살아 행하도록 만든다. 그것은 비록 고난이 따르는 세상 가운데서는 쉽지 않은 길이지만, 영광스러운 부름을 주신 하나님과 또 그가 장차 나타내려 하시는 미래의 영광을 생각할 때는 우리의 '선한행함'의 길이 우리를 구원하신 그분과의 하나 됨과 친밀함을 더욱 깊게 만드는 과정이 되는 것이다.

(3) 종말론적 약속 때문에

세상 속에서 성도는 "그[그리스도]의 영광을 나타내실 때"(벧전 4:13) 곧 재림의 때를 바라보며 살아간다. 그때는 다르게 표현하여 "하나님 집에서 심판을 시작할 때"(벧전 4:17)로 언급되기도 하는데, 이런 표현은 구약의 언어적 표현에 근거를 두고 있으며(렘 25:29; 겔 9:5-6; 암 3:2; 슥 13:9; 말 3:1-5 등), 현재의 고난을 성도를 정결케 하는 과정으로 보는 시각과도 연결이 된다. 고난은 결국 성도가 세상에 속하지 않고 하나님의 예비하신 영광을 위하여 구별된 사람이라는 것을 입증하는 통로가 된다. 그러나 현재 불순종하며 '사람의 정욕을 따라' 또는 '이방인의 뜻을 좇아' 행하는 사람들에게는 그 영광의 시간이 두려운 심판의 시간이 될 것이다.

베드로서신 속에서 고난은 정욕을 따라 살던 옛 삶의 모습들을 정화해가는 과정으로 묘사되기도 한다. 그래서 잠시 근심으로 보이기도 했던 고난이(벧전 1:6) 우리가 누리게 될 그 영광의 상태에 우리 자신을 맞추어 가는 과정임을 알 때는 오히려 즐거움의 대상으로 바뀌는 것이다(벧전 4:13). "외모로 보시지 않고 각 사람의 행위대로 판단하시는 자"(벧전 1:17)이신 하나님이 "잠간 고난을 받은 너희를 친히 온전케 하시며 굳게 하시고 강하게 하시며 터를 견고케 하실 것"이다(벧전 5:10). 이런 목적을 바라보기 때문에 성도는 하나님의 약속을 붙들고 열심히 선을 행해야 한다는 것이 베드로의 권면이다(벧전 4:19).

그런데 여기에서 문제가 되는 것은 재림의 연기이다. "하나님 집에서 심판을 시작할 때가 되었나니"(벧전 4:17)라는 표현은 재림의 임박성을 이야기하지는 않는다 할지라도 그 박진감을 잘 드러내고 있는데, 베드로후서에서 그것의 연기는 기롱하는 자들에 의해 "주의 강림하신다는 약속이 어디 있느뇨"(벧후 3:4)라는 반박에 부딪치고 있는 것을 본다. 이들이 들고 나오는 것은 눈에 보이는 세상의 현상이다. 그러나 베드로가 호소하고 있는 것은 하나님의 약속 말씀이다. 약속의 말씀을 의지하고 사는 사람들은 기롱하는 자들처럼 '자기의 정욕을 좇아 행하는' 행실을 멀리하고 오히려 "거룩한 행실과 경건함으로 하나님의 날이 임하기를 바라보고 간절히 사모하"며 살아야 한다(벧후 3:11-12). 왜냐하면 그리스도인들은 의가 거하는 새 하늘과 새 땅을 약속에 따라 바라보며 사는 사람들로서, 그 약속에 자신의 삶의 모든 것을 맞추어 살아가는 사람들이기 때문이다.

(4) 주되신 예수 그리스도의 길을 따라

베드로서신 속에서 그리스도의 고난은 믿는 자들을 위한 대속의 효과뿐만 아니라 그들의 실천적 삶의 모범적 본으로서의 역할도 가진다. 그래서 그리스도인들은 고난의 종이신 예수 그리스도의 길과 그 발자취를 따라 살도록 부르심을 받았다는 것이 강조되고 있다(벧전 2:21). 베드로는 여기에서 두 가지의 일상적인 이미지를 사용하는데, 하나는 본(ὑπογραμμός)이라는 단어로, 문자적으로는 학생들이 알파벳이나 그림을 배우기 위해 따라 쓰도록 된 글본을 가리킨다. 비유적으로는 사람이 따라야 할 하나의 행위 모델을 가리킨다. 예수 그리스도께서 성도들에 대하여 이런 역할을 하시는데, 이는 성도의 자유 선택이 아니라 반드시 따라야 할 의무에 속한다.[17] 또 하나의 이미지는 발자국(ἴχνος)의 이미지인데, 이를 따른다고 할 때는 제자로서의 따름의 의미를 가진다. 이처럼 그리스도는 모든 그리스도인들이 그 동일한 형상을 빚어내기 위해 본받고 따라야 할 전형이 되신다. 이것은 성도들 속에 꼭 있어야 할 요소이다.

베드로서신의 '가정법규'(Haustafeln) 속에는 별도로 종들에게 주는 권면도 있지만, 그 이전에 모든 그리스도인들이 하나님의 종들(ὡς θεοῦ δοῦλοι, 벧전 2:16)이라는 것을 그 권면의 출발점으로 삼고 있다. 악트마이어도 잘 지적하는 것처럼, 가정법규가 단지 주변사회의 호의를 사기 위한 유화적 목적에서 고안된 것은 아니고, 오히려 그리스도의 주권 아래에 들어오게 된 그리스도인들의 근본적 변혁의 상황이 어떤 것인지를 사회적으로도 가장 취약적 지위에 놓여

---

[17] 참고, Goppelt, *A Commentary on 1 Peter*, 204.

있던 종들이나 아내들을 통해 예시하고 있는 것이다.[18] 그래서 이것은 단지 이런 부류의 사람들에게만 그 적용이 국한되는 것이 아니라 그리스도의 주권 아래에 있는 모든 그리스도인에게 적용된다. 비록 그리스도인들에게는 놀라운 자유가 있지만, 그 자유를 죄의 가림을 위해 사용해서는 안 되고 오히려 자유로운 섬김을 위하여 사용해야 하는 것이다. 그런 면에서 신분상 자유자이든지 교회의 지도자의 위치에 있는 자들이라 할지라도 그 권력을 남용할 것이 아니라 오히려 그리스도의 고난의 발자취를 따라 섬김의 모범을 보여줄 수 있어야 한다.

(5) 세상을 향한 선한 증거를 위해

베드로서신은 비방하는 자들의 현실을 기정사실로 받아들이고 있다. 베드로는 그들을 가리켜 "너희를 악행한다고 비방하는 자들"이라 칭하는데(벧전 2:12), 그들의 비방은 전혀 근거가 없고 부당한 것이다. 그러나 비록 그 비방이 부당한 것이지만, 성도들은 그 비방에 말려들 필요가 없다. 오히려 그들이 부름받은 대로 선한 행실을 실천하게 되면, 그런 비방하는 자들을 부끄럽게 만드는 결과를 낳게 될 것이다(벧전 3:16).

고난의 현실이 있지만, 그보다 더 중요한 것은 베드로가 이사야 8:12의 말씀을 기독론적으로 변용하여 적용하고 있는 것처럼,[19] "너희 마음에 그리스도를 주로 삼아"(벧전 3:15) 결코 두려워하지 않는 자세이다. 죽음을 이기신 그분이 우리의 주가 되시기 때문이며, 또한 우리의 고난이 의를 위하여 고난을 받는 복 있는 자의 고난이며

---

[18] Achtemeier, *1 Peter*, 52-55.
[19] 베드로의 구약 사용에 대해서는 참고, Elliott, *I Peter*, 12-17; Jobes, *1 Peter*, 229-30.

(벧전 3:14, 참고, 마 5:10). 그 고난의 이유는 "그리스도 안에 있는 너희의 선행"(벧전 3:16)이기 때문이다. 이런 자세를 가지는 것이 세상에 대하여 담대히 증거할 수 있도록 준비된 상태를 갖추는 것과 같다.

베드로서신이 바라보는 세상의 모습은 이중적이다. 한 면에서 세상은 하나님의 창조의 대상이고, 하나님께로 돌아와야 할 회복의 대상이다. 그러나 또 다른 한 면에서 세상은 하나님을 거역하고 계속적으로 반역 가운데 머물러 있다. 특별히 이방인의 세상은 그 악한 행실로 대표된다. 그 안에는 "너희 조상의 유전한 망령된 행실"을 비롯하여 악독, 궤휼, 외식, 시기, 비방하는 말, 음란, 정욕, 술 취함, 방탕, 연락, 무법한(ἀθέμιτος=저의적으로 더러운) 우상숭배 등의 악행들이 가득하며, 정당한 권위를 훼방하며 육체를 따라 더러운 정욕 가운데 행하는 자들이다(벧전 1:18, 2:1, 4:3; 벧후 2:10). 그들이 성도들을 비방하는 이유 중에 하나는 그들의 '극한 방탕'에 동조하지 않는 것 때문이기도 하다(벧전 4:4).

이처럼 세상의 사람들은 자신들의 악행은 돌아보지 아니하고 교회를 비방하는 일에 대단히 민첩하다. 늘 그런 비방을 찾아낼 비판의 눈초리를 거두지 않는다. 이것이 더욱 더 그리스도인들이 선한 행실에 힘을 써야 할 이유이다. 불필요한 비방거리들을 주지 않고, 오히려 부당한 고난 속에서도 선을 행하는 그리스도인들의 모습을 통해 비방하는 자신들의 참 모습이 드러나도록 해야 한다.

4. 고백 및 약속의 위임화행의 성격과 힘

1) 고백적 위임화행(commissive)과 '자아포함적' 변혁

위에서 우리는 베드로서신의 분명한 한 특징을 잘 볼 수 있었다. 행실로 표출되는 구원의 삶이 그리스도인 개개인을 위하여서와 또 세상 속에서의 교회의 증거를 위해 얼마나 중요한지를 잘 보여주고 있다. 초점을 보다 분명하게 하기 위해 베드로서신의 특징 가운데 하나인 고백과 권면의 교차적 배치[20]를 잘 보여주는 본문들을 예시적으로 좀 더 상세히 살펴볼 필요가 있다. 이는 베드로서신의 기독론적 고백이 얼마나 성도의 실천적 삶과 직결되어 있는지를 보기 위함이다. 아울러 이를 통해 오늘날 우리 시대 속에서 이 가르침의 재현을 위한 하나의 접점을 찾아보고자 한다.

특히 베드로전서 1:20, 2:18-25, 3:18-22의 세 본문은 양식비평적 접근을 하는 학자들에 의해 세례와 관련된 고백문(또는 찬양문)의 양식으로 분류되던 본문들이다. 그러나 이런 접근은 오늘날에 와서는 폭넓게 비판을 받고 있다.[21] 사실 세례에 대한 언급이 베드로전서 속에서 단 1회만 나타나는 것도 이런 비판의 큰 이유이다. 그래서 더 이상 양식비평적 관심을 가지고 이 본문들에 접근할 필요는 없겠지만, 그렇다고 하더라도 우리는 이 본문들이 가지고 있는 신앙고백적 강조점과 신행일치적 패턴 자체는 잘 눈여겨 볼 필요가 있다.

이런 특징은 베드로전서 2:18-20에서 그리스도인의 고난의 상황

---

20 이에 대해서는 참고, Elliott, *I Peter*, 73.
21 참고, Martin, *The Theology of the Letters of James, Peter, and Jude*, 95 등.

을 언급하면서 이것을 2:21-24의 그리스도의 고난과 연결시키는 것에서도 잘 나타나며, 마찬가지로 3:18-22의 고백문이 3:13-17에서의 그리스도인의 고난 상황에 바로 이어지고 있는 데서 두드러진다. 두 본문 모두에서 그리스도의 고난과 그리스도인의 고난을 ὅτι καὶ Χριστὸς(왜냐하면 그리스도도, 2:21, 3:18)라는 말로 연결하고 있는 것은 우리가 이 둘을 뗄 수 없는 하나로 연결해서 보아야 할 것을 잘 말해준다. 특히 3:18-22의 본문을 두고 엘리엇이 잘 지적하는 것처럼, "이처럼 권면과 기독론적 진술의 풍부한 결합을 통해 [이 본문은] 이 서신 전체 가운데서 가장 수사학적으로 강력한 진술을 만들어 내고 있다."[22] 동시에 이 서신 가운데서 가장 난해한 부분이기도 한 이 본문을 좀 더 자세히 살펴보도록 하자.

먼저 베드로전서 3:18은 그리스도의 고난에 대한 진술로 시작한다. 이것은 17절에서 성도들이 악행함(κακοποιοῦντας)으로가 아니라 선행함(ἀγαθοποιοῦντας)으로 고난을 받는 현실적 상황과 직결된다. 그런데 성도들만 그런 것이 아니라 그리스도 자신도 그렇게 하셨다는 것이다. 그러나 그리스도의 고난은 죄를 위한(περὶ ἁμαρτιῶν) 대속의 죽음이었다는 점에서 성도들의 고난과는 성격이 다르다. 이어서 두 대비되는 진술이 나타난다. 육으로는 죽임을 당하시고(θανατωθεὶς μὲν σαρκὶ) 영으로는 살리심을 받으셨다(ζῳοποιηθεὶς δὲ πνεύματι)는 것이다. 여기서 육과 영은 한 인격의 양면상태로 보기는 어렵다. 그렇게 되면 육신은 죽었으나 영혼은 살아 있는 이원론적 상태를 말할 것이나, 오히려 여기에 사용된 두 동사는 아오리스

---

[22] Elliott, *I Peter*, 692; 참고, David L. Baker, "Typology and the Christian Use of the Old Testament," in G.K. Beale ed., *The Right Doctrine from the Wrong Text?* (Grand Rapids: Baker Academic, 1994), 313-330 (330).

트 수동태 분사형을 사용하여 죽여졌다, 그리고 살려졌다는 사실을 강조하고 있다. 혹자는 πνεύματι를 성령으로 보기도 하지만, 그렇게 보면 이 여격을 행위자의 여격으로 보아야 할 것인데, 앞의 σαρκι와 구문법상의 균형이 깨어진다. 이 두 여격을 장소적 의미로 이해하여 '육의 영역에서는'과 '영의 영역에서는'의 의미로 이해하는 것이 가장 적합할 것으로 보인다.[23] 육의 영역의 차원에서는 그는 부당하게 죽임을 당하였지만, 그러나 영의 영역의 차원에서는 부활을 통하여 승리하셨다.

이어서 19절은 ἐν ᾧ로 앞 구절과 연결된다. 이는 바로 앞의 영의 영역에서 살리우신 상태를 받는 것으로 보인다. 따라서 부활 후(부활 전의 육신 벗어난 상태에서가 아니라) 사신 상태에서의 그의 활동을 나타내는데, 그것은 다름 아니라 '옥에 있는 영들에게'(τοῖς ἐν φυλακῇ πνεύμασιν)가신 것이다. 이 영들을 죽은 사람의 영혼들로 보기는 어렵다. 그렇게 본다면 죽은 후의 제2차적 구원의 제시를 말해야 하겠지만, 본문은 그런 것을 말하지 않는다. 오히려 이 영들에 대해서는 20절에서 노아 시대의 불순종한 자들이라고 말하고 있다. 우리는 이 배후에 베드로와 1세기의 독자들에게 익숙했을 에녹서(1 Enoch)의 이야기가 깔려 있다고 본다. 창세기 6:1-4의 이야기를 발전시킨 이 전승에 따르면 죄를 짓고 하늘에서 쫓겨난 천사적 존재들이 심판을 받기 위하여 감옥에 가두어져 있는 상태이다(이들에 대해서는 벧후 2:4, 유 6에서도 언급). 그리스도께서 부활 후에 이들에게 가사 선포하셨다는 것은 이들의 구원을 위한 활동이라기보다 그리스

---

23 참고, R.T. France, "Exegesis in Practice: Two Examples," in I.H. Marshall ed, *New Testament Interpretation: Essays on Principles and Methods* (Grand Rapids: Eerdmans, 1977), 252-281 (267 등).

도의 승리와 주권의 선포를 위한 활동이다.[24] 흔히 지옥으로 내려 갔다는 사상은 이 본문에 대한 오해에서 비롯된다.[25]

우리말 번역에는 생략되었지만, 19절의 '가서'(πορευθείς)는 18절의 θανατωθείς와 ζωοποιηθείς에 이어서 그리스도의 구속 사역의 세 단계의 정점을 이룬다. 22절에서는 그리스도께서 가신 곳이 하늘 이다(πορευθείς εἰς οὐρανόν). 곧 그의 승귀를 가리키는 표현이다. 따라서 혹자가 보는 것처럼 예수님이 죽음과 부활 사이에 지옥으로 (내려) 가셨다는 인식은 부적절하다.[26] 오히려 22절 말미에 이야기하는 "천사들과 권세들과 능력들이 저에게 순복"하는 상황은 이런 우주적 영적 존재들 위에뿐만 아니라 과거 불순종한 영들 위에도 동일하게 적용된다. 이제 그 어떤 영역이라도 그의 통치와 권세가 미치지 않는 곳이 없다. 어거스틴의 해석에 바탕을 두고 그리스도께서 구약시대에 영으로서 노아를 통해 그 시대의 사람들에게 선포활동을 하셨다고 보는 견해(Grudem 등)는 전체 문맥상의 흐름과 잘 연결되지 않는다.[27] 이 본문은 그리스도의 옛 활동에 관심을 두는 것이 아니라 죽음을 넘어 부활 승귀하신 그리스도의 승리를 말하고 있으며, 이를 통해 주변세계의 핍박으로 인해 죽음을 직면한 성도들에게 힘을 주기 위한 목적을 가진다.

이와 같은 그리스도의 세 단계에 걸친 구속사역의 고백적 진술은 노아를 매개체로 하여 베드로의 수신자인 1세기의 그리스도인

---

24 France, "Exegesis in Practice", 271; Elliott, *I Peter*, 690.
25 그렇게 받아들여지게 된 과정에 대해서는 참고, Elliott, *I Peter*, 706-10.
26 이런 견해를 위해서는 보라, Pheme Perkins, *First and Second Peter, James, and Jude* (Louisville: John Knox Press, 1995), 64.
27 참고, W. Grudem, *1 Peter* (TNTC. Grand Rapids: Eerdmans, 1988), 158; 별도의 논의는 203-39.

들의 상태와 연결되고 있다. 20절에 노아 시대에 적은 소수가 물로 말미암아 구원을 받은 것과, 21절에 '너희'가 물(세례)로 구원을 받은 것이 모형론적 방식으로 연결되고 있다. 자칫하면 세례 자체가 구원하는 능력을 가진 것처럼 보일 수도 있겠지만 베드로는 우리가 그런 생각을 하지 못하도록 얼른 이 세례가 의미하는 것이 무엇인지를 첨언하고 있다. 그것은 외적 정결행위의 일환이 아니라 하나님을 향하여 선한 양심의 서약(συνειδήσεως ἀγαθῆς ἐπερώτημα εἰς θεόν)을 가지는 것이다. 여기서 말하는 에페로테마는 동사형(ἐπερώταω)으로는 청하다의 의미로 마태복음 16:1에 나타나지만, 그 의미를 살려 여기서도 간청(appeal)의 의미로 읽는 것은 이 경우에는 적절하지 않다.[28] 또는 질의, 문의(inquiry)의 의미로 보는 것도 그렇다. 그보다 더 적절한 것은 파피루스 자료의 용례에서 이 단어가 공적 계약시 당사자들이 서로 법적 책임을 묻고 답하던 상황에서 서약, 약조의 의미로 사용된 예를 따라서 세례 시에 세례를 주는 자와 받는 자가 서로 묻고 답하는 과정에서의 서약(pledge)의 의미로 보는 것이다.[29] '선한 양심의' 서약이라고 할 때 이 소유격의 의미를 주격보다는 목적격의 의미로 읽으면 세례 시에 행하는 것은 하나님 앞에서 선한 양심을 유지하며 살기로 서약하는 것이다. 그래서 세례는 한 면에서는 부활로 승리하신 그리스도와의 연합이요, 또 한 면에서는 하나님 앞에서 구별된 삶을 살 것을 표방하는 약조이다.

바로 이것이 세상을 이기는 힘이다. 부활로 승리하셔서 이제 천사들과 권세들과 능력들 위에 주권을 가지신 예수 그리스도와 연

---

28 이렇게 읽는 예로서는 보라, Perkins, *First and Second Peter*, 66.
29 참고, J.N.D. Kelly, *A Commentary on the Epistles of Peter and Jude* (Grand Rapids: Baker, 1969), 163; France, "Exegesis in Practice", 275.

합하여 세례적 서약으로 흔들림 없이 살아가게 될 때 성도는 눈에 보이는 박해자들이나 그 배후의 영적 존재들의 살아 있는 활동 앞에서도 흔들림 없이 선한 일에 힘쓰는 하나님의 구별된 백성으로 살아갈 수 있게 된다. 이것은 과거 노아 시대에 소수의 무리가 그 시대의 악한 영들에게 굴복하지 않았던 것과 비교되며, 그리스도인들 역시 핍박하는 자들 배후의 악한 세력들에게 굴복하지 않고 그리스도 안에서 반드시 승리할 것에 대한 강한 권면으로 작용한다.[30] 따라서 그들은 두려움 없이 고난을 맞서고 그 가운데서도 계속적으로 선한 행실을 통해 자신들의 신앙고백을 삶으로 증거하도록 부름 받고 있다. 더군다나 이어지는 4:1-6은 고난이 육체의 정욕으로 말미암은 죄를 이기는 힘을 가진다는 것을 보여주며, 또한 그와 같이 행하는 자들의 심판을 선포하고 있다(4:5). 순교적 삶의 모범을 먼저 보인 자들은 육체로는 심판을 받아도 영으로는 하나님을 따라(κατὰ θεὸν) 산다는 것을 보여주는 실제적인 예들이다(4:6).

기독론적 고백문은 여러 상황 속에서 사용될 수 있을 것이다. 실제 세례를 앞둔 가르침의 자리에서나 아니면 예배의 자리에서 사용될 수도 있겠지만, 본문을 통해 베드로가 하고 있는 예를 볼 때, 우리의 신앙고백은 적대적인 세상 속에서의 그리스도인의 삶에 있어서도 그 효용이 엄청나게 크다는 것을 잘 보여준다.

신앙고백이 진정한 고백적 화행(speech-act)이 될 때 말은 단지 말로서 그치는 것이 아니라 우리의 삶의 자세, 기대, 관심, 관계, 심지어 우리의 시간표까지도 바꾸는 힘을 발휘하게 된다. 예를 들어, "외모로 보시지 않고 각 사람의 행위대로 판단하시는 자를 너희가

---

[30] Marshall, *1 Peter*, 132.

아버지라 부른 즉"(벧전 1:17)이라는 말씀에서 우리가 하나님을 '부른다'(ἐπικαλέω, 참고, 고전 1:2, 롬 10:12-13 등)는 것은 단지 하나님을 3인칭적으로 지칭하는 것이 아니라 하나님을 향하여 자아포함적(self-involving) 고백적 화행을 발하는 것을 말한다. 이런 말의 행위가 가지는 발화수반력(illocutionary force, 이하 화수력)은 우리의 삶의 전반에 걸쳐서 하나의 합치된 변화를 낳는다. 다시 말해 그 효력이 그 부름에 합당한 삶과 자세의 변화를 수반하는 데까지 미치게 되는 것이다. 이것은 단지 발음연습하기 위해 불러보는 것이나 연극 속의 대사로 불러보는 것과는 그 차원이 전혀 다르다.

고백과 관련하여 여러 학자들이 말하고 있는 내용은 베드로서신의 내용과도 일치한다. 예를 들어, 뉴펠트(Vernon Neufeld)는 이렇게 말한다. "homologein은 그리스도인 됨을 공적으로 고백하는 것과 그 삶이 일치되어야만 한다는 사상을 포함한다. homologia는 어떤 신앙의 표준에 언어적 공감을 표한다는 의미뿐만 아니라, 활동적인 그리스도인 생활 속으로 자신의 삶을 드린다는 것을 포함한다."[31] 미헬(O. Michel) 역시 그리스도인의 선포적 고백행위는 "위탁과 의무, 묶음과 주장을 동시에 나타내고 있다"고 지적한다.[32] 이들이 한 목소리로 잘 지적하고 있는 것처럼 고백의 언어는 고백의 '내용'과 고백자의 '행위' 양자를 함께 아우르는 대표적인 자기포함적 화행이다.

우리가 그리스도에 대해 베드로서신이 보여주는 것과 같은 내용을 바르게 이해한다면 우리의 삶 속에는 우리의 고백에 합당한 삶의 방식이 수반되지 않을 수 없게 된다. 상황에 따라 그것의 결과

---

[31] Vernon H. Neufeld, *The Earliest Christian Confessions* (Grand Rapids: Eerdmans, 1963), 19.
[32] O. Michel, "ὁμολογέω", *TDNT*, V:199-220 (212).

는 다르게 나타나게 될 것이다. 예를 들어, 예배적 상황 속에서는 고백언어를 통해 성도들이 하나님을 인정하고 찬양 및 감사하는 일을 할 것이며, 교육적 상황 속에서는 새로운 신자들을 받아들이는 일이나 세례를 위해 고백이 사용되고, 세상 속에서의 선포적 상황 속에서는 이것이 교회의 선포의 요체로 사용된다. 특히 베드로서신에서 보는 것과 같은 적대적 세상과의 관계 속에서는 그 고백의 행위에 따르는 핍박이나 순교 속에서도 그리스도와 교회의 관계를 공개적으로 표방하는 일에 우리의 고백이 사용된다. 그리스도와의 불가분적 연합에 대한 공개적인 신앙의 고백은 적대적인 세상 가운데서는 죽음을 불사하는 공적 자세를 취하는 선포적 언어행위가 된다. 베드로서신은 이것을 우리에게 잘 보여주고 있다.

2) 하나님의 약속 말씀과 '맞춤의 방향'

약속의 언어 역시 고백과 마찬가지로 언약행위(commissive)의 화수력을 가진다. 우리는 하나님의 약속의 말씀이 어떻게 세상과 우리의 삶을 규정하는 능력을 가지는지를 베드로후서 3:1-13 본문의 예를 통해 살펴보고자 한다.

재림의 연기를 재림의 폐기로 오해하는 베드로후서의 기롱자들은 조상들의 죽음의 언급과 더불어서 "만물이 처음 창조할 때와 같이 그냥 있다"(πάντα οὕτως διαμένει ἀπ' ἀρχῆς κτίσεως)는 주장을 하고 있다. 조상들을 첫 세대 그리스도인 조상들로 볼 것인지,[33] 아니면 아

---

[33] 이렇게 보는 견해로는 보라, Richard J. Bauckham,, *Jude, 2 Peter* (WBC. Waco: Word Books, 1983), 290-92.

브라함 등 옛 조상들로 볼 것인지[34]의 문제는 베드로후서의 저작성의 문제와도 연결되는데, 우리는 이 기롱자들이 창조를 모르는 자들이 아니며 또한 유대적 인식을 공유한 자들이라는 점을 들어 후자 쪽을 더 적합한 것으로 본다. 이들이 '이처럼'(οὕτως)이라고 말하는 것은 눈에 보이는 현상의 경험을 바탕으로 하고 있다. 이것이 그들의 출발점이다. 그들의 말의 화수력은 보이는 현상에 그 말을 맞추는 평서행위(assertive)의 하나로 볼 수 있다.

반면 베드로가 우리의 시각을 이끌어가고 있는 것은 하나님의 말씀이다. 그 말씀이 반드시 이루어지는 말씀이라는 것을 이미 이루어진 말씀 효력의 예들을 통해 논증하고 있는 것이다. 베드로는 여기서 하나의 엔티메메(enthymeme) 논증법을 사용하고 있다.[35] 그 구성을 우리는 이렇게 정리해볼 수 있을 것이다.

생략된 법칙: (하나님의 말씀은 반드시 그 효력을 이룬다)
경우: 말씀에 의해 '그때 세상'이 만들어지고 심판되었다
결론: 따라서 '이제 세상'도 그 동일한 말씀에 의해 좌우된다

엔티메메의 일반적 관례처럼 법칙(명제)은 흔히 생략되는데, 그 이유는 그것이 자명한 것으로서 이미 공유된 전제가 되기 때문이다. 베드로는 말씀으로의 창조를 기본적으로 알고 있는 사람들에게 말씀의 효력을 바탕으로 해서 이미 한번 세상이 말씀에 의해 좌우된 전례를 가지고 있다면 앞으로도 그 조건은 동일하지 않겠느

---

[34] 이렇게 보는 견해로는 보라, Moo, *2 Peter and Jude*, 167.
[35] 참고, Duane F. Watson, "The Oral-Scribal and Cultural Intertexture of Apocalyptic Discourse in Jude and 2 Peter," in Duane F. Watson ed, *The Intertexture of Apocalyptic Discourse in the New Testament* (Atlanta: Society of Biblical Literature, 2002), 187-213 (206).

나고 논증하고 있는 것이다. 세상의 창조와 관련된 5절의 표현은 다소 애매한 부분을 가지고 있지만, 어떤 독법을 취할 것인지가 전체의 논지에는 영향을 주지 않는다. 베드로는 하나님의 말씀과 그 효력을 모든 것의 출발점과 시금석으로 삼고 있다.

따라서 현상을 출발점으로 삼는 기롱자들에게는 재림의 연기가 심각한 문제가 되겠지만, '약속의 주님'(κύριος τῆς ἐπαγγελίας 9절)은 결코 더디지 않으시다. 우리는 이 주님의 약속이 반드시 이루어질 줄을 믿고 그 말씀에 모든 것을 거는 사람들이다. 우리는 "그의 약속대로"(κατὰ τὸ ἐπάγγελμα αὐτοῦ, 벧후 3:13) 고대하며(προσδοκῶμεν) 사는 사람들이며 또한 그 약속을 따라 '거룩한 행실들과 경건들 안에서'(ἐν ἁγίαις ἀναστροφαῖς καὶ εὐσεβείαις, 3:11) 살아가는 사람들이다.

주장의 평서행위(assertive)와 약속의 언약행위(commissive)의 가장 큰 차이는, 존 서얼(John Searle)이 잘 보여주는 것처럼, 무엇보다도 말과 사태의 정황 사이의 맞춤의 방향에 있다.[36] 평서행위는 그 맞춤의 방향이 '말을 세상에'(word-to-world)의 방식으로 이루어진다. 곧 사실이 말을 조형해가는 것이다. 그러나 언약행위는 그 맞춤의 방향이 '세상을 말에'(world-to-word)의 방식으로 이루어진다. 곧 말이 사태의 정황을 빚어내는 것이다. 우리는 세상을 추론하여 하나님의 말씀을 만들어낼 수 없다. 오히려 역으로 하나님의 말씀이 세상의 정황을 만들어낸다. 그런 점에서 베드로는 세상이 처음부터 하나님의 말씀에 의해 조성되었음을 통해 또한 세상이 끝까지 하나님의 말씀에 의존됨을 논증하려 하는 것이다.

하나님의 말씀은 세상에 대해서도 그 현상을 넘어서 새로운 정

---

[36] 이에 대해서는 보라, John R. Searle, *Expression and Meaning: Studies in the Theory of Speech Acts* (Cambridge: Cambridge University Press, 1979), 3-4.

황을 만들어 내는 힘을 가지고 있다. 세상이 되어가는 대로 말씀이 따라가는 것이 아니라 그 역으로 약속 말씀에 따라 세상의 모습은 변하여지게 될 것이다. 그런 점에서 현상을 앞세우는 기롱자들의 말은 과학자들의 관찰적 자세로서는 어느 정도의 효용성을 가질 수 있을지 모르나 하나님의 말씀과 관련해서는 전혀 적합하지 못하다. 반면 하나님의 말씀의 창조적 능력에 세상의 미래와 아울러 자신의 삶까지도 맞추어 가는 사람은 그 약속에 따라 자신의 삶에 있어서도 "거룩한 행실과 경건함"(벧후 3:11)으로 약속에 일치시켜 나가지 않을 수 없다. 이것이 말씀의 능력을 믿는 사람의 실제적 자세이다. 세상은 하나님의 약속의 말씀에 자신의 삶을 맞추어 변화시키는 사람들에 의해 변화된다.

3) 교회의 싸움: 말의 전쟁

우리는 이처럼 교회의 선포와 그 행실이 하나로 묶여서 나아갈 수밖에 없다는 것을 강조하지만, 그렇다고 해서 그것이 세상 속에 항상 바라는 대로의 변화의 결과를 가져온다고 장담할 수는 없다. 그리스도인 부녀의 신앙의 고백에 일치한 선한 행실이 꼭 그 남편들을 구원으로 이끌 수 있다고 장담하지 못한다. 오히려 더 모질게 핍박하는 경우가 생길 수도 있다. 이것은 우리가 다 이해할 수 없는 요소 가운데 하나이다. 왜 그리스도인의 선한 행실이 사회 속에서 항상 선한 반응만을 불러오지 않을 수도 있는 것인가?

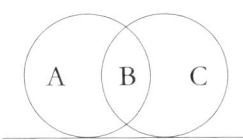

A 교회의 선에 속하는 부분
B 공통적 선에 속하는 부분
C 세상이 선으로 여기는 부분

먼저 우리는 세상과 교회 관계 속에는 선에 대한 서로 다른 두 인식이 공존한다는 것을 인정하지 않을 수 없다. 그림 속의 A와 C가 충돌할 때 교회와 세상 관계 속에 갈등이 생기거나 핍박이 일어나게 된다. 특히 B가 더 얇어지게 될 수록 이런 갈등은 더욱 심화된다. 그러나 B가 더 두터워지게 될 때 교회는 자신의 본분을 따라 살면서 세상을 향하여서도 더 큰 섬김의 일을 할 수 있다.

그러나 이런 도식은 실제 현상을 매우 단순화시킨 것에 지나지 않는다. 원리적 측면에서 교회는 항상 선을 행하는 존재로, 원리적 측면에서 세상은 항상 악을 행하는 존재로 보고 접근하는 것이지만, 실제적 측면에서는 교회 안에 세상적 요소가 많이 침투해 있다. 그래서 교회의 싸움은 항상 양면적 싸움이 될 수밖에 없다. 하나는 교회 자체의 정화를 위한 싸움이요, 또 다른 하나는 세상의 악과의 싸움이다. 또 다시 교회 자체의 정화를 위한 싸움은 교리적 차원에서 이단이나 거짓 가르침과의 싸움이 있고 행실 차원의 싸움이 있다. 세상과의 싸움 역시 보다 중립적 입장에서 세상의 유익을 위해 전략적 도모를 해야 할 부분이 있고 또한 보다 적대적 입장에서 사탄적 세상과의 싸움에 개입해야 할 부분이 있다.

베드로서신은 이 양면적 싸움의 현실을 다 보여준다. 교회 내부에서 거짓 교사들과의 싸움을 싸워야 하고 또한 행실의 결핍 내지 신행불일치와의 싸움을 싸워야 한다. 교회 밖으로는 한 면에서는 세상의 유익을 도모하기 위해 순복의 자세를 가져야 할 부분도 있지만, 또 한 면에서는 사탄적 세상의 공격을 맞서야 하는 싸움도 있다.

특히 이 마지막 부분의 일은 이해하기 어려운 일 중의 하나이다. 교회가 세상을 해롭게 하지 않음에도 불구하고 세상이 교회에 대하여 비방의 말, 협박의 말, 선동의 말, 나쁜 이름 붙이기, 물리적 핍박 등을 가하기도 한다. 그리스도인들이 바른 고백의 말, 선한 증거의 말을 한다고 하더라도 세상 속에는 항상 그런 말들이 액면 그대로 받아들여지는 것은 아니며, 오히려 모든 왜곡된 말들이 더 우세하기도 하다. 이런 현실은 "우리의 혀로 이길찌라"(시 12:4)고 외치며 그 혀 무기를 앞세우고 나오는 악인들의 전형적 소행인데, 이는 성도의 오래된 고민이요, 논리적으로 설명되기 어려운 문제 중의 하나이다.

중요한 것은 이런 현실이 있음에도 불구하고 세상 속의 그리스도인들은 베드로서신이 보여주는 것처럼 신행일체(信行一體)의 온전한 말행위를 계속하지 않을 수 없다는 것이다. 우리의 기준은 세상이 아니고 예수 그리스도이기 때문이다. 성도의 고백의 말과 또 함께 부수되는 선한행실이 잘 구비될 때 그리스도인들은 우리의 소망의 이유를 묻는 자들에게 온유함으로 대답할 말을 항상 준비할 수 있게 된다.

5. 오늘의 시대 속에서

1) 흔들리는 교회의 아이덴티티

베드로서신의 시각에서 오늘의 한국 교회의 상태를 점검해보자. 먼저 베드로가 그의 수신자 교회들을 향하여 "택하신 자들과 나그네들"이라고 불렀던 그 명칭이 지금의 한국 교회에 대해서도 합당할까? 우리가 보았던 것처럼 하나님의 선택적 부르심이 교회를 세상 속에서 무연고자로 만들어 버리는 변혁적 원인의 역할을 하고 있는데, 이런 구별적 부르심의 의식이 엷어진다면 동시에 세상 속에서의 무연고자 됨의 의식도 엷어질 수밖에 없다. 우리가 교회로서의 자신의 아이덴티티의 출발점을 하나님의 선택적 부르심에 두게 될 때 교회와 세상의 긴장적 상호관계는 더욱 강화된다. 그러나 교회가 세상 속에서의 자기 섬김을 위하여 존재하고 세상적 축복과 권력의 주관자처럼 행세하려 할수록 교회 내면으로부터의 약화 현상은 가속화될 수밖에 없다.

오늘날 한국 교회가 하나님의 택하심으로 말미암아 창조된 나그네 공동체가 아니라 세상 안주적 집단으로 퇴행해가고 있는 것은 심각한 병폐이다. 아이러니하게도 교회 밖의 시각은 이미 교회가 사회적 강자요 하나의 중심 권력이 되어 버렸다는 것 때문에 더 비판적으로 변해가고 있다. 현금의 많은 비판들이 거의 대형 교회들에 집중되고 있는 현상이 이것을 보여준다. 교회가 하나님의 부르심에 의거한 세상 속 무연고자(나그네)의 위치를 더 확고히 할수록 사실은 교회는 세상을, 특별히 그 주변부의 사람들을 더 잘 섬길 수 있게 된다. 나그네 의식을 가진다는 것이 세상에 대하여 무관심한다는 것을 말하지 않는다. 오히려 자신이 서야 할 바른 시각 속에서 보다 본질적인 방식으로 세상을 유익하게 한다는 것을 말한다. 왜냐하면 그것이 세상의 창조자이신 하나님의 뜻을 따라 사는 길이기 때문이다. 오늘의 한국 교회는 이런 나그네 의식의 회복이 시급한 시점 속에 놓여 있다.

2) 다원화된 진리 주장의 시대와 이단의 발호

오늘의 교회는 포스트모더니즘 시대의 특징인 다원주의의 심화를 직면하고 있다. 물론 이것이 교회가 처한 최초의 상황은 아니다. 이미 베드로서신이 기록된 상황 속에서도 다원주의적 현상은 종교적 측면에서나 사회적, 윤리적 측면 속에서도 경험되고 있었던 일이다. 당시의 교회는 사회적 약자의 위치 속에 있었고, 주변 세계로부터의 물리적 핍박으로 인해 그 상황이 더욱 어려운 실정이었다. 그에 비하면 오늘의 조건을 두고 불평할 것이 아무것도 없음을 인정하지 않을 수 없다.

그러나 오늘의 사회는 더 첨예한 방식으로 교회가 자신의 진리를 표방하고 살도록 공간을 내어주는 것 같지만, 유사한 형태의 진리 주장에 대해서도 동일한 관용으로 대하기를 날카롭게 요구한다. 이런 상황이 성경적 진리대로 믿고 살기를 표방하는 정통 교회에 대해서는 하나의 딜레마를 던져 주고 있다. 세상이 선 그어준 진리의 공간 안에 우리는 머물 수 없으며 하나님의 진리를 세상을 향하여 계속 말할 수밖에 없기 때문이다. 어쩌면 오늘날의 다원주의 사회에 보다 유리하게 편승할 수 있는 사람들은 이단적 가르침을 가진 사람들일 것이다. 그들은 속으로부터 자신들을 규제할 것을 가지고 있지 않으므로 이 시대가 열어주는 포용의 공간 속에서 자신들의 입지를 마음껏 추구할 수 있기 때문이다. 그래서 이 시대의 이단들은 베드로 시대의 이단들보다 훨씬 더 사회적 지위와 물질적 자원들을 등에 업고 떳떳하게 진리 주장을 할 수 있게 되는 것이다. 이것이 이 시대의 교회가 맞서야 할 도전 중의 하나이다. 교회 안으로부터 이단적 가르침에 경계할 뿐만 아니라 하나님의 부르심에 따른 구별적 고백과 삶으로 참과 거짓의 구별을 교회 자신이 세상을 향하여 보다 선명하게 제시하지 않으면 안 되는 과제를 수행해가야 한다.

3) 보다 예리한 비판의 칼로 무장한 세상

우리가 베드로서신 속에서 발견하는 세상의 큰 무기 가운데 하나는 억압과 탄압의 칼이었음을 발견한다. 그러나 이 시대에 있어서는 그보다 더 예리하고 정교한 비판적 사상의 칼을 세상이 사용하고 있다. 교회가 선포하는 복음을 하나의 수사일 뿐이라고 보는 견해도 있고, 또한 권력 동기의 관점에서 교회를 바라보는 시각도 크게 작용한다. 특히 미셸 푸코(Michel Foucault)와 같은 사상가의 비판적 무기로 무장한 세상의 논객들은 교회 안에서 이루어지는 모든 권력 다툼의 현상들 너머에서 설교적 담화(discourse) 배후의 권력 동기를 폭로하는데 날카로운 눈길들을 모으고 있다.

이런 상황 앞에서 베드로서신이 보여주는 그리스도의 고난의 길을 교회가 자신의 길로 취하여 살지 않는다면 교회는 스스로 하나님의 진리가 아니라 세상의 진리가 옳다는 것을 입증시키는 도구가 되고 말 것이다. 오늘의 예리한 비판이론으로 무장한 논객들이 가지지 못한 그 요소, 곧 권력의 카테고리 속에 들어오지 않는 그리스도의 십자가의 희생적 사랑을 교회가 삶으로 살아내어야 한다. 그런 자기포기의 행진이 없이는 교회가 진정으로 세상을 주님 앞으로 이끌 수 없다.

4) 복음적 삶의 본질 속으로 돌아가야 할 때

이 시대는 핍박을 통한 배도보다도 타협을 통한 배도의 위험성이 더 큰 시대이다. 그런 만큼 시급하게 영광스러운 소망의 구현체로서의 교회의 본질을 회복해야 할 때이다. 베드로서신의 경고처럼 피상적 구원, 피상적 자유의 개념에 사로잡혀서 세상의 미혹에 빠지게 되면 그 나중 형편이 처음보다 더 못하게 되고, 심각한 위험 앞에 떨어지게 될 것이다.

우리는 이미 그런 현실들을 경험적으로 보고 있는데, 그러면서도 우리의 가르침을 돌아보지 않고 떨어져가는 당사자들의 잘못에만 그 원인을 돌리고 있다면 이는 사역자들의 직무유기에 해당할 것이다. 구원의 안심을 심어주는 데만 급급하고, 구원적 삶의 계속적 실현을 강조하지 않은 잘못은 한국의 목회자들에게 있다. 구원은 바른 방향설정이다. 바른 영적싸움으로의 돌입이다. 영광스러운 부르심을 우리에게 베풀어주신 거룩하신 아버지의 이름을 바르게 부를 줄 아는 것이다. 세상 속에서 구별된 신분과 말과 행실을 통해 참 생명의 빛을 비추이는 존재로 사는 것이 구원이다.

6. 나가는 말

베드로서신 속에는 베드로의 유언적 절박감이 배어 있다. 특히 자신의 두 서신을 동시에 언급하고 있는(벧후 3:1) 베드로후서 속에서 더욱 그러하다. "나도 이 장막을 벗어날 것이 임박한 줄을 앎이라 내가 힘써 너희로 하여금 나의 떠난 후에라도 필요할 때는 이런 것을 생각나게 하려 하노라"(벧후 1:14-15). 정말 우리는 베드로가 내다보았던 그 '필요한 때'를 맞고 있다. 세상 속에서 정체성을 잃고 흔들리면서 세상에 동화되어 갈 위험 앞에 놓인 이 시대의 교회를 위하여 그리스도의 십자가를 통한 영광의 길로의 부름의 메시지가 꼭 필요한 때를 맞고 있다. 한국 교회가 그 부름을 잘 듣고 선한행실이 차고 넘치는 교회가 될 때 한국 사회는 다시 한 번 교회를 주목하게 될 것이다. 변덕스러운 세상이 교회를 향하여 고난의 돌을 던진다 해도 상관할 것 없다. 개의치 아니하고 우리는 하나님의 부르심을 따라 선을 행하는 그의 백성으로 계속 살아갈 것이다. 다만 우리가 자신의 허물 때문에 돌팔매를 당하는 것이라면 우리는 가슴을 찢으며 베드로의 목소리를 다시금 되새겨야 한다. 육신의 장막에 거하는 시간이 얼마 남지 않은 그 순간까지 마지막 혼신의 힘을 다해서 교회가 교회다움을 잘 지켜 갈 수 있도록 부르짖고 독려하고 경계하였던 그의 목소리를 오늘 우리가 들어야만 한다.

12장
칼빈의 요한일서 주석에 나타난 삶의 모드의 강조[1]

1. 들어가는 말

요한일서 속에는 선포적, 고백적 '언약행위'(commissive)에 속하는 구체적 화행(speech act)의 예들이 많이 나타난다. 신약의 다른 책들 속에는 이것이 전제되어 있는 경우들이 많지만, 요한일서 속에는 긍정적인 것이든 부정적인 것이든 명시적으로 이런 화행들이 되풀이되고 있는 것을 본다. 우리의 목적은 일차적으로 이것들을 보다 체계적인 방식으로 정리해보고자 하는 것이다. 이를 통해 우리는 요한일서의 신학적, 권면적 강조점이 어디에 놓여 있는지를 잘 이해할 수 있게 될 것이다. 나아가서 우리는 칼빈의 요한일서 주석 가운데서 요한의 강조점을 잘 포착하고 있는 칼빈의 주해적 관점을 살펴보게 될 것이다. 이를 종합해볼 때 우리는 성경적 신앙의 모습이 말과 행실, 가르침과 실천, 지식과 순종 모든 면에 있어서

---

[1] 개혁신학회(2009. 3. 14) 발제 논문. 발제 후 토론된 의견들을 수렴하여 수정 보완하였음을 밝힌다.

얼마나 종합적이며 총체적인지를 잘 알 수 있게 될 것이다. 이런 점은 오늘날과 같이 말이 힘을 잃어버리고, 고백언어와 삶의 모드 사이의 단절이 일반화 되고 있는 이 시대의 풍조 속에서 바르게 말 행위를 한다는 것이 무엇인지를 보여주는 하나의 범례 역할을 할 수 있다고 본다.

2. 요한일서의 선포 및 고백화행들

1) 화행의 분류

우선 우리는 요한일서 속에 나타나고 있는 화행들을 대체적으로 분류하는 작업부터 시도해보고자 한다. 그런 다음에 우리는 이를 칼빈의 주석상의 강조점들과 연결시켜 보고자 한다. 주어진 텍스트 속에서의 화행들의 분류는 상당히 까다로운 문제이다. 우선 어떤 것을 화행으로 볼 것인가와 관련하여 미시적 측면과 거시적 측면에서의 분류가 가능할 것이다. 거시적으로 본다면 구체적 화행들을 포함하여 전체 텍스트 자체가 하나의 담론적 화행이라고 볼 수 있기 때문에 분류가 좀 더 복잡해질 것이다.[2] 그러나 미시적으로 본다면 텍스트 속에 나타나고 있는 구체적 화행들 자체에 초점을 맞추고 분류할 수 있을 것이다. 이 논문에서는 주로 구체적 예들에 관심을 기울이고자 하기 때문에 미시적 관점을 취하고자 한다. 이를 위해서는 주로 화행동사들을 중심으로 분류하는 것이 일반적이다.

---

[2] 요한일서 전체의 구조에 대한 몇 가지 중요한 접근방법에 대한 소개로는 참고, Daniel L. Akin, *1, 2, 3 John* (NAC. Nashville: Broadman & Holman, 2001), 37-47.

우리의 관심은 오스틴의 발화수반행위(illocution)에 속하는 다섯 카테고리에 해당되는 모든 경우들을 다 분류해보고자 하는 것은 아니다.³ 요한일서 속에는 다양한 종류의 구체적 화행들이 나타나고 있다. 예를 들어 행사행위(declarative)에 해당되는 것으로 요일 2:12의 경우를 들 수 있을 것이다.

γράφω ὑμῖν, τεκνία, ὅτι
ἀφέωνται ὑμῖν αἱ ἁμαρτίαι διὰ τὸ ὄνομα αὐτοῦ

"그[예수 그리스도]의 이름으로 말미암아 너희들의 죄들이 사하여졌다"는 선언은 법정적 상황에서는 판정행위(verdictive)로, 목회적 상황에서는 행사행위(declarative)로 분류될 수 있을 것이다. 우리의 문맥 속에서는 후자의 경우로 볼 수 있다.

차후에 좀 더 폭넓은 분류를 해보는 것이 유익하겠지만, 이 글에서는 주로 선포적, 고백적 화행을 중심으로 살펴보고자 한다. 이는 언약행위(commissive)의 부류에 속하는 것들이다. 오스틴(John Austin)이 이 범주에 포함시키는 동사들로는 주로 promise(약속하다), covenant(언약하다), contract(계약하다), undertake(의무를 지다), swear(서약하다), pledge(약조하다), guarantee(보증하다), consent(찬동하다), agree(합의하다), dedicate oneself to(~에 바치다), vow(맹세하다), intend(의도하다), declare(밝히다), purpose(목표하다), propose to(제안

---

3 화행론(speech act theory)의 선구자인 존 오스틴은 발화수반동사들을 중심으로 판정행위, 행사행위, 언약행위, 평서행위, 행태행위의 다섯 범주를 구분하고 있다. 참고, John L. Austin, *How To Do Things with Words* (Oxford: Oxford University Press, 1962), 148-64. 존 설은 이 분류의 기준을 보다 정교하게 체계화하고 있다. 참고, John R. Searle, *Expression and Meaning: Studies in the Theory of Speech Acts* (Cambridge: Cambridge University Press, 1979), 1-29.

하다), side with(편들다), oppose(반대하다), favour(선호하다) 등이 있다.[4] 이런 언약행위 동사들의 특징은 화자가 자신의 말에 자신을 묶는다는 데 있다.

그러나 이런 동사들의 사용이 없이도 수행어(performative) 표현이 얼마든지 가능하기 때문에 꼭 이런 동사들의 출현에만 의존할 필요는 없다. 따라서 우리는 해당 동사들의 사용과 내용적 측면을 동시에 고려하여 요한일서에 나타나는 언약행위 화행들을 대략 다음과 같이 분류해볼 수 있을 것이다.

2) 신앙고백적, 선포적 화행들

요한일서의 핵심적 선포 및 고백들은 선포자 또는 고백자의 자기포함적(self-involving) 언약행위 화행이다. 하나님에 대한 계시적 선포는 신자들의 고백적 화행의 바탕과 기준으로 작용한다. 그 가운데서도 가장 기초적인 선포적 언약행위 화행은 요일 1:5에 나타난 대로 "하나님은 빛이시며 그 안에 어두움이 조금도 없다"는 선포이다.[5] 저자는 이를 위한 발화수반동사로 ἀναγγέλλω(알리다, 선포하다)를 사용하고 있다.

> ἔστιν αὕτη ἡ ἀγγελία ἣν ἀναγγέλλομεν ὑμῖν ὅτι
> ὁ θεὸς φῶς ἐστιν καὶ σκοτία ἐν αὐτῷ οὐκ ἔστιν οὐδεμία

---

4 Austin, *How To Do Things with Words*, 157-58.
5 빛과 어두움의 대조는 요한문헌 속에 공통적으로 나타나는 주제 가운데 하나이다. 빛이신 하나님은 그 본질에 있어서 어두움과 양립될 수 없다. 요한일서 속에는 다분히 '실현된' 종말론적 입장 속에서 예수 그리스도의 오심 가운데 빛이 이미 비추이고 어둠이 '사라져 가고 있다'(요일 2:8)고 진술한다. 이것이 믿음의 고백자들이 어둠의 행실 가운데 거할 수 없는 강력한 이유이다. 참고, Stephen S. Smalley, *1, 2, 3 John* (WBC. Nashville: Thomas Nelson, 2007), 19, 54-55.

요한은 이 서신 속에서 또 다른 대표적인 언약행위 동사인 ὁμολογέω(고백하다, 시인하다), μαρτυρέω(증거하다) 등을 폭넓게 사용하고 있다. 요한일서 4:2-3에서 요한은 하나님께로부터 난 영과 적그리스도의 거짓 영을 분별해야 할 것에 대해 말하면서, 그 기준을 예수 그리스도께서 육체로 오신 일에 대한 고백적 화행으로 제시하고 있다.

πᾶν πνεῦμα ὃ ὁμολογεῖ
    Ἰησοῦν Χριστὸν ἐν σαρκὶ ἐληλυθότα
ἐκ τοῦ θεοῦ ἐστιν

적그리스도적 존재들이 특히 예수 그리스도의 육체성을 부정하는데 반하여 요한은 그 아들이 세상의 구원을 위하여 육체로 오심을 자신의 증거의 핵심으로 삼고 있다(요일 4:14).[6]

καὶ ἡμεῖς τεθεάμεθα καὶ μαρτυροῦμεν ὅτι
    ὁ πατὴρ ἀπέσταλκεν τὸν υἱὸν σωτῆρα τοῦ κόσμου

여기서 요한은 강한 언약행위 동사인 μαρτυρέω를 사용하고 있고, 그 증거의 적법성을 뒷받침하기 위해 '우리가 보았다'는 사실을 강조한다. 이 면에서는 요한의 증거의 화행이 언약행위(commissive)

---

6 게리 버지(Gary Burge)는 이를 '성육신적 기독론'(incarnational Christology)이라 부르고 있다. 여기에는 '예수'가 그리스도인 것이 중요하며, 대적자들은 그리스도의 예수이심, 곧 그의 육체성을 인정하려 하지 않음으로 말미암아 신앙의 객관적 근거를 잃어버리고 있다. 참고, Gary M. Burge, *The Letters of John* (NIVAC. Grand Rapids: Zondervan, 1996), 129-31.

로서의 자기개입(self-involving) 또는 자기 묶음(self-binding)의 성격뿐만 아니라 평서행위(assertive)로서의 검증 가능한 진리성의 성격까지 포함하고 있다는 것을 보여준다.

이 증거의 행위와 관련해서는 요한 자신이 증거자일 뿐만 아니라 성령님도 역시 증거하시는 자임을 강조한다(τὸ πνεῦμά ἐστιν τὸ μαρτυροῦν, 5:6). 뿐만 아니라 하나님 자신도 그 아들에 관하여 증거하셨다(μεμαρτύρηκεν ὁ θεὸς περὶ τοῦ υἱοῦ αὐτοῦ, 5:10). 따라서 누구든지 하나님의 아들을 믿는 자들은 '하나님의 증거'(ἡ μαρτυρία τοῦ θεοῦ, 5:9)를 가진 자들이다. 이 하나님의 증거는 모든 화행들의 진리성 판단의 근원적 근거로 작용한다. 여기에 부합되지 않는 모든 주장과 행위는 다 거짓이 된다.

요한은 요한일서 4:15에서 "예수님은 하나님의 아들이다"라는 고백화행에 따라 하나님이 믿는 자 안에 거하시고 그 사람 또한 하나님 안에 거하는 연합적 교제의 관계가 이루어진다는 것을 말하기도 한다.

Ὃς ἐὰν ὁμολογήσῃ ὅτι
 Ἰησοῦς ἐστιν ὁ υἱὸς τοῦ θεοῦ
ὁ θεὸς ἐν αὐτῷ μένει καὶ αὐτὸς ἐν τῷ θεῷ

요한은 고백과 관련하여 πιστεύω(믿다) 동사를 사용하기도 한다. 예를 들어 요한일서 5:1에서 "예수님은 그리스도이다"라는 고백적 화행을 이와 같이 소개하고 있다.

Πᾶς ὁ πιστεύων ὅτι

Ἰησοῦς ἐστιν ὁ Χριστὸς
ἐκ τοῦ θεοῦ γεγέννηται

요한일서 5:5에서는 그 고백의 내용이 "예수님은 하나님의 아들이다"(Ἰησοῦς ἐστιν ὁ υἱὸς τοῦ θεοῦ)로 바뀌고 있고, 이런 믿음을 가진 사람이 세상을 이기는 사람이라고 말한다. 한 걸음 더 나아가서 이 고백의 내용을 좀 더 확충해서 예수 그리스도는 "물과 피로 오신 분"(ὁ ἐλθὼν δι' ὕδατος καὶ αἵματος, 5:6)[7]이라고 부연하고 있다.

위의 경우들이 예수 그리스도에 대하여 명시적으로 표현된 선포적, 고백적 화행들을 담고 있는 경우라고 한다면, 때에 따라서는 예수 그리스도에 대한 암시적 신앙고백을 내포하고 있는 경우들도 나타난다. 예를 들어, 요한일서 3:2의 경우 성도의 현재적 지위(νῦν τέκνα θεοῦ ἐσμεν)와 아직 확실히 알지 못하는 미래의 모습을 대비시키고 있는데, 불확실한 가운데서도 확실한 한 가지는 "우리가 그와 같은 자들이 되리라"(ὅμοιοι αὐτῷ ἐσόμεθα)는 것이다. 그 근거로서 요한은 "우리가 그가 (지금) 계신 것처럼 (장차) 보게 될 것이기 때문"(ὅτι ὀψόμεθα αὐτὸν καθώς ἐστιν)이라고 말한다.[8] "그가 (지금) 계신 것처

---

[7] 예수 그리스도가 물과 피로 왔다는 것에 대해서는 다양한 해석들이 있다. 전통적으로는 이를 세례와 성찬으로 보는 성례전적 해석이 있으며(Luther, Calvin, Cullmann 등), 혹자는 이를 요한복음 19:34과의 문자적 일치성 속에서 예수님의 십자가 사건으로 보기도 한다(Augustine, Grayston, Thompson 등). 그러나 대다수의 많은 학자들은 이를 세례시의 증거와 십자가에서의 증거, 곧 그리스도의 지상 사역 전체가 그의 하나님의 아들이심에 대한 증거라는 견해를 취한다(Tertullian, Marshall, Bruce, Kruse, 다소 변형된 형태로 Brown, Smalley 등). 참고, Colin G. Kruse, *The Letters of John* (PNTC. Grand Rapids: Eerdmans, 2000), 177-78; Burge, *The Letters of John*, 201-202.

[8] 이 문장 전체의 구성은 다소 애매함을 가지고 있다. 두번째 ὅτι 이하를 바로 앞에 나오는 ἐσόμεθα와 연결시켜서 읽을 것인지(우리가 그와 같이 될 줄 아는데, 그 이유는 우리가 그를…볼 것이기 때문: 보고 됨) 아니면 좀 떨어져 있는 주동사 οἴδαμεν과 연결시켜서 읽을 것인지(우리가 그와 같이 될 것이기 때문에, 그가 계신 것처럼 그를 우리가 볼 줄을 안다:

럼"이라는 표현은 현재의 예수 그리스도의 존귀의 지위에 대한 신앙고백이 전제된 표현이라 볼 수 있다.[9] 따라서 우리가 여기에 암시되고 있는 것처럼 "예수 그리스도는 현재 존귀와 영광의 지위 가운데 계신 분인데, 우리 또한 장래에 그와 같은 모습이 될 것이다"라고 고백한다면, 이것이 고백자들에게 가져오는 결과는 명확하다. "그에 대한 이 소망을 가진 자마다 저가 정결하신 것과 같이 그 자신을 또한 지속적으로 정결케 한다"(πᾶς ὁ ἔχων τὴν ἐλπίδα ταύτην ἐπ' αὐτῷ ἁγνίζει ἑαυτόν, καθὼς ἐκεῖνος ἁγνός ἐστιν, 3:3)는 것이 그것이다. 미래의 소망에 대한 신자들의 신앙고백이 현재의 삶에 어떤 변혁적 결과를 미치는지를 매우 선명하게 보여주는 본문이다. 이와 같이 바른 신앙고백은 고백자의 삶에 총체적인 변혁을 일으키지만, 반면에 올바르지 못한 고백은 그 삶을 망하게 하는 결과를 낳는다.

3) 신앙부인적 화행들

요한일서에서는 계시적 선포의 내용에 반하는 신앙부인적 화행들이 병행적으로 소개되고 있다. 때로는 이것이 대구적(antithetical) 형태를 취하기도 한다. 이런 화행들은 요한이 제시하고 교회 공동체가 공통으로 받아들이는 계시적 선포나 고백에 정면으로 배치되는 것들이다. 내용적으로는 주로 예수 그리스도에 대한 부분적 오류 또는 부정이다. 외형적인 면에서는 예수 그리스도를 인정하는 듯이 보이나 실질적인 면에서는 그를 부정하고 있는 점이 더욱 주

되고 봄)에 따라 의미의 차이가 나타난다. 후자와 같이 멀리 연결시키기 보다는 가까운 연결이 더 나아 보인다. Smalley (*1, 2, 3 John*, 139) 등도 전자를 선호하고 있다.

9 참고, Kruse, *The Letters of John*, 116; I. Howard Marshall, *The Epistles of John* (NICNT; Grand Rapids: Eerdmans, 1978), 172.

의를 요하는 이유이다.

요한은 적그리스도의 본질을 거짓말쟁이로 보고 있으며, 그 거짓말은 특히 예수 그리스도를 부인하는 화행에 집중되고 있다. 요한은 이것을 요한일서 2:22에서 잘 밝히고 있다.

Τίς ἐστιν ὁ ψεύστης εἰ μὴ ὁ ἀρνούμενος ὅτι
Ἰησοῦς οὐκ ἔστιν ὁ Χριστός;

"예수는 그리스도가 아니다"라고 부인하는 이 화행은 그를 세상에 보내신 아버지를 인정하는 신앙고백과 양립할 수 없다. 왜냐하면 예수 메시아와 아버지는 분리될 수 없으며 어느 하나를 배제하고 다른 하나만을 선택할 수 없기 때문이다. 요한은 이 관계를 대구적인 방식으로 표현하여 아들을 부인하는 자는 아버지도 가지지 못하나 아들을 시인하는 자는 아버지도 가진다(ὁ ἀρνούμενος τὸν υἱὸν οὐδὲ τὸν πατέρα ἔχει, ὁ ὁμολογῶν τὸν υἱὸν καὶ τὸν πατέρα ἔχει, 2:23)고 단언하고 있다.

요한은 신앙부인적 화행을 나타내기 위해 '부인하다'(ἀρνέομαι)라는 동사를 주로 사용하며, 때에 따라서는 동일한 힘을 담지하고 있는 '믿지 않는 자'(ὁ μὴ πιστεύων, 5:10), '하나님의 아들을 가지지 않은 자'(ὁ μὴ ἔχων τὸν υἱὸν τοῦ θεοῦ, 5:12) 등의 동사를 사용하기도 한다. 이런 경우는 전면적으로, 또는 결정적인 면에 있어서 그 고백의 내용이 '하나님의 증거'에 배치되는 경우들이며, 교회는 이런 것들이 침범하지 못하도록 각별히 주의하여야 한다.

그런데 요한일서 속에는 이와 약간 다른 경우들이 있다. 이는 전면적인 신앙부인의 예들보다 좀 더 미묘한 경우들이다. 이들의 경우 고백의 내용 자체에는 크게 문제될 것이 없다. 그러나 거기에 부합되는 삶의 모드가 따르지 않음으로 인하여 그 화행의 효력을 스스로 부정하는 결과들이 일어난다. 우리는 이런 예들을 좀 더 자세히 살펴보기로 한다.

4) 자기궤멸적(self-defeating) 화행들

계시적 선포의 화행들이 바른 신앙고백적 화행 및 삶의 근거가 되는 것처럼, 신앙부인적 화행들은 직간접적으로 자기궤멸적 화행들의 근거가 된다. 자기궤멸적 화행이란 화행의 효력을 담지하는 적절한 조건들을 갖추지 못하는 비진정한(infelicitous) 화행들과 더불어서, 내용적인 면에서나 다른 외적 정황의 면에서 화행의 조건 자체를 부정하거나 배치되는 상황이 발생하므로 말미암아 화행의 효력을 스스로 소멸시키는 경우들을 지칭한다.[10]

요한일서 속에서는 이런 정황이 상당히 많이 일어나는데, 어떤 경우에는 '우리'가 주어가 되는 가상적 상황에서의 화행도 있고, 또 어떤 경우에는 미지정 3인칭 주어를 가진 경우들도 있다. 이 3인칭 주어를 가진 화행들은 가상적일 수도 있고 아니면 그 정체가 명시되지는 않았지만 실제적 대적자들 또는 이탈자들로 볼 수도 있을 것이다. 만일 실제적 대적자들로 볼 수 있다면 요한이 소개하는 화행들 배후에는 그들의 핵심 슬로건들이 놓여 있다고 볼 수 있을 것이다.[11]

---

10 참고, Daniel Vanderveken, "Illocutionary Logic and Self-Defeating Speech Acts", in *Speech Act Theory and Pragmatics*, ed. by John Searle, F. Kiefer, and M. Bierwisch (Dordrecht: D. Reidel, 1980), 247-72.

11 콜린 크루즈 같은 경우는 이런 화행들 배후에 역사적 분리자들의 보다 실제적인 입김

먼저 '우리'가 주어가 되고 있는 화행의 예를 들어 보자. 요한일서 1:6에서는 하나님은 빛이라는 중심적 선포 화행에 이어 이와 상합될 수 없는 화행의 예가 소개되고 있다. 곧 "우리가 하나님과 교제를 가지고 있다"는 주장이다.

ἐὰν εἴπωμεν ὅτι
    κοινωνίαν ἔχομεν μετ' αὐτοῦ

물론 이 화행 자체에 문제가 있는 것은 아니다. 다만 이 진술이 화자가 "어두움 속에 계속적으로 행하고 있다"(ἐν τῷ σκότει περιπατῶμεν)는 실제적 행실에 의해 그 진정성을 잃어버리게 된다는 데에 문제가 있다. 저자는 이것을 거짓말하는 것으로 단정하고 있다. 이 경우 거짓말은 내용적 측면의 거짓말이기 보다 자신의 고백 화행이 그 삶의 행실에 의해 부정되는 자기궤멸적 화행이라는 측면에서의 거짓말이다. 만일 이 고백이 진정한 것이 되기 위해서는 빛이신 하나님과 부합되게 고백자가 또한 빛 속에 계속적으로 행하는 것이 필요하다. 이것이 요한이 밝히고 있는 교제의 진정한 의미이다.

이와 유사한 경우가 요한일서 2:4과 2:9에도 나타난다.

ὁ λέγων ὅτι
    ἔγνωκα αὐτόν

이 작용하고 있다고 보고 있다. 특히 '교제'에 대한 강조나 '죄없음'에 대한 강조 등이 이들의 입장을 반영하는 데, 요한은 그들의 언어를 사용하여 그들의 주장에 반박하고 있는 것으로 본다. 자세한 논의를 위해서는 참고, Kruse, *The Letters of John*, 15-27. 컬페퍼는 요한일서 2:4, 6, 9의 패턴 속에서 대적자들의 주장의 실제성을 읽고 있다. 참고, R. Alan Culpepper, *The Gospel and Letters of John* (Nashville: Abingdon, 1998), 259.

ὁ λέγων

　　ἐν τῷ φωτὶ εἶναι

"내가 그를 알았다" 또는 "(내가) 빛 속에 있다"라는 이 사람의 화행에는 그 내용을 두고 볼 때는 아무런 문제가 없다. 그러나 그 삶의 행실이 2:4에서는 주님의 계명들을 지속적으로 지키지 않는 것으로(τὰς ἐντολὰς αὐτοῦ μὴ τηρῶν), 또 2:9에서는 지속적으로 그 형제를 미워하는 것으로(τὸν ἀδελφὸν αὐτοῦ μισῶν) 나타난다는 데 문제가 있다. 이런 경우 요한의 판정은 이런 사람은 거짓말쟁이라(ψεύστης ἐστίν)는 것이며, 또한 그 사람이 여전히 어두움 속에 있다(ἐν τῇ σκοτίᾳ ἐστὶν ἕως ἄρτι)는 것이다. 다시 말해서 스스로 자신이 빛 속에 있다고 주장하는 화행이 어둠의 본질인 자신의 미움의 행위에 의해 자기궤멸적 결과를 빚고 있는 것이다.

이와 대비적으로 자기궤멸성을 빚지 않는 진정한 화행이 어떤 것이 되어야 하는지를 요한은 요한일서 2:6에서 구체적 예를 들어서 보여주고 있다.

ὁ λέγων

　　ἐν αὐτῷ μένειν

ὀφείλει καθὼς ἐκεῖνος περιεπάτησεν καὶ αὐτὸς [οὕτως] περιπατεῖν

"(내가) 그의 안에 거한다"라고 고백하는 사람은 예수 그리스도께서 역사적으로 행하셨던 것처럼 그렇게 그 자신도 지속적으로 행하여야만 한다. 그러할 때 자신의 고백의 화행이 자신의 행실에 의하여 충돌을 빚는 결과를 피할 수 있게 된다. 이것이 진정한 신앙고백적 화행의 모범이다. 우리는 입으로만 값싼 고백을 할 수 없다. 고백 화행에 부합되는 삶의 모드가 따르지 않으면 안 된다는 것을 보여준다.

그리스도인들은 특별히 그리스도께서 먼저 사랑하여주신 사람들이다. 그러므로 그리스도인의 삶의 모습도 그리스도와 같이 사랑하는 자가 되어야 한다. 단지 핵심적인 신앙고백의 면에 있어서만 아니라 실천적 사랑의 면에 있어서도 그 화행에 있어서 적그리스도의 본질인 거짓이 나타날 수 있다. 요한은 요한일서 4:20에서 이런 화행을 소개한다.

ἐάν τις εἴπῃ ὅτι
   ἀγαπῶ τὸν θεὸν

어떤 사람이 입으로는 "내가 하나님을 사랑한다"라고 고백한다. 그런데 그 행실의 면에 있어서는 지속적으로 자기의 형제를 미워한다(τὸν ἀδελφὸν αὐτοῦ μισῇ). 그렇다면 이 사람은 그 입의 고백과 달리 "그는 거짓말쟁이다"(ψεύστης ἐστίν)라는 것이 요한의 판정이다. 이 역시 그 입의 고백이 그 삶의 행실에 의해 와해되는 자기궤멸적 화행의 예이다.

5) 진정한 고백적 화행의 특권

위의 신앙부인적 화행들이나 자기궤멸적 화행들을 넘어 진정한 고백적 화행을 행하는 사람들이 누리는 특권이 무엇인지가 요한일서 속에는 풍성하게 소개되고 있다. 대비를 위하여 부정적인 경우부터 생각해보자. 어떤 사람이 자기 속임에 빠져서 요일 1:8에서처럼 "우리가 죄 없다"고 주장할 수 있을 것이다.

ἐὰν εἴπωμεν ὅτι
    ἁμαρτίαν οὐκ ἔχομεν(또는 1:10에서처럼 οὐχ ἡμαρτήκαμεν)

그러나 이것은 하나님을 도외시한 자기만족적 주장으로 자기 스스로를 속이는 일일 뿐만 아니라 하나님의 아들이 죄를 위하여 오셨다(3:5, 8, 4:10 등)는 근원적 선포 또는 '하나님의 증거'에 배치된다. 따라서 이것은 하나님을 거짓말쟁이로 만드는 결과를 가져온다.

반면 신실하시고 의로우신 하나님을 믿는 자들은 하나님의 아들이 오신 목적 곧 죄의 용서와 사랑의 관계 및 어두움을 넘어선 빛 안에서의 교제를 누릴 수 있다. 뿐만 아니라 그리스도의 대속 사역을 힘입어 계속하여 그 죄를 고백할 수 있는 특권을 누리게 된다. 그러할 때 고백자가 용서의 확신을 가질 수 있는 것은 하나님이 우리를 위한 대언자(παράκλητος, 2:1)와 속죄제물(ἱλασμός, 2:2, 4:10)[12]이신 예수 그리스도의 도움을 마련하셨기 때문이다. 나아가서 신자 안에 거하도록 주신 크리스마(χρῖσμα, 2:20, 27)[13]와 하나님의 씨(σπέρμα, 3:9)[14] 곧 성령께서 그들을 돕는다.

보다 적극적인 차원에서는 바른 고백자들이 하나님과의 교제의 최고봉이라 할 수 있는 파레시아(παρρησία, 2:28, 3:21, 4:17, 5:14)의 특권

---

[12] 이 용어들에 대해서는 참고, Robert W. Yarbrough, *1-3 John* (BECNT; Grand Rapids: Baker Academic, 2008), 75-81.

[13] 이를 성령으로 보는 견해로는 참고, Kruse, *The Letters of John*, 103, 109-110. 반면 이를 말씀으로 보는 견해로는 참고, Marshall, *The Epistles of John*, 153-55.

[14] 이 용어에 대해서는 참고, Kruse, *The Letters of John*, 124-26.

을 누릴 수 있게 된다. 특히 요한일서 3:21에서는 신자들이 하나님에 대하여 파레시아를 가지는 것이 우리의 마음이 스스로에 대하여 판단하는 것(καταγινώσκω)과 대비적으로 제시되고 있다. 요한은 이 부분에서 칼 와호멜(qal wahomer) 논증법을 사용하여 우리의 마음도 우리를 판단하거든 하물며 우리 마음보다 더 크시고 모든 것을 아시는 하나님은 어떠하겠느냐고 지적한다. 따라서 우리는 하나님 앞에서 우리의 마음을 설득해야(πείσομεν)[15] 한다. 특히 이것은 요일 3:18에서 우리가 말과 혀로만 아니라 행함과 진실함으로 사랑해야 한다는 진술과 연결되어 있다. 구체적으로 어떤 사람이 재물을 가지고 있고 또 그 형제의 필요를 목격하고 있음에도 불구하고 그 속에서 그를 향하여 일어나는 동정심(τὰ σπλάγχνα)을 억지로 막는다면(κλείσῃ), 이런 사람은 "이로써 우리가 사랑을 안다"(ἐν τούτῳ ἐγνώκαμεν τὴν ἀγάπην, 3:16)고 말할 수 없으며, 또한 "우리가 진리로부터이다"(ἐκ τῆς ἀληθείας ἐσμέν, 3:19)라고 말하기도 어렵다.

그리스도께서 우리를 위하여 목숨을 주신 것처럼 그렇게 그에게 부합된 자세로 형제를 사랑함으로써 그 고백과 삶이 부합될 때 우리는 하나님 앞에서 파레시아를 누릴 수 있게 된다. 이 파레시아와 관련된 요한의 중요한 문구는 "저가 어떠하신 것과 같이 우리 또한 그러하다"(καθὼς ἐκεῖνός ἐστιν καὶ ἡμεῖς ἐσμεν, 4:17)라는 문구이다. 말과 혀의 고백에 상관없이 예수 그리스도의 삶의 모습이 우리 가운데 나타나지 않을 때 우리에게는 심판의 때를 이길 파레시아를 장

---

15 이 동사를 어떤 의미로 읽을 것인지에 대해 논란이 많다. 원형(πείθω)의 일반적 의미를 그대로 살려서 '설득하다'의 의미로 읽는 것이 적합해 보인다. 이렇게 읽는 사람으로는 대표적으로 Kruse (*The Letters of John*, 140)를 들 수 있는데, 그는 신명기 15:7-9을 배경 본문으로 보고 있다. 반면 Marshall (*The Epistles of John*, 198), Smalley (*1, 2, 3 John*, 191) 등은 '편히 하다'(set at ease)의 의미를 취하고 있다.

담할 수 없게 된다. 역으로 우리가 고백에 부합된 삶을 살 때 우리가 하나님 앞에 무엇을 간구하든지 하나님이 들으실 것을 아는 파레시아를 누릴 수 있게 된다(5:14).

파레시아를 가지고 하나님 앞에 간구하는 이 간구의 범주는 자신의 문제뿐만 아니라 다른 사람들의 죄에 대한 문제까지도 포함한다. 요한은 '죽음에 이르지 아니하는 죄'(ἁμαρτία μὴ πρὸς θάνατον, 5:16)에 대하여 간구하라고 권고한다. 이런 죄를 범하는 자는 형제 곧 다른 그리스도인이다. 요한은 이를 '죽음에 이르는 죄'(ἁμαρτία πρὸς θάνατον)와 구분하고 있는데, 이에 대해서는 간구하라고 권하지 않는다. 이것은 이미 그 사상과 삶이 적그리스도적인 것으로 드러난 대적자들의 문제이기 때문인 것으로 보인다.[16] 이런 자들의 그리스도를 부인하는 용서받지 못할 죄와 달리 우리는 자신과 형제의 모든 허물에 대해서도 우리의 힐라스모스와 파라클레토스가 되신 그리스도를 힘입어 하나님 앞에 용서를 간구할 파레시아를 누릴 수 있는 것이다.

3. 칼빈의 요한일서 주석의 강조점

칼빈은 요한일서의 특징을 "권면들과 결합된 가르침"(teaching mixed with exhortations)[17]이라는 표현으로 압축하고 있다. 한 면에서는

---

[16] '죽음에 이르는 죄'를 복음서(막 3:28-30)의 그것과 연결시켜서 읽는 것은 여기서는 적합해 보이지 않는다. 여기서는 요한일서의 전체 문맥에 비추어 그리스도를 공개적으로 부인하는 적그리스도적 대적자들의 죄로 보는 것이 보다 적합하다. 참고, Kruse, *The Letters of John*, 194; Marshall, *The Epistles of John*, 247-48.

[17] John Calvin, *The Gospel According to St. John 11-21 and The First Epistle of John*, tr. T.H.L. Parker

하나님의 자녀됨의 고귀한 은혜에 대한 가르침이, 또 다른 한 면에는 경건하고 거룩한 삶에 대한 권면이 서로 잘 조화를 이루고 있는 서신이라고 평가한다.

칼빈의 기본적 출발점은 복음에서 비롯된 하나님에 대한 지식이 산 지식이라는 점이다. 그래서 칼빈은 "하나님에 대한 지식은 효력 산출적이다"(the knowledge of God is efficacious)라는 표현을 반복적으로 사용하고 있다.[18] 특히 칼빈은 당대의 소르본느의 신학자들이 즐기고 있던 추상적 논리들 가운데 경건의 불꽃이 전혀 보이지 않는 것을 한탄하면서 이를 두고 "신학이 간음을 당하였다"고 표현한다.[19] 특별히 칼빈이 민감하게 지적하는 것은 말의 고백이 있기는 하나 그것이 삶의 순종에 의해 뒷받침되지 않는 '빈 고백'(empty profession)으로 그치는 경우이다.

칼빈은 어거스틴의 여러 저작들을 언급하면서 그가 일관되게 말의 모드(mode of speaking)보다 삶의 모드(mode of living)가 더욱 중요하다고 언급한 것에 대해 지적하고 있다.[20] 물론 칼빈의 의도는 이 양자를 대립적 방식으로 이해하고자 하는 것은 아니다. 삶의 모드로 연결되지 않는 말의 모드가 얼마나 공허한 것이며 또한 하나님에 대한 참 지식으로부터 이탈된 것인지를 강조하려 하고 있다. 따라서 중요한 것은 이 양자의 조화이며 일치이다. 우리의 표현대로 하자면 선포 및 고백의 화행에 부합되는 삶의 결과들이 만들어져야 한다는 것이다. 아쉽게도 칼빈은 이 문구에 대하여 좀 더 상세히 설명해주지는 않는다. 그러나 우리는 본문에 대한 여러 주해

(Grand Rapids: Eerdmans, 1961), 231. 이 책은 이하 *The First Epistle of John*으로 인용한다.
18 Calvin, *The First Epistle of John*, 245, 246.
19 Calvin, *The First Epistle of John*, 245.
20 Calvin, *The First Epistle of John*, 268.

들 속에서 칼빈이 말하고자 하는 것을 제한적으로나마 추적해볼 수 있다.

1) 하나님과의 교제와 관련하여

칼빈은 이 서신의 선언적 선포인 요한일서 1:5과 관련하여 요한의 강조점이 복음의 가르침 전부를 다 체계적으로 전하는 데 있기보다는 오히려 좀 더 실제적인 면에 모아진다고 지적한다. 곧 "우리가 그리스도와 그의 축복들을 누리고자 한다면 의와 거룩함에 있어서 하나님께 부합되어야만 한다는 것이다…하나님이 빛이시기 때문에 우리 또한 빛 속에서 행해야 한다는 것을 은유적으로 말하고 있다."[21] 단지 우리의 입의 말만이 아니라 우리 자신의 삶 전체가 순결하고 빛날 때 하나님과의 교제가 이루어진다. 칼빈은 요한의 말을 이런 식으로 풀어쓰기 하고 있다. "하나님은 우리에게 공허한 공상을 전달하시는 것이 아니다. 왜냐하면 이 교제의 능력과 효과는 우리의 삶 가운데서 빛을 비추어내는 것이 되어야하기 때문이다. 그렇지 않다면 복음에 대한 우리의 고백은 잘못된 것이다."[22]

그러나 칼빈은 순서에 혼동을 일으키기를 원치는 않는다. 마치 순결한 삶이 구원의 원인이 되는 것처럼 생각해서는 안 된다. 칼빈은 이런 점을 의식하면서 우리가 하나님께 부합된(conformed) 삶을 사는 것이 우리가 하나님과 연합된 것의 확실한 증거(sign)이지 우리의 순결한 삶이 하나님과의 화목의 첫 원인(first cause)인 것은 아

---

[21] Calvin, *The First Epistle of John*, 237.
[22] Calvin, *The First Epistle of John*, 238.

니라고 못 박는다. 그러면서도 칼빈은 그의 강조점을 분명히 견지한다. "우리의 하나님과의 연합은, 그의 순결하심이 우리 안에서 비추어질 때, 그 효과로 확증된다."[23]

칼빈은 요한일서 1:7b의 "그 아들 예수의 피가 우리를 모든 죄에서 깨끗하게 하신다"는 진술과 관련해서도 진정한 고백자의 삶 속에 일어나는 대속의 효과에 대해 강조한다. 칼빈은 여기에 사용되고 있는 '깨끗하게 하다'(καθαρίζει) 동사의 현재형 의미를 잘 살려서 읽고 있다는 것을 감지할 수 있다. "이로부터 우리가 배우는 것은 첫째로, 그리스도의 대속(expiation)은…우리가 마음의 불의 가운데서 의를 개간할 때 합당하게 우리에게 속한 것이 될 수 있다는 것이다. 왜냐하면 그리스도는 불의에서 돌아서서 새 삶을 시작하는 사람에게만 구속자이시기 때문이다. 따라서 우리가 하나님이 우리에게 대하여 우리 죄를 용서하실 만큼 유화(propitious)하시기를 원한다면 우리는 우리 스스로를 용서해서는 안 된다. 간단히 말해서, 죄의 사면은 회개와 분리될 수 없으며, 하나님께 대한 경외가 지배하지 않는 양심들 가운데에 하나님의 평화는 없다. 두 번째로 이 구절이 가르치는 것은, 죄의 자유로운 용서가 단 한 번 주어지고 그치는 것이 아니라 이 혜택이 교회 가운데 영구히 머물고 신자들에게 매일 공급된다는 사실이다."[24]

칼빈은 고백자의 삶 속에 계속적으로 살아 있는 그리스도의 피의 효력을 강조하고 있다. 그것이 신자의 새 삶을 가능하게 하고 또한 그것을 촉진시킨다. 그것이 신자의 삶 가운데 용서의 은혜에 대한 감사와 경외로 떨게 하고 더욱 하나님을 갈망하며 의지하게

---

[23] Calvin, *The First Epistle of John*, 238.
[24] Calvin, *The First Epistle of John*, 239.

만든다. 이것은 신자의 삶 속에 계속적으로 이루어지는 과정이다. 칼빈은 그리스도의 피로 말미암는 죄의 용서를 세례에 국한하고 그 이후는 행위로 하나님을 만족하려 하는 사람들의 논리를 논박하고 있다. 죄의 씻음과 만족이 결코 이원화될 수 없는 것이며, 그리스도의 피는 성도의 모든 삶의 단계 속에서 그 능력과 효력을 가진다는 것을 강조하고 있다.

칼빈은 동시에 고백자들이 하나님의 용서의 은혜를 가벼운 것으로 여기기를 원치 않는다. 죄의 용서는 죄를 향한 자유가 아니라 새 삶을 향한 자유이다. "하나님은 분명히 자유로이 용서하시지만, 그러나 자비의 용이함이 죄의 조장이 되는 그런 방식으로는 아니다." 오히려 고백은 고백자의 삶에 이중적 열매를 낳는다고 말하는데, "그 하나는 그리스도의 희생제사로 만족되신 하나님이 우리를 용서하신다는 것 그리고 또 다른 하나는 그가 우리를 고치시고 또한 개혁하신다는 것이다(He corrects and reforms us)."[25]

고백은 이처럼 삶의 변화로 이어질 때 진정한 것이 된다. 칼빈의 말처럼 "삶의 경건과 거룩함이 참된 믿음을 허황되고 죽은 하나님에 대한 지식과 구별되게 만든다."[26] 성도의 변화된 삶 가운데서 하나님과 고백자 사이의 영광스러운 교제가 이루어지고, 하나님과 그 백성은 세상 가운데서 한 빛으로 빛을 비추게 된다. 이렇게 되도록 참된 선포와 고백의 화행은 우리를 "고치고 개혁하는" 효력을 가진다.

---

[25] Calvin, *The First Epistle of John*, 241.
[26] Calvin, *The First Epistle of John*, 246.

2) 떨어지는 자들과 관련하여

칼빈은 요한일서 2:18이하의 적그리스도와 관련하여 바울과 요한 사이의 공통점 및 차이점을 잘 지적하고 있다. 공통적인 요소는 이것이 단지 한 개인의 차원만이 아니라 대대적인 배도가 일어나는 종말 시대의 차원 속에 놓여지고 있다는 점이다. 그러나 차이점은 요한에게 있어서는 바울의 단수적 적그리스도보다 복수적 적그리스도들(ἀντίχριστοι πολλοί)이라는 표현을 사용하고 있다는 것이며, 칼빈은 이것을 미래 배도 현상의 하나의 전조적 섹트 현상으로 이해한다. 이들은 요한일서의 기록 당시에 이미 그 섹트 활동을 시작하고 있었고, 뒤이어서 나타난 케린투스(Cerinthus), 바실리데스(Basilides), 마르시온(Marcion), 발렌티누스(Valentinus), 에비온(Ebion), 아리우스(Arius) 등이 역사 속에 계속 이어서 일어난 적그리스도 왕국의 핵심 멤버들이었다고 말한다.

칼빈은 이들이 "우리로부터 나갔다"(요일 2:19)는 구절과 관련하여 교회 자체가 이런 자들의 배출에 책임이 있다는 지적을 논박한다. 만일 그렇다면 참 믿음을 고백하는 자들이 떨어질 수 있다는 것 때문에 많은 신자들이 혼란을 겪게 될 것이기 때문이다. 칼빈의 대답은 비록 이들이 교회 안에 머물러 있기는 했지만, 본질적으로는 교회의 사람이 아니었고, 신자들의 이름 뒤에 숨어서 자신들의 비뚤어진 사상을 숨기고 있던 자들일 뿐이라는 것이다. 바로 이런 사람들이 떨어져나간 것일 뿐, 참된 신자들은 하나님의 인치심 아래 견고히 지킴을 받는다고 말한다.

칼빈은 여기에서 일어날 수 있는 다소 분별이 어려운 문제 하나를 지적한다. 겉으로 볼 때는 떨어져 나간 자들이 예수님을 고백하는 자들로 드러나고 있었다는 점이다. 그렇다고 한다면 우리는 어떤 사람이 진정한 고백자이며 또 어떤 사람이 위선자인지 어떻게 분간할 수 있을 것인가? 칼빈은 이점과 관련하여 복음의 고백자들을 세 부류로 구분하고 있다.[27] 첫째는 경건을 위장하는 자들이다. 그러나 내면적으로는 그들의 양심이 스스로가 자신을 속이고 있다는 것을 알고 있는 경우이다. 두 번째는 더 기만적인 자들로서, 다른 사람들 앞에서 가장할 뿐만 아니라, 자기 스스로의 눈도 속이는 자들인데, 스스로가 하나님을 바르게 예배하고 있다고 생각할 정도이다. 그리고 세 번째는 살아 있는 믿음의 뿌리를 가지고서 하나님 자녀의 입양의 증거를 그 마음과 삶 속에 확고히 드러내며 사는 자들이다. 이 세 번째의 사람들이 진정한 고백자들이다. 앞의 두 부류의 사람들은 얼마간은 교회 안에 기생하여 살 수 있겠지만, 본질적으로는 그들이 하나님의 사람이 아니기 때문에 결국은 떨어져 나갈 수밖에 없다.

칼빈은 이와 같이 떨어지는 자들이 선택된 자들이라고 보지 않는다.[28] 이들은 "그리스도에 대한 지식이 철저히 스며들지 못한 자들이며 다만 가볍고 지나가는 맛만 본 사람들"이다.[29] 『기독교강요』에서도 칼빈은 택함 받지 못한 자들이 택한 자들과 유사한 "부르심의 표시들"을 가지는 것이 가능하다고 말한다.[30] 그들이 떨어짐은 스스로 하나님께 속하지 않음을 드러내는 것일 뿐, 하나님의

---

[27] Calvin, *The First Epistle of John*, 257.

[28] 이런 관점은 또 다른 어려운 본문들인 히 6:3-6, 10:26의 경우에도 적용된다. 보라, John Calvin, *Hebrews and I and II Peter*, tr. W.B. Johnstor. (Grand Rapids: Eerdmans, 1963), 76, 146.

[29] Calvin, *The First Epistle of John*, 258.

[30] John Calvin, *Institutes of the Christian Religion*, 2 vols., tr. Ford L. Battles (Philadelphia: Westminster Press, 1960), III.24.7.

약속을 믿는 자들이 이런 예들 때문에 자신의 선택의 견고함을 의심할 필요가 없다. 진정으로 교회에 속하는 선택된 자들은 하나님의 인 치심을 받은 자들로서 결코 그 뿌리가 뽑혀지지 않으며 영원히 보존된다. 이런 사람들의 삶 속에 나타나는 것이 예수 그리스도에 대한 바른 고백과 또한 그에 부합된 삶의 모습이다.

칼빈에게 있어서 그만큼 삶의 모드가 중요하다는 것을 볼 수 있다. 비록 경건과 거룩의 삶 자체가 구원의 원인이 되지는 못할지라도 그것은 하나님 자녀의 필수불가결의 증표이다. 고백과 삶은 분리될 수 없으며, 복음의 지식과 순종의 삶은 결코 별개가 아니다. 다른 많은 강조점들 가운데서도 이런 강조점이 칼빈의 요한일서 주석에 나타난 가장 두드러진 특징이라고 볼 수 있다.

4. 현대적 연구의 동향과 지향점

위의 관찰들을 종합해 볼 때 우리는 성경과 신학과 그리스도인 삶의 실천 속에서 말의 모드와 삶의 모드가 균형을 갖춘 바른 선포 및 고백행위의 확립이 얼마나 중요한 것인지 볼 수 있다. 우리는 이런 점을 오늘 현대적 논의 속에 가져와서 그 가치와 함의를 잠시 저울질해보면서 이 글을 정리하고자 한다.

선포 및 고백 언어의 특성에 관해서는 많은 신약학자들이 관심을 가져왔다. 특히 오스카 쿨만(Oscar Cullmann)의 뒤를 이어 버논 뉴펠트(Vernon Neufeld)는 신약의 고백들을 체계적으로 연구하고 결론적으로 고백의 행위는 고백자가 그리스도와의 관계에 대한 공개적 선포에 따른 자신의 색채를 분명히 취하는 행위라는 점을 강조하고 있다. 그것은 단지 "어떤 신앙의 표준에 언어적 공감을 표한다는 의미뿐만 아니라, 활동적인 그리스도인 생활 속으로 자신의 삶을 드린다는 것을 포함한다."[31] 따라서 고백은 하나님을 인정하고 찬양 및 감사하는 예배적 상황 속에서, 또 새로운 신자들을 받아들이고 세례 주기 위한 교육적 상황 속에서, 그리고 세상 속에서 교회의 믿는 바를 표방하는 선포적 상황 속에서 다양하게 그 용례를 가지게 되는 것이다. 특히 적대적 세상과의 관계 속에서는 이 고백의 언어가 순교의 피를 의미하기도 한다. 그만큼 고백 및 선포 언어는 강한 자기포함적(self-involving) 성격을 가진다. 이런 성격과 관련하여 미헬(O. Michel) 역시 '선포하다,' '전도하다', '고백하다', '증거하다' 등과 같은 신약의 용어들이 "위탁과 의무, 묶음과 주장을 동시에 나타낸다"[32]는 말로 그 자기포함적 성격을 잘 표현하고 있다.

물론 이런 자기포함성은 내용의 진실성과 배치되는 것은 아니다. 선포 및 고백의 발화수반력(illocutionary force) 범주는 언약행위(commissive)와 평서행위(assertive) 양자를 다 포괄한다. 티슬턴(Anthony C. Thiselton)의 지적처럼 "때때로 하나의 형태가 양면적 힘으로 작용할 수 있다. 곧 '예수가 주시다', $F(p)$, 즉 언약행위로서는 '우리가 그리스도의 종이다', (*world-to-word*); 동시에 평서행위로서는 '하나님이 그리스도를 주로 만드셨다', (*word-to-world*)."[33] 쉽게 풀어서 이야기하자

---

[31] Vernon H. Neufeld, *The Earliest Christian Confessions* (Grand Rapids: Eerdmans, 1963), 19. 푸어스트(D. Fuerst) 역시 고백 언어는 단지 사람이 입으로 말하는 것 그 자체만이 아니라 그 사람의 순종, 곧 삶의 모습 전체가 그 말에 일치되어야 한다는 것을 강조하고 있다. *NIDNTT*, I:347.

[32] Michel, "ὁμολογέω", *TDNT*, V:212.

[33] Anthony C. Thiselton, *New Horizons in Hermeneutics: The Theory and Practice of Transforming Biblical Reading* (London: Harper Collins, 1992), 298.

면, '예수가 주시다'라는 고백 또는 선포의 발화수반행위는 발화수반력(Force)과 명제적 내용(proposition)으로 구성되는데, 그것을 언약행위로 볼 때는 자아포함적 고백행위에 강조점이 주어지며, 그 말의 맞춤방향(direction of fit)이 우리의 고백의 말에 우리 자신을 맞추어가는 방향으로 설정된다.[34] 따라서 '예수는 주시다'가 곧 '우리는 그의 종이다'와 동일한 의미로 읽혀지는 것이다. 반면 평서행위에 그 발화수반력 초점을 두고 읽으면 '하나님이 그리스도를 주로 만드셨다'는 하나의 사실 주장에 그 초점이 모아진다. 이 때의 말의 맞춤방향은 평서행위의 일반적 특징이 그러한 것처럼 사태의 정황에 말이 따라가는 방향으로 설정된다. 이런 경우 그 말은 참이냐 거짓이냐의 판단의 대상이 된다.

요한일서에서 요한의 증거는 '하나님의 아들'이신 예수 그리스도를 중심으로 "저가 어떠하신 것과 같이 우리 또한"(καθὼς ἐκεῖνός ἐστιν καὶ ἡμεῖς ἐσμεν, 4:17)이라는 강한 자기포함적 성격을 가지면서, 동시에 육신으로 오신 그 아들의 체험적 증거자로서의 증거의 진실성에 대한 강조가 동반적으로 나타나고 있다.

요한일서에 대한 본격적인 화행론 관점에서의 접근은 디트마 뉴펠트(Dietmar Neufeld)에 의해 1994년에 출판된 그의 책 *Reconceiving Texts as Speech Acts*에서 선구적으로 시도된 바 있다.[35] 이 책은 요한일서에 대한 기존의 역사비평적 접근들이 가지는 역사적 정황에 대한 '기술'(description)의 관심을 넘어서 본문의 증거가 가지는 사태의 창출의 효과에 관심을 기울이고 있다. 뉴펠트가 잘 지적하는 것

---

34 언약행위와 평서행위 화행들의 '맞춤방향'의 차이에 대해서는 참고, Searle, *Expression and Meaning*, 3-4, 14-20.

35) Dietmar Neufeld, *Reconceiving Texts as Speech Acts: An Analysis of I John* (Leiden: E.J. Brill, 1994).

처럼 요한일서의 선포 및 고백의 화행은 "저자나 청자 모두를 비변화 또는 비개입 상태로 내버려두지 않는다."[36] 앞서 보았던 칼빈의 표현을 빌리자면, 참된 고백은 우리를 "고치고 개혁하는" 효력을 가진다. 사람들의 고백이 이런 진정한 방향으로 나가지 못한다면 그 입의 고백은 비진정한(infelicitous) 것에 그치고 말든지, 아니면 자기궤멸적 결과를 빚고 만다. 반면 진정한 고백이 교류되고 공유되는 곳에는 하나님과 사람 사이에, 또 사람과 사람 사이에 참된 '교제'가 형성된다.

뉴펠트의 연구 역시 '기독론적 고백들과 윤리적 권면들'에 국한되는 제한성을 가지지만, 그러나 이전의 접근 방향들을 넘어서 요한일서의 선포 및 고백 언어가 가지는 다양한 발화수반력 효과들에 주목하는 면에서 좋은 기여를 하고 있다. 이런 방향으로의 후속적인 작업들이 다각적인 방향에서 계속 이루어져야 할 것이다. 이것이 이미 오래 전에 우리의 연구의 방향을 설정해 놓았던 칼빈의 기여에 보답하는 길이 될 것이다.

5. 나가는 말

우리가 칼빈이 잘 드러낸 것과 같이 요한일서의 말의 모드와 삶의 모드의 조화로운 관계를 이 시대의 그리스도인 삶과 학문 속에 잘 살려나간다면 교회가 경건의 능력을 얻게 되며 세상의 빛과 소금으로서의 사명을 잘 감당할 수 있게 될 것이다. 특히 그리스도인

---

[36] D. Neufeld, *Reconceiving Texts as Speech Acts*, viii, 그리고 58.

의 말이 힘을 잃어버리고 그 신뢰도가 바닥에 떨어져 있는 이 시대 속에 요한일서와 칼빈은 한 면에서는 자기포함적 화행의 진실성이 탁월하면서, 또 한 면에서는 진리의 명제적 내용의 충실성을 잃지 않는 진정한 선포 및 고백언어의 모범자들이 되기를 우리에게 요청하고 있다.

참고 문헌

Aageson, James W. "Written Also for Our Sake: Paul's Use of Scripture in the Four Major Epistles, with a Study of 1 Corinthians 10." in *Hearing the Old Testament in the New Testament*. (Ed.) Stanley E. Porter. Grand Rapids: Eerdmans, 2006: 152-81.

Achtemeier, Paul J. *1 Peter*. Minneapolis: Fortress Press, 1996.

Akin, Daniel L. *1, 2, 3 John*. NAC. Nashville: Broadman & Holman, 2001.

Apel, Karl-Otto. "Openly Strategic Uses of Language: A Transcendental-Pragmatic Perspective (A Second Attempt to Think with Habermas against Habermas)." *Habermas: A Critical Reader*. (Ed.) Peter Dews. Oxford: Blackwell, 1999: 272-90.

Aristotle. *Nicomachean Ethics*. tr. Terence Irwin. Indianapolis: Hackett Publishing Company, 1985.

Aristotle. *Rhetoric*. Britannica Great Books. vol. 9. Chicago: Encyclopaedia Britannica, 1952, rep. from *The Works of Aristotle*. (Ed.) W. D. Ross.

Aune, David E. "Ethical Lists." *NIDB*. vol. III, 670-72.

Austin, John L. *How to Do Things with Words*. Oxford: Oxford University Press, 1962.

Baker, David L. "Typology and the Christian Use of the Old Testament." in *The Right Doctrine from the Wrong Text?*. (Ed.) G. K. Beale. Grand Rapids: Baker Academic, 1994.

Balla, Peter. *Challenges to New Testament Theology*. Tübingen: J.C.B. Mohr, 1997.

Barr, James. *The Semantics of Biblical Language*. Oxford: Oxford University Press, 1961.

Barrett, C.K. *Acts 15-28*. ICC. London: T&T Clark International, 1998.

Barth, Karl. *The Resurrection of the Dead*. London: Hodder and Stoughton,

1933.

Barth, Markus. *Ephesians 1-3*. Anchor Bible. New York: Doubleday, 1974.

Barthes, Roland. "From Work to Text." in Josué V. Harari. (Ed.). *Textual Strategies. Perspectives in Post-Structuralist Criticism*. Ithaca: Cornell University Press, 1979.

Bauckham, Richard J. *Jude, 2Peter*. WBC. Waco: Word Books, 1983.

Bauernfeind, Otto. "ἀρετή" *TDNT*. vol. I, 457-61.

Baumbach, G. "Die Schöpfung in der Theologie des Paulus." *Kairos* 21 (1979): 196-205.

Beasley-Murray, George R. *John*. WBC 36. Waco, Texas: Word Books, 1987.

Bell, Richard H. *No One Seeks for God: An Exegetical and Theological Study of Romans 1.18-3.20*. WUNT 106, Tübingen: J.C.B. Mohr, 1998.

Belleville, Linda. *2Corinthians*. Downers Grove: InterVarsity Press, 1996.

Bjerkelund, C. J. *Parakaleô: Form, Funktion und Sinn der parakalôSätze in den paulinischen Briefen*. Oslo: Universitetsforlaget, 1967.

Bloomquist, L. Gregory. *The Function of Suffering in Philippians*. Sheffield: JSOT Press, 1993.

Blumenfeld, Bruno. *The Political Paul: Justice, Democracy and Kingship in a Hellenistic Framework*. Sheffield: Sheffield Academic Press, 2001.

Bockmuehl, Markus. *The Epistle to the Philippians*. BNTC. London: A & C Black, 1997.

Boyer, Charles. "ΚΑΙΝΗ ΚΤΙΣΙΣ (2 Cor 5,17; Gal 6,15)." *Studiorum Paulinorum Congressus Internationalis Catholicus 1961*. 2 vols. Rome: Pontificio Istituto Biblico, 1963, I: 487-90.

Brown, Lucinda A. "Asceticism and Ideology: The Language of Power in the Pastoral Epistles." *Semeia* 57 (1991): 77-94.

Burge, Gary M. *The Letters of John*. NIVAC. Grand Rapids: Zondervan, 1996.

Calvin, John. *Hebrews and I and II Peter*. tr. W. B. Johnston. Grand Rapids: Eerdmans, 1963.

Calvin, John. *Institutes of the Christian Religion*. The Library of Christian Classics. XX-XXI. (Ed.) John T. McNeill. tr. Ford Lewis Battles. 2 vols. Philadelphia: Westminster Press, 1960.

Calvin, John. *Sermons on the Epistles to Timothy and Titus*. Oxford: The Banner of Truth Trust, 1983 [Facsimile edn. of 1579].

Calvin, John. *The First Epistle of Paul the Apostle to the Corinthians*. tr. John W. Fraser. Grand Rapids: Eerdmans, 1960.

Calvin, John. *The Gospel According to St. John 11-21 and The First Epistle of John*. tr. T. H. L. Parker. Grand Rapids: Eerdmans, 1961.

Calvin, John. *The Second Epistle of Paul to the Corinthians and the Epistles to Timothy, Titus and Philemon*. tr. T. A. Smail. Grand Rapids: Eerdmans, 1964.

Carson, D. A. *Christ and Culture Revisited*. Grand Rapids: Eerdmans, 2008.

Carson, D. A. *The Cross and Christian Ministry: An Exposition of Passages from 1 Corinthians*. Leicester: Inter-Varsity Press, 1993.

Castelli, Elizabeth A. *Imitating Paul: A Discourse of Power*. Louisville: Westminster/John Knox Press, 1991.

Charles, J. Daryl. *Virtue amidst Vice: The Catalog of Virtues in 2 Peter 1*. Sheffield: Sheffield Academic Press, 1997.

Chilton, B. "Galatians 6:15: A Call to Freedom." *ExpTim* 89 (1978): 311-13.

Clarke, Andrew D. *Secular and Christian Leadership in Corinth: A Socio-Historical and Exegetical Study of 1 Cor 1-6*. Leiden: E.J. Brill, 1993.

Clowney, Edmund. *The Message of 1 Peter: The Way of the Cross*. BST. Leicester: InterVarsity Press, 1988.

Colish, Marcia L. *The Stoic Tradition from Antiquity to the Early Middle Ages*. 2 vols. Leiden: E. J. Brill, 1990.

Colwell, John E. *Living the Christian Story*. Edinburgh: T&T Clark, 2001.

Cooper, Karl T. "Paul and Rabbinic Soteriology." *WTJ* 44 (1982): 123-39.

Cousins, Mark & Hussain, Athar. *Michel Foucault*. Basingstoke: Macmillan, 1984.

Cranfield, C. E. B. "The Works of the Law" in the Epistle to the Romans." *JSNT* 43 (1991): 89–101.

Cranfield, C. E. B. "Giving a Dog a Bad Name: A Note on H. Räisänen's Paul and the Law." *JSNT* 38 (1990): 77–85.

Cranfield, C. E. B. "St. Paul and the Law." *SJT* 17 (1964): 43–68.

Cranfield, C. E. B. *A Critical and Exegetical Commentary on the Epistle to the Romans*. 2 vols. ICC. Edinburgh: T&T Clark, 1975-79.

Culpepper, R. Alan. *The Gospel and Letters of John*. Nashville: Abingdon, 1998.

Cupitt, D. *Taking Leave of God*. London: SCM, 1980.

Cupitt, D. *The Long-Legged Fly: A Theology of Language and Desire*. London: SCM, 1987.

Davies, Philip R. *Whose Bible is it Anyway?*. JSOTSup 204. Sheffield: Sheffield Academic Press, 1995.

Davies, William D. *Paul and Rabbinic Judaism*. London: SPCK, 1st edn 1948, 2nd edn 1962.

Deidun, T. J. *New Covenant Morality in Paul*. Rome: Editrice Pontificio Istituto Biblico, 2006.

Deleuze, Gilles & Guattari, Félix. *A Thousand Plateaus: Capitalism and Schizophrenia*. Minneapolis: University of Minnesota Press, 1987.

Deleuze, Gilles & Guattari, Félix. 『앙띠 오이디푸스』. 최명관 역. 서울: 민음사, 1997.

Deleuze, Gilles. *Foucault*, 한역 『들뢰즈의 푸코』. 서울: 새길, 1995.

Derrida, Jacques. "Living On"/"Border Lines." in Harold Bloom, Paul de Man, Jacques Derrida et al. *Deconstruction and Criticism*. London: Routledge and Kegan Paul, 1979.

Derrida, Jacques. *Writing and Difference*. London: Routledge, 1978.

Dibelius, Martin & Conzelmann, Hans. *The Pastoral Epistles*. Hermeneia.

Philadelphia: Fortress Press, 1972.

Dijk, Teun A. van. 『텍스트학』. 정시호 역. 서울: 아르케, 2000[1978].

Dreyfus, Hubert L. & Rabinow, Paul. *Michel Foucault: Beyond Structuralism and Hermeneutics*. New York and London: Harvester Wheatsheaf, 1982.

Dunn, J. D. G. *1 Corinthians*. New Testament Guides. Sheffield: Sheffield Academic Press, 1995.

Dunn, J. D. G. *The Epistles to the Colossians and to Philemon*. NIGTC. Grand Rapids: Eerdmans, 1996.

Dunn, James D. G. "The New Perspective on Paul." now with "Additional Note." in *Jesus, Paul, and the Law: Studies in Mark and Galatians*. Louisvill: Westminster/John Knox, 1990 [1983년에 처음 발표됨].

Dunn, James D. G. *The First and Second Letters to Timothy and the Letter to Titus*. NIB vol. XI; Nashville: Abingdon, 2000.

Ebeling, G. *Introduction to a Theological Theory of Language*. London: Collins, 1973.

Ebeling, G. *The Study of Theology*. London: Collins, 1979.

Elliott, John H. *I Peter*. AB. New York: Doubleday, 2000.

Ellis, E. Earle. *Pauline Theology: Ministry and Society*. Grand Rapids: Eerdmans, 1989.

Engberg-Pedersen, Troels. *Paul and the Stoics*. Edinburgh: T&T Clark, 2000.

Engberg-Pedersen, Troels. *The Stoic Theory of Oikeiōsis: Moral Development and Social Interaction in Early Stoic Philosophy*. Aarhus: Aarhus University Press, 1990.

Eribon, Didier. *Michel Foucault*. Cambridge, MA: Harvard University Press, 1991.

Eriksson, Anders. "Special Topics in 1 Corinthians 8-10." in *The Rhetorical Interpretation of Scripture*. (Eds.) Stanley E. Porter and Dennis L. Stamps. Sheffield: Sheffield Academic Press, 1999: 272-301.

Fee, Gordon D. "Reflections on Church Order in the Pastoral Epistles." in

    Listening to the Spirit in the Text. Grand Rapids: Eerdmans, 2000.

Fee, Gordon D. *Philippians*. IVPNTC. Downers Grove: IVP Academic, 1999.

Fee, Gordon D. *The First Epistle to the Corinthians*. Grand Rapids: Eerdmans, 1987.

Fischer, J. "Über die Beziehung von Glaube und Mythos. Gedanken im Anschluß an Kurt Hübners 'Die Wahrheit des Mythos'." *ZThK 85* (1988): 303–28.

Fischer, J. *Glaube als Erkenntnis*. Munich: Kaiser, 1989.

Fitzmyer, J. A. *The Biblical Commission's Document "The Interpretation of the Bible in the Church": Text and Commentary*. Rome: Editrice Pontificio Istituto Biblico, 1995.

Florovsky, Georges. *Bible, Church, Tradition: An Eastern Orthodox View*. Belmont, MA: Nordland, 1972.

Forbes, Christopher. "Ancient Rhetoric and Ancient Letters." in J. P. Sampley and Peter Lampe (Eds.). *Paul and Rhetoric*. New York and London: T & T Clark, 2010: 143–60.

Ford, David F. *Self and Salvation: Being Transformed*. Cambridge: Cambridge University Press, 1999.

Foucault, M. "Nietzche, Genealogy, History." in *Language, Counter-Memory, Practice: Selected Essays and Interviews*. Ithaca, NY: Cornell University Press, 1977.

Foucault, M. "The Subject and Power." in Hubert L. Dreyfus and Paul Rabinow. *Michel Foucault: Beyond Structuralism and Hermeneutics*. New York and London: Harvester Wheatsheaf, 1982: 208–26.

Foucault, M. *The History of Sexuality: An Introduction*. Harmondsworth: Penguin Books, 1978.

Foucault, Michel. *Discipline and Punish: The Birth of the Prison*. London: Penguin Books, 1977.

Foucault, Michel. *Power/Knowledge: Selected Interviews and Other Writings 1972-1977*. (Ed.) Colin Gordon et al. Brighton: Harvester, 1980.

Fowl, Stephen E. *The Story of Christ in the Ethics of Paul*. Sheffield: JSOT Press, 1990.

France, R. T. "Exegesis in Practice: Two Examples." in *New Testament Interpretation: Essays on Principles and Methods*. (Ed.) I. H. Marshall. Grand Rapids: Eerdmans, 1977.

Fuerst, D. "ὁμολογέω" *NIDNTT*. I:344-48.

Fuller, Reginald H. "Review of Beyond New Testament Theology." *CR* (1991): 220-22.

Furnish, V.P. *II Corinthians*. AB 32A, Garden City, NY: Doubleday, 1984.

Gadamer, H.-G. *Truth and Method*. London: Sheed & Ward, 1989, 1993, 2nd Eng. edn from 5th German edn.

Geertz, Clifford. "Thick Description: Toward an Interpretive Theory of Culture." in *The Interpretation of Cultures*. New York: Basic Books, 1973:3-30.

Geisler, Norman L. "Does Purpose Determine Meaning?"*Westminster Theological Journal* 51 (1989): 153-55.

Gese, H. "Die Sühne." in *Zur biblischen Theologie: Alttestamentliche Vorträge*. Tübingen: J.C.B. Mohr, 3rd edn 1989: 85-106.

Gnilka, Joachim. *Der Philipperbrief*. Freiburg, Basel, Wien: Herder, 1980.

Goppelt, Leonhard. *A Commentary on 1 Peter*. Grand Rapids: Eerdmans, 1993.

Gottwald, N. K. *The Tribes of Yahweh: A Sociology of Religion of Liberated Israel, 1250-1050 B.C.E.*. Maryknoll, NY: Orbis, 1979.

Grenz, Stanley J. 『기독교 윤리학의 토대와 흐름』. 신원하 역. 서울: IVP, 2001.

Grudem, W. *1 Peter*. TNTC. Grand Rapids: Eerdmans, 1988.

Gutting, Gary. (Ed.). *The Cambridge Companion to Foucault*. Cambridge: Cambridge University Press, 1994.

Habermas, Jürgen. 『의사소통의 철학: 현대 독일 철학의 정신 8인과의 대화』. 홍윤기 역. 서울: 민음사, 2004.

Habermas, Jürgen. *On the Logic of the Social Sciences*. London: Polity Press, 1988.

Habermas, Jürgen. *The Philosophical Discourse of Modernity*. London: Polity Press, 1987.

Habermas, Jürgen. *The Theory of Communicative Action*. 2 vols. London: Polity Press, 1984-1987.

Habermas, Jürgen. *On the Logic of the Social Sciences*. London: Polity Press, 1988.

Hahn, Friedrich. "'Siehe, jetzt ist der Tag des Heils.' Neuschöpfung und Versöhnung nach 2. Korinther 5,14-6,2." *EvT* 33 (1973): 244-53.

Hansen, G. Walter. *The Letter to the Philippians*. PNTC. Grand Rapids: Eerdmans / Nottingham: Apollos, 2009.

Harris, Murray J. *The Second Epistle to the Corinthians*. NIGTC. Grand Rapids: Eerdmans, 2005.

Hauerwas, Stanley and Charles Pinches. *Christians among the Virtues*. Notre Dame: University of Notre Dame Press, 1997.

Hauerwas, Stanley. 『교회됨』. 문시영 역. 서울: 북코리아, 2010.

Hawthorne, Gerald F. *Philippians*. WBC. Waco: Word Books, 1983.

Hays, Richard B. *Echoes of Scripture in the Letters of Paul*. New Haven: Yale, 1989.

Hengel, Martin. & Deines, Roland. *The Pre-Christian Paul*. London: SCM and Philadelphia: Trinity Press International, 1991.

Hengel, Martin. *Judaism and Hellenism: Studies in their Encounter in Palestine during the Early Hellenistic Period*. 2 vols. London: SCM, 1974.

Hengel, Martin. *The Pre-Christian Paul*. London: SCM and Philadelphia: Trinity Press International, 1991.

Henry, Matthew. *Commentary on the Whole Bible*. Grand Rapids: Zondervan, 1961.

High, Dallas M. *Language, Persons, and Belief*. Oxford: Oxford University Press, 1967.

Hirsch, E. D. "In Defense of the Author." in *Intention and Interpretation*. (Ed.) Gary Iseminger. Philadelphia: Temple University Press, 1992.

Hoehner, Harold W. *Ephesians: An Exegetical Commentary*. Grand Rapids: Baker, 2002.

Hofius, Otfried. "Das Gesetz des Mose und das Gesetz Christi." in *Paulusstudien*. WUNT 51, Tübingen: J.C.B. Mohr, 2nd edn 1994: 50-74.

Hofius, Otfried. "Sühne und Versöhnung. Zum paulinischen Verständnis des Kreuzestodes Jesu." in *Paulusstudien*. WUNT 51, Tübingen: J.C.B. Mohr, 2nd edn 1994: 33-49.

Hofius, Otfried. "Wort Gottes und Glaube bei Paulus." in *Paulusstudien*. WUNT 51, Tübingen: J.C.B. Mohr, 2nd edn 1994: 148-74.

Honderich, Ted. (Ed.). *The Oxford Companion to Philosophy*. Oxford: Oxford University Press, 1995.

Honneth, Axel. "The Other of Justice: Habermas and the Ethical Challenge of Postmodernism." in *The Cambridge Companion to Habermas*. (Ed.) Stephen K. White. Cambridge: Cambridge University Press, 1995: 289-323.

Hooker, Morna. "Philippians." *NIB*. vol. XI.

Hopko, Thomas. "The Church, The Bible, and Dogmatic Theology." in *Reclaiming the Bible for the Church*. (Eds.) Carl E. Braaten and Robert W. Jenson. Edinburgh: T&T Clark, 1995: 107-18.

Horrell, David G. *The Social Ethos of the Corinthian Correspondence: Interests and Ideology from 1 Corinthians to 1 Clement*. Edinburgh: T & T Clark, 1996.

Horton, Michael S. "Yale Postliberalism: Back to the Bible?." in *A Confessing Theology for Postmodern Times*. (Ed.) Michael S. Horton. Wheaton: Crossway Books, 2000.

Hübner, Hans. *Law in Paul's Thought*. Edinubrgh: T&T Clark, 1984.
Hurd, Jr. John C. *The Origin of 1 Corinthians*. London: SPCK, 1965.
Ingram, David. *Habermas and the Dialectic of Reason*. New Haven and London: Yale University Press, 1987.
Janowski, B. *Sühne als Heilsgeschehen. Studien zur Sühnetheologie der Priesterschrift und zur Wurzel KPR im Alten Orient und im Alten Testament*. WMANT 55, Neukirchen-Vluyn: Neukirchener Verlag, 1982.
Jobes, Karen H. *1 Peter*. BECNT. Grand Rapids: Baker Academic, 2005.
Johnstone, Brian V. "Transformation Ethics: The Moral Implications of the Resurrection of Jesus." in *The Resurrection: An Interdiscilinary Symposium on the Resurrection of Jesus*. (Ed.) Stephen T. Davis et al. Oxford: Oxford University Press, 1997: 339-60.
Jüngel, E. "'Theologische Wissenschaft und Glaube' im Blick auf die Armut Jesu." in *Unterwegs zur Sache: Theologische Bemerkungen*. Munich: Kaiser, 1972: 11-33.
Jüngel, E. "Die Wahrheit des Mythos und die Notwendigkeit der Entmythologisierung." Tübingen의 Hölderlin Society에서 행해진 미출판 강연, 1990.
Jüngel, E. "Theologie in der Spannung zwischen Wissenschaft und Bekenntnis." in *Entsprechungen. BEvT* 88, Munich: Kaiser, 1980: 37-51.
Jüngel, E. *God as the Mystery of the World: On the Foundation of the Theology of the Crucified One in the Dispute between Theism and Atheism*. Edinburgh: T&T Clark, 1983.
Jüngel, E. *Karl Barth: A Theological Legacy*. Philadelphia: Westminster, 1986.
Kamlah, E. "Bekenntnis." *RGG* 3판. I:992-93.
Käsemann, E. "On the Subject of Primitive Christian Apocalyptic." in *New Testament Questions of Today*. London: SCM, 1969: 108-37.
Käsemann, E. "The Problem of a New Testament Theology." *NTS* 19

(1972-73): 234-45.

Kelly, J. N. D. *A Commentary on the Epistles of Peter and Jude*. Grand Rapids: Baker, 1969.

Kennedy, George A. *Classical Rhetoric and its Christian and Secular Tradition from Ancient to Modern Times*. Chapel Hill: University of North Carolina Press, 1980.

Kim, S. "God Reconciled His Enemy to Himself: The Origin of Paul's Concept of Reconciliation." in *The Road from Damascus: The Impact of Paul's Conversion on His Life, Thought, and Ministry*. (Ed.) Richard N. Longenecker. Grand Rapids and Cambridge: Eerdmans, 1997: 102-24.

Klein, J. "Tugend." *RGG*.³ vol. VI, 1079-85.

Knight George W. III. *The Pastoral Epistles*. NIGTC. Grand Rapids: Eerdmans, 1992.

Kögler, Hans Herbert. *The Power of Dialogue: Critical Hermeneutics after Gadamer and Foucault*. Cambridge, MA: The MIT Press, 1996.

Kraus, Hans-Joachim. "Calvin's Exegetical Principles." in *Articles on Calvin and Calvinism*. vol. 6 *Calvin and Hermeneutics*. (Ed.) Richard C. Gamble. New York and London: Garland Publishing, 1992: 2-12.

Kristeva, Julia. *The Revolution in Poetic Language*, tr. Margaret Waller. New York: Columbia University Press, 1984.

Kruse, Colin G. "Virtues and Vices." *Dictionary of Paul and His Letters*. Downers Grove: InterVarsity Press, 1993.

Kruse, Colin G. *The Letters of John*. PNTC. Grand Rapids: Eerdmans, 2000.

Lafont, Cristina. *The Linguistic Turn in Hermeneutic Philosophy. Cambridge*, MA: The MIT Press, 1999.

Landes, George M. "Biblical Exegesis in Crisis: What Is the Exegetical Task in a Theological Context?." *USQR* 26 (1971): 273-98.

Landmesser, Christof. "Der paulinische Imperativ als christologisches

Performativ. Eine begründete These zur Einheit von Glaube und Leben im Anschluß an Phil 1,27-2,18." in *Jesus Christus als die Mitte der Schrift. Studien zur Hermeneutik des Evangeliums*. (Eds.) C. Landmesser, H.-J. Eckstein, and H. Lichtenberger. BZNW 86, Berlin and New York: Walter de Gruyter, 1997: 543-77.

Lightfoot, J. B. *St. Paul's Epistle to the Philippians*. Lynn: Hendrickson, 1981.

Lincoln, A. T. & Wedderburn, A. J. M. *The Theology of the Later Pauline Letters*. Cambridge: Cambridge University Press, 1993.

Lincoln, A. T. *Ephesians*. WBC 42. Dallas: Word Books, 1990.

Lindbeck, George. *The Nature of Doctrine*. Philadelphia: Westminster Press, 1984.

Link H.-G. and A. Ringwald. "ἀρετή" *NIDNTT*. vol. III, 925-28.

Litfin, Duane. *St Paul's Theology of Proclamation: 1 Corinthians 1-4 and Greco-Roman Rhetoric*. SNTSMS 79, Cambridge: Cambridge University Press, 1994.

Louw, Johannes P. & Nida, Eugene A. *Greek-English Lexicon of the New Testament Based on Semantic Domains*. New York: United Bible Societies, 1988.

Lyotard, J.-F. *The Postmodern Explained to Children: Correspondence 1982-1985*. London: Turnaround, 1992.

MacIntyre, Alasdair. *After Virtue: A Study in Moral Theory*. London: Duckworth, 1985, 2nd edition.

MacIntyre, Alasdair. *Whose Justice? Which Rationality?*. London: Duckworth, 1988.

Malherbe, Abraham J. "Hellenistic Moralists and the New Testament." *ANRW*, II, 26.1, 267-333.

Malherbe, Abraham J. *Moral Exhortation, A Greco-Roman Sourcebook*. Philadelphia: Westminster Press, 1986.

Malherbe, Abraham J. *Paul and the Popular Philosophers*. Minneapolis: Fortress

Press, 1989.

Marshall, I. Howard. *1 Peter*. IVPNTCS. Leicester: InterVarsity Press, 1991.

Marshall, I. Howard. *A Home for the Homeless: A Sociological Exegesis of I Peter, Its Situation and Strategy*. Philadelphia: Fortress, 1981.

Marshall, I. Howard. *The Epistles of John*. NICNT. Grand Rapids: Eerdmans, 1978.

Marshall, I. Howard. *The Pastoral Epistles*. ICC. Edinburgh: T&T Clark, 1999.

Martin, Dale B. *Slavery as Salvation: The Metaphor of Slavery in Pauline Christianity*. New Haven and London: Yale University Press, 1990.

Martin, R. P. *Reconciliation: A Study of Paul's Theology*. Atlanta: John Knox Press, 1981.

Martin, Ralph P. & Chester, Andrew. *The Theology of the Letters of James, Peter, and Jude*. Cambridge: Cambridge University Press, 1994.

Martin, Ralph P. *The Epistle of Paul to the Philippians*. TNTC. Leicester: InterVarsity Press, 1987.

Matera, Frank J. *New Testament Ethics: The Legacies of Jesus and Paul*. Louisville: Westminster John Knox Press, 1996.

Mays, James L. "The Centre of the Psalms." in *Language, Theology, and the Bible, FS* for James Barr. (Eds.) S. E. Balentine and John Barton. Oxford: Clarendon, 1994: 231-46.

McLelland, Joseph C. "Introduction" to Peter Martyr Vermigli, *Commentary on Aristotle's Nicomachean Ethics*. Kirksville: Truman State University Press, 2006.

McNulty, T. M. "Pauline Preaching: A Speech-Act Analysis." *Worship* 53 (1979): 207-14.

Meeks, Wayne A. *The Origins of Christian Morality*. New Haven and London: Yale University Press, 1993.

Michaels, J. Ramsey. *1 Peter*. WBC. Waco: Word Books, 1988.

Michel, O. "ὁμολογέω" *TDNT*. V:199–220.

Milbank, John. *Theology and Social Theory: Beyond Secular Reason*. Oxford: Blackwell, 1990.

Miller, Jr. Patrick D. "The Theological Significance of Biblical Poetry." in *Language, Theology, and the Bible, FS* for James Barr. (Eds.) S. E. Balentine and John Barton. Oxford: Clarendon, 1994: 213–30.

Miller, Stephen G. *Arete: Greek Sports from Ancient Sources*. Berkeley: University of California Press, 1991.

Mitchell, M. M. *Paul and the Rhetoric of Reconciliation: An Exegetical Investigation of the Language and Composition of 1 Corinthians*. Tübingen: Mohr, 1991.

Mitchell, M. M. *Paul and the Rhetoric of Reconciliation*. Louisville: Westminster/John Knox Press, 1991.

Montefiore, Claude G. "First Impressions of Paul." *JQR* 6 (1894): 428–74.

Montefiore, Claude G. "Rabbinic Judaism and the Epistles of Paul." *JQR* 13 (1900-01): 161–217.

Montefiore, Claude G. *Judaism and St. Paul: Two Essays*. London: Max Goschen, 1914.

Moo, Douglas J. *2 Peter and Jude*. NIVAC. Grand Rapids: Zondervan, 1996.

Moore, George Foot. *Judaism in the First Centuries of the Christian Era: The Age of Tannaim*. 3 vols. Cambridge, MA: Harvard University Press, 1927–30.

Moore, Stephen D. "God's Own (Pri)son: The Disciplinary Technology of the Cross." in *The Open Text: New Directions for Biblical Studies?*. (Ed.) Francis Watson. London: SCM, 1993: 121–139.

Moore, Stephen D. *Poststructuralism and the New Testament: Derrida and Foucault at the Foot of the Cross*. Minneapolis: Fortress, 1994.

Moore, Stephen D. *God's Gym: Divine Male Bodies of the Bible*. London and New York: Routledge, 1996.

Moores, John D. *Wrestling with Rationality in Paul: Romans 1-8 in a New Perspective*.

Cambridge: Cambridge University Press, 1995.

Morgan, Robert. "New Testament Theology." in *Biblical Theology: Problems and Perspectives, FS* for J.Ch. Beker. (Ed.) Steven J. Kraftchick et al. Nashville: Abingdon, 1995: 104-30.

Mounce, William D. 『목회서신』. WBC 주석 46. 서울: 솔로몬, 2009 (영어판 2000).

Mouw, Richard J. *He Shines in All That's Fair: Culture and Common Grace*. Grand Rapids: Eerdmans, 2001.

Muller, Richard A. "Biblical Interpretation in the Era of the Reformation: The View from the Middle Ages." in *Biblical Interpretation in the Era of the Reformation*. (Eds.) R. A. Muller and John L. Thompson. Grand Rapids: Eerdmans, 1996: 3-22.

Muller, Richard. "Sources of Reformed Orthodoxy: The Symmetrical Unity of Exegesis and Synthesis." in *A Confessing Theology for Postmodern Times*. (Ed.) Michael S. Horton. Wheaton: Crossway Books, 2000.

Murphy, Roland. (Ed.). *Theology, Exegesis, and Proclamation. Concilium* 70. New York: Herder and Herder, 1971.

Myerson, George. 『하이데거, 하버마스, 그리고 이동전화』. 김경미 역. 서울: 이제이북스, 2003.

Neufeld, Dietmar. *Reconceiving Texts as Speech Acts: An Analysis of I John*. Leiden: E.J. Brill, 1994.

Neufeld, Vernon H. *The Earliest Christian Confessions*. Grand Rapids: Eerdmans, 1963.

Nineham, D. *The Use and Abuse of the Bible: A Study of the Bible in an Age of Rapid Cultural Change*. London: Macmillan, 1976.

O'Brien, Peter T. *The Epistle to the Philippians*. NIGTC. Grand Rapids: Eerdmans, 1991.

O'Donovan, Oliver. *Resurrection and Moral Order: An Outline for Evangelical Ethics*. Leicester: Inter-Varsity Press and Grand Rapids:

Eerdmans, 1986.

Ollenburger, Ben C. (Ed.). *So Wide a Sea: Essays on Biblical and Systematic Theology*. Elkhart, IN: Institute of Mennonite Studies, 1991.

Orr, Mary. *Intertextuality: Debates and Contexts*. Cambridge: Polity, 2003.

Owen, J. *The Works of John Owen*. (Ed.) William H. Goold. Edinburgh: T&T Clark, 1862.

Palmer, Michael W. "Ti oun; The Inferential Question in Paul's Letter to the Romans with a Proposed Reading of Romans 4.1." *Discourse Analysis and Other Topics in Biblical Greek*. (Eds.) S.E. Porter and D.A. Carson. Sheffield: Sheffield Academic Press, 1995: 200–18.

Pannenberg, W. *Theology and the Philosophy of Science*. London: DLT, 1976.

Parker, T.H.L. *Calvin's Old Testament Commentaries*. Louisville: Westminster/John Knox, 1986.

Perkins, Pheme. *First and Second Peter, James, and Jude*. Louisville: John Knox Press, 1995.

Petersen, Norman R. *Rediscovering Paul: Philemon and the Sociology of Paul's Narrative World*. Philadelphia: Fortress, 1985.

Pickett, Raymond. *The Cross in Corinth: The Social Significance of the Death of Jesus*. JSNTSup 143. Sheffield: Sheffield Academic Press, 1997.

Pogoloff, S. M. "Isocrates and Contemporary Hermeneutics." in *Persuasive Artistry: Studies in New Testament Rhetoric in Honor of George A. Kennedy*. (Ed.) Duane F. Watson. Sheffield: Sheffield Academic Press, 1991.

Pogoloff, S. M. *Logos and Sophia: The Rhetorical Situation of 1 Corinthians*. Atlanta: Scholars Press, 1992.

Polaski, Sandra Hack. *Paul and the Discourse of Power*. Biblical Seminary 62. Gender Culture Theory 8. Sheffield: Sheffield Academic Press, 1999.

Porter, Jean. *The Recovery of Virtue*. Louisville: Westminster/John Knox

Press, 1990.

Prado, C. G. *Starting with Foucault: An Introduction to Genealogy*. Boulder and Oxford: Westview Press, 1995.

Puckett, David L. *John Calvin's Exegesis of the Old Testament*. Louisville: Westminster/John Knox, 1995.

Quinn, Jerome D. & Wacker, William C. *The First and Second Letters to Timothy*. Grand Rapids: Eerdmans, 2000.

Rahtjen, B. D. "The Three Letters of Paul to the Philippians." *NTS* 6 (1959-1960): 167-73.

Räisänen, Heikki. *Jesus, Paul and Torah: Collected Essays*. JSNTSup 43. Sheffield: JSOT Press, 1992.

Räisänen, Heikki. *Beyond New Testament Theology*. London: SCM and Philadelphia: Trinity Press International, 1990.

Reed, Jeffrey T. "The Epistle." in Stanley E. Porter. (Ed.). *Handbook of Classical Rhetoric in the Hellenistic Period 330 B.C. - A.D. 400*. Boston and Leiden: Brill Academic Publishers, 2001: 171-93.

Reed, Jeffrey T. *A Discourse Analysis of Philippians: Method and Rhetoric in the Debate over Literary Integrity*. Sheffield: Sheffield Academic Press, 1997.

Resner, Jr. A. *Preacher and Cross: Person and Message in Theology and Rhetoric*. Grand Rapids: Eerdmans, 1999.

Reumann, John. *Philippians*. AYB. New Haven and London: Yale University Press, 2008.

Richardson, Alan. "The Place of a Department of Theology in a University." in *Theology and the University*. (Ed.) John Coulson. Baltimore: Helicon and London: DLT, 1964: 162-73.

Ricoeur, Paul. *From Text to Action: Essays in Hermeneutics*. London: Athlone Press, 1991.

Ricoeur, Paul. *Hermeneutics and the Human Sciences*. Cambridge and New York:

Cambridge University Press, 1981.

Ricoeur, Paul. *Oneself as Another*. Chicago/London: University of Chicago Press, 1992.

Rorty, Richard. *Contingency, Irony, and Solidarity*. Cambridge: Cambridge University Press, 1989.

Rorty, Richard. *Philosophy and the Mirror of Nature*. Princeton: Princeton University Press, 1980.

Sanders, E. P. *Paul and Palestinian Judaism: A Comparison of Patterns of Religion*. London: SCM, 1977.

Sanders, E. P. *Paul, the Law and the Jewish People*. London: SCM, 1985.

Sauter, Gerhard. (Ed.). *Theologie als Wissenschaft: Aufsätse und Thesen*. Tbü43, Munich: Kaiser, 1971.

Savage, Timothy B. *Power Through Weakness: Paul's Understanding of the Christian Ministry in 2 Corinthians*. Cambridge: Cambridge University Press, 1996.

Schaff, Philip. *The Creeds of Christendom*. Grand Rapids: Baker, 1983.

Schilder, Klass. *Christ in His Sufferings*. Minneapolis: Klock & Klock, 1978 rep.

Schoeps, H.-J. *Paulus. Die Theologie des Apostels im Lichte der jüdischen Religionsgeschichte*. Tübingen: J.C.B. Mohr, 1959.

Schrage, Wolfgang. *The Ethics of the New Testament*. Philadelphia: Fortress Press, 1988.

Schütz, John H. *Paul and the Anatomy of Apostolic Authority*. Cambridge: Cambridge University Press, 1975.

Schweitzer, A. *Die Mystik des Apostels Paulus*. Tübingen: J.C.B. Mohr, 1930.

Searle, J. R. & Vanderveken, D. *Foundations of Illocutionary Logic*. Cambridge: Cambridge University Press, 1985.

Searle, John R. *Expression and Meaning: Studies in the Theory of Speech Acts*. Cambridge: Cambridge University Press, 1979.

Searle, John R. *Speech Acts*. Cambridge: Cambridge University Press, 1969.

Seifrid, Mark A. *Justification by Faith: The Origin and Development of a Central Pauline Theme*. NovTSup 68, Leiden: Brill, 1992: 76-7.

Selwyn, E. G. *The First Epistle of St. Peter*. London: Macmillan, 1947.

Siemers, Helge & Reuter, Hans-Richard. (Eds.). *Theologie als Wissenschaft in der Gesellschaft: Ein Heidelberger Experiment*. Göttingen: Vandenhoeck & Ruprecht, 1970.

Silva, Moisés. "The Law and Christianity: Dunn's New Synthesis." *WTJ* 53 (1991): 339-353.

Silva, Moisés. "Old Princeton, Westminster, and Inerrancy." *WTJ* 50 (1988): 65-80.

Silva, Moisés. *Philippians*. BECNT. Grand Rapids: Baker, 1992.

Sjöberg, Erik. "Neuschöpfung in den Toten-Meer-Rollen." *ST* 9 (1955): 131-36.

Slote, Michael. 『덕의 부활』. 장동익 역. 서울: 철학과 현실사, 2002.

Sluiter, Ineke & Ralph M. Rosen. (Eds.). *Free Speech in Classical Antiquity*. Leiden and Boston: Brill, 2004.

Smalley, Stephen S. *1, 2, 3 John*. WBC. Nashville: Thomas Nelson, 2007.

Söding, Thomas. "Starke und Schwache: Der Götzenopferstreit in 1Kor 8-10 als Paradigma paulinischer Ethik." *ZNW* 85 (1994): 69-92.

Spanje, T. E. van. *Inconsistency in Paul?: A Critique of the Work of Heikki Räisänen*. WUNT 2. Reihe 110. Tübingen: J.C.B. Mohr, 1999.

Spinoza, Baruch. *Tractatus Theologico-politicus*. Leiden: E.J. Brill, 1989.

Standahl, Krister. "Biblical Theology, Contemporary." *IDB*, I, 418-32.

Stanley, Christopher D. "'Under a Curse': A Fresh Reading of Galatians 3.10-14." *NTS* 36/4 (1990): 481-511

Stanley, Christopher D. *Arguing with Scripture: The Rhetoric of Quotations in the Letters of Paul*. New York and London: T & T Clark International, 2004.

Stanley, Christopher D. *Paul and the Language of Scripture: Citation Technique in the Pauline Epistles and Contemporary Literature*. Cambridge: Cambridge University Press, 1992.

Stowers, Stanley K. *A Rereading of Romans*. New Haven and London: Yale University Press, 1994.

Stowers, Stanley K. *Letter Writing in Greco-Roman Antiquity*. Philadelphia: Westminster Press, 1986.

Stowers, Stanley K. *The Rhetoric of Romans*. Sheffield: Sheffield Academic Press, 1990.

Stuhlmacher, P. "Erwägungen zum ontologischen Charakter der καινη κτισις bei Paulus." *EvT* 27 (1967): 1–35.

Stylianopoulos, T. G. *The New Testament: An Orthodox Perspective*. vol I. *Scripture, Tradition, Hermeneutics*. Massachusetts: Holy Cross Orthodox Press, 1997.

Thielicke, Helmut. *The Evangelical Faith*. vol I. Grand Rapids: Eerdmans, 1974.

Thiselton, Anthony C. *Interpreting God and the Postmodern Self: On Meaning, Manipulation and Promise*. Edinburgh: T&T Clark, 1995.

Thiselton, Anthony C. *New Horizons in Hermeneutics, The Theory and Practice of Transforming Biblical Reading*. London: Harper Collins, 1992.

Thiselton, Anthony C. "Luther and Barth on 1 Corinthians 15: Six Theses for Theology in Relation to Recent Interpretation." in *The Bible, the Reformation and the Church: Essays in Honour of James Atkinson*. (Ed.) W.P. Stephens. Sheffield: Sheffield Academic Press, 1995: 258–89.

Thurén, Lauri. "Was Paul Angry? Derhetorizing Galatians." *The Rhetorical Interpretation of Scripture*. (Eds.) Stanley E. Porter and Dennis L. Stamps. Sheffield: Sheffield Academic Press, 1999: 302–20.

Torrance, Thomas F. *Reality and Scientific Theology*. Edinburgh: Scottish Academic Press, 1985.

Torrance, Thomas F. *Theological Science*. London: Oxford University Press, 1969.

Towner, Philip H. *The Letters to Timothy and Titus*. NICNT. Grand Rapids: Eerdmans, 2006.

Trier, Daniel J. *Virtue and the Voice of God: Toward Theology as Wisdom*. Grand Rapids: Eerdmans, 2006.

Vanderveken, Daniel. "Illocutionary Logic and Self-Defeating Speech Acts." in *Speech Act Theory and Pragmatics*. (Ed.) John Searle, F. Kiefer, and M. Bierwisch. Dordrecht: D. Reidel, 1980.

Vanhoozer, K. "Language, Literature, Hermeneutics, and Biblical Theology: What's Theological about a Theological Dictionary?." *NIDOTTE*. I. 15-50.

Vanhoozer, Kevin "The Semantics of Biblical Literature: Truth and Scripture's Diverse Literary Forms." in *Hermeneutics, Authority, and Canon* (Eds.) D. A. Carson and J. D. Woodbridge. Grand Rapids: Baker Books, 1986.

Vanhoozer, Kevin J. *Is There a Meaning in This Text?*. Leicester: Apollos, 1998. 한역 『이 텍스트에 의미가 있는가?』. 김재영 역. 서울: IVP, 2003.

Vermigli, Peter Martyr. *Commentary on Aristotle's Nicomachean Ethics*. Kirksville: Truman State University Press, 2006.

Voelz, James W. *What Does This Mean?: Principles of Biblical Interpretation in the Post-Modern World*. Saint Louis: Concordia Publishing House, 1995.

Volf, Miroslav. "Theology, Meaning and Power: A Conversation with George Lindbeck on Theology and the Nature of Christian Confession." in *The Nature of Confession: Evangelicals and Postliberals in Conversation*. (Eds.) Timothy R. Phillips and Dennis L. Okholm. Downers Grove: InterVarsity Press, 1996.

Volf, Miroslav. (Ed.). *A Passion for God's Reign: Theology, Christian Learning, and the Christian Self*. Grand Rapids: Eerdmans, 1998.

Vollenweider, Samuel. *Freiheit als neue Schöpfung. Eine Untersuchung zur Eleutheria bei Paulus und in seiner Umwelt*. FRLANT 147, Göttingen: Vandenhoeck & Ruprecht, 1989.

Vorgrimler, Herbert. (Ed.). *Dogmatics vs Biblical Theology*. London: Helicon Press, 1964.

Ward, Keith. "Theology in a University Context." *SJT* 24 (1971): 290-304.

Watson, Duane F. "The Contributions and Limitations of Greco-Roman Rhetorical Theory for Constructing the Rhetorical and Historical Situations of a Pauline Epistle." in *The Rhetorical Interpretation of Scripture*. (Eds.) Stanley E. Porter and Dennis L. Stamps. Sheffield: Sheffield Academic Press, 1999: 125-51.

Watson, Duane F. "The Oral-Scribal and Cultural Intertexture of Apocalyptic Discourse in Jude and 2 Peter." in *The Intertexture of Apocalyptic Discourse in the New Testament*. (Ed.) Duane F. Watson. Atlanta: Society of Biblical Literature, 2002.

Watson, F. "Bible, Theology and the University: A Response to Philip Davies." *JSOT* 71 (1996): 3-16.

Watson, F. *Text and Truth: Redefining Biblical Theology*. Edinburgh: T&T Clark and Grand Rapids: Eerdmans, 1997.

Weiss, Johannes. *Der erste Korintherbrief*. Göttingen: Vandenhoeck und Ruprecht, 1910.

Weiss, Johannes. *Earliest Christianity: A History of the Period A.D. 30-150*. 2 vols. Gloucester, MA: Peter Smith, 1970, rep. of 1937.

Wells, David F. *Losing Our Virtue: Why the Church Must Recover Its Moral Vision*. Grand Rapids: Eerdmans, 1998.

Westerholm, S. "Paul and the Law in Romans 9-11." in *Paul and the Mosaic Law*. (Ed.) J. D. G. Dunn. WUNT 89, Tübingen: J.C.B. Mohr, 1996: 215-37.

Wetzel, James. *Augustine and the Limits of Virtue*. Cambridge: Cambridge

University Press, 1992.

White, Hugh C. "Metaphor as Performative." in *Reading Communities Reading Scripture*. (Eds.) Gary A. Phillips and N.W. Duran. Harrisburg: Trinity Press International, 2002.

White, John L. *Light from Ancient Letters*. Philadelphia: Fortress Press, 1986.

Wilson, Jonathan R. *Gospel Virtues*. Downers Grove: InterVarsity Press, 1998.

Windisch, Hans. *Paulus und das Judentum*. Stuttgart: W. Kolhammer, 1935.

Winter, Bruce W. *Seek the Welfare of the City: Christians as Benefactors and Citizens*. Grand Rapids: Eerdmans, 1994.

Wire, Antoinette C. *The Corinthian Women Prophets: A Reconstruction through Paul's Rhetoric*. Minneapolis: Fortress Press, 1990.

Witherington III, Ben. *Conflict & Community in Corinth: A Socio-rhetorical Commentary on 1 and 2 Corinthians*. Grand Rapids: Eerdmans, 1995.

Wolterstorff, Nicholas. *Divine Discourse: Philosophical Reflections on the Claim that God Speaks*. Cambridge: Cambridge University Press, 1995.

Wolterstorff, Nicholas. Works and Worlds of Art. Oxford: Clarendon Press, 1980.

Wrede, W. "The Task and Methods of "New Testament Theology"." in *The Nature of New Testament Theology*. (Ed.) Robert Morgan. London: SCM, 1973: 68-116.

Wrede, W. *Paulus*. Tübingen: J.C.B. Mohr, 1907.

Wright, G. Ernest. *God Who Acts: Biblical Theology as Recital*. London: SCM, 1952.

Wright, N. T. "History and Theology." in *The Interpretation of the New Testament 1861-1986*, 2nd edn. Oxford: Oxford University Press, 1988: 360-449.

Wright, N. T. *After You Believe: Why Christian Character Matters*. New York: Harper Collins, 2010.

Wright, N. T. *The Climax of the Covenant: Christ and the Law in Pauline Theology*. Minneapolis: Fortress, 1991.

Wright, N. T. *The Resurrection of the Son of God*. Minneapolis: Fortress, 2003.

Wright, N. T. *What St Paul Really Said*. Oxford: Lion, 1997.

Yarbrough, Robert W. *1-3 John*. BECNT. Grand Rapids: Baker Academic, 2008.

Zimmermann, Jens. *Recovering Theological Hermeneutics: An Incarnational-Trinitarian Theory of Interpretation*. Grand Rapids: Baker Academic, 2004.

강영안. 『주체는 죽었는가』. 서울: 문예출판사, 1996.

김상환 편. 『니체가 뒤흔든 철학 100년』. 서울: 민음사, 2000.

김혜성, 남정숙 역. 『웨스트민스터 신앙고백』. 서울: 생명의 말씀사, 1983.

박해용. 『아펠-철학의 변형』. 울산: 울산대학교출판부, 2001.

서동욱. 『차이와 타자』. 서울: 문학과 지성사, 2000.

윤평중. 『푸코와 하버마스를 넘어서』. 서울: 교보문고, 1990, 2판 2000.

이진경. 『노마디즘 I, II』. 서울: 휴머니스트, 2002.

장석진. 『오스틴-화행론』. 서울: 서울대학교출판부, 1987.

최승락. "미셸 푸코와 성경해석." 『성경과 신학』 33 (2003, 4): 339-60.

최승락. "에베소서에 나타난 능력 관련 단어들과 포스트모더니즘 능력 개념의 비교 이해." 『교회와 문화』 16 (2006, 2): 59-78.

최승락. "칼빈의 요한일서 주석에 나타난 삶의 모드의 강조." 『개혁신학과 교회』 24 (2010): 123-46.

최승락. "하버마스의 의사소통행위 이론과 바울의 복음의 효과 이해." 『성경과 신학』 42 (2007, 4): 126-63.

최승락. 『말씀사역의 본질과 능력』. 서울: 좋은 씨앗, 2002.

이 텍스트에 어드레스가 있는가? Is There an Address in This Text?

2012년 9월 25일 초판 발행

지은이 | 최승락

펴낸곳 | 사)기독교문서선교회
등록 | 제16-25호(1980. 1. 18)
주소 | 서울시 서초구 방배동 983-2
전화 | 02)586-8761~3(본사) 031)923-8762~3(영업부)
팩스 | 02)523-0131(본사) 031)923-8761(영업부)
홈페이지 | www.clcbook.com
이메일 | clckor@gmail.com
온라인 | 국민은행 043-01-0379-646, 기업은행 073-000308-04-020
         예금주: 사)기독교문서선교회

ISBN 978-89-341-1203-7 (93230)

* 낙장·파본은 교환해 드립니다.